화엄경청량소

華嚴經淸凉疏

화엄경청량소 부록

<찾아보기>

제1권 - 제34권

석반산 엮음

담앤북스

삼주호법

위태천신

清凉國師像

청량국사

봉정(奉呈)하는 말씀

소납이 화엄경을 연찬하며 보낸 세월이 어언 32년 흘렀습니다. 화엄의 중요한 해석서인 청량국사의 『화엄경수소연의초』가 번역되지 않은 것을 안타깝게 생각하면서 고전은 번역하여 현대에 쓰이지 않는다면 이교도들이 말하듯이 팔만대장경이 모두 한낱 빨래판과 같아질 것입니다. 신구약(新舊約) 두 권만으로 세상을 뒤덮고 있는 개신교를 앞서는 길은 불교의 우수성을 포교하고 선교방편으로 살려 내어 모든 현대인들이 부처님의 말씀을 믿고 받들어 실천하면서 진정한 행복이 무엇인지를 알게 하는 것이라 생각합니다.

1998년 은해사 승가대학원 졸업논문으로 세주묘엄품 제1권을 번역하면서 시작한 청량소 번역 불사는 해인사 강사 능엄학림 연구원과 쌍계사 강주를 거치며 출판에 대해 고민하던 중 담앤북스 오세룡 대표가 출판을 발원하였고, 이런 과정을 거쳐 번역을 마쳤지만 분량이 많아 한번에 모두 출판하지 못하고 2018년 11월에 제1권을 시작으로 2020년 9월 1일까지 3년에 걸쳐 34권을 완간하고 『화엄경청량소 부록〈찾아보기〉』까지 출판을 마쳤습니다.

오늘 완벽하지는 않지만 부처님께 그동안 정진의 결과물로 봉정(奉呈)하려 합니다. 이 공덕이 법계에 널리 미쳐서 일체중생 구경성불(究竟成佛)하여지이다.

나무청량국사보살

나무백암성총보살

나무화엄해회 제불 제보살

불기 2564(2020)년 11월 21일

화엄행자 서봉반산 분향

화엄경청량소 부록 〈찾아보기〉 차례

봉정(奉呈)하는 말씀 ……………………………………………… 8

제1 적멸도량법회 제1권 - 제4권 ……………………………… 11

제2 보광명전법회 제5권 - 제7권 ……………………………… 43

제3 수미산정법회 제8권 - 제9권 ……………………………… 81

제4 야마천궁법회 제10권 - 제11권 …………………………… 103

제5 도솔천궁법회 제12권 - 제15권 …………………………… 125

제6 타화자재천궁법회 제16권 - 제22권 ……………………… 153

제7 재회보광명전법회 제23권 - 제26권 ……………………… 311

제8 삼회보광명전법회 제27권 - 제28권 ……………………… 365

제9 서다원림법회 제29권 - 제34권 …………………………… 393

정오표 …………………………………………………………… 446

각종 도표 ………………………………………………………… 455

법보시 동참자 …………………………………………………… 462

『화엄경청량소』

제1 적멸도량법회

[제1권 - 제4권]

1. 인용된 경론 이름

ㄱ

『가전연경(迦旃延經)』 제1권 37.

『가타경(伽陀經)』 제1권 313.

『고승전』 제2권 202.

『관무량수경』 제3권 501.

『관불삼매해경(觀佛三昧海經)』 제1권 76, 320. 제2권 124. 제3권 193.

『광아(廣雅)』 제4권 377.

『광홍명집』 제2권 126.

『구사론』 제1권 66, 335. 제2권 433. 제4권 23, 25, 137, 202, 345.

『금강경』『금강반야경』 제1권 202, 403. 제2권 202. 제3권 241. 제4권 25, 368, 438.

『금강정경(金剛頂經)』 제3권 93.

『금광명경(金光明經)』『금광명최승왕경』 제1권 234. 제3권 49, 228, 407.

『기세경(起世經)』 제1권 335. 제3권 622.

『기신론』『대승기신론』 제1권 68, 141, 249, 250, 251, 254. 제3권 312, 313, 314, 317, 319, 334, 336. 제4권 27, 30, 387, 416.

ㄴ

『낙신부(洛神賦)』 제1권 302.

『남본열반경』 제2권 376, 377, 379. 제3권 63, 199.

『노지장자경(盧志長者經)』 제1권 343.

『논어』 제1권 279. 제4권 385, 412.

『능가경(楞伽經)』 제1권 204, 342, 417, 577. 제2권 149, 151, 241. 제3권 240, 374, 375, 386. 제4권 94, 95.

ㄷ

『대당서역기(大唐西域記)』 제1권 80. 제2권 127.

『대반야경』 제1권 267. 제2권 414. 제3권 365, 377, 380. 제4권 368, 414, 417.

『대법론』 제2권 414, 417, 418, 419, 457, 462, 478.

『대비경(大悲經)』제1권 35, 38.

『대승동성경(大乘同性經)』『동성경』
　제1권 274.　제3권 48.

『대승장엄론』제3권 386.

『대영락경(大瓔珞經)』제2권 256.

『대장엄론』제2권 282.

『대지도론』제1권 35, 36, 40, 41, 47, 49,
　95, 97, 202, 204, 328, 335, 345, 352, 356.
　제2권 97, 158, 188, 190, 281, 368, 415,
　420, 430, 433, 443, 464, 471, 472, 479,
　506, 507.　제3권 403, 578.　제4권 25, 26,
　30, 394, 408.

『대집경(大集經)』제1권 309, 345, 506,
　565.　제2권 188.　제3권 309.

『대품반야경』제1권 258, 343.　제2권 69.
　제3권 23, 178, 241, 411, 412.　제4권 368.

『도덕경(道德經)』제2권 66.

ㅁ

『마하반야바라밀경』제1권 268.

『모시(毛詩)』제2권 112.

『무성섭론』제2권 480, 482, 483.　제3권
　407.

『문선(文選)』제1권 339, 503.

『문수반니원경(文殊般泥洹經)』제1권 97.

『물불천론(物不遷論)』『조론』제4권 385.

『미륵하생경(彌勒下生經)』제3권 623.

『밀적경(密迹經)』제1권 64.

ㅂ

『바사론(婆沙論)』제1권 66, 313.

『반야론(般若論)』제2권 464.

『반야무지론(般若無知論)』『조론』제1권
　257.　제2권 171.

『방발경(放鉢經)』제1권 198.

『방편보은경(方便報恩經)』제1권 343.

『백론(百論)』제1권 50.　제4권 443.

『법화경』제1권 64, 169, 171, 173, 241,
　512.　제2권 21, 40, 359.　제3권 123, 411,
　624, 625, 631, 632.　제4권 171, 172, 297,
　298, 299, 300, 451.

『법화경론(法華經論)』제1권 514.

『법화경소』제4권 74.

『보살본업경』제2권 480.

『보살영락경』제2권 477.　제3권 580.

『보살지경(菩薩地經)』제2권 418.

『보살처태경(菩薩處胎經)』제1권 198,
　319.

『보성론(寶性論)』제1권 338.

『보요경(普耀經)』제1권 64.

『보운경(寶雲經)』제2권 487. 제4권 27, 29, 30.

『보은경(報恩經)』제2권 97.

『보현관경(普賢觀經)』제1권 231.

『본행집(本行集)』제2권 201.

『부사의경계경(不思議境界經)』제1권 54.

『북본열반경』제3권 22.

『불성론(佛性論)』제1권 244.

『불지경(佛地經)』제3권 48.

『불지론(佛地論)』『불지경론』제1권 40, 41, 46, 49, 111, 127, 313, 340, 351. 제3권 48, 49, 93, 254, 402, 561. 제4권 132.

ㅅ

『사분율(四分律)』제1권 64.

『사익경(思益經)』제3권 378. 제4권 367.

『서경(書經)』제2권 138.

『선계경(善戒經)』제1권 465, 467.

『선생경(善生經)』제1권 522.

『섭대승론』제1권 112, 136, 196, 449. 제2권 460, 471, 482. 제3권 93, 379, 410.

『성실론(成實論)』제3권 20, 22.

『성유식론』제1권 117, 132, 138, 152, 166, 372, 395, 416, 536, 585, 590. 제2권 454, 460, 461, 468, 478, 480. 제3권 227, 235, 237, 332, 403, 405, 492, 493, 506, 512, 520. 제4권 125, 350.

『수미장경(須彌藏經)』제1권 328, 329.

『승만경(勝鬘經)』제1권 243, 451. 제3권 243.

『승사유범천경(勝思惟梵天經)』제2권 508.

『시경(毛詩)』제2권 138, 248. 제3권 208.

『십이유경(十二遊經)』제1권 64.

『십주경(十住經)』제2권 420.

『십지경(十地經)』제1권 171, 208.

『십지경론』『십지론』제1권 206, 208. 제2권 509. 제3권 384.

ㅇ

『아비달마잡집론』『대법론』제3권 386.

『아육왕경(阿育王經)』제3권 621.

『앙굴마라경(央屈摩羅經)』제1권 349.

『열반경』제1권 106, 107, 157, 325, 343, 429, 462, 509, 510. 제2권 29, 93, 188, 190, 200, 225, 227, 229, 253, 256, 257,

263, 277, 278, 306, 307, 308, 373, 374. 제3권 20, 198, 230, 311, 313, 324, 325, 331, 424, 501, 507. 제4권 39, 93, 351, 391.

『열반경소』 제3권 234.

『영락경』『영락본업경(瓔珞本業經)』 제1권 98. 제4권 358.

『예기(禮記)』 제2권 46. 제4권 377.

『오분율(五分律)』 제1권 64.

『유가사지론』 제1권 111, 251, 254, 303, 335, 352, 377, 454, 465, 467, 522. 제2권 149, 153, 188, 190, 414, 417, 418, 420, 421, 432, 437, 440, 441, 442, 443, 444, 452, 461, 462, 474, 478, 483. 제3권 20, 56, 57, 70, 93, 583. 제4권 27, 30.

『유마경』『정명경』 제1권 94, 105, 156, 343, 507, 557, 590. 제2권 59, 346. 제3권 78, 240, 411, 501, 505, 624. 제4권 418.

『유마경주(維摩經註)』 제3권 576.

『유식론소』 제2권 483.

『육십권 화엄경』진경(晉經) 제4권 53, 119.

『음의(音義)』 제1권 332.

『인왕반야경』 제2권 486. 제3권 496, 579, 580. 제4권 429, 430.

『일체경음의(一切經音義)』 제1권 331, 332.

『입대승론(入大乘論)』 제3권 40.

『입세아비담론(立世阿毘曇論)』 제4권 94.

ㅈ

『자씨론(慈氏論)』 제3권 264, 265.

『잡심론(雜心論)』 제1권 322.

『잡아비담심론(雜阿毘曇心論)』 제1권 314.

『장아함경(長阿含經)』 제2권 506.

『장자(莊子)』 제1권 215, 302, 503. 제2권 21. 제3권 487. 제4권 172, 385.

『전법륜론』 제3권 22.

『정법념처경(正法念處經)』 제1권 313, 343.

『조론(肇論)』 제2권 171. 제3권 227.

『주역』『역경』 제1권 137, 163, 235, 330, 423. 제2권 17, 18, 19, 138, 182. 제3권 582.

『중론』 제1권 396, 397, 407, 408, 520. 제2권 322. 제3권 240.

『증일아함경』 제1권 317, 318.

『집론(集論)』『대승아비달마집론』 제4권

351.

ㅎ

『해심밀경(解深密經)』 제1권 374, 590.
　제2권 461, 462. 제3권 70, 378.
『현양성교론』『현양론』 제2권 414.
『현호경(賢護經)』 제4권 412.
『흥현행경(興顯行經)』 제1권 64.

2. 인용된 어구, 사람 이름

ㄱ

가가나(伽伽那, 허공의 뜻) 제4권 171.
가까운 방편[近方便] 제3권 302.
가루라왕[迦樓羅王] 제1권 315. 제2권
　82.
가류타이(迦留陀夷) 제2권 447.
가리륵(訶梨勒) 제4권 94.
가마라(迦摩羅) 제4권 74.
가섭불안(迦葉不安) 제1권 368.
각만(覺滿) 제1권 56.
간정공(刊定公 惠苑법사) 제3권 483.

감응도교(感應道交) 제3권 367.
감이수통(感而遂通) 제1권 162, 163, 164.
개부일체수화(開敷一切樹華) 주야신
　제2권 121. 제3권 615.
거과권락생신분[擧果勸樂生信分] 제1권
　42.
거일전수(擧一全收) 제1권 139.
거족하족(擧足下足) 제1권 157. 제2권
　297.
건달바왕[乾闥婆王] 제1권 332. 제2권
　297.
검마(儉摩) 제3권 441.
겁전변차별(劫轉變差別) 제3권 611.
겁주부동(劫住不同) 제3권 603.
격수문(擊水文) 제1권 484, 487.
견도위(見道位) 제1권 66, 370, 372.
결사(結使) 제1권 65. 제2권 446.
결통무진(結通無盡) 제1권 43. 제2권
　361, 503, 504, 512.
결회고금(結會古今) 제4권 451.
경가(經家, 경전편집자) 제1권 388, 422.
경래미진(經來未盡) 제3권 112, 465.
　제4권 451, 452.
경상천마(鏡像天魔) 제1권 157.
고기송(孤起頌) 제1권 422.

고추장을 싫어하고 정묘리를 좋아하다
　[厭下苦麤障 欣上淨妙離] 제3권 578.

고현수특(高顯殊特) 제1권 79.

곡성만물이불유(曲成萬物而不遺, 周易)
　제1권 137.

공번불인 공번부재 공번불석 공번불배 공
　번불회(恐繁不引 恐繁不載 恐繁不釋
　恐繁不配 恐繁不會) 제2권 100, 422.
　제3권 468. 제4권 66.

공양일일불 실진미래제(供養一一佛 悉盡
　未來際) 제4권 403.

공업(共業)과 불공업(不共業) 제3권 376.

관정수기(灌頂授記) 제1권 91, 92.

광과천(廣果天) 대중 제1권 354, 431.

광망극청정(光網極清淨) 제4권 372.

광명각품 제3권 99, 106, 108, 229. 제4권
　418.

광명변조(光明徧照) 제4권 110, 176, 218,
　271, 276, 323, 389.

광명소조함환희 중생유고실제멸(光明所
　照咸歡喜 衆生有苦悉除滅, 비로자나
　품) 제4권 421.

광소유연(光召有緣) 제3권 26, 120, 121.

광용무애(廣容無碍) 제1권 175.

광음천(光音天) 대중 제1권 351, 352.

광장설(廣長舌) 제2권 192.

광조신기(光照身器) 제2권 105, 106.

교계륜(敎誡輪) 제2권 531.

교기인연분(敎起因緣分) 제1권 43.

교도(敎道)와 증도(證道) 제1권 84.

교리행과(敎理行果) 제2권 87.

교주난사(敎主難思, 세존의 불가사의한
　덕) 제1권 43, 72, 101, 102.

구경각(究竟覺) 제1권 68. 제2권 171.
　제3권 313, 336.

구반다왕(鳩槃茶王) 제1권 330. 제2권
　33.

구사라(瞿師羅) 장자 제3권 294.

구생신견(俱生身見) 제2권 490.

구생장[俱生障] 제1권 373.

구소마(拘蘇磨, 꽃의 뜻) 제4권 17.

구시나(拘尸那)국 제1권 36.

구해탈도(九解脫道) 제1권 66.

국토신(國土身)과 중생신(衆生身) 제1권
　124.

굴마라(屈摩羅) 제4권 74.

궁전의 장엄[宮殿嚴] 제1권 85.

궁진법계신(窮盡法界身) 제3권 345, 346.

권교(權敎)와 실법(實法) 제2권 98.

권지(權智)와 실지(實智) 제1권 97.

근본지(根本智) 제1권 338, 370.

근승열지력(根勝劣智力) 제2권 416, 430.

금강갑주(金剛甲冑) 보살 제1권 217.

금강광(金剛光) 보살 제1권 216.

금강권(金剛拳) 보살 제1권 217.

금강당(金剛幢) 보살 제1권 216.

금강륜산(金剛輪山) 제4권 44.

금강륜장엄저(金剛輪莊嚴底) 향수해
　제4권 223.

금강리(金剛利) 보살 제1권 217.

금강법(金剛法) 보살 제1권 217.

금강보(金剛寶) 보살 제1권 216.

금강보염광명(金剛寶餤光明) 향수해
　제4권 212.

금강보좌(金剛寶座) 제1권 57.

금강보취(金剛寶聚) 향수해 제4권 241.

금강삼매(金剛三昧) 제1권 81.

금강선재(金剛善哉) 보살 제1권 216.

금강소(金剛笑) 보살 제1권 216.

금강신중(金剛神衆) 제1권 282.

금강아(金剛牙) 보살 제1권 217.

금강야차(金剛夜叉) 보살 제1권 217.

금강업(金剛業) 보살 제1권 217.

금강유정(金剛喩定) 제1권 370.

금강윤위산 제3권 25.

금강일(金剛日) 보살 제1권 216.

금강장보살(金剛藏菩薩) 제1권 208.

금강전법륜(轉法輪) 보살 제1권 217.

금강제(金剛際) 제3권 193.

금강호(金剛護) 보살 제1권 217.

금시벽해유(金翅闢海喩, 금시조가 바다
　를 가르는 비유) 제1권 320.

금시조(金翅鳥) 제1권 317.

금염원만광보살(金餤圓滿光菩薩) 제2권
　413.

기구인연(起具因緣) 제3권 613. 제4권
　35.

기량등허공(其量等虛空) 제1권 99.

기상혹원혹방 혹부삼유급팔우(其狀或
　圓或有方 或復三維及八隅) 제3권 553.

기세간(器世間) 제1권 183, 202.

기세간장엄 제1권 73.

기심륜(記心輪) 제1권 243.

기원정사(祇園精舍) 제1권 60.

기지평탄극청정(其地平坦極淸淨) 제4권
　65, 96.

기파(耆婆) 제3권 58.

긴나라왕[緊那羅王] 제1권 321. 제2권
　74.

ㄴ

나가하라국(那伽訶羅國) 고선산(古仙山)
　제2권 127.

나건가라왕 불파부제(弗巴浮提) 제2권
　125.

나라연(那羅延) 제1권 282.

나라연용건법(那羅延勇健法, 대나라연용
　건법) 제3권 83.

나여망(娜女亡, 이름의 뜻) 제3권 441.

남방의 무진광명륜(無盡光明輪) 향수해
　제4권 206.

낮을 주관하는 신중[主晝神] 제1권 311.
　제2권 104.

내원해인과 안수고인(耐怨害忍과 安受
　苦忍) 제2권 473.

네 가지 선근[無貪 無瞋 無癡 勤] 제4권
　349.

노자(老子, 道德經) 제1권 236.

노지(盧志)장자 제1권 341.

농사를 주관하는 신중[主稼神] 제1권
　299. 제2권 214.

누진지력(漏盡智力) 제2권 446.

능각지(能覺智)와 소각경(所覺境) 제1권
　102.

능각(能覺)과 소각(所覺) 제1권 71, 417.

능멸중생고(能滅衆生苦) 제4권 373.

능변식(能變識) 제1권 585.

능전(能詮) 제1권 48, 51.

ㄷ

단견(斷見)과 상견(常見) 제2권 383.

단멸공(斷滅空) 제1권 440.

달리 태어난 대중[異生衆] 제1권 193, 196,
　206, 281, 389.

달마다(達磨多) 제3권 500.

달마 부법인연(付法因緣) 제1권 374.

담연부동상안은(湛然不動常安隱) 제3권
　579.

당기운집(當機雲集) 제4권 356.

당기중(當機衆) 제1권 192.

대권보살(大權菩薩) 제1권 54, 343.

대나라연당용건법(大那羅延幢勇健法)
　제3권 83.

대면보지(臺面寶地) 제4권 61.

대범천(大梵天) 대중 제1권 349.

대복광지생보살(大福光智生菩薩) 제1권
　228.

대수석(帶數釋)과 인근석(隣近釋) 제2권

448.

대승(大乘)법사 제4권 439.

대승시교(大乘始敎) 제1권 68. 제4권 29.

대승종교(大乘終敎) 제2권 466.

대아파타나(大阿波陀那) 제1권 38 .

대왕승보위 광제제군생(大王升寶位 廣
濟諸群生) 제3권 616.

대용왕[大龍王] 제1권 326. 제2권 43.

대원경지(大圓鏡智) 제1권 116, 133, 442.
제3권 223, 493, 512, 520.

대원정진력(大願精進力) 주야신 제2권
122. 제3권 590.

대위광태자(大威光太子) 대위광보살 대
위광동자 대위광전륜성왕 제4권 357,
359, 363, 370, 374, 381, 399, 407, 420,
424, 425, 436, 441, 449.

대자재천(大自在天) 대중 제1권 355.

대중찬청분(大衆讚請分) 제3권 421.

대지일용맹혜보살(大智日勇猛慧菩薩)
제2권 398.

대치십장 증십진여(對治十障 證十眞如)
제2권 456.

대통(大通)선사, 神秀대사 제2권 243.

땅을 주관하는 신중[主地神] 제1권 295.
제2권 261.

땅의 장엄[地嚴] 제1권 75.

덕차가(德叉迦) 제1권 328.

덕행원만(德行圓滿) 제1권 378.

도량을 수호하는 신중신[道場神] 제1권
292. 제2권 287.

도량의 장엄[處嚴] 제1권 71, 188.

도생법사(生公, 道生) 제2권 264. 제3권
208, 234, 336, 496, 576, 582. 제4권 74.

도솔천 대중[兜率天] 제1권 345.

도신(道信) 선사 제4권 412.

도안(道安) 법사 제1권 265.

도융(道融) 법사 제1권 48.

도은(陶隱) 거사, 도연명(陶淵明) 제1권
84.

돈교(頓敎) 제1권 69. 제2권 466.

돈수돈오(頓修頓悟) 제2권 244.

돈수점오(頓修漸悟) 제2권 244.

돈오점수(頓悟漸修) 제2권 244.

동방의 이구염장향수해(離垢燄藏香水海)
제4권 193.

동생중과 이생중 제1권 206, 207, 210, 211,
365.

동시구족상응문(同時具足相應門) 제3권
191. 제4권 50.

등류과(等流果) 제3권 584.

ㄹ

라집(羅什) 법사 제1권 268. 제4권 74.

력용교철(力用交徹) 제4권 148.

력지신(力持身) 제1권 124, 154, 179.

로가타도(嚕迦馱都, 세계의 뜻) 제3권 441. 제4권 17.

뢰음보진보살(雷音普振菩薩) 제2권 389.

ㅁ

마갈제국(摩竭提國) 제1권 57.

마나사(摩那斯) 용왕 제1권 328.

마니묘보분타리(摩尼妙寶芬陀利) 제4권 98.

마니왕중현불신(摩尼王中現佛身) 제4권 87.

마니주(摩尼珠)와 천고(天鼓) 제1권 272, 402.

마니화지륜(摩尼華枝輪) 제4권 327, 339, 348, 406, 435, 448.

마야부인(摩耶夫人) 제1권 294.

마하가섭(摩訶迦葉) 제1권 38.

마하니타나(摩訶尼陀那) 제1권 38.

마혜수라(摩醯首羅) 제1권 356.

마후라가왕[摩睺羅伽王] 제1권 322. 제2권 64.

만행도량(萬行道場) 제1권 293.

면문방광(面門放光, 面門衆齒之間放光, 얼굴방광 여래현상품) 제1권 43.

멸수정(滅受定) 제1권 467.

명언종자(名言種子) 제4권 294.

명칭보문연화안당불(名稱普聞蓮華眼幢佛) 제4권 338, 448.

명행족(明行足) 제3권 127, 129.

모공방광(毛孔放光) 제3권 157.

모광찬덕분(毛光讚德分) 제3권 308, 396.

몸으로 무리 지어 다니는 신중[身衆神] 제1권 290. 제2권 303.

묘관찰지(妙觀察智) 제1권 118, 133, 136, 166, 174. 제3권 49, 223.

묘용자재(妙用自在) 제1권 83, 87. 제4권 56, 61.

묘음하창(妙音遐暢) 제1권 98.

무견정상(無見頂相) 제2권 191.

무공용행(無功用行) 제1권 392, 402, 409. 제4권 392.

무능섭취(無能攝取) 불무능섭취(佛無能攝取) 제3권 45, 46, 83, 464.

무능영탈(無能暎奪) 제4권 341.

무량겁중수행만 보리수하성정각(無量劫 中修行滿 菩提樹下成正覺, 여래현상품) 제3권 114.

무부무기(無覆無記) 제1권 585.

무상법문(無常法門) 제1권 574.

무상사(無上師) 제3권 127.

무상종(無相宗) 제1권 53.

무성연기(無性緣起) 제1권 397.

무애법계(無礙法界) 제1권 53.

무애안(無礙眼)과 일체지안(一切智眼) 제4권 439.

무여영적(無餘永寂) 제1권 106.

무연대비(無緣大悲) 제1권 468. 제2권 181.

무연대자(無緣大慈) 제2권 181.

무외시(無畏施) 제2권 469.

무장애법계(無障礙法界) 제1권 50.

무장애지(無障礙智) 제1권 110, 115.

무주처열반(無住處涅槃) 제1권 133.

무진공덕장(無盡功德藏) 회향(제5회향) 제4권 132.

물아무이(物我無二) 제1권 354.

물을 주관하는 신중[主水神] 제1권 304. 제2권 18, 180, 181, 187.

민절벽지(悶絶躄地) 제2권 227.

ㅂ

바다를 주관하는 신중[主海神] 제1권 365.

바라밀선안장엄왕불(波羅密善眼莊嚴王佛, 비로자나품) 제4권 338, 406, 425.

바람을 주관하는 신중[主風神] 제1권 191, 306.

바로 설할 법을 말하는 부분[正陳所說分] 제1권 44.

바루나(婆樓那) 용왕 제1권 328.

반주삼매(般舟三昧) 제4권 409.

발기서(發起序) 제1권 34, 361.

발로 다니는 신중[足行神] 제1권 291. 제2권 296.

발리물다(鉢里勿多, 품의 뜻) 제3권 441. 제4권 17.

발리수타(鉢履輪陀, 두루 청정하다는 뜻) 제4권 17.

발타(勃陀) 제1권 56.

발타실리(跋陀室利) 제2권 120.

밤을 주관하는 신중[主夜神] 제1권 310.

방위를 주관하는 신중[主方神] 제1권 308.

배 안의 소경[生盲] 제1권 161. 제2권 276, 278.

백목연화계 보살(百目蓮華髻菩薩)
　제2권 409.

백제(白帝) 제1권 309.

백호상광(白毫相光) 제1권 43.

번뇌장(煩惱障) 제1권 108, 368, 370, 371,
　575. 제3권 327.

범행품(梵行品) 제2권 420. 제4권 386.

법계보음보살(法界普音菩薩) 제2권 449.

법계연기(法界緣起) 제1권 201.

법계장(法界藏) 제1권 245, 246. 제3권
　337.

법계주류실충만(法界周流悉充滿, 보현
　삼매품) 제3권 398.

법문신(法門身) 제1권 153.

법문신안좌만행도량(法門身安坐萬行道
　場, 威勢身) 제1권 153.

법보장(法寶藏) 제1권 37, 38.

법상종(法相宗) 제1권 52, 153, 398.
　제3권 561.

법성불(法性佛) 제1권 233, 443.

법성신(法性身) 제1권 179, 207, 376.

법성종(法性宗) 제1권 53, 398, 587, 588,
　591. 제2권 455.

법성토(法性土) 제2권 330. 제3권 561.

법성해(法性海) 제4권 18.

법신(法身) 제1권 74, 109, 120, 121, 141,
　153, 155, 159, 164, 177, 179, 180, 540.

법신(法身)과 보신(報身) 제1권 120.

법신미륜(法身彌綸, 법신으로 두루 다스
　리다) 제1권 176.

법신불(法身佛) 제1권 181.

법신비좌이좌도량(法身非坐而坐道場, 세
　주묘엄품) 제1권 152.

법신장(法身藏) 제1권 244.

법안상전무결감(法眼常全無缺減, 현수
　품) 제3권 338.

법여시(法如是) 제3권 363.

법왕계운(法王啓運) 제1권 55.

법을 설하시는 광경과 방식을 말하는 부분
　[說法儀式分] 제1권 44.

법장(法藏)화상 제3권 192.

법화삼변정토(法華三變淨土) 三變土田
　제3권 624.

변계소집성(偏計所執性) 제1권 393, 394,
　400.

변정천[偏淨天] 대중 제1권 353, 446.

변취행지력(偏趣行智力) 제2권 422, 437.

변행심소(偏行心所)와 별경심소(別境心
　所) 제4권 81.

변행진여(偏行眞如) 제3권 588.

변화신(變化身) 제1권 179. 제3권 495.

변화토(變化土) 제2권 330. 제3권 561.

별교일승(別敎一乘) 제3권 413.

별현처엄(別顯處嚴) 제1권 44, 71.

보구중생묘덕(普救衆生妙德) 주야신
　제2권 118.

보능포납시방법계(普能包納十方法界)
　제3권 333.

보덕정광(普德淨光) 주야신 제2권 117,
　129.

보리류지(菩提流支) 제1권 61.

보리법지마(菩提法智魔) 제1권 548.

보리살타(菩提薩埵) 제1권 213.

보리수의 장엄[樹嚴] 제1권 79.

보리신(菩提身) 제1권 110, 120, 124, 179.

보리지(菩提智) 제1권 83, 84.

보문다라니(普門陀羅尼) 제1권 459.
　제4권 363.

보문정광명(普門淨光明) 향수해 제4권
　325.

보보살(普菩薩, 十普菩薩) 제1권 210.

보불여래(報佛如來) 제2권 242.

보살묘법수(菩薩妙法樹) 제1권 91, 94.

보살문명품 제1권 99, 142, 380, 577, 588,
　590. 제2권 372. 제3권 52, 55, 225.

제4권 39, 107, 355

보살소수공덕행(菩薩所修功德行) 제1권
　236.

보살지진(菩薩地盡) 제1권 67.

보안(普眼)장자 제2권 452.

보익불공(輔翼不空) 제1권 71.

보익중(輔翼衆) 제1권 186, 230, 278.

보인수(寶印手)보살 제1권 104.

보장엄 향수해[寶莊嚴海] 제4권 176.

보지운일당보살(普智雲日幢菩薩) 제1권
　226.

보특가라의요의취(補特伽羅意樂意趣)
　제3권 387.

보현보살(普賢菩薩) 제1권 219.

보현삼매품 제3권 26, 35, 108, 306, 445,
　503.

보현신상여허공(普賢身相如虛空) 제3권
　400.

보현일체중생전(普現一切衆生前) 제2권
　101.

보현행(普賢行) 제1권 220.

복덕광자복당자(福德光者福幢者) 제4권
　445.

복덕신(福德身) 제1권 110, 124, 154, 161,
　167, 179.

복덕이 깊고 넓은 몸[福德深廣] 1권 161.

복희씨(伏犧氏) 제1권 302.

본무(本無)와 금무(今無) 제2권 379.

본불(本佛)과 적불(迹佛) 제1권 198.

본유금무(本有今無)와 본무금유(本無今
有) 제2권 379.

부대사(傅大士) 제3권 240.

부사의한 삼매[不思議定] 제1권 289.

부동진이성사(不動眞而成事) 제2권 327.

부정취(不定聚) 제1권 203.

분타리(芬陀利) 제4권 74.

불가사의공덕보지인보살(不可思議功德
普智印菩薩) 제2권 363, 404.

불가사의억겁중 도세명사난일우(不可思
議億劫中 導世明師難一遇) 제4권 420.

불공교(不共敎) 제1권 204.

불괴(不壞)회향 제3권 619.

불덕무변여대해(佛德無邊如大海) 제1권
234.

불부사의법품 제1권 70, 262. 제3권 30, 52,
54, 58, 65, 71, 75, 77, 80, 83, 106.

불사리공삼매(不捨離空三昧) 이불리공
삼매(離不離空三昧) 제2권 492.

불수후유(不受後有) 제2권 467.

불신보방대광명 색상무변극청정(佛身普

放大光明 色相無邊極淸淨) 제4권 421.

불신보변제대회(佛身普徧諸大會) 제1권
423.

불신충만어법계(佛身充滿於法界) 제1권
145.

불을 주관하는 신중[主火神] 제1권 306.
제2권 167.

불전법륜(佛轉法輪) 제4권 381.

불출흥차별(佛出興差別) 제3권 596.

비니(毘尼) 제1권 38.

비로자나여래본원력(毘盧遮那如來本願
力) 제3권 348.

비로자나여래장신삼매(毘盧遮那如來藏
身三昧) 제3권 342.

비로자나지해장(毘盧遮那智海藏) 제1권
274.

비로자나품(毘盧遮那品) 제3권 112.
제4권 466.

비루박차(毘樓博叉) 제1권 327, 331.
제2권 43, 49.

비릉가보주(毘楞伽寶珠) 제1권 96, 98.

비사문(毘沙門) 제1권 324.

비사사(毘舍闍) 제1권 333.

비여명실백천등 일일등광변실내(譬如冥
室百千燈 一一燈光徧室內) 제1권 124.

비여천일출 보조허공계(譬如千日出 普照虛空界, 비로자나품) 제4권 370.

비여허공변지일체색비색처(譬如虛空徧至一切色非色處) 제1권 146.

비일비이(非一非異) 제1권 407.

비주용섬(臂肘臑纖) 제2권 191.

비지상도(悲智相導) 제1권 74.

ㅅ

사구(四句)와 백비(百非) 제2권 88.

사념처(四念處) 제1권 36.

사라쌍수(沙羅雙樹) 제1권 36.

사리무애(事理無礙) 제4권 57.

사리무애법계(事理無礙法界) 제3권 214, 413.

사마타관(奢摩他觀) 제1권 251.

사바세계 금강장엄향수해(娑婆世界 金剛莊嚴香水海) 제4권 169.

사법계(事法界)와 이법계(理法界) 제1권 575.

사사무애, 사사무애법계(事事無礙法界) 제1권 70. 제3권 214.

사생지력(死生智力) 제2권 423.

사섭법(四攝法) 제1권 78, 189, 216.

제2권 190, 493.

사성제품 제3권 100.

사시어자신 광대무애제(捨施於自身 廣大無涯際, 비로자나품) 제4권 396.

사신(四身) 제1권 179.

사주윤산(四周輪山) 제4권 51.

사자좌의 장엄[師子座嚴] 제1권 92.

사자좌의 대중[座內衆流] 제2권 361.

사자협(師子頰) 제2권 192.

사점(四漸)과 사돈(四頓) 제2권 243.

사정취(邪定聚)와 부정취(不定聚) 제1권 203. 제4권 383.

사종(邪宗) 제1권 50, 318.

사지(四智) 제1권 119.

사지와 천고[舍支天鼓] 제1권 148.

사지원융(四智圓融) 제1권 119.

사차생피(死此生彼) 제1권 97.

사출게(四出偈) 제2권 374.

산을 주관하는 신중[主山神] 제1권 295. 제2권 253.

살가야견[薩迦耶見·常見] 제2권 423.

살타투애(薩埵投崖) 제2권 97.

삼계유무일체법(三界有無一切法, 입법계품) 제1권 127.

삼관(三觀) 제1권 261.

삼달원지(三達圓智, 三世를 아는 원만한
지혜) 제1권 512, 540.

삼륜섭화(三輪攝化) 제1권 463.

삼명(三明, 1. 宿命明 2. 天眼明 3. 漏盡明)
제2권 22.

삼모달라(三慕達羅, 바다의 뜻) 제3권
441. 제4권 17.

삼모타(三牟陀, 시방의 뜻) 제3권 441.

삼무성(三無性) 제1권 395.

삼세(三細) 제3권 313.

삼세간(三世間) 제1권 69.

삼세업보지력(三世業報智力) 제2권 426.

삼신(三身)과 십신(十身) 제1권 121.
제2권 187.

삼십삼천[三十三天] 제1권 210, 340.

삼십이상(三十二相) 제3권 365, 409.

삼십칠도품(三十七道品) 제4권 429.

삼아승지겁 제1권 37, 214.

삼업보주(三業普周, 삼업이 두루한 보리
신) 제1권 109, 151.

삼지(三智) 제1권 110.

삼취(三聚) 제1권 202.

삼현(三賢)과 십성(十聖) 제1권 210.

삼회보광명전회 제1권 208.

상견(常見)과 단견(斷見) 제1권 407.

상무성(相無性) 제1권 401.

상방광명 항출묘음(常放光明 恒出妙音)
제1권 78. 제4권 333.

상수중(常隨衆) 제1권 192.

상제(常啼)보살 제1권 341.

상호장엄신(相好莊嚴身) 제1권 110, 124,
153, 154. 제2권 77.

색상토(色相土) 제3권 561.

생맹(生盲, 배안의 소경) 제1권 161. 제2권
276, 278, 286.

생신장(生信藏) 제1권 460.

생희장(生喜藏) 제1권 474.

서광발염변시방(舒光發焰偏十方, 화장세
계품) 제4권 58.

석가제환인다라(釋迦提桓因陀羅) 제1권
341.

석실유영(石室留影) 제2권 123.

선구천녀(善口天女) 제1권 147.

선근인(善根人)에게 있고 천제인(闡提人)
에게 없다 제3권 328.

선심소(善心所) 제4권 350.

선안장엄왕불(善眼莊嚴王佛) 제4권 436.

선용맹광당보살(善勇猛光幢菩薩) 제2권
495.

선용맹연화계보살(善勇猛蓮華髻菩薩)

제1권 226.

선원몽자(善圓夢者, 漢武帝의 고사)
　제2권 280.

선재복덕대위광 여등금래지아소(善哉福
　德大威光 汝等今來至我所) 제4권 444.

선정삼매지력(禪定三昧智力 禪定解脫三
　昧智力) 제2권 416.

선조고산(先照高山) 제1권 161.

선지식마(善知識魔) 제1권 548.

설법의식분(說法儀式分) 제1권 44.

설산동자(雪山童子) 제1권 341.

섭유불미어공(涉有不迷於空) 제2권 327.

섭입자재(攝入自在) 제1권 90.

성겁(成劫)과 괴겁(壞劫) 제2권 333.

성상무애(性相無礙) 제2권 136, 185.

성상융회(性相融會) 제1권 394.

성소작지(成所作智) 제1권 118, 135, 137.
　제3권 223, 495.

성유(性有)와 상무(相無) 제1권 394.

성을 주관하는 신중[主城神] 제1권 293.
　제2권 272.

성종(性宗)과 상종(相宗) 제1권 119.

세계성취품 제1권 144, 158. 제3권 25, 353,
　359, 361, 437, 444. 제4권 15, 20, 121,
　129, 135, 138, 283.

세계소의주(世界所依住) 제3권 535.

세말전단작니은(細末栴檀作泥垽) 제4권
　86.

세존의 불가사의한 덕[教主難思] 제1권
　72, 100.

세주묘엄품 제1권 147, 154, 361. 제4권
　343, 347.

세친보살 제1권 61.

소설무변중찰해(所說無邊衆刹海, 세계성
　취품) 제3권 518.

소신인과회(所信因果會) 제4권 452.

소유화불개여환(所有化佛皆如幻, 화장
　세계품) 제4권 110.

소전(所詮) 제1권 48.

소지장(所知障) 제1권 107, 370, 470.
　제3권 327, 453.

소지찰망차별(所持刹網差別) 제4권 114.

속경(俗境)과 진경(眞境) 제1권 112.

수도위(修道位) 제1권 370.

수림장엄(樹林莊嚴) 제4권 164.

수미산정게찬품(須彌山頂偈讚品) 제1권
　205.

수야마천(須夜摩天) 제1권 344.

수연지(隨緣止)와 체진지(體眞止) 제1권
　260.

수용법락지(受用法樂智)와 성숙유정지
(成熟有情智) 제2권 483.

수용신(受用身)과 수용토(受用土) 제1권
133, 151.

수인계과생해분(修因契果生解分) 제1권
42.

수제가(樹提伽) 장자 제3권 22.

수호일체성(守護一切城) 주야신 제2권
120.

숙주지, 숙주수념지력(宿住智, 宿住隨念
智力) 제2권 441, 416.

순문(純門)과 잡문(雜門) 제2권 186.

순잡무애(純雜無礙) 제1권 74. 제2권
186.

숭덕광업(崇德廣業) 제1권 235.

숲을 주관하는 신중[主林神] 제1권 297.
제2권 237.

습제사(濕第奢, 연설한다는 뜻) 제3권
441.

승도솔천궁품(昇兜率天宮品) 제1권 188,
193.

승새달나(僧塞怛那, 형상의 뜻) 제4권
171.

승예(僧叡) 법사 제1권 265, 268. 제4권
74, 299.

승음(勝音)세계 미진수 여래 제4권 324.

승의무자성(勝義無自性) 제1권 401.

승조(僧肇) 법사 제1권 47, 89, 257. 제4권
385.

승진과행덕(勝進果行德) 제1권 271.

승해행주(勝解行住) 제3권 617.

시각(始覺)과 본각(本覺) 제3권 329.

시다림(尸陀林) 제4권 95.

시두말저(翅頭末底) 제3권 623.

시방찰해파사의(十方刹海叵思議, 세계성
취품) 제3권 471.

시방호융(十方互融) 제1권 123.

시비구합(尸毘救鴿) 제2권 97.

시성정각(始成正覺) 제1권 70.

시(時)성취 제1권 41, 55.

신밀(身密)과 의밀(意密) 제1권 272.

신(信)성취 제1권 40, 41.

신위보장제일재(信爲寶藏第一財, 현수
품) 제1권 452.

신자진습(身子瞋習) 제1권 371.

신중신(身衆神) 제1권 190, 290. 제2권
303.

신토융섭(身土融攝) 제1권 123.

신통륜(神通輪) 제1권 242.

신항변좌일체도량(身恒徧坐一切道場)

제1권 151.

실리말차(室利靺瑳) 제4권 174.

실리말차낙찰랑(室利靺瑳洛刹囊) 제4권
175.

실보토(實報土) 제3권 561, 578.

실상반야(實相般若)와 관조반야(觀照般
若) 제4권 418.

심무초상(心無初相) 제1권 68.

십공삼매(十空三昧) 제2권 492.

십력(十力)과 사무소외(四無所畏) 제3권
225.

십력장엄(十力莊嚴) 제1권 92.

십마(十魔) 제1권 547.

십무진장품(十無盡藏品) 제1권 67.

십보보살(十普菩薩) 제2권 340.

십불가설불찰미진수(十不可說佛刹微塵
數) 제4권 70, 115.

십불법계(十佛法界) 제1권 70.

십불세계미진수(十佛世界微塵數) 제1권
212, 228.

십신무애(十身無礙) 제1권 376.

십신상해품(十身相海品) 제2권 188.
제3권 91, 187.

십안(十眼) 제1권 238. 제3권 88.

십연화장(十蓮華藏) 제1권 165.

십인품(十忍品) 제1권 128, 148, 448.
제2권 281.

십정품(十定品) 제2권 35.

십주품(十住品) 제2권 414, 422.

십지품(十地品) 제2권 453, 456. 제3권
60. 제4권 294, 305, 409.

십팔원만(十八圓滿) 제1권 72. 제3권
631. 제4권 125, 128, 133.

십해소관지해(十海所管之海) 제4권 156,
254.

십현문(十玄門) 제3권 191.

십회향품 제1권 129. 제2권 307. 제3권
409.

쌍차(雙遮)와 쌍조(雙照) 제1권 113, 115.

ㅇ

아구(阿嘔) 제1권 50.

아나바달다(阿那婆達多) 용왕 제1권 327.

아난존자(阿難尊者) 제1권 268.

아뇩솔도바송(阿耨窣覩婆頌) 제1권 419.

아누달지(阿耨達池, 아누달못) 제1권
328. 제2권 209.

아능가(阿楞伽) 제4권 17.

아능가라(阿楞伽羅, 장엄하여 덮다는 뜻)

제4권 171.

아니루두(阿泥樓豆) 제1권 36.

아라하(阿羅訶) 제3권 22.

아란야법(阿蘭若法) 제1권 57.

아리라발제하(阿利羅跋提河) 제1권 39.

아마륵(阿摩勒) 제4권 94.

아비담(阿毘曇) 제1권 314.

아소락(阿素落) 제1권 313.

아수라왕[阿修羅王] 제1권 312. 제2권
94.

아승지품 제3권 99.

아우(阿優) 제1권 39, 49, 50.

아촉불국(阿閦佛國) 제2권 264.

안국(安國) 법사 제3권 312.

안립해(安立海) 제3권 351.

애견나찰(愛見羅刹) 제1권 325, 326, 462.

애견대비(愛見大悲) 제3권 172.

야마천궁게찬품 제1권 160.

야마천(夜摩天, 時分天) 대중 제1권 160,
345, 539.

야사(耶舍) 삼장 제2권 127.

야차왕(夜叉王) 제1권 190. 제2권 55.

업보불(業報佛) 제1권 154.

업보지력(業報智力) 제2권 416.

업상(業相)과 전상(轉相)과 현상(現相)

제3권 313.

여래명호품(如來名號品) 제1권 158.
제2권 332.

여래수량품 제3권 100.

여래수호공덕품 제1권 149.

여래안처보리좌(如來安處菩提座, 여래현
상품) 제3권 216.

여래장(如來藏) 제1권 245, 529, 587.

여래출현품 제1권 70, 120, 135, 141, 144,
149, 151, 167, 169, 171, 173, 318. 제2권
93, 106, 305, 342. 제3권 52, 61, 67, 89,
226, 376.

여래항방대광명(如來恒放大光明, 세주묘
엄품) 제1권 462.

여래현상품 제1권 33, 43, 123, 146. 제3권
16, 21, 26, 35, 108. 제4권 346.

여량지(如量智)와 여리지(如理智) 제1권
107, 111, 131. 제3권 206.

여불동일선근해생(與佛同一善根海生)
제1권 233.

여비로자나여래 공집선근(與毘盧遮那如
來 共集善根, 세주묘엄품) 제1권 229.

여수일체제불행원력(汝修一切諸佛行願
力, 보현삼매품) 제3권 348.

여시아문(如是我聞) 제1권 40, 46.

여왜(女媧, 女媧氏) 제1권 302.

여인일광조 환견어일륜(如因日光照 還見
　於日輪, 비로자나품) 제4권 397.

연생(緣生)과 무성(無性) 제1권 394, 397,
　410.

연인(緣因)과 요인(了因) 제2권 200.
　제3권 423.

연화인다라망해(蓮華因陀羅網海, 화장
　세계품) 제4권 227.

연화장세계(蓮華藏世界) 제1권 165.
　제3권 25.

열 가지 장애[十障]와 열 가지 진여[十眞如]
　제2권 456.

염광명대성(焰光明大城) 제4권 356.

염불삼매(念佛三昧) 제1권 346. 제4권
　410.

염하고추장 흔상정묘리(厭下苦麤障 欣
　上淨妙離) 제3권 578.

영략(影略) 제1권 112, 169, 170, 171, 372,
　373, 374, 429, 430, 540. 제2권 47, 363,
　364, 496. 제3권 40, 41, 42, 174, 335, 461.
　제4권 89, 100.

영향중(影響衆) 제1권 192, 197, 200.

오개(五蓋) 제2권 283.

오계차별(五界差別) 제3권 56.

오분법신(五分法身) 제1권 65, 66.

오실본(五失本)과 삼불역(三不易) 제1권
　266, 267.

오온마(五蘊魔) 제1권 548.

오정거천(五淨居天) 제1권 356, 438.

오포(五怖) 제2권 159.

왕사성(王舍城) 제1권 57.

요요구경(了了究竟) 제1권 108.

욕색제천중(欲色諸天衆) 제1권 334.

우담바라(優曇婆羅) 제2권 227.

운음정월보살(雲音淨月菩薩, 세주묘엄
　품) 제2권 484.

원가(圓家) 원가(圓家)의 점법 제2권 246.

원공(遠公, 慧遠법사) 제2권 126.

원교(圓敎) 제1권 70. 제2권 246, 466.

원력신의 설법[願身演法] 제1권 165.

원력주법계(願力周法界) 제3권 297.
　제4권 346.

원력주사계(願力周沙界) 제1권 165.

원리각소각(遠離覺所覺) 제1권 70, 416.

원성실성(圓成實性) 제1권 136, 394, 397,
　400.

원신(願身)과 화신(化身) 제1권 124.

원융문(圓融門) 제1권 220, 270.

원융삼관(圓融三觀)과 원융삼제(圓融三

諦) 제1권 114.

원음(圓音) 제1권 88, 272, 285, 481, 490.

원점(圓漸) 제2권 240, 244, 245, 246.

월애광명(月愛光明) 제2권 224.

월애삼매(月愛三昧) 제2권 227.

월천자[月天子] 제1권 336, 575.

위광혁혁(威光赫奕) 제1권 151, 158.

위빠사나관(毘鉢舍那觀) 제1권 252.

위세신(威勢身) 제1권 110, 158, 160, 179.

유망집(遺忘集) 제1권 489.

유불일인거정토(唯佛一人居淨土, 인왕반
  야경) 제3권 579.

유유민(劉遺民) 제2권 171, 172.

유희신통(遊戲神通) 제1권 386.

육상원융(六相圓融) 제1권 224.

육성취(六成就) 제1권 41.

육조(六祖)대사 제2권 245.

융삼세간십신(融三世間十身, 融三世間)
  제1권 124. 제3권 416.

은덕(恩德)과 지덕(智德)과 단덕(斷德)
  제3권 312.

은현자재(隱顯自在) 제1권 77, 175.

음장상(陰藏相) 제2권 191.

의생신(意生身) 제1권 154, 163, 179.

의약을 주관하는 신중[主藥神] 제1권 298.

제2권 222.

의언진여(依言眞如) 제3권 314.

의인증입성덕분(依人證入成德分) 제1권
  42.

의정무애(依正無礙) 제1권 90.

의주석(依主釋) 제2권 448. 제3권 439.

의진이주비국토(依眞而住非國土, 보현
  삼매품) 제3권 400.

의타기성(依他起性) 제1권 394, 396, 400.

이구복덕당(離垢福德幢) 제4권 449.

이구염장 향수해(離垢燄藏香水海, 동방)
  제4권 192.

이생중(異生衆, 달리 태어난 대중) 제1권
  193, 207, 351, 354. 제2권 324, 328, 360.

이세간품(離世間品) 제1권 82, 239, 318,
  388, 538. 제3권 61, 73, 80, 87, 88, 428.
  제4권 439.

이수사변 사득이융(理隨事變 事得理融)
  현담 천자권 제3권 216.

이유(理有)와 정무(情無) 제1권 394.

이일찰종입일체 일체입일역무여(以一刹種
  入一切 一切入一亦無餘, 화장세계품)
  제4권 146.

이장견정(離障見淨) 제1권 368.

이행무애덕(二行無礙德) 제1권 277.

익박달랑(匿縛怛囊, 세계성취품) 제3권 441.

인과교철(因果交徹) 제2권 328.

인과무애(因果無礙) 제1권 90.

인다라망(因陀羅網) 경계 제1권 272.

인중사자(人中師子) 제1권 92.

일각일체각(一覺一切覺, 세주묘엄품) 제1권 69.

일광돈조와 명경돈조(日光頓照와 明鏡頓照) 제2권 244.

일모공내난사찰(一毛孔內難思刹, 세계성취품) 제3권 555.

일생보처(一生補處) 제1권 197.

일언연설진무여(一言演說盡無餘, 십주품) 제1권 125, 486.

일조(日照)삼장 제1권 327.

일진법계(一眞法界) 제3권 49, 93.

일찰나중실능현(一刹那中悉能現, 화장 세계품) 제4권 108, 113.

일천자[日天子] 제1권 337, 561.

일체공덕산수미승운불(一切功德山須彌 勝雲佛, 비로자나품) 제4권 341, 399, 401.

일체무열반(一切無涅槃) 제1권 416.

일체종지(一切種智) 제1권 170, 373, 438.

일체중생어언법(一切衆生語言法, 십주품) 제1권 125.

일체지안(一切智眼) 제1권 239.

일체지처도지력(一切至處道智力) 제2권 436.

일체행성일엄(一切行成一嚴) 제1권 74.

일행성일엄(一行成一嚴) 제1권 74.

입법계장(入法界藏) 제1권 244, 260.

입법계품 제1권 33, 63, 190. 제2권 117. 제3권 46, 99, 128, 210.

ㅈ

자각성지(自覺聖智) 제1권 68, 417, 529.

자분인행덕(自分因行德) 제1권 270.

자성청정장(自性淸淨藏) 제1권 245.

자수용보신(自受用報身) 제1권 179.

자수용신(自受用身) 제1권 235. 제3권 236, 493, 498. 제4권 125.

자수용토(自受用土) 제2권 330. 제3권 493, 510.

자업지력(自業智力) 제2권 440.

자재천 대중[自在天] 제1권 417, 424.

잡류제신중(雜類諸神衆) 제1권 281.

장(莊)법사 제3권 498.

장식(藏識. 제8식) 제1권 576.

장식돈지유(藏識頓知喩) 제3권 375.

장식해상주 경계풍소동(藏識海常住 境界風所動, 능가경) 제1권 576.

장육존상(丈六尊像) 장육상(丈六相) 제1권 363. 제3권 598.

적연부동(寂然不動) 제1권 164.

적정음해(寂靜音海) 주야신 제2권 119.

적제(赤帝) 제1권 309.

적조(寂照)와 조적(照寂) 제1권 96, 98.

적집보향장(積集寶香藏) 향수해 제4권 232.

전법보살(傳法菩薩) 제1권 53.

전사자(傳寫者) 제2권 169. 제4권 70, 118.

전전전문(展轉傳聞) 제1권 53.

점가(漸家)의 원법 제2권 246.

점말라(苫末羅) 제2권 96, 101.

점수점오(漸修漸悟) 제2권 244.

정공계(定共戒)와 도공계(道共戒) 제2권 419.

정려해탈지력(靜慮解脫智力, 十力) 제2권 423.

정법금비(正法金錍) 제2권 228.

정법보장(正法寶藏) 제1권 38.

정법사(靜法師, 惠苑법사) 제2권 230. 제4권 170.

정생희락(定生喜樂) 제1권 352.

정유(情有)와 이무(理無) 제1권 393, 395, 406.

정인(正因)과 조인(助因) 제3권 197, 515.

정정취(正定聚) 제1권 203. 제3권 162, 164.

정진소설분(正陳所說分) 제1권 44. 제3권 437. 제4권 14.

정토(淨土)와 예토(穢土) 제3권 491.

정행품(淨行品) 제1권 83, 94. 제2권 420.

정현(鄭玄) 제4권 377.

제두뢰타(提頭賴吒) 제1권 333.

제부파부랑(第嚩嶓嚩囊) 제4권 171.

제불공양진무여(諸佛供養盡無餘, 비로자나품) 제4권 434.

제일결집(第一結集) 제1권 268.

제청보장엄(帝靑寶莊嚴) 향수해 제4권 222.

조어장부(調御丈夫) 제3권 131.

족리영부(足履影覆) 제2권 28.

족하천폭륜상(足下千輻輪相) 제2권 288.

족행신(足行神, 발로 다니는 신중) 제1권 191, 291. 제2권 296.

종종계지력(種種界智力) 제2권 420, 423, 431, 436.

종종해지력(種種解智力) 제2권 429.

종찰향해(種剎香海) 제4권 153.

중보광명계보살(衆寶光明髻菩薩) 제2권 363, 394.

종자와 현행(種子와 現行) 제1권 370, 372.

좌내중류(座內衆流) 제1권 43.

주가신(主稼神, 농사를 주관하는 신중) 제1권 210, 299. 제2권 214.

주공신(主空神, 하늘을 주관하는 신중) 제1권 307. 제2권 142.

주림신(主林神, 숲을 주관하는 신중) 제1권 296. 제2권 237.

주방신(主方神, 방위를 주관하는 신중) 제1권 308. 제2권 133.

주산신(主山神, 산을 주관하는 신중) 제1권 295. 제2권 252.

주성신(主城神, 성을 주관하는 신중) 제1권 293. 제2권 272.

주성취(主成就) 제1권 56.

주수신(主水神, 물을 주관하는 신중) 제1권 304. 제2권 180.

주야신(主夜神, 밤을 주관하는 신중) 제1권 310. 제2권 100, 116.

주약신(主藥神, 의약을 주관하는 신중) 제1권 297. 제2권 222.

주인과 반려 제1권 69, 197, 202, 204, 230, 233, 294, 364. 제3권 139, 197, 210, 218, 290, 534. 제4권 152, 183, 187, 329.

주정왕보살(珠頂王菩薩) 제2권 59.

주주신(主晝神, 낮을 주관하는 신중) 제1권 311. 제2권 104.

주지신(主地神, 땅을 주관하는 신중) 제1권 295. 제2권 261, 393.

주풍신(主風神, 바람을 주관하는 신중) 제1권 190, 306. 제2권 155.

주하신(主河神, 강물을 주관하는 신중) 제1권 300. 제2권 206.

주해신(主海神, 바다를 주관하는 신중) 제1권 302, 365. 제2권 195.

주화신(主火神, 불을 주관하는 신중) 제1권 305. 제2권 166.

중본(中本) 화엄경과 광본(廣本) 화엄경 제1권 206. 제3권 31.

중생세간(衆生世間) 제1권 183. 제4권 92.

중소운분(衆召雲奔, 여래현상품) 제3권 135.

중중무애(重重無礙) 제1권 385.

중중사문(重重四門) 제2권 89.

중해운집(衆海雲集) 제1권 43, 72, 184.

즉심즉불(卽心卽佛) 제2권 244.

증발심(證發心) 제3권 617.

증법중(證法衆) 제1권 192, 193, 200.

증상생도(增上生道)와 결정승도(決定勝
道) 제2권 458.

증신서(證信序) 제1권 34, 42, 361.

증정방편(證淨方便) 제1권 476.

지신과 법신(智身과 法身) 제1권 153.

지신궁성상지원(智身窮性相之源, 세주묘
엄품) 제1권 177.

지신변좌법성도량(智身偏坐法性道場, 세
주묘엄품) 제1권 154.

지엄(地嚴, 땅의 장엄) 제1권 73.

지정각세간(智正覺世間) 제1권 183.
제3권 25, 414. 제4권 100.

진제(眞諦)삼장 제1권 40, 48.

진제(眞諦)와 속제(俗諦) 제1권 249.

집금강신(執金剛神, 금강저를 잡은 신중)
제1권 186, 210, 283, 312. 제2권 316,
319.

ㅊ

차계(遮戒)와 범계(犯戒) 제2권 419.

차익(車匿) 제1권 36.

차조무애(遮照無礙) 제1권 115.

찰장엄(刹莊嚴) 제3권 569.

찰종부동(刹種不同) 제4권 120.

찰청정(刹淸淨) 제3권 576.

찰체성(刹體性) 제2권 550.

찰해안포장엄(刹海安布莊嚴, 화장세계
품) 제4권 51.

처비처지력(處非處智力, 十力) 제2권 419,
425. 제3권 71.

처(處)성취 제1권 41, 57.

처엄(處嚴, 도량의 장엄) 제1권 44, 71.

처자권속구 공왕관여래(妻子眷屬俱 共
往觀如來, 비로자나품) 제4권 375, 378.

천고각오유(天鼓覺悟喩) 제1권 149.

천성보첩 향수해[天城寶堞海, 화장세계
품] 제4권 246, 278.

천안지력(天眼智力) 제2권 422, 444.

천지징상(天地徵祥) 제1권 43. 제2권
503.

천착(穿鑿, 非是穿鑿) 제1권 150, 448.

천태가(天台家) 제2권 89.

천태지자(天台智者)대사 제2권 245, 359.

철화엄(徹華嚴) 제1권 75.

청목범지(靑目梵志) 제1권 407.

청제(靑帝) 제1권 309.

체진지(體眞止)와 수연지(隨緣止) 제1권
 260.

체찰법인(諦察法忍) 제2권 473.

초발심공덕품(初發心功德品) 제1권 270,
 535. 제4권 387.

초발심시 변성정각(初發心時 便成正覺)
 제4권 388.

총현이문(總顯已聞) 제1권 41, 44, 45, 54.

최승공덕해불(最勝功德海佛) 제4권 337,
 435.

최승광변조세계(最勝光徧照世界, 화장세
 계품) 제4권 158, 255.

출리도(出離道) 제1권 379.

출생사안(出生死眼) 제1권 240.

출생삼매문(出生三昧門) 제3권 333.

출세간상상장(出世間上上藏) 제1권 244.
 제3권 186.

출전법신(出纏法身, 번뇌를 벗어난 법신)
 제2권 358. 제3권 311.

칠극미량(七極微量) 제1권 213.

칠최승(七最勝) 제2권 454, 465, 467, 469.

칭양찬덕(稱揚讚德) 제1권 43, 360.
 제2권 360.

ㅋ

카륵가(佉勒迦) 제4권 141.

ㅌ

타수용보신(他受用報身) 제1권 179.

타수용신(他受用身) 제1권 152, 163.
 제3권 494. 제4권 114, 125.

타수용토(他受用土) 제2권 330. 제3권
 561.

타화자재천 대중[他化自在天] 제1권 348.

탁법진수성행분(託法進修成行分) 제1권
 42.

택주(澤州)법사 혜원법사[惠苑公] 제2권
 230. 제3권 200, 331.

투인지지(投刃之地, 칼 놀릴 공간) 제1권
 502, 503.

ㅍ

파지가(頗胝迦) 보배 제1권 337.

팔관재법(八關齋法), 팔금재법(八禁齋法) 제1권 319.

팔난(八難) 제3권 592.

팔미(八微) 제3권 559.

팔부사왕중(八部四王衆) 제1권 281. 제2권 15.

팔십호(八十好) 팔십수호(八十隨好) 제3권 365.

팔인(八忍)과 팔지(八智) 제1권 66.

팔자재아(八自在我) 제3권 331.

팔재환(八災患) 제1권 355.

평등성지(平等性智) 제1권 116, 118, 132, 134. 제3권 49, 223, 237, 412, 494, 521.

표업(表業)과 무표업(無表業) 제2권 471.

표주시처(標主時處) 제1권 44, 54.

피갑정진(被甲精進) 제2권 474.

필릉가(畢陵伽) 필릉만습(畢陵慢習) 제1권 368, 371.

필발라(畢鉢羅) 나무 제1권 80.

ㅎ

하늘을 주관하는 신중[主空神] 제1권 307.

하백(河伯, 물귀신) 제1권 301.

함께 태어난 대중[同生衆] 제1권 193, 206, 207, 210, 212, 364, 365, 389.

함방광명(咸放光明) 제1권 83.

합장이위화 신위공양구(合掌以爲華 身爲 供養具) 제3권 114.

항출묘음(恒出妙音) 제1권 78, 84.

항포문(行布門) 제1권 270. 제3권 632.

향수해(香水海) 제4권 18.

향염광당보살(香焰光幢菩薩) 제1권 227.

향해지면(香海地面) 제4권 69.

해경십불(解境十佛) 제1권 124.

해운(海雲)비구 제1권 190.

해월광대명(海月光大明) 보살, 해월광보 살 제1권 224.

해인돈현(海印頓現) 제3권 37.

해인삼매(海印三昧) 제1권 275. 제2권 297.

해탈계경(解脫戒經) 제1권 37.

해탈월보살 제1권 188, 206, 208. 제3권 30.

해탈(解脫)화상 제3권 114.

해행발심(解行發心) 제3권 317.

행경십불(行境十佛) 제1권 124.

향약(向若, 海若 바다귀신) 제1권 302.

향하장엄(香河莊嚴) 제4권 80.

허공진여급실제(虛空眞如及實際, 입법계
　품) 제1권 127.

허설분제(許說分齊) 제3권 449.

현담(玄談) 제2권 89. 제3권 499, 579.
　제4권 388.

현량(現量) 제3권 311.

현상작증분(現相作證分) 제3권 393.

현수(賢首)대사 현수국사 제1권 62, 448.
　제2권 82. 제3권 96, 164, 320.
　제4권 20, 29, 440.

현수품(賢首品) 제1권 255, 377, 572.
　제3권 404.

현장(玄奘)법사 제1권 269, 327. 제4권
　74.

현행(現行)과 종자(種子) 제1권 107, 370.

혜안명철 등관삼세(慧眼明徹 等觀三世)
　제1권 238.

혜외선사(慧嵬禪師) 제2권 202.

혜원(慧遠)법사 원공(遠公) 제2권 126.

혜원법사[惠苑公] 혜원(惠苑)법사 제2권
　230. 제3권 201, 331.

호재취상(護財醉象) 제2권 226.

혹시원력소출음(或是願力所出音) 제4권
　145.

화락천 대중[化樂天] 제1권 347. 제4권

361.

화수(華手)보살 제1권 217.

화신의 자재한 교화[化身自在] 제1권 173.

화엄일승현지(華嚴一乘玄旨) 제1권 380.

화엄종(華嚴宗) 제1권 50. 제2권 436.

화엄해회(華嚴海會) 제1권 195.

화장세계품 제1권 75, 158. 제2권 487.
　제3권 24, 26, 96, 98, 108, 437, 445, 446,
　480, 527. 제4권 15, 39, 122, 136, 138,
　323, 399.

화장찰해(華藏刹海) 제3권 499.

확철(廓徹) 제1권 103.

환류교광(還流敎光) 제1권 83.

환원관(還源觀) 제1권 424.

환화신(幻化身) 환화신안좌수월도량(幻
　化身安坐水月道場) 제1권 153.

황제(黃帝) 제1권 309.

회성무애(會成無礙) 제1권 91.

후득지(後得智) 제1권 133, 259, 338, 370,
　516.

흑제(黑帝) 제1권 309.

희견선혜왕(喜見善慧王) 제4권 374, 378,
　435.

희목관찰중생신(喜目觀察衆生神) 제2권
　247.

희안관세주야신(喜眼觀世主夜神) 제2권

117.

『화엄경청량소』

제2 보광명전법회

[제5권 - 제7권]

1. 인용된 경론 이름

ㄱ

『관불삼매해경(觀佛三昧海經)』제5권 136, 358.

『구사론』제5권 210, 213, 228, 240, 248, 300, 302, 304, 305, 307, 308, 312, 313, 314, 396, 398. 제6권 67, 111, 261, 263, 349, 369. 제7권 38, 40.

『금강경』제6권 374.

『금광명경』제5권 305, 306.

『기신론』『대승기신론』제5권 355, 426. 제6권 36, 37, 40, 47, 135, 198, 289, 311, 353, 485. 제7권 51, 53, 158, 174, 176, 261, 264, 374, 378.

ㄴ

『남본열반경』제6권 143. 제7권 86.

『남해기귀내법전(南海寄歸內法傳)』제7권 97.

『노자(老子)』제6권 129, 254.

『논어(論語)』제6권 372. 제7권 67.

『능가경』제6권 42, 45, 46, 51, 58, 133, 198, 282, 290, 310.

ㄷ

『당역경(唐經, 사십권 화엄경)』제5권 253.

『대당서역기』제5권 41.

『대반야경』제5권 190, 219, 322, 330, 333, 452.

『대보적경』제5권 127.

『대비바사론』제6권 398. 제7권 311, 312.

『대살자니건자소설경(大薩遮尼乾子所說經)』제5권 154.

『대승방편경(大乘方便經)』제5권 358.

『대지도론』智論 智度論 제5권 46, 123, 151, 184, 295, 334, 391. 제6권 247, 257, 306, 307, 332, 390, 399, 401, 402, 410, 414, 415, 435. 제7권 43, 124, 210, 339, 395.

『대집경(大集經)』제7권 79, 120, 252, 254,

255.

『대품반야경』 제6권 156, 159, 175, 374, 408, 413. 제7권 57, 158.

ㅁ

『마하지관(摩訶止觀)』 제7권 145, 185, 202.

『무량의경』 제5권 33, 34.

『무상의경(無上依經)』 제5권 50.

『무성섭론』 제7권 47, 48.

『문선(文選)』 제5권 490.

『문수반니원경(文殊般泥洹經)』 제5권 116, 121, 123.

『물불천론(物不遷論)』『조론』 제6권 109, 131.

『밀엄경』 제6권 43, 45, 46, 49.

ㅂ

『반야경』 제6권 159.

『범망경』 제5권 71, 73.

『법화경』『묘법연화경』 제5권 34, 134, 211, 412. 제6권 146, 352, 480. 제7권 118, 120.

『법화경우바제사』 제7권 207.

『변중변론(辨中邊論)』 제6권 267.

『보살영락경』 제5권 74. 제7권 155, 156, 158, 163, 192.

『보살처태경』 제5권 123, 129.

『보성론』『구경일승보성론』 제6권 47, 62. 제7권 212.

『보요경(普耀經)』 제7권 137.

『보장다라니경(寶藏陀羅尼經)』 제5권 123.

『부증불감경(不增不減經)』 제6권 243.

『불명경(佛名經)』 제5권 75, 129, 143, 151. 제6권 435, 438. 제7권 397.

『불성론(佛性論)』 제5권 50. 제6권 19, 63. 제7권 196.

『불지론(佛地論)』 제5권 324. 제6권 471. 제7권 64.

『불진공론(不眞空論)』『조론』 제6권 157, 220, 228.

ㅅ

『사위타경(四圍陀經, 네 가지 베다 경)』 제5권 155.

『살자니건자경(薩遮尼揵子經)』 제7권

216.

『상전(相傳)』화엄경전기 제5권 41, 311.

『상주천자경(商主天子經)』제6권 397.

『설문(說文)』제7권 106.

『섭대승론』제6권 31, 47, 60, 283, 286, 287,
289, 423, 452.

『성실론』제5권 213.

『성유식론』유식론 제6권 63, 66, 80, 81,
87, 135, 180, 183, 184, 187, 191, 213, 232,
263, 264, 273, 378, 384, 386, 447. 제7권
179.

『성자승만경』『승만경』제5권 110. 제6권
47, 62, 131, 207.

『수능엄삼매경』제5권 123.

『순정리론』『아비달마순정리론(阿毘達磨
順正理論)』제5권 302, 303.

『승천왕반야경』제6권 483.

『십권능가경』제6권 55.

『십지경론』論經 제6권 225. 제7권 62.

○

『아비달마대승경』제6권 60.

『아비달마잡집론』『대법론』제5권 303.
제6권 60, 186, 262, 382.

『앙굴마라경(央掘摩羅經)』제5권 126.

『양섭론』제6권 19. 제7권 47.

『여환삼매경』제5권 118.

『열반경』제5권 143, 187, 189, 200, 206,
214, 221, 224, 230, 236, 248, 255, 261,
286, 287, 348, 352, 386, 387, 399, 418,
474. 제6권 143, 172, 175, 199, 269, 397,
400, 420. 제7권 44, 48, 51, 86, 378, 413,
453.

『우바새계경(優婆塞戒經)』제7권 89.

『유가사지론』유가론 제5권 182, 193,
303, 389, 390, 446, 452. 제6권 44, 45,
182, 187, 257, 326, 366, 393, 446. 제7권
40, 42, 51, 53, 171, 173, 188, 293, 297,
304, 410.

『유교경』제6권 368, 370, 373, 391. 제7권
376.

『유마경』제5권 218, 239, 336, 411, 438,
487, 491, 492, 493. 제6권 76, 77, 120,
146, 149, 154, 246, 259, 269, 290, 300,
302, 305, 313, 391, 398, 435, 459, 476,
482. 제7권 118, 132, 133, 312.

『유망집(遺忘集)』제7권 267.

『유식론술기(唯識論述記)』제6권 183.

『육십권 화엄경』진경(晉經) 제5권 43,

168, 169, 488. 제6권 106, 463, 494.

　제7권 423.

『인명론(因明論)』제7권 313.

『인왕반야경』인왕경 제5권 28, 68. 제6권

　19. 제7권 158, 164, 262.

『입능가경』제6권 46, 181, 283.

『입세아비담론(立世阿毘曇論)』제5권

　308.

『지지경(持地經)』제5권 121.

『집량론(集量論)』제6권 279.

ㅎ

『해심밀경기』제5권 311.

『현양성교론』현양론 제5권 303, 304, 305.

『효경(孝經)』제7권 79, 80.

『후엄경(厚嚴經)』제6권 277.

ㅈ

『잡아함경』제5권 303.

『장아함경』제5권 303.

『장자(莊子)』제5권 264. 제6권 120.

　제7권 168.

『점찰경(占察經)』제7권 261, 264.

『종본론(宗本論)』제7권 25.

『주역』『역경』제5권 221, 361. 제7권 207,

　415.

『중론』제5권 232, 234, 241, 243, 352, 384,

　385, 413, 414, 433. 제6권 148, 149, 152,

　156, 160, 201, 218, 226, 305, 306, 313,

　314, 325, 326.

『중변론(中邊論)』제6권 269, 270.

『지인경(智印經)』제7권 174, 177.

2. 인용된 어구, 사람 이름

ㄱ

가견유대색위추 불가견유대색망상위세

　(可見有對色爲麤 不可見有對色望上爲

　細, 구사론 광명각품) 제5권 398.

가관(假觀) 공관(空觀) 중관(中觀) 제7권

　19, 22.

가릉가(迦陵伽) 가릉빈가(迦陵瀕伽)

　제5권 124. 제7권 289.

가시탐애계박소 욕사중생실면리(家是貪

　愛繫縛所 欲使衆生悉免離, 현수품)

　제7권 78, 79, 294.

가행도(加行道) 제7권 110.

가행위(加行位) 제6권 285, 293.

각수(覺首)보살 제5권 103, 104, 110, 111, 318, 459. 제6권 34, 43, 75, 94, 98, 108, 162, 236.

간자위찬시 훼금자찬계(慳者爲讚施 毀禁者讚戒, 보살문명품) 제6권 419, 420.

간정공(刊定公) 정(靜)법사 惠苑 제5권 304, 341.

감로묘정여천고 항출항마적정음(甘露妙定如天鼓 恒出降魔寂靜音, 현수품 天鼓安慰喩) 제7권 430.

강(康)법사 제6권 157.

거과권락생신분(擧果勸樂生信分) 제5권 29.

거열현승(擧劣顯勝) 제7권 408, 417, 437, 446.

걸식도행시원(乞食道行時願) 제7권 77, 100.

겁중기근재난시 실여세간제락구(劫中饑饉災難時 悉與世間諸樂具, 현수품) 제7권 285.

격우정법고 각오시방찰(擊于正法鼓 覺悟十方刹, 광명각품) 제5권 362.

견극자수 당원중생 질득전제 삼독지자

(見棘刺樹 當願衆生 疾得翦除 三毒之刺, 정행품) 제7권 103.

견도위(見道位) 제7권 108.

견분(見分)과 상분(相分) 제6권 273, 274, 277.

견유임종권염불 우시존상영첨경(見有臨終勸念佛 又示尊像令瞻敬, 현수품 無方大用) 제7권 339.

결통시방(結通十方) 제6권 496.

겸찬허설분(謙讚許說分) 제7권 151.

경가(經家) 제7권 147.

경량부(經量部) 제6권 193.

경시심변 경부지심(境是心變 境不知心) 제6권 85.

계능개발보리본 학시근수공덕지(戒能開發菩提本 學是勤修功德地, 현수품) 제7권 214.

계라다마(雞羅多摩) 제7권 446.

고고와 행고와 괴고(苦苦 行苦 壞苦) 제5권 194, 210, 268.

고수(苦受)와 낙수(樂受) 제6권 68.

공관(空觀) 가관(假觀) 중도관(中道觀) 제7권 200.

공능차별(功能差別) 제6권 263.

공덕수(功德首, 德首) 제5권 105, 106,

111, 318.

공번불인 공번부재 공번불석 공번불배(恐繁不引 恐繁不載 恐繁不釋 恐繁不配) 제6권 29, 399, 401.

공불공불가설 명위진공(空不空不可說 名爲眞空 대품반야경) 제6권 155, 156.

공(空)여래장과 불공(不空)여래장 제6권 207.

과해평등관(果海平等觀) 제7권 267.

관약(關鑰)세계 제5권 174, 264.

관조반야와 실상반야 제5권 322, 323, 391.

관찰지(觀察智, 觀察智佛) 제5권 109, 318.

광륜궁조답삼종문(光輪窮照答三種問, 광명각품) 제5권 146, 276.

광명각품(光明覺品) 제5권 91, 94, 146, 276, 366. 제7권 64.

광지분제(光至分齊) 제5권 294, 296.

광현난사(廣顯難思) 제5권 114, 134, 180, 276.

광협자재무애문(廣狹自在無礙門, 십현문) 제5권 166.

교량권지분(校量勸持分, 현수품) 제7권 151, 449.

교도(教道)와 증도(證道) 제7권 242.

교화심심(敎化甚深, 財首) 제5권 111. 제6권 235, 236.

교화함 없는 교화[無化化] 제6권 296.

구경지(究竟智, 究竟智佛) 제5권 106, 107, 318.

구로사(俱盧舍) 제6권 331.

구로주(俱盧洲) 제5권 309.

구타니(瞿陀尼) 제5권 308.

구사라(瞿師羅) 장자 제5권 141.

구유소의(俱有所依) 제6권 182, 184.

구익갈사유(懼溺渴死喩, 法首보살) 제6권 403.

구절라(具折囉) 제7권 16.

구족다문(具足多聞) 제6권 248, 397.

구종고(九種苦, 1. 一切苦 2. 廣大苦 3. 一切門苦 4. 邪行苦 5. 流轉苦 6. 不隨欲苦 7. 違害苦 8. 隨逐苦 9. 一切種苦) 제5권 195.

구지(俱胝) 제5권 310, 311.

구지라(俱枳羅) 제7권 289, 291.

권화중생영진책 상근공양어삼보(勸化衆生令進策 常勤供養於三寶, 無方大用 현수품) 제7권 333.

궐연구(闕緣求火喩) 제6권 375.

궐연심광유(闕緣心廣喩) 제6권 376, 377.

귀신신중입정정 일모공중종정출(鬼神身中入正定 一毛孔中從定出, 微細自在 현수품) 제7권 403.

극희지(極喜地) 제7권 224.

근경무애(根境無礙) 제7권 380.

근수(勤首)보살 正教甚深 제5권 111. 제6권 28, 358.

금강색(金剛色) 제5권 108, 318.

금강유정(金剛喩定) 제7권 108.

금색세계(金色世界) 제5권 93, 107, 116, 280, 293, 318, 345, 366, 380, 405, 422, 442, 461, 471, 485.

금협산(金脇山) 제6권 332.

기사륜왕 위철동은금(寄四輪王 謂鐵銅銀金) 제6권 19.

기탐진치 견제죄법(棄貪瞋癡 蠲除罪法, 정행품) 제7권 95.

김유신(金庾信)의 시(詩) 제6권 329.

ㄴ

난위(媛位)와 정위(頂位) 제6권 368, 369, 370.

난인(難忍)세계 제5권 156.

난타(難陀)논사 제6권 273.

난행시(難行施) 제7권 287.

남종선(南宗禪)의 병통 제6권 482, 486.

납의범지(衲衣梵志) 제5권 261.

납인인니(蠟印印泥) 제5권 230.

내외포섭덕 방편건능덕 대비구섭덕 인과원변덕(內外包攝德 方便乾能德 大悲救攝德 因果圓徧德, 答法性問 分四) 제5권 443.

내지왕위개능사 영호시자실종화(乃至王位皆能捨 令好施者悉從化, 현수품) 제7권 287.

노년신중입정정 선녀신중종정출(老年身中入正定 善女身中從定出, 他身得自在 현수품) 제7권 401.

능각분(能覺分: 見分)과 소각분(所覺分: 相分) 제6권 277.

능신능수능찬설 여시소작심위난(能信能受能讚說 如是所作甚爲難, 현수품) 제7권 451.

능이일수변삼천 보공일체제여래(能以一手徧三千 普供一切諸如來, 현수품) 제7권 273.

능작인(能作因) 제5권 248.

능조능수 시위위아 소조소수 즉시아소

(能造能受 是謂爲我 所造所受 卽是我
所) 제6권 301.

니건도(尼揵道) 제7권 187.

ㄷ

다문훈습(多聞熏習) 제5권 55.

단견과 상견(斷見과 常見) 제6권 152,
153.

단단죽상금 백옥과황금(團團竹上禽 白
玉裹黃金, 김유신 시) 제6권 328.

단(旦)법사 제6권 59.

단이인연유 종전도생고(但以因緣有 從顚
倒生故, 법화경) 제6권 149.

단이장(斷二障) 제5권 64, 65.

달라비다만달라발저비(達邏鼻茶曼達邏
鉢底鞞) 달라비다(達邏鼻茶) 제7권
310.

달무상법 주어불주(達無相法 住於佛住,
여래명호품) 제5권 43, 46.

달(達)법사 제6권 157.

답보리문(答菩提問) 제5권 300.

답불법성문(答佛法性問) 제5권 442.

답불위덕문(答佛威德問) 제5권 421.

답생해인과(答生解因果, 10.보살문명품,

11.정행품, 12.현수품) 제6권 16.

답소성과문(答所成果問, 불부사의법품
십신상해품 수호공덕품 보현행품 여래출
현품) 제5권 84.

답소수인문(答所修因問, 보살문명품 아
래 23품) 제5권 84.

답소의과문(答所依果問, 여래명호품 사
성제품 광명각품) 제5권 84, 276.

답십구생해소의(答十句生解所依, 7.여래
명호품, 8.사성제품, 9.광명각품) 제6권
16.

대공섭유와 조사조리(帶空涉有와 照事
照理) 제6권 374.

대륜위내 평포백억(大輪圍內 平布百億)
제5권 163.

대비구섭덕(大悲救攝德) 제5권 443, 471.

대수석(帶數釋) 제5권 183.

대승종교(大乘終敎) 제7권 265.

대원경지(大圓鏡智) 제6권 491.

대치실담분(對治悉壇分)과 제일의실담분
(第一義悉壇分) 제6권 415.

대해룡왕유희시 보어제처득자재(大海龍
王遊戲時 普於諸處得自在, 현수품 龍
王大用不同) 제7권 437.

덕수(德首)보살 說法甚深 제6권 332.

덕용해수(德用該收, 현수품) 제6권 25, 26. 제7권 142.

도리천중유천고 종천업보이생득(忉利天中有天鼓 從天業報而生得, 현수품 天鼓說法喩) 제7권 427.

도생(道生)법사 제5권 219, 237, 242.

도성걸식시원(到城乞食時願) 제7권 77, 125.

도솔궁중게찬품(兜率宮中偈讚品) 제6권 290.

도탁가(都咤迦) 제7권 291.

독두무명(獨頭無明) 제6권 386.

동곽자(東郭子) 제5권 264.

동류인(同類因) 등류과(等流果) 제5권 399. 제7권 37, 40, 61.

동불출가 구호일체(同佛出家 救護一切, 정행품) 제7권 76, 84.

동사섭(同事攝) 이행섭(利行攝) 제7권 292, 293, 303.

동상(同相) 괴상(壞相) 이상(異相) 제5권 112.

동시구족상응문(同時具足相應門, 십현문) 제5권 166. 제7권 146.

동자신중입정정 장년신중종정출(童子身中入正定 壯年身中從定出, 他身得自在

현수품) 제7권 401.

동체대비심(同體大悲心) 제7권 199.

득어이망전(得魚而忘筌 得意而忘象 得兔而忘罥, 주역) 제7권 414, 415.

ㄹ

라집(羅什)법사 제6권 227.

력용교철(力用交徹) 제5권 457, 458.

ㅁ

마갈제국아란야법보리장(摩竭提國阿蘭若法菩提場, 여래명호품) 제5권 38.

마건제(摩揵提) 제7권 186.

마니발타라(摩尼跋陀羅) 제5권 126.

마라(魔羅) 제7권 187.

마루가(摩樓迦)의 아들 제5권 348.

마명(馬鳴)보살 제6권 38.

마사도사승섭마살박달라비라달(摩奢都奢僧攝摩薩縛怛囉毘刺達, 대비바사론) 제7권 312.

만달라(曼達邏) 제7권 310.

만행제수 의겸정조 천불동철 금고불역지 일도(萬行齊修 義兼正助 千佛同轍 今

古不易之一道, 보살문명품 一道甚深)
제6권 417, 429.

망경의망심 망심의본식 본식의여래장 여
래장무소의(妄境依妄心 妄心依本識 本
識依如來藏 如來藏無所依, 여래출현품)
제6권 131.

멸려차어(篾戻車語) 篾戻車 제7권 311.

명상지(明相智, 明相智佛) 제5권 105,
318.

명언습기(名言習氣) 제6권 80.

명제(冥諦, 상카학파) 제6권 302.

모광조익삼매문(毛光照益三昧門 현수
품) 제7권 244, 316, 359.

목수(目首) 제5권 106, 107, 111, 318.

묘관찰세계 제5권 158.

묘길상(妙吉祥) 제5권 116.

묘오개만 이행영절(妙悟皆滿 二行永絶,
여래명호품) 제5권 42, 43.

무간도(無間道) 제7권 109.

무량사제(無量四諦) 제5권 184, 185.

무방대용(無方大用) 제5권 54. 제7권
144, 170, 243.

무부무기(無覆無記) 제7권 38.

무상관(無常觀)과 무아관(無我觀) 제6권
266.

무상종(無相宗) 제6권 142, 170.

무생사제(無生四諦) 제5권 186.

무생지(無生智) 제5권 440.

무애지(無礙智, 無礙智佛) 제5권 77, 103,
318, 445.

무연자비와 동체대비(無緣慈悲와 同體大
悲) 제5권 483.

무우덕신(無憂德神) 제7권 116.

무작사제(無作四諦) 제5권 197.

무참(無慚)과 무괴(無愧) 제7권 129, 299.

무탁란청정행대공덕(無濁亂清淨行大功
德, 현수품) 제7권 147.

무행(無行)선사 제7권 97.

문명품하이십삼품답소수인문(問明品下
二十三品答所修因問) 제6권 16.

문수문각수(文殊問覺首) 제6권 34.

문수언설답(文殊言說答) 제5권 87, 113.

문혜(聞慧) 제7권 47.

미류승왕여래(彌留勝王如來, 불명경)
제6권 437, 438.

미묘지(微妙地)세계 제5권 160.

미부지(微部地) 제5권 235.

미세상용안립문(微細相容安立門) 제5권
166.

미세용섭관(微細容攝觀) 제7권 267.

미신영신(未信令信) 제7권 17, 142.

미증유일법 부종인연생(未曾有一法 不從
　因緣生, 중론) 제6권 147, 149.

밀훈(密訓)세계 제5권 167, 216, 217, 220,
　222, 273.

ㅂ

바라하사(頗羅訶私) 제5권 126.

바수천(婆藪天) 왕자 제5권 154.

박가범(薄伽梵) 제5권 425.

반야덕과 해탈덕 제6권 489.

발라시랑(鉢羅室囊) 제6권 21.

발저비(鉢底鞞) 제7권 310.

발타바라(跋陀婆羅) 제5권 115.

방일위원위고뇌 비감로도생사경(放逸爲
　怨爲苦惱 非甘露道生死徑, 현수품 天
　鼓說法喩) 제7권 428.

방편간능덕(方便幹能德) 제5권 461.

번뇌장단 성어열반 소지장단 성어보리(煩
　惱障斷 成於涅槃 所知障斷 成於菩提,
　여래명호품) 제5권 66.

범성(梵聲) 부처님과 월면(月面) 부처님
　제6권 435.

범지(梵智, 梵智佛) 제5권 109, 318.

법계연기(法界緣起) 제7권 391.

법계융섭문(法界融攝門) 제7권 159.

법계중생계 구경무차별(法界衆生界 究竟
　無差別, 문수보살 佛境甚深) 제6권 476.

법상종과 법성종 제6권 43, 49, 170, 309.

법성본공적 무취역무견(法性本空寂 無取
　亦無見, 수미게찬품) 제6권 150, 151.

법성본무생 시현이유생(法性本無生 示現
　而有生, 보살문명품) 제6권 204.

법수(法首) 제5권 108, 111, 318.

법신즉중생 중생즉법신(法身卽衆生 衆生
　卽法身, 부증불감경) 제6권 243.

법안상전무결감(法眼常全無缺減) 제5권
　99. 제7권 240.

법욕진시능연설 영구법자의충만(法欲盡
　時能演說 令求法者意充滿, 현수품)
　제7권 341.

법태(法汰)법사 제6권 228.

법출리경과 연훈습경(法出離鏡과 緣熏習
　鏡, 기신론) 제6권 311, 317, 354.

보리인과(菩提因果) 제5권 345.

보리지인(菩提之因) 제5권 346, 405.

보리체성(菩提體性) 제5권 300, 379.

보리초정(菩提超情) 제5권 300, 323.

보산시방제국토 공양일체대덕존(普散十

方諸國土 供養一切大德尊, 현수품)
제7권 276, 277, 278.

보살계(菩薩戒) 제7권 80.

보살문명품 제5권 21, 84, 110.

보살어중득자재 시수노병사중환(菩薩於
中得自在 示受老病死衆患, 逐求利行
현수품) 제7권 298.

보살우수방정광 광중향수종공우(菩薩右
手放淨光 光中香水從空雨, 현수품)
제7권 275.

보살위현노병사 영피중생실조복(菩薩爲
現老病死 令彼衆生悉調伏, 逐求利行
현수품) 제7권 299.

보살자재익생덕(菩薩自在益生德) 제7권
417.

보살종종방편문 수순세법도중생(菩薩種
種方便門 隨順世法度衆生, 현수품)
제7권 302.

보살주재삼매중 종종자재섭중생(菩薩住
在三昧中 種種自在攝衆生, 현수품)
제7권 280.

보색(寶色, 寶色世界) 제5권 107, 318.

보수보살(寶首菩薩, 보살문명품 業果甚
深) 제5권 104, 105, 111, 318. 제6권 299,
303, 495.

보시섭(布施攝) 제7권 285, 287.

보안기(普眼機, 넓은 눈의 근기) 제5권
370, 374.

보안(普眼)장자 제7권 269.

보익원만(輔翼圓滿) 제5권 39, 48.

보현행위인 출현품위과(普賢行爲因 出現
品爲果) 제5권 85.

복인성태삼십인(伏忍聖胎三十人) 제5권
68.

복전심심(福田甚深, 目首보살) 제5권
110. 제6권 27, 30, 312, 346.

본각지(本覺智) 제5권 102.

본각진여(本覺眞如) 제6권 199.

본소사불(本所事佛) 제5권 345, 366, 380,
405, 422, 442, 461, 471, 485.

부동세간삼매문(俯同世間三昧門, 현수
품 無方大用) 제7권 244, 304, 306.

부동지(不動地) 제6권 216.

부동지여래(不動智如來, 不動智) 제5권
93, 102, 321, 380, 406, 422, 462, 471, 485.

부작핍뇌중생물 단설이익세간사(不作逼
惱衆生物 但說利益世間事, 현수품)
제7권 305.

부정관(不淨觀) 제6권 418.

부정취(不定聚) 제7권 176.

북종(北宗)과 남종(南宗)의 종지 제6권
375.

북종선(北宗禪) 제6권 482, 483, 484.
제7권 397.

분별관내신 차중수시아(分別觀內身 此
中誰是我, 교화심심) 제6권 251.

분별사지(分別事智)와 무생지(無生智)
제7권 384.

불경심심(佛境甚深, 文殊보살) 제6권 27,
466.

불공(不空)삼장 제5권 100.

불교시일 중생득견 운하부즉실단일체제
번뇌박 이득출리(佛敎是一 衆生得見 云
何不卽悉斷一切諸煩惱縛 而得出離, 교
법심심) 제6권 359.

불구오욕급왕위 부요자락대명칭(不求五
欲及王位 富饒自樂大名稱, 현수품)
제7권 182.

불법미묘난가량 일체언설막능급(佛法微
妙難可量 一切言說莫能及, 광명각품)
제5권 430.

불부사의법품 제5권 83. 제7권 272.

불상지(不相知 各不相知) 제6권 22, 71,
73, 75, 78, 82, 83, 85, 91, 92, 95, 97, 101,
102, 108, 118, 121, 125, 323.

불연설해(佛演說海) 제5권 181.

불염이염(不染而染) 제5권 103.

불종부단(佛種不斷, 不斷佛種) 제5권 60,
61.

불찰무분별 무증무유애(佛刹無分別 無
憎無有愛, 현수보살) 제6권 462.

불찰무이상 여래무증애(佛刹無異相 如
來無憎愛, 60화엄 게송) 제6권 463.

불출현원(佛出懸遠) 제7권 451.

비구니신입정정 비구신중종정출(比丘尼
身入正定 比丘身中從定出 현수품 他身
得自在) 제7권 401.

비목구사(毘目瞿沙) 선인 제7권 168.

비밀은현자재덕(秘密隱顯自在德) 제7권
366, 368.

비밀현료구성문(秘密顯了俱成門) 제5권
166.

비식소능식 역비심경계(非識所能識 亦非
心境界, 문수보살 佛境甚深) 제6권 480.

비업비번뇌 무물무주처(非業非煩惱 無物
無住處, 문수보살 불경심심) 제6권 488.

비여대력왕 솔토함대앙(譬如大力王 率土
咸戴仰, 지수보살 正助심심) 제6권 426.

비여대지일 수종각생아(譬如大地一 隨種
各生芽, 목수보살) 제6권 349.

비여미소화 초습속령멸(譬如微少火 樵濕
速令滅, 근수보살 火微樵濕喩) 제6권
366.

비여생맹불견일 비위무일출세간(譬如生
盲不見日 非爲無日出世間, 현수품)
제7권 356.

비여일월유허공 영상보변어시방(譬如日
月遊虛空 影像普徧於十方, 현수품 日
月現影喩) 제7권 418.

비여정명경 수기소대질(譬如淨明鏡 隨其
所對質, 문명품 業果甚深) 제6권 307.

비여하중수 단류경분서(譬如河中水 湍
流競奔逝, 각수보살) 제6권 102.

비여해선사 이어해중사(譬如海船師 而於
海中死, 법수보살 船師溺海喩) 제6권
407.

비여혁일조 해치폐기목(譬如赫日照 孩
稚閉其目, 근수보살 閉目求見喩)
제6권 376.

비여환사지환법 능현종종무량사(譬如幻
師知幻法 能現種種無量事, 현수품 幻
師巧術喩) 제7권 421.

비지무애행(悲智無礙行) 제7권 19.

ㅅ

사고(四苦 1. 那落迦苦 2. 傍生苦 3. 鬼世
界苦 4. 善趣所攝苦) 제5권 196.

사근본번뇌[四根本煩惱, 我癡 我見 我慢
我愛] 제6권 188.

사념처(四念處) 관법 제6권 251, 255.

사대종(四大種)과 오온(五蘊) 제6권 252,
258.

사대주일월 소미로욕천(四大洲日月 蘇迷
盧欲天, 구사론) 제5권 300, 302.

사대합고 가명위신 사대무주 신역무아
(四大合故 假名爲身 四大無主 身亦無
我, 유마경) 제6권 300.

사라(舍羅) 제7권 25.

사리(闍黎) 제7권 89.

사리무애행(事理無礙行) 제7권 21.

사무량심은 이타행, 육바라밀은 자리행
제6권 420.

사무사(思無邪, 논어) 제7권 66.

사바인근(娑婆隣近) 제5권 167.

사사문과(四沙門果) 제5권 256, 258.

사선근위(四善根位, 四加行位 : 1. 煖位 2.
頂位 3. 忍位 4. 世第一法位)) 제5권 77.

사섭섭생삼매문(四攝攝生三昧門) 제7권

244, 285.

사성제품 제5권 146.

사실단(四悉檀, 1.世界悉壇 2.爲人悉壇
3.對治悉壇 4.第一義悉壇) 제5권 148.
제7권 283.

사용과(士用果) 제7권 45.

사위귀진례(捨僞歸眞例) 제7권 76.

사자(師子)세계 제5권 157.

사홍서원지행(四弘誓願之行) 제7권 20,
21.

살담파(薩擔婆) 제7권 102.

살자니건자(薩遮尼乾子) 제5권 154.
제6권 332.

삼계유무일체법 불능여불위비유(三界有
無一切法 不能與佛爲譬喩 : 입법계품 示
現佛土功德) 제7권 413.

삼관(三觀) 삼지(三止) 제7권 398.

삼관일심행(三觀一心行) 제7권 21, 22.

삼덕비장(三德秘藏) 제6권 490.

삼론종(三論宗) 제6권 124.

삼무성(三無性) 제6권 231.

삼세간자재(三世間自在) 제7권 366, 367,
368.

삼세(三細)와 육추(六麤) 제6권 55, 180.

삼십칠조도법(三十七助道法) 제6권 401.

삼장(三藏)과 팔장(八藏) 제7권 121.

삼현(三賢)과 십성(十聖) 제7권 206.

상분(相分)과 견분(見分) 제6권 292.

상사유동예(相似類同例) 제7권 76.

상실무애관(相實無礙觀) 제7권 268.

상입의 즉일다상용부동문(相入義 卽一
多相容不同門) 제5권 165.

상즉의 즉제법상즉자재문(相卽義 卽諸
法相卽自在門) 제5권 165.

상진증실관(相盡證實觀) 제7권 267.

생멸(生滅, 從無之有曰生 自有還無稱滅)
제6권 175.

생멸사제(生滅四諦) 제5권 183.

생사상속 유제습기(生死相續 由諸習氣)
제6권 79, 80.

생해분의 인행을 밝힌 부분[此下 至菩薩
住處 明生解之因. 제10 문명품~ 제32
보살주처품] 제6권 25.

석위능인사 금위불제자(昔爲能仁師 今
爲佛弟子, 보살처태경) 제5권 129.

석제환인유상왕 피지천주욕행시(釋提桓
因有象王 彼知天主欲行時, 현수품 象
王隨變喩) 제7권 423.

선경(禪經) 제6권 417.

선교다문(善巧多聞) 제6권 398.

선람언악이상정(旋嵐偃岳而常靜, 승조법
　사) 제6권 107, 109, 126.

선문대의(禪門大意) 제7권 395.

선성(善星)비구 제6권 395, 397.

선소(鮮小)세계 제5권 172, 249.

선용기심(善用其心, 정행품) 제7권 64.

선재(善財)동자와 도솔(兜率)천자 제7권
　163.

선제라(扇提羅) 제7권 186.

선조본계염정(先照本界染淨) 제5권 300.

선혜지(善慧地) 제6권 382, 384.

선호(善護)세계 제5권 152.

설대시회무차한 유래구자개만족(設大施
　會無遮限 有來求者皆滿足, 현수품)
　제7권 327.

설령망구(雪嶺亡軀) 제7권 115.

설법심심(說法甚深, 德首보살) 제5권
　110. 제6권 26, 27, 332.

설법하는 부분[說分] 제5권 37, 84.

섬부주(贍部洲) 염부제 제5권 307, 308.

섭상귀진관(攝相歸眞觀) 제7권 267.

섭취(攝取)세계 제5권 170, 239.

성도여화 능소혹신 도화전상 고명위난
　(聖道如火 能燒惑薪 道火前相 故名爲
　煖, 구사론) 제6권 368.

성문심주팔해탈 소유변현개자재(聲聞心
　住八解脫 所有變現皆自在, 현수품 聲
　聞現通喩) 제7권 416.

성문현통유(聲聞現通喩) 제7권 416.

성상(成相)과 괴상(壞相) 제5권 112.

성언량(聖言量)과 정리량(正理量) 제6권
　303, 305.

세간소언론 일체시분별(世間所言論 一切
　是分別, 보살문명품 교화심심) 제6권
　284.

세간일체제범부 신시법자심난득(世間一
　切諸凡夫 信是法者甚難得, 현수품)
　제7권 452.

세간제국토 일체개수입(世間諸國土 一切
　皆隨入, 문수보살 佛境甚深) 제6권 474.

세계성취품(世界成就品) 제5권 58, 59,
　165.

세계실담분(世界悉壇分)과 위인실담분
　(爲人悉壇分) 제6권 415.

세동출세례(世同出世例) 제7권 76.

세론(世論) 바라문 제6권 289.

소륭불종 발무상의(紹隆佛種 發無上意,
　정행품) 제7권 87.

소성인과(所成因果) 제5권 32.

소여사바 일삼천계 대여법화부루나국(小

如娑婆 一三千界 大如法華富樓那國)
제6권 432.

소응수화자 상견인중웅(所應受化者 常
見人中雄, 현수보살) 제6권 465.

소훈사의와 능훈사의(所熏四義와 能熏
四義) 제6권 190, 191.

수공역부단 수유이불상(雖空亦不斷 雖
有而不常, 중론) 제6권 305.

수구시(邃求施, 끝까지 구하는 보시)
제7권 288, 289.

수기소유상차별 막불개어수중현(隨其所
有相差別 莫不皆於水中現, 현수품)
제7권 252, 255, 419.

수기소응도 여시이설법(隨其所應度 如是
而說法) 제6권 417.

수기심지혜 유진함령익(隨其心智慧 誘進
咸令益, 문수보살 佛境甚深) 제6권 473.

수남(水南) 선지식(水南守邃) 제6권 488.

수능엄제삼매(首楞嚴諸三昧) 제5권 46,
47, 128.

수명인수기 부인수퇴멸(壽命因誰起 復因
誰退滅, 보살문명품) 제6권 260.

수미정상게찬품(須彌頂上偈讚品) 제5권
457. 제6권 151.

수번뇌(隨煩惱), 수번뇌심소 20가지

제6권 381. 제7권 173.

수보이천월부동(數步而千月不同) 제5권
440.

수상섭생관(隨相攝生觀) 제7권 268.

수생과 수현(修生과 修顯) 제5권 25, 28.

수선다(須扇多) 부처님과 아미타(阿彌
陀) 부처님 제6권 435.

수심견이 즉은현의(隨心見異 卽隱顯義)
제5권 165.

수연원행(隨緣願行, 정행품) 제6권 25, 26.
제7권 14.

수오위지원인 성십신지만과(修五位之圓
因 成十身之滿果) 제5권 22, 23.

수인계과생해분(修因契果生解分) 제5권
20, 21.

수제중생병부동 실이법약이대치(隨諸衆
生病不同 悉以法藥而對治, 현수품)
제7권 283.

수청주(水淸珠) 제7권 179, 181.

수출공구난사의 여시공양일도사(手出供
具難思議 如是供養一導師, 현수품)
제7권 279.

수출광공삼매문(手出廣供三昧門) 제7권
244, 273.

수해취중상 전도불여실(隨解取衆相 顚

倒不如實, 보살문명품) 제6권 242, 272.

숙인소생고 현연소생고(宿因所生苦 現緣
所生苦, 사성제품) 제5권 195.

술제(戌提) 제7권 16.

습소성종성(習所成種性) 제7권 44.

습송선례시원(習誦旋禮時願) 제7권 77,
134.

승가리(僧伽梨) 제7권 94.

승거사(僧佉師, 상카학파 문명품) 제6권
302.

승장(勝藏) 보배 제7권 441.

승조(僧肇)법사 제5권 354. 제6권 105,
126, 228. 제7권 25.

시명무량공덕자 삼매자재난사의(是名無
量功德者 三昧自在難思議 현수품)
제7권 407.

시방찰해(十方刹海) 제5권 95.

시방현증(十方現證) 제7권 147, 457.

시삼백 일언이폐제왈사무사(詩三百 一言
以蔽諸曰思無邪, 논어) 제7권 66.

시성정각(始成正覺) 제5권 39.

시수림(尸首林)의 설법 제5권 191.

식악도 이락심(息惡道 利樂深) 제7권
458.

신견나찰(身見羅刹) 제5권 243.

신능증장지공덕(信能增長智功德, 현수
품) 제5권 98.

신락최승심난득(信樂最勝甚難得, 현수
품) 제5권 99.

신만지위(信滿之位, 普賢行德 窮於佛境)
제7권 408.

신명차별 답불주문(身名差別 答佛住問,
여래명호품) 제5권 145.

신무구탁심청정 멸제교만공경본(信無垢
濁心清淨 滅除憍慢恭敬本, 현수품)
제7권 208.

신상(信想)보살 제7권 157.

신성취발심(信成就發心) 제7권 176, 261.

신소구행위(信所具行位) 제7권 213.

신위공덕불괴종 신능생장보리수(信爲功
德不壞種 信能生長菩提樹, 현수품)
제7권 209.

신위도원공덕모 장양일체제선법(信爲道
元功德母 長養一切諸善法, 현수품)
제7권 205.

신유십덕(信有十德) 제6권 30, 31.

신전수와 심전수(身箭受와 心箭受)
제5권 194.

신표업(身表業) 제6권 388.

신해과해(信該果海) 제5권 99, 294.

실거무변계 보음일체해(悉擧無邊界 普飮 一切海, 광명각품) 제5권 419.

실능분별수기적 어일념중개변료(悉能分 別數其滴 於一念中皆辨了, 自在數滴喩 현수품) 제7권 433.

실리(室利) 제5권 98.

실리게사(室利揭娑) 제7권 441.

실보토(實報土) 제5권 49.

실위삼세불모 기독석가지사(實爲三世佛 母 豈獨釋迦之師, 여래명호품) 제5권 114.

심견뢰(甚堅牢)세계 제5권 160.

심성시일 운하견왕선취악취(心性是一 云 何見往善趣惡趣, 보살문명품) 제6권 134.

심성시일 운하견유보류종종(心性是一 云 何見有報類種種, 보살문명품) 제6권 38, 62, 65.

심성시일 운하견유수고수락(心性是一 云 何見有受苦受樂, 보살문명품) 제6권 138.

심성시일 하이견유제근만결 급수생동이 (心性是一 何以見有諸根滿缺 及受生 同異, 보살문명품) 제6권 136.

심수정(心數定) 제7권 377, 378.

심신어불급불법 역신불자소행도(深信於 佛及佛法 亦信佛子所行道, 현수품) 제7권 189.

심진여문(心眞如門)과 심생멸문(心生滅 門) 제6권 36, 38.

십관 융사법계(十觀 融四法界, 현수품 無 方大用) 제7권 267.

십구문인(十句問因, 十住 十行 十廻向 十 藏 十地 十願 十定 十通 (十忍) 十頂) 제5권 67.

십당설향(十幢說向) 제5권 113.

십대원(十大願) 제5권 70.

십도제수지행(十度齊修之行) 제7권 20.

십림설십행(十林說十行) 제5권 113.

십법성승(十法成乘) 제7권 185, 202.

십불국토(十佛國土) 제5권 345.

십불찰미진수세계(十佛刹微塵數世界) 제5권 44, 86, 92, 93, 99, 100, 101, 103, 104, 105, 278, 317, 345, 366, 379, 405, 421, 441, 460, 470, 483.

십사(十使) 번뇌 제7권 86.

십세격법이성문(十世隔法異成門, 십현문) 제5권 166, 315.

십신상작(十身相作) 제7권 403.

십신원융 일일구십(十信圓融 一一具十)

제7권 70.

십심심(十甚深) 제6권 23.

십인품(十忍品) 제5권 69, 77.

십장(十藏), 십무진장품 제5권 215.

십장설십지(十藏說十地) 제5권 113.

십정품(十定品) 제5권 140, 141, 220.
　제7권 159, 362, 405.

십정품 지주처품 이증입영등불(十定品 至
　住處品 已證入令等佛. 제27 십정품에서
　제32 보살주처품까지 6품) 제6권 25.

십주품(十住品) 제5권 456.

십찰진수(十刹塵數) 제5권 95.

십찰진수여래소 실개승사진일겁(十刹塵
　數如來所 悉皆承事盡一劫, 校量餘行
　현수품) 제7권 456.

십찰진수중생소 실시락구경일겁(十刹塵
　數衆生所 悉施樂具經一劫, 舉福勝彰信
　勝 현수품) 제7권 456.

십초승(十超勝) 제7권 62.

십통품(十通品) 제7권 159.

십행품(十行品) 제6권 390, 391.

십현문(十玄門, 1. 一多相容不同門 2. 諸
　法相卽自在門 3. 同時具足相應門 4. 廣
　狹自在無礙門 5. 因陀羅網境界門 6. 微
　細相容安立門 7. 主伴圓明俱成門 8. 秘

密顯了俱成門 9. 託事顯法生解門 10. 十
　世隔法異成門) 제5권 166. 제7권 147,
　268.

십혜설십주(十慧說十住) 제5권 113.

십회향품 제6권 373. 제7권 61, 374.

쌍차와 쌍조[雙遮雙照] 제7권 54.

○

아게타(阿揭陀) 약의 비유 제6권 354.

아금수력설소분 유여대해일적수(我今隨
　力說少分 猶如大海一滴水, 현수품)
　제7권 151.

아누달 연못[阿耨達池]의 비유 제5권
　222.

아마륵가(阿摩勒迦) 제5권 41.

아사연재문중왕 가무담설중소흔(雅思淵
　才文中王 歌舞談說衆所欣, 身同世間
　현수품) 제7권 304.

아수라중우병장 최복일체제원적(阿修羅
　中雨兵仗 摧伏一切諸怨敵, 所雨不一喩
　현수품) 제7권 445.

아와 아소(我與 我所) 제6권 301, 304.

아육왕(阿育王) 제6권 494.

아집습기(我執習氣) 제6권 79.

안국(安國) 법사 제7권 169.

안지추(顔之推)의 가훈(家訓) 제7권 449.

안혜(安慧) 논사 제6권 273, 276.

애견대비(愛見大悲) 제7권 201.

애어섭(愛語攝) 제7권 289.

야마천상유리색 삼십삼천마노색(夜摩天
上琉璃色 三十三天瑪瑙色, 雲色不同喩
현수품) 제7권 438.

약견공발 당원중생 기심청정 공무번뇌(若
見空鉢 當願衆生 其心淸淨 空無煩惱,
정행품) 제7권 128.

약견만발 당원중생 구족성만 일체선법(若
見滿鉢 當願衆生 具足成滿 一切善法,
정행품) 제7권 128.

약능여법공양불 즉능염불심부동(若能如
法供養佛 則能念佛心不動, 현수품)
제7권 222.

약무유아자 하득유아소(若無有我者 何
得有我所) 제5권 383.

약반식시 당원중생 선열위식 법희충만(若
飯食時 當願衆生 禪悅爲食 法喜充滿,
정행품) 제7권 130.

약법종연생 시즉무자성(若法從緣生 是則
無自性, 중론) 제6권 147, 160.

약세간유변 운하유후세(若世間有邊 云

何有後世 중론) 제5권 233.

약아즉오음 아즉위생멸(若我卽五陰 我
卽爲生滅 중론) 제5권 383.

약유자수중복업 공양제불무앙수(若有自
修衆福業 供養諸佛無央數, 현수품)
제7권 355.

약의십신 즉견여래족륜방광 주호법계등
(若疑十信 卽見如來足輪放光 周乎法
界等, 여래명호품) 제5권 86.

약의십주 즉견여래족지방광 백찰진외 보
살집등(若疑十住 則見如來足指放光 百
刹塵外 菩薩集等, 여래명호품) 제5권
90.

약이불덕자장엄 즉획묘복단엄신(若以佛
德自莊嚴 則獲妙福端嚴身, 현수품)
제7권 231.

약이진동속 유일환유 융속동진 유일진공
공유무이 위쌍조지중도(若以眞同俗 唯
一幻有 融俗同眞 唯一眞空 空有無二
爲雙照之中道, 보살문명품) 제6권 166.

약인부지공 부지공인연(若人不知空 不知
空因緣, 중론) 제6권 147.

양족륜방광(兩足輪放光, 從兩足輪下 放
百億光明) 제5권 294.

양중무애(兩重無礙, 體用無礙 二利無礙)

제7권 390.

어불법중 지위상수 여래하고 혹위중생 찬탄보시 혹찬지계(於佛法中 智爲上首 如來何故 或爲衆生 讚歎布施 或讚持戒, 보살문명품 正助심심, 智首보살) 제6권 410.

어삼계전중 부생고아(於三界田中 復生苦芽, 환희지) 제6권 89, 324.

어색진중입정정 어안기정심불란(於色塵中入正定 於眼起定心不亂, 三世間自在 현수품) 제7권 369.

어안근중입정정 어색진중종정출(於眼根中入正定 於色塵中從定出, 三世間自在 현수품) 제7권 368.

어하해중입정정 어화대중종정출(於河海中入正定 於火大中從定出, 周徧出入 현수품) 제7권 406.

어허공중입화정 행주좌와실재공(於虛空中入火定 行住坐臥悉在空, 聲聞現通喩 현수품) 제7권 416.

언교주변답소설문(言敎周徧答所說問) 제5권 180.

업과심심(業果甚深, 寶首보살) 제5권 110.

업부지심 심부지업(業不知心 心不知業)

제6권 70.

업위전 식위종 무명소부 애수위윤(業爲田 識爲種 無明所覆 愛水爲潤, 현전지) 제6권 324.

여관일엽락 지천하추(如觀一葉落 知天下秋, 借老子之言) 제6권 254.

여농주음악 열피부자문(如聾奏音樂 悅彼不自聞, 法首보살 聾樂悅彼喩) 제6권 406.

여대해수 인풍파동(如大海水 因風波動, 기신론) 제6권 134.

여래명호품(如來名號品) 제5권 21, 277, 319.

여래복전 등일무이 운하이견중생보시 과보부동(如來福田 等一無異 云何而見衆生布施 果報不同, 문명품 복전심심) 제6권 346.

여래소오 유시일법 운하내설무량제법 현무량찰 화무량중(如來所悟 唯是一法 云何乃說無量諸法 現無量刹 化無量衆, 德首보살 설법심심) 제6권 334, 440.

여래수량품(如來壽量品) 제5권 71.

여래수호광명공덕품 제7권 121.

여래심경계 기량등허공(如來深境界 其量等虛空, 문수보살 佛境甚深) 제6권

290, 471.

여래십신상해품 제5권 84.

여래어일념 일체실명달(如來於一念 一切
悉明達, 보살문명품 佛境甚深) 제6권
491.

여래최자재 초세무소의(如來最自在 超世
無所依) 제5권 444.

여래출현품 제5권 83. 제6권 132, 345,
456, 480. 제7권 154, 252, 254, 453.

여래현상답(如來現相答) 제5권 85.

여래현상품 제5권 144.

여리지(如理智)와 여량지(如量智) 제5권
192. 제6권 454.

여맹궤중상 시피부자견(如盲績衆像 示彼
不自見, 법수보살 盲畵示彼喩) 제6권
407.

여맹모상 부전견상(如盲摸象 不全見象,
열반경) 제6권 141.

여본취보리 소유회향심(如本趣菩提 所有
廻向心, 一道甚深 현수보살) 제6권
456.

여불소설 약유중생 수지정법 실능제단일
체번뇌 하고부유수지정법 이부단자(如
佛所說 若有衆生 受持正法 悉能除斷一
切煩惱 何故復有受持正法 而不斷者,

보살문명품 正行甚深) 제6권 379.

여산원공(廬山遠公), 여산(廬山)의 혜원
(慧遠)법사 제5권 115.

여선립기도 이후조궁실(如先立基堵 而後
造宮室, 문명품 智首보살) 제6권 424.

여시명달인 어차내능도(如是明達人 於此
乃能覩, 一道甚深 현수보살) 제6권 460.

여시삼매신통상 일체천인막능측(如是三
昧神通相 一切天人莫能測, 현수품)
제7권 284.

여시용심 즉획일체승묘공덕(如是用心則
獲一切勝妙功德, 정행품) 제7권 138.

여시제불법 중생막능견(如是諸佛法 衆生
莫能見, 一道甚深) 제6권 458.

여실공경과 인훈습경(如實空鏡과 因熏習
鏡, 기신론) 제6권 310, 311, 312, 317.

여아게타약 능료일체독(如阿揭陀藥 能
療一切毒, 목수보살) 제6권 354.

여아수라변화신 도금강제해중입(如阿修
羅變化身 蹈金剛際海中立, 修羅大身喩
현수품) 제7권 425.

여월광영미부주 무량방편화군생(如月光
影靡不周 無量方便化群生, 현수품)
제7권 248.

여유생왕궁 이수뇌여한(如有生王宮 而受

餒與寒, 王子饑寒喩 문명품) 제6권 405.

여이일모단 이취대해수(如以一毛端 而取 大海水, 근수보살 毛滴大海喩) 제6권 377.

여인선방약 자질불능구(如人善方藥 自 疾不能救, 법수보살 醫不自救喩品) 제6권 404.

여인설미선 자아이불식(如人設美饍 自餓 而不食, 법수보살 設食自餓喩) 제6권 403.

여인수소표 구익이갈사(如人水所漂 懼 溺而渴死, 법수보살 懼溺渴死喩) 제6권 403.

여인수타보 자무반전분(如人數他寶 自 無半錢分, 법수보살 貧數他寶喩) 제6권 405.

여장신지화 선지성륜(如杖薪之火 旋之成 輪, 도생법사) 제6권 265.

여재사구도 광설중호사(如在四衢道 廣 說衆好事, 법수보살 巧言無德喩) 제6권 408.

여정수중사병상 각각별이무교잡(如淨水 中四兵像 各各別異無交雜, 현수품) 제7권 251, 254, 419.

여찬수구화 미출이삭식(如鑽燧求火 未

出而數息, 근수보살 鑽火數息喩) 제6권 367.

여창중자 위기소독(如瘡中刺 爲其所毒) 제5권 347.

여피동사실능인 영기이익득안락(與彼同 事悉能忍 令其利益得安樂, 현수품) 제7권 292.

여해인현중생신 이차설기위대해(如海印 現衆生身 以此說其爲大海, 현수품) 제7권 253.

역여대화취 맹염동시발(亦如大火聚 猛焰 同時發, 각수보살 보살문명품) 제6권 117.

연기상수관(緣起相收觀) 제7권 267.

연기상유문(緣起相由門) 제5권 339. 제7권 158, 159.

연기심심(緣起甚深, 覺首보살) 제5권 110. 제6권 22, 26, 30, 141, 166.

연려심(緣慮心) 제6권 194.

연(衍)법사 제6권 33.

연제지혜총달인 인어비고해기의(然諸智 慧聰達人 因於譬故解其義, 借喩通玄 현수품) 제7권 412.

연화장사자지좌(蓮華藏師子之座) 제5권 39, 101, 103, 104, 105, 106, 107,

108, 279, 316, 345, 366, 405, 422, 442, 461, 471, 484.

열반불사(涅槃佛事) 제7권 119.

열반종(涅槃宗) 제6권 124.

염오문과 청정문 제6권 315, 316, 317.

염혜(焰慧)세계 제5권 161.

염혜지 제6권 257.

영공(影公) 법사 제5권 233, 351.

영략(影略) 제5권 31, 55. 제6권 121, 122, 160, 312, 313, 477, 496. 제7권 149.

영사일체방일행 구족수습제공덕(令捨一 切放逸行 具足修習諸功德, 현수품) 제7권 342.

영피각각심자위 천왕독여아오락(令彼各 各心自謂 天王獨與我娛樂, 天王普應喩 현수품) 제7권 430.

예라발라(瞖羅跋那) 제5권 158.

예습불라발나(瞖濕弗羅跋那) 제5권 158.

예토와 정토 제6권 436.

오계(五戒)와 팔경계(八敬戒) 제7권 89, 90.

오근(五根, 信 進 念 定 慧) 제7권 50.

오리사(五利使) 제6권 153.

오매안식시원(寤寐安息時願) 제7권 77.

오열(五熱) 제7권 307.

오온마(五蘊魔)와 사마(死魔) 제7권 230.

오정심관(五停心觀) 별상념관(別相念觀) 총상념관(總相念觀) 제6권 369.

오주인과(五周因果) 제5권 29.

오파타야(鄔波陀耶) 제7권 90.

요순(堯舜)과 걸주왕(桀紂王) 제5권 224.

요익(饒益)세계 제5권 180, 245.

요탑삼잡 당원중생 근구불도 심무해헐 (遶塔三帀 當願衆生 勤求佛道 心無懈 歇, 정행품) 제7권 136.

용길상(龍吉祥)보살 제5권 453.

용왕자재실능작 이신부동무분별(龍王自 在悉能作 而身不動無分別, 擧劣顯勝 현수품) 제7권 447.

용종상존왕불(龍種上尊王佛) 용종상불 (龍種上佛) 제5권 123.

우발라화색(優鉢羅華色) 優鉢羅華色세 계 제5권 105, 318.

우방광명명무외 차광조촉공포자(又放光 明名無畏 此光照觸恐怖者, 현수품) 제7권 337.

우방광명명상미 능령기자획미식(又放光 明名上味 能令饑者獲美食, 현수품) 제7권 347.

우방광명명엄결 영지평탄유여장(又放光

明名嚴潔 令地平坦猶如掌, 현수품)
제7권 345.

우방광명명용맹 차광각오나타자(又放光
明名勇猛 此光覺悟懶惰者, 현수품)
제7권 333.

우방광명명환희 차광능각일체중(又放光
明名歡喜 此光能覺一切衆, 현수품)
제7권 325.

우방광명명혜엄 차광각오우미자(又放光
明名慧嚴 此光覺悟愚迷者, 현수품)
제7권 334.

우방광명묘장엄 출생무량보련화(又放光
明妙莊嚴 出生無量寶蓮華, 현수품)
제7권 276.

우방광명법자재 차광능각일체중(又放光
名法自在 此光能覺一切衆, 현수품)
제7권 330.

우방광명색청정 영견난사제불색(又放光
名色清淨 令見難思諸佛色, 현수품)
제7권 349.

우방광명안청정 능령맹자견중색(又放光
名眼清淨 能令盲者見衆色, 현수품)
제7권 347.

우방광명의장엄 종종명의집위장(又放光
明衣莊嚴 種種名衣集爲帳, 현수품)

제7권 277.

우방광명화장엄 종종묘화집위장(又放光
明華莊嚴 種種妙華集爲帳, 현수품)
제7권 276.

우부타화자재천 운중전요여일광(又復他
化自在天 雲中電曜如日光, 電光差別喩
현수품) 제7권 439.

우여중지계 전전인의주(又如衆地界 展轉
因依住, 보살문명품) 제6권 128.

운하용심 능획일체승묘공덕(云何用心 能
獲一切勝妙功德, 정행품) 제7권 69.

원교(圓教)와 돈교(頓教) 별교(別教)
제5권 164, 278.

원돈지관문(圓頓止觀門) 제7권 145.

원명해인삼매문(圓明海印三昧門) 제7권
244, 247.

원융문(圓融門)의 신행 제7권 144, 145,
158, 161.

원종(圓宗) 제6권 271.

원측(圓測) 법사 제5권 310.

원행지(遠行地) 제7권 228, 378.

원효(元曉)법사 제6권 55, 225.

월지일다 유기유이 불지일다 유감부동(月
之一多 由器有異 佛之一多 由感不同)
제5권 441.

위만성불(位滿成佛) 제7권 161.

위세사(衛世師 위세학파 문명품) 제6권 302.

위의지(威儀智 威儀智佛) 제5권 105, 318.

유법능기마하연신근(有法能起摩訶衍信根, 기신론) 제6권 35.

유복덕자자연비 비무덕자소능처(有福德者自然備 非無德者所能處, 현수품) 제7권 357.

유승삼매능출현 권속장엄개자재(有勝三昧能出現 眷屬莊嚴皆自在, 현수품) 제7권 359.

유승삼매명방망 보살주차광개시(有勝三昧名方網 菩薩住此廣開示, 현수품 寂用無涯三昧) 제7권 363.

유승삼매명안락 능보구도제군생(有勝三昧名安樂 能普救度諸群生, 현수품 毛光照益三昧門) 제7권 317.

유이삼천대천계 정대일겁신부동(有以三千大千界 頂戴一劫身不動, 현수품 校量難信) 제7권 455.

유일부인명변재 부모구천이득생(有一婦人名辯才 父母求天而得生, 현수품 女授辯才喩) 제7권 420.

유전문(流轉門) 제7권 56.

유제업습기 이취습기구(由諸業習氣 二取習氣俱, 성유식론) 제6권 79, 80.

유지무다문 시부지실상(有智無多聞 是不知實相, 대지도론) 제6권 401.

유지습기(有支習氣) 제6권 79.

유황현지(喩況玄旨, 信滿之位) 제7권 408.

육상원융(六相圓融) 제5권 111.

육인(六因) 제5권 248.

육조(六祖, 혜능선사) 제6권 371.

은현자재(隱顯自在) 제7권 405.

응병여약(應病與藥) 제5권 88.

의니미니유부달접자(醫泥迷泥瑜部達鰈刺) 제7권 312.

의주석(依主釋)과 유재석(有財釋) 지업석(持業釋) 제5권 22, 289. 제6권 22.

의타무성 즉시원성(依他無性 卽是圓成) 제6권 168.

의타기자성 분별연소생(依他起自性 分別緣所生) 제6권 213.

이경성행례(以境成行例) 제7권 76.

이계과(離繫果) 제5권 248. 제7권 37, 41, 58, 59.

이구(離垢)세계 제5권 164, 224.

이근동원례(以近同遠例) 제7권 76.

이리무애(二利無礙) 제7권 390.

이망귀진례(以妄歸眞例) 제7권 76.

이묘변재 연창여래소유경계 하등시불경
계 하등시불경계인(以妙辯才 演暢如來
所有境界 何等是佛境界 何等是佛境界
因, 문명품 佛境甚深) 제6권 468.

이무아리 즉진법계(二無我理 卽眞法界)
제6권 302.

이세간품(離世間品) 제5권 82, 113.
제6권 142. 제7권 160, 162, 221.

이숙과(異熟果) 제7권 37.

이숙식(異熟識) 제6권 195.

이신관신 이가관가 이국관국 이천하관천
하(以身觀身 以家觀家 以國觀國 以天
下觀天下, 노자) 제6권 254.

이유공의고 일체법득성(以有空義故 一切
法得成, 중론) 제6권 146, 148, 159, 200.

이인동과례(以因同果例) 제7권 76.

이인동법례(以人同法例) 제7권 76.

익찬티카[一闡提] 제7권 453.

인과원만덕(因果圓滿德) 제5권 483.

인다라망경계문(因陀羅網境界門) 제5권
165.

인다라망삼매문(因陀羅網三昧門) 제7권

244, 270.

인명(因明) 제5권 393.

인위(忍位), 세제일위(世第一位) 제6권
370.

인의예지신(仁義禮智信) 제7권 186.

인차십계(隣次十界) 제5권 216.

일구일체의 광협자재의 제망중중의(一具
一切義 廣陜自在義 帝網重重義) 제5권
164.

일구일체 즉동시구족상응문(一具一切 卽
同時具足相應門) 제5권 164.

일념보관무량겁 무거무래역무주(一念普
觀無量劫 無去無來亦無住, 광명각품)
제5권 485.

일다상용부동문(一多相容不同門, 십현
문) 제5권 165.

일다상용지문(一多相容之門, 一多相容
不同門) 제5권 341.

일다상즉관(一多相卽觀) 제7권 267.

일도심심(一道甚深 賢首보살) 제5권 110.

일도징강 만리이일월고영(一道澄江 萬里
而一月孤映) 제5권 440.

일도청정(一道淸淨) 제5권 109, 110, 200.

일미진중입정정 일체진중종정출(一微塵
中入正定 一切塵中從定出, 微細自在

현수품) 제7권 404.

일보개등왕(一寶蓋燈王) 부처님 제5권 140.

일심삼지(一心三止) 제7권 395, 396, 399.

일야정근무염태(日夜精勤無厭怠) 제5권 472.

일인남대견보살 일인서대견사자 일인중대견만성 일인동대견화불 일인배대견성승 시각감견일야[一人南臺見菩薩 一人西臺見師子 一人中臺見萬聖 一人東臺見化佛 一人北臺見聖僧 是各感見一也, 광명각품] 제5권 370.

일체공덕산수미승운불(一切功德山須彌勝雲佛, 비로자나품) 제5권 143.

일체공무성 망심분별유(一切空無性 妄心分別有, 보살문명품) 제6권 212.

일체모공실역연 차시대선삼매력(一切毛孔悉亦然 此是大仙三昧力, 현수품) 제7권 353.

일체무애인 일도출생사(一切無礙人 一道出生死, 현수보살) 제6권 453.

일체법개여 제불경역연(一切法皆如 諸佛境亦然, 도솔게찬품) 제6권 290.

일체세간락견상대정진불(一切世間樂見上大精進佛) 제5권 125.

일체여래함공설 중생업보난사의(一切如來咸共說 衆生業報難思議, 현수품 喩況玄旨) 제7권 409.

일체제불찰 장엄실원만(一切諸佛刹 莊嚴悉圓滿, 현수보살 一道甚深) 제6권 458.

일체중생 개유불성 도일천제 정설무아(一切衆生 皆有佛性 度一闡提 定說無我) 제5권 473.

일체중생등유사대 무아무아소 운하이유 수고수락단정추루(一切衆生等有四大 無我無我所 云何而有受苦受樂端正醜陋, 業果甚深 보살문명품) 제6권 299.

일체중생비중생 운하여래 수기시 수기명(一切衆生非衆生 云何如來 隨其時 隨其命, 보살문명품) 제6권 237.

일체중생위대폭수파랑소몰(一切衆生爲大瀑水波浪所沒, 십지품) 제6권 134.

입법계품(入法界品) 제5권 96, 128, 147. 제7권 374, 413.

ㅈ

자력항마(慈力降魔) 제5권 356.

자성주종성(自性住種性) 제7권 44.

자수용신(自受用身) 제6권 444, 447, 461.

자심삼매력(慈心三昧力) 제5권 360.

자애(慈愛) 선정 제6권 428.

자재지(自在智, 自在智佛) 제5권 108, 318.

자증분(自證分)과 증자증분(證自證分) 제6권 273, 280.

작양지시 당원중생 기심조정 서제번뇌(嚼楊枝時 當願衆生 其心調淨 噬諸煩惱, 정행품) 제7권 95.

작자무소유 제불지소설(作者無所有 諸佛之所說, 보살문명품 業果甚深) 제6권 306.

잠입미진 즉미세의 수법회전 즉주반문의(潛入微塵 卽微細義 隨法廻轉 卽主伴門義) 제5권 165.

장식설명심 사량성명의 능료제경상 시설명위식(藏識說名心 思量性名意 能了諸境相 是說名爲識, 입능가경) 제6권 180.

장식해상주 경계풍소동(藏識海常住 境界風所動, 능가경) 제6권 134.

장행피괘시원(將行披挂時願) 제7권 77, 93.

재가시원(在家時願, 在家行孝願) 제7권 77, 78.

재수(財首) 보살 제5권 104, 111, 318.

제6권 76, 236, 241.

적멸도량법회 제5권 31, 58, 146, 164.

적용무애삼매문(寂用無涯三昧門) 제7권 244, 363.

전륜왕의 칠보(七寶) 제6권 331.

전식(轉識)과 장식(藏識) 제6권 50.

전종생아유(田種生芽喩) 제6권 323.

정교심심(正教甚深, 精進首, 勤首) 제5권 107, 110.

정설승덕분(正說勝德分, 현수품) 제7권 150, 169.

정정취(正定聚) 제7권 176.

정조심심(正助甚深, 지수보살) 제6권 409.

정해리관(正解理觀, 보살문명품) 제6권 25.

정행심심(正行甚深, 法首보살) 제5권 110, 327, 373.

제망중중관(帝網重重觀) 제7권 268.

제번뇌장 근본지현 제소지장 후득지현(除煩惱障 根本智現 除所知障 後得智現) 제5권 66.

제법공무아 중보수중생(諸法空無我 衆報隨衆生, 보살문명품) 제6권 241.

제법무작용 역무유체성(諸法無作用 亦無

有體性, 각수보살) 제5권 458. 제6권
96.

제법상즉자재문(諸法相卽自在門, 십현
문) 제5권 165.

제법실상자 심행언어단(諸法實相者 心行
言語斷, 중론) 제5권 413.

제불세존유이일도 이득출리 운하금견일
체불토 소유중사종종부동(諸佛世尊唯
以一道 而得出離 云何今見一切佛土 所
有衆事種種不同, 현수보살) 제6권 429.

제불혹설아 혹설어무아(諸佛或說我 或
說於無我, 중론) 제5권 165.

제사회 이해영행(第四會 已解令行. 제19
승야마천궁품 제20 야마게찬품 제21 십
행품 제22 십무진장품) 제6권 25.

제삼회 이신영해(第三會 已信令解. 제13
승수미산정품 제14 수미게찬품 제15 십
주품 제16 범행품 제17 초발심품 제18 명
법품) 제6권 25.

제석궁(帝釋弓. 제석천의 활) 제5권 174.

제선행등실무여 위욕이익중생고(諸仙行
等悉無餘 爲欲利益衆生故, 현수품)
제7권 296.

제오회 이행영기원(第五會 已行令起願.
제23 승야마천궁품 제24 야마게찬품 제

25 십회향품) 제6권 25.

제육회 이기원영증입(第六會 已起願令證
入, 십지품) 제6권 25.

제지일처 무사불판(制之一處 無事不辦,
유교경) 제6권 372.

제청색(帝靑色. 제석천왕의 불꽃 마니 색
깔) 제7권 440.

제칠선(第七仙. 제칠의 신선) 제5권 149.

조도심심(助道甚深, 智首보살) 제5권
109.

조수관세시원(澡漱盥洗時願) 제7권 77,
95.

주반무궁(主伴無窮) 제5권 272.

주반엄려삼매문(主伴嚴麗三昧門) 제7권
244, 360.

주반원명구성문(主伴圓明俱成門, 십현
문) 제5권 165, 166.

주반원융관(主伴圓融觀) 제7권 267.

중각(重閣)강당 제5권 71.

중동분(衆同分) 제6권 262, 263.

중생무지혜 애자소상독(衆生無智慧 愛
刺所傷毒, 광명각품) 제5권 320, 347.

중해운집(衆海雲集) 제5권 92.

즉광즉협 시광협자재무애문 즉인다라망
경계문(卽廣卽狹 是廣狹自在無礙門 卽

因陀羅網境界門, 십현문) 제5권 165.

즉차법신 유전오도 명왈중생(卽此法身 流轉五道 名曰衆生, 부증불감경) 제6권 243.

증상과(增上果) 제7권 37, 39, 60.

증상만(增上慢) 제6권 379.

지관쌍운행(止觀雙運行) 제7권 19.

지륜의수륜 수륜의풍륜 풍륜의허공 허공무소의(地輪依水輪 水輪依風輪 風輪依虛空 虛空無所依, 여래출현품 四輪相依喩) 제6권 131.

지부지경 경부지지(智不知境 境不知智) 제6권 92.

지수거과징인 문수광현기인(智首 擧果徵因 文殊 廣顯其因) 제7권 143.

지수(智首) 보살, 正助심심 제5권 108, 109, 110, 111, 318. 제7권 24.

지업석(持業釋) 의주석(依主釋) 인근석(隣近釋) 제7권 17, 180.

지지(持地)세계 제5권 162.

지지일자중묘지문(知之一字衆妙之門, 수남선사 어록) 제6권 487.

진견도(眞見道) 제7권 111.

진나(陳那) 논사 제6권 273, 279.

진식(眞識)과 현식(現識) 제6권 46, 50, 52.

진실자(眞實慈) 제6권 246.

진어동방제국토 소유여래무수량(盡於東方諸國土 所有如來無數量, 현수품 智正覺世間自在) 제7권 364.

진음(振音)세계 제5권 175, 267.

집약유정성 선래소부단(集若有定性 先來所不斷, 중론) 제6권 200.

집지응기 당원중생 성취법기 수천인공(執持應器 當願衆生 成就法器 受天人供, 정행품) 제7권 97.

ㅊ

차광각오일체중 영집등명공양불(此光覺悟一切衆 令執燈明供養佛, 현수품) 제7권 322.

차시락적멸 다문자경계(此是樂寂滅 多聞者境界, 보살문명품 敎化심심) 제6권 248.

차신가안립 주처무방소(此身假安立 住處無方所, 보살문명품 敎化심심) 제6권 253.

차하삼품 명미신영신(此下三品 明未信令信. 제10 보살문명품 제11 정행품 제

12 현수품) 제6권 25.

차하지보살주처 명생해지인(此下至菩薩
住處 明生解之因. 제10 보살문명품 ~
제32 보살주처품 23품) 제6권 25.

처염번염례(處染翻染例) 제7권 75.

천고출음고기중 여등응의물우포(天鼓出
音告其衆 汝等應宜勿憂怖, 현수품 天
鼓安慰喩) 제7권 429.

천아수라공전시 제석신역난사의(天阿修
羅共戰時 帝釋神力難思議, 현수품 帝
釋破寃喩) 제7권 426.

천아수라투전시 수라패뉴이퇴주(天阿修
羅鬪戰時 修羅敗衄而退走, 현수품 修
羅隱形喩) 제7권 422.

천지불인 이만물위추구(天地不仁 以萬物
爲芻狗, 노자) 제6권 130.

천착(穿鑿, 非是穿鑿) 제7권 106.

천태지자(天台智者)대사 제7권 185.

천폭륜상(千輻輪相) 제5권 295.

청목(靑目) 논사 제5권 434.

체용무애(體用無礙) 제7권 390.

체진지(體眞止) 제7권 398.

초심구무변덕(初心具無邊德) 제7권 162.

총상(總相)과 별상(別相) 제5권 112.

최승지(最勝智, 最勝智佛) 제5권 107,
318.

출가수계시원(出家受戒時願) 제7권 77,
83.

출입무애(出入無礙) 제7권 387.

취대승자유위이 능신차법배갱난(趣大乘
者猶爲易 能信此法倍更難, 현수품 擧
三乘之信) 제7권 454.

취소수엽 고제비구 아금수중소착엽다 일
체인지초목엽다(取少樹葉 告諸比丘 我
今手中所捉葉多 一切因地草木葉多, 사
성제품) 제5권 191.

취좌선관시원(就坐禪觀時願) 제7권 77,
93.

친광(親光) 논사 제5권 44.

친혜(親慧)세계 제5권 156.

칠해(七海) 제5권 58.

침수전단향(沈水栴檀香) 제7권 443.

ㅋ

쾌설차법(快說此法) 제7권 457.

ㅌ

타수용신과 변화신 제6권 449, 459, 461.

타화뇌진여범음 화락천중천고음(他化雷震如梵音 化樂天中天鼓音, 현수품 雷聲不等喩) 제7권 441.

타화자재육천왕 어욕계중득자재(他化自在六天王 於欲界中得自在, 현수품 魔繫愚夫喩) 제7권 431.

탁사표법 십문부동 즉탁사의(託事表法十門不同 卽託事義) 제5권 165.

탁사현법생해문(託事顯法生解門, 십현문) 제5권 166.

통달위(通達位) 제6권 293.

통달차인문 성취무애지(通達此忍門 成就無礙智) 제5권 77.

통리대중 일체무애(統理大衆 一切無礙, 정행품) 제7권 87.

통이사품답어정문(通以四品答於頂問, 십인품 아승지품 여래수량품 보살주처품) 제5권 80.

Ⅱ

파라타(頗羅墮) 바라문 제5권 153.

파리(波利) 제7권 16.

파리사가(婆利師迦) 제7권 444.

팔경계(八敬戒) 제7권 89.

팔대인각(八大人覺, 유교경) 제6권 370, 391. 제7권 376.

팔상보리(八相菩提) 제5권 366.

평등색(平等色, 平等色世界) 제5권 109, 318.

평등인과 인내과중지인 과내차과지용(平等因果 因乃果中之因 果乃此果之用) 제5권 84.

폐마궁 유불경(蔽魔宮 唯佛境) 제7권 458.

폐목구견유(閉目求見喩) 제6권 376.

폐법사(弊法師) 제6권 401.

표의명언(表義名言) 제6권 80.

표주시처(標主時處) 제5권 38.

풍락(豊樂)세계 제5권 170, 235.

풍불능학바라밀 역불학불제공덕(風不能學波羅蜜 亦不學佛諸功德, 현수품 大風成事喩) 제7권 436.

풍일(豊溢)세계 제5권 168, 223, 235.

파유탐욕진에치 상능현차제신통(彼有貪欲瞋恚癡 尚能現此諸神通, 현수품 象王隨變喩) 제7권 421.

피일진내중다찰 혹유유불혹무불(彼一塵內衆多刹 或有有佛或無佛, 현수품) 제7권 270.

피제대사위신력 법안상전무결감(彼諸大士威神力 法眼常全無缺減, 현수품) 제7권 240.

피제보살해탈문 일체비유무능현(彼諸菩薩解脫門 一切譬喩無能顯, 현수품 結說難思) 제7권 447.

피지소작미위난 능신차법내위난(彼之所作未爲難 能信此法乃爲難, 현수품) 제7권 455.

필리거(必理車) 제6권 20.

필추의세(必麤依細) 제6권 129.

ㅎ

항전여폭류(恒轉如瀑流, 유식론) 제6권 134.

항포문과 원융문 제7권 213.

항포차제문의 교법 제7권 163.

해당(海幢)비구 제7권 161.

해유희기수특법 능위일체평등인(海有希奇殊特法 能爲一切平等印, 현수품 大海包含喩) 제7권 251, 255, 436.

해인돈현(海印頓現) 제5권 146, 147, 165.

해인삼매문(海印三昧門) 제7권 244.

해중유신명선음 기음보순해중생(海中有神名善音 其音普順海衆生, 현수품 善音巧辯喩) 제7권 419.

해탈도(解脫道) 제7권 110, 202.

해탈지(解脫智, 解脫智佛) 제5권 171, 319.

향성분골(香城粉骨) 제7권 115.

허광망취자 시중하소취(虛誑妄取者 是中何所取) 제5권 241.

현경명언(顯境名言) 제6권 79.

현담(玄談) 제5권 185, 294. 제6권 168.

현량(現量)과 비량(比量)과 성언량(聖言量) 제5권 395.

현보와 후보(現報와 後報) 제6권 300.

현상과 이치가 장애없는 문[事理無礙門] 제5권 328.

현상과 현상이 장애없는 문[事事無礙門] 제5권 328.

현수(賢首)대사 제5권 41, 290, 325, 342, 344. 제6권 18, 51. 제7권 241.

현수(賢首) 보살 一道甚深 제5권 109, 110, 111, 318. 제6권 428.

현수품 제5권 28, 75, 100.

현실증성분(顯實證成分) 제7권 458.

현어시중 즉십세의(顯於時中 卽十世義) 제5권 165.

현장(玄奘) 법사 제5권 311.

현제법문삼매문(現諸法門三昧門) 제7권 244, 280.

현전지(現前地) 제6권 82, 324.

호법경신(護法輕身) 제5권 364.

호법(護法)논사 제6권 274.

혹견심적정 여세등영멸(或見心寂靜 如世 燈永滅) 제5권 378.

혹변주어세사제 혹선밀어설사제(或邊呪 語說四諦 或善密語說四諦, 현수품) 제7권 309.

혹수오열수일전 혹지우구급녹계(或受五 熱隨日轉 或持牛狗及鹿戒, 현수품) 제7권 307.

혹어동방입정정 이어서방종정출(或於東 方入正定 而於西方從定出, 현수품 器 世間自在) 제7권 364.

혹이범주신통문 혹이사섭이익문(或以梵 住神通門 或以四攝利益門, 현수품) 제7권 281.

혹작보주수소구 혹이정도시중생(或作寶 珠隨所求 或以正道示衆生, 현수품) 제7권 305.

화광불(華光佛)과 산해혜자재통왕불(山 海慧自在通王佛) 제6권 440.

화락천궁(化樂天宮) 제5권 73.

화락천우다라화 만다라화급택향(化樂 天雨多羅華 曼陀羅華及澤香, 현수품 所雨不一喩) 제7권 443.

화만진방(化滿塵方) 제5권 114.

화미초습유(火微樵濕喩, 근수보살) 제6권 366.

화보(華報) 제6권 495.

화상(和尙) 제7권 90.

화엄묘행삼매문(華嚴妙行三昧門) 제7권 244, 265.

화장세계품(華藏世界品) 제5권 59. 제7권 168.

화좌안좌(化座安坐) 제5권 95.

환귀세욕시원(還歸洗浴時願) 제7권 77, 133.

환멸문(還滅門) 제7권 57.

환원관(還源觀) 제7권 247.

환희(歡喜)세계 제5권 173, 252.

환희장마니보적불(歡喜藏摩尼寶積佛) 제5권 127.

황부지송위인설 여법수행진실해(況復持 誦爲人說 如法修行眞實解, 현수품 況 出餘行) 제7권 454.

회사동리예(會事同理例) 제7권 75.

효양사승부모 효명위계 역명제지(孝養師
　僧父母 孝名爲戒 亦名制止, 보살계)
　제7권 79.

휴사(休舍) 우바이 제7권 194.

홍선삼장(興善三藏, 홍선사(興善寺) 불
　공(不空)) 제5권 100.

홍운충변사천하 기운종종장엄색(興雲充
　偏四天下 其雲種種莊嚴色, 현수품 雲
　色不同喩) 제7권 438.

희락(喜樂)세계 제5권 159.

희천(希遷)선사 제6권 31.

『화엄경청량소』

제3 수미산정법회

[제8권 - 제9권]

1. 인용된 경론 이름

제9권 43.

ㄱ

『간정기(刊定記)』 제8권 44. 제9권 379.
『계경(戒經)』 제9권 195.
『관불삼매해경』 제9권 38.
『구사론』 제8권 23, 25, 27, 192, 260, 416.
  제9권 41, 47, 71, 73, 76, 86, 102, 197,
  201, 339, 420.
『구사론소』 제8권 24.
『구사론송소』 제8권 24.
『금강경』『금강반야경』 제8권 206. 제9권
  79.
『금광명경』『금광명최승왕경』 제9권 46.
『기신론』『대승기신론』 제8권 219, 220.
  제9권 124, 259, 260, 417, 418, 430.

ㄴ

『논어』 제9권 458.
『능가경』 제8권 202, 220, 270, 309, 359.

ㄷ

『대반야경』 제8권 215. 제9권 108, 151.
『대보적경』 제9권 366.
『대비바사론』 제9권 39, 170, 209, 218.
『대승기신론』 제9권 122, 417.
『대승장엄론』 제9권 365.
『대지도론』智度論 智論 제8권 67, 154,
  155, 186, 322, 336, 341, 399, 400. 제9권
  36, 37, 43, 86, 87, 137, 369, 408, 418, 421,
  422, 423, 444.
『대품반야경』 제8권 322.
『도덕경』『도경(道經)』 제8권 225. 제9권
  466.

ㅁ

『모시(毛詩)』 제9권 458.
『무성섭론』 제8권 363.
『무행경(無行經)』『제법무행경』 제9권

223.

『물불천론(物不遷論)』제9권 97.

『미륵갈마경(彌勒羯磨經)』제9권 90.

『밀엄경』제9권 46.

ㅂ

『방등경』제9권 253.

『범망경(梵網經)』제9권 450.

『법구경』제9권 83.

『법화경』제8권 68, 399, 400, 404. 제9권 171, 373.

『보살영락경』『영락본업경』제8권 238, 239, 286, 288, 306, 308. 제9권 434, 438, 439.

『보살장경(菩薩藏經)』제9권 363, 366.

『보살지지경(菩薩地持經)』제9권 364, 365, 368, 369.

『본행경(本行經)』제9권 195.

ㅅ

『살자니건자경(薩遮尼揵子經)』제9권 357.

『삼국유사(三國遺事)』제8권 112.

『상주천자경(商主天子經)』제8권 379.

『선계경(善戒經)』제9권 89, 90, 91, 364, 368.

『선종영가집』제8권 197.

『섭대승론』제8권 294, 295, 406. 제9권 329.

『성유식론』유식론 제8권 162, 167, 207, 291. 제9권 47, 48, 52, 56, 59, 194, 197, 206, 209, 212, 354.

『수보살계갈마』제9권 89.

『승만경(勝鬘經)』제8권 178. 제9권 135, 140, 359.

『시경(詩經)』제9권 458.

『신심명(信心銘)』제8권 162.

『십주비바사론』제9권 76, 86, 171.

『십지경론』제8권 252, 257, 270, 334, 357.

ㅇ

『아비달마잡심론』제9권 106.

『아비달마잡집론』대법론 제9권 49, 208, 393, 395.

『아비달마집론』제9권 57.

『암제차경(庵提遮經)』제8권 348.

『양섭론』제9권 329, 375.

『열반경』 제8권 114, 116, 120, 128, 129,
　130, 139, 142, 144, 145, 178, 292, 330,
　337, 338, 341.　제9권 20, 21, 28, 84, 105,
　133, 140, 151, 195, 200, 201, 299, 351,
　352, 390, 400, 461.
『유가사지론』 제8권 296, 301,　314, 320,
　334, 350.　제9권 50, 76, 94, 205, 209, 210,
　212, 351, 369, 410, 425, 427, 444.
『유교경』 제9권 299.
『유마경』 제8권 39, 40, 177, 184, 210, 220,
　322, 342, 343, 344, 351, 354, 355, 359.
　제9권 25, 26, 67, 112, 205, 252, 357, 365,
　399, 458.
『인명입정리론』『인명정리론』 제8권 205.
　제9권 86.
『인왕경』『인왕반야경』 제8권 286, 302,
　303, 305, 306, 307.

ㅈ

『조론(肇論)』 제9권 97.
『주역』 제8권 426.　제9권 386.
『중론』 제8권 41, 42, 100, 182, 209, 225,
　347, 352, 375, 420.　제9권 62, 64.
『중변론』 제8권 333, 350, 351.

『진서(晉書)』 제9권 432.

ㅎ

『현양성교론』 제8권 301.
『혜원음의(惠苑音義)』 제9권 151.
『효경(孝經)』 제8권 426.

2. 인용된 어구, 사람 이름

ㄱ

가가(家家) 제9권 73, 74, 75.
가나함모니불(迦那含牟尼佛) 제9권 171.
가라(歌羅) 제9권 150.
가라구타(迦羅鳩馱) 가라구촌타(迦羅鳩
　村馱) 제8권 63.
가섭여래(迦葉如來) 가섭불(迦葉佛)
　제8권 60.　제9권 171.
가행위(加行位)와 통달위(通達位) 제8권
　291, 293, 294, 309.
각신우수 마법혜보살정(各伸右手 摩法
　慧菩薩頂, 십주품) 제8권 269.
간정공(刊定公) 제8권 444.　제9권 379.

갈지락가산(竭地洛迦山, 檐木山) 제8권 24.

강상(姜尙) 강태공(姜太公) 제9권 138.

개불지견 사득청정(開佛知見 使得清淨, 법화경) 제9권 223.

건립칠지(建立七地 1.種性地 2.勝解行地 3.淨勝意樂地 4.行正行地 5.決定地 6.決定行地 7.到究竟地, 현양성교론) 제8권 300.

견고혜보살(堅固慧보살, 수미게찬품) 제8권 229.

견도위(見道位) 제8권 290, 294.

견불능유견 비견역불견(見不能有見 非見亦不見, 중론) 제8권 41.

견최승지미묘신 상호단엄개구족(見最勝 智微妙身 相好端嚴皆具足, 십주품) 제8권 445.

견혹(見惑)과 수혹(修惑) 제9권 70, 73.

결통무진(結通無盡) 제8권 69. 제9권 256.

결통시방(結通十方) 제8권 68.

경가(經家) 제8권 441. 제9권 262.

경수(敬首)보살 제8권 308.

공관(空觀) 가관(假觀) 중관(中觀) 제8권 90, 95, 99.

공덕혜보살(功德慧보살) 제8권 148.

공번차지 공번불배(恐繁且止 恐繁不配) 제9권 104, 429.

공불급생유(供佛及生喩) 제9권 120, 146, 225.

과거이멸 미래미지 현재공적(過去已滅 未 來未至 現在空寂, 범행품) 제9권 92, 95.

관법팔구(觀法八句, 범행품) 제9권 65.

관불십사(觀佛十事, 범행품) 제9권 60.

관승십사(觀僧十事, 범행품) 제9권 69.

관정주(灌頂住) 제8권 287, 288, 367, 479.

관정주 권학제불십종지(灌頂住 勸學諸 佛十種智) 제8권 434.

관행상응 즉득초심성불(觀行相應 卽得 初心成佛, 범행품) 제9권 18.

구경부정(究竟不淨, 五不淨) 제9권 35, 36.

구나모니(拘那车尼, 金寂) 제8권 62.

구루손불(鳩樓遜佛) 제9권 171.

구박범부(具縛凡夫) 제9권 129.

구십팔사(九十八使) 제9권 65, 66.

구유인(俱有因) 제8권 260.

구족방편주(具足方便住) 제8권 285, 370, 371, 470.

구족방편주 권학십법(具足方便住 勸學

十法, 십주품) 제8권 373.

구차제정(九次第定) 제9권 411.

권교(權敎)보살 제8권 280.

근공양불(勤供養佛) 제8권 77, 317.
　제9권 15.

금강유정(金剛喩定) 제9권 193, 194.

금강정(金剛頂) 제8권 304.

금사지자 교부정관 완의지자 교수식관
　(金師之子 敎不淨觀 浣衣之子 敎數息
　觀, 대승장엄론) 제9권 390.

금시조(金翅鳥) 제9권 353.

기불문 명실천년지암 일등숙홀돈제야(豈
　不聞 冥室千年之暗 一燈倏忽頓除夜)
　제9권 129.

기심견고난제저 취불보리무장애(其心堅
　固難制沮 趣佛菩提無障礙, 초발심공덕
　품) 제9권 276.

기심륜(記心輪)과 교계륜(敎誡輪) 제8권
　314.

기업상(起業相) 업계고상(業繫苦相)
　제8권 219.

ㄴ

나라타(那羅陀) 제8권 77.

나후아수라(羅睺阿修羅) 제9권 353.

노자(老子) 제8권 225.

뇌음(雷音)보살 제9권 253.

능작불사(能作佛事) 제9권 244.

니민달라산(尼民達羅山, 持邊山) 제8권
　24.

ㄷ

단욕삼사품 삼이생가가(斷欲三四品 三
　二生家家, 구사론) 제9권 72.

단지오이향 단육일래과(斷至五二向 斷
　六一來果, 구사론) 제9권 75.

담무덕종(曇無德宗) 제9권 102.

답대원만족(答大願滿足) 제9권 382.

답대행청정(答大行淸淨) 제9권 377.

답선근방편(答善根方便) 제9권 456.

답소념성취(答所念成就) 제9권 439.

답소륭삼보문(答紹隆三寶問) 제9권 446.

답소성행체(答所成行體) 제9권 326, 349.

답수소응화(答隨所應化) 제9권 388.

답영불환희(答令佛歡喜) 제9권 350, 360.

답운하수습(答云何修習) 제9권 350.

답입보살주처(答入菩薩住處) 제9권 371.

답항불사리(答恒不捨離) 제9권 401.

답행성덕용(答行成德用) 제9권 463.

답획보살장(答獲菩薩藏) 제9권 386.

당위행덕(當位行德) 제8권 240, 241.

대모니(大牟尼) 제8권 293.

대수석(帶數釋) 제8권 238.

대승(大乘)법사 제8권 355.

대승시교(大乘始敎)와 대승종교(大乘終
敎) 제8권 309.

대열반근인연(大涅槃近因緣, 親近善知
識 聽聞正法 繫念思惟 如說修行, 열반
경) 제8권 329.

대위광(大威光) 태자 제9권 171, 259.

대지현전(大智現前) 제9권 120, 234, 249,
250, 267, 293, 294, 296.

대진분(大盡分, 법운지) 제8권 431.

덕운(德雲) 비구 제8권 29.

도류인(道類忍)과 도류지(道類智) 제9권
70, 71.

도리천궁법회[忉利天會] 제8권 20.

도생(道生) 법사 제8권 344, 347.

돈교(頓敎)와 원교(圓敎) 제8권 309.

동시구족상응문(同時具足相應門, 십현
문) 제8권 53.

동지흥공분(動地興供分) 제9권 120, 141,
254, 255.

동진주(童眞住) 제8권 410.

동진주 권학십법(童眞住 勸學十法 십주
품) 제8권 413.

동진주 주십종업(童眞住 住十種業, 십주
품) 제8권 410.

등지청정(等持淸淨) 제9권 358.

ㄹ

라집(羅什) 법사 제8권 157.

락주생사(樂住生死) 제9권 15.

ㅁ

마왕궁전실최파 중생예막함제멸(魔王宮
殿悉摧破 衆生翳膜咸除滅, 초발심공덕
품) 제9권 280.

멸수상정(滅受想定) 제9권 409.

멸진정(滅盡定) 제9권 419.

명제(冥諦) 제8권 449.

명훈가피(冥熏加被) 제8권 265.

묘고산(妙高山) 제8권 25.

묘과당성(妙果當成) 제9권 120, 234, 239,
240, 267, 297.

묘승전(妙勝殿) 제8권 54, 58, 68, 86.

무구지(無垢地) 묘각지(妙覺地) 제8권
　308.

무명업상(無明業相) 능견상(能見相) 경
　계상(境界相) 제8권 219.

무문자설경(無問自說經) 제9권 368.

무사자연지(無師自然智) 제8권 115.

무상즉상 상즉무상(無相卽相 相卽無相,
　십주품 불퇴주) 제8권 402.

무상혜보살(無上慧보살, 수미게찬품)
　제8권 75, 215.

무생법인(無生法忍) 무생인(無生忍)
　제8권 305, 306, 389. 제9권 370.

무성(無性) 보살 제9권 329.

무성즉성 성즉무성(無性卽性 性卽無性,
　십주품 불퇴주) 제8권 402.

무유지외여 위지소입 역무여외지 능증어
　여(無有智外如 爲智所入 亦無如外智
　能證於如, 십회향품) 제8권 206.

무장애(無障礙)법계 제8권 142.

문명품하 이십삼품 답소소수인문(問明
　品下 二十三品 答所所修因問) 제8권
　18.

문십종법 견고불퇴(聞十種法 堅固不退,
　십주품 불퇴주) 제8권 389.

문십종법 심정부동(聞十種法 心定不動,

십주품 정심주) 제8권 377.

미가(彌伽)장자 제9권 359.

미부자위항대어불(靡不自謂恒對於佛,
　승수미산정품) 제8권 34.

밀교(密敎)와 현교(顯敎) 제9권 400, 401.

ㅂ

바리사화(婆利師花) 제9권 353.

발람마(勃嚂摩) 제9권 19.

발심주(發心住, 發心之緣) 제8권 77, 310,
　311, 463, 482, 484.

발심주십법(發心住十法 : 1. 勤供養佛 2.
　樂住生死 3. 主導世間 令除惡業 4. 以勝
　妙法 常行敎誨 5. 歎無上法 6. 學佛功德
　7. 生諸佛前 恒蒙攝受 8. 方便演說寂靜
　三昧 9. 讚歎遠離生死輪廻 10. 爲苦衆生
　作歸依處, 십주품) 제8권 317.

발심필경이불별 여시이심선심난(發心畢
　竟二不別 如是二心先心難, 열반경)
　제9권 134.

백팔번뇌(百八煩惱) 제9권 65.

범부무각해 불영주정법(凡夫無覺解 佛令
　住正法, 무상혜보살 수미게찬품) 제8권
　225.

범행 십주통수(梵行 十住通修) 제9권 15.

범행품(梵行品) 제8권 236. 제9권 14.

법계비유량 역부비무량(法界非有量 亦復非無量, 입법계품) 제8권 383.

법사자재성취(法師自在成就) 제8권 419.

법오다남(法鄔陀南) 오다남(鄔陀南) 제9권 363.

법왕자주 선지십종법(法王子住 善知十種法) 제8권 285, 415, 477.

법장(法藏) 화상 제9권 248.

법혜보살회(法慧菩薩會) 제8권 20.

변계소집성(遍計所執性) 원성실성(圓成實性) 제8권 160, 161.

변행심소(遍行心所 : 1. 觸 2. 作意 3. 受 4. 想 5. 思) 제9권 56.

별경심소(別境心所 : 1. 欲 2. 勝解 3. 念 4. 定 5. 慧) 제9권 51, 185.

보살대승조명삼매(菩薩大乘照明三昧, 십주품) 제8권 270, 271.

보살무량방편삼매(菩薩無量方便三昧, 십주품) 제8권 242, 248.

보살분신무량억 공양일체제여래(菩薩分身無量億 供養一切諸如來, 초발심공덕품) 제9권 304.

보살소득제불법 중생사유발광난(菩薩所

得諸佛法 衆生思惟發狂亂, 초발심공덕품) 제9권 284.

보살시발광대심 즉능변왕시방찰(菩薩始發廣大心 卽能徧往十方刹, 초발심공덕품) 제9권 277.

보살염리생사 과어이승백천만배(菩薩厭離生死 過於二乘百千萬倍, 유가사지론) 제8권 320.

보살위타연설법 불사자기제도행(菩薩爲他演說法 不捨自己諸度行, 명법품) 제9권 479.

보인삼매(寶印三昧) 제9권 422, 423.

부단생사이입열반 부동진제상수유전 성부주도(不斷生死而入涅槃 不動眞際常隨流轉 成不住道, 십주품) 제8권 320.

부란약(腐爛藥) 제9권 85.

부정법(不定法) 심소 제9권 45, 48.

부처님의 본원[本願, 佛本願] 제8권 253, 264.

분소의(糞掃衣) 제9권 85.

분진즉(分眞卽, 六卽) 제9권 248.

불견제법공 항수생사고(不見諸法空 恒受生死苦, 공덕혜보살) 제8권 150.

불기도수 별기응화 이승천상(不起道樹別起應化 以升天上, 승수미산정품)

제8권 37.

불능료자심 운하지정도(不能了自心 云何知正道, 공덕혜보살) 제8권 150.

불래상이래 불견상이견(不來相而來 不見相而見, 유마경) 제8권 39.

불리일체보리수하 상승수미(不離一切菩提樹下 上昇須彌, 승수미산정품) 제8권 36.

불법무인설 수혜막능료(佛法無人說 雖慧莫能了, 승혜보살 수미게찬품) 제8권 122.

불사(弗沙)여래 발사(勃沙) 제8권 65.

불생불멸시무상의 생멸각시상의(不生不滅是無常義 生滅却是常義, 암제차경) 제8권 348.

불수근문 명위방일(不守根門名爲放逸) 제9권 351.

불유타교(不由他敎) 제8권 324, 331, 360, 370, 376, 388, 410, 414, 429, 435.

불퇴주(不退住) 제8권 285, 389.

불퇴주 권학십법(不退住 勸學十法 십주품) 제8권 402.

비나달가산(毘那怛迦山, 象鼻) 제8권 23.

비로자나십신운(毘盧遮那十身雲) 제8권 37.

비로자나여래 왕석원력위신지력 급여소 수선근력(毘盧遮那如來 往昔願力威神之力 及汝所修善根力, 십주품) 제8권 249.

비목구사(毘目瞿沙) 선인 제9권 260, 261.

비바시불(毘婆尸佛) 제8권 64. 제9권 170.

비사부불(毘舍浮佛) 비습바부(毘濕婆部) 제8권 63.

비식바불(毘式婆佛) 제9권 171.

비신이설신 비기이현기(非身而說身 非起而現起, 무상혜보살 수미게찬품) 제8권 226.

비여왕자초생 즉위기구신좌예경(譬如王子初生 卽爲耆舊臣佐禮敬, 입법계품) 제9권 138.

비유즉유 유즉비유(非有卽有 有卽非有, 불퇴주) 제8권 402.

ㅅ

사가행(四加行) 제9권 92.

사능파(似能破)와 사비량(似比量) 제8권 205.

사리쌍수 관행위종 질만일체불법위취(事

理雙修 觀行爲宗 疾滿一切佛法爲趣,
범행품) 제9권 27.

사명(邪命) 제9권 85, 88.

사무생(事無生)과 이무생(理無生) 제8권
96.

사무소외(四無所畏) 제9권 243, 337, 463.

사법인(四法印, 1. 一切行無常印 2. 一切
行苦印 3. 一切法無我印 4. 涅槃寂滅印,
대승장엄론) 제9권 364.

사십이위(四十二位) 제8권 309.

사용과(士用果) 제8권 259, 260.

사인(四因, 發心四因 : 1. 信 2. 悲 3. 智 4.
及種性) 제8권 312.

사자유보삼매(師子遊步三昧) 제9권
420, 421.

사차생피(死此生彼) 제9권 154, 156, 157,
238, 275.

살가야달리슬치(薩迦耶達利瑟致) 살가
야견 신견(身見) 제9권 206.

살바다종(薩婆多宗) 제9권 101, 102, 207.

살적(殺賊) 불생(不生) 응공(應供, 阿羅
漢三義) 제9권 70.

삼라급만상 일법지소인 운하일법중 이생
종종견(森羅及萬象 一法之所印 云何一
法中 而生種種見, 법구경) 제9권 83.

삼명시승야 육통시승야(三明是僧耶 六
通是僧耶, 범행품) 제9권 81.

삼사칠증(三師七證) 제9권 84.

삼설갈마(三說羯磨) 제9권 84.

삼성(三性)과 삼무성(三無性) 제8권 409.

삼세(三細)와 육추(六麤) 제8권 217.

삼세인과명위처 아등자성위비처(三世因
果名爲處 我等自性爲非處, 십주품)
제8권 446.

삼세제불가(三世諸佛家) 제8권 273, 283.

삼세제불가중생 증득여래묘법신(三世諸
佛家中生 證得如來妙法身, 초발심공덕
품) 제9권 285.

삼악팔난(三惡八難) 제9권 338.

삼재(三災)와 팔난(八難) 제8권 372.
제9권 442.

삼정취(三定聚) 제9권 356.

삼해탈문(三解脫門 : 1. 知衆生空 2. 知衆
生無所作 3. 知衆生無所有) 제8권 373.

삼현(三賢)과 십성(十聖) 제8권 276, 441.

상견(常見)과 단견(斷見) 제8권 179.

상무자성(相無自性)과 무자연성(無自然
性) 제8권 160, 162.

생귀주(生貴住) 제8권 285, 360, 361, 362,
364, 467.

생귀주 권학십법(生貴住 勸學十法, 십주
품) 제8권 369.

생귀주 성교중생 성취십법(生貴住 聖教中
生 成就十法, 십주품) 제8권 364.

생사와 대열반(生死, 大涅槃, 無常者所謂
生死 常者謂大涅槃 苦者所謂生死 樂者
謂大涅槃, 열반경) 제8권 340.

생여래가(生如來家) 제9권 129, 130.

생인(生因)과 요인(了因) 제8권 119, 120.

석조반계 조승태보 기여부명경상선 이어
기우열자재(夕釣磻谿 朝升台輔 豈與夫
明經常選 而語其優劣者哉, 姜太公)
제9권 134.

선지방편유(善知方便喩) 제9권 120, 146,
185.

선지번뇌유(善知煩惱喩) 제9권 120, 146,
185.

선지승해유(善知勝解喩) 제9권 120, 146,
172.

선지업상유(善知業相喩) 제9권 120, 146,
188.

선지욕락유(善知欲樂喩) 제9권 120, 146,
183.

선지제근유(善知諸根喩) 제9권 120, 146,
182.

선지타심유(善知他心喩) 제9권 120, 146,
187.

선혜보살(善慧보살, 수미게찬품) 제8권
75, 172, 173.

선혜지(善慧地) 제8권 302, 418. 제9권
41.

살가야욕(薩迦耶欲) 살가야탐(薩迦耶
貪) 제9권 443, 444.

설제보시복 어중삼사공 구경불가득 시복
여야마(說諸布施福 於中三事空 究竟不
可得 施福如野馬, 법구경) 제9권 82.

성태(聖胎) 제8권 307.

세친(世親)보살 제9권 328, 329.

소달리사나(蘇達梨舍那, 善見) 제8권 23.

소미로(蘇迷盧) 제8권 20, 22, 23.

소불리왕(所不離王) 제9권 54.

소수번뇌(小隨煩惱) 중수번뇌(中隨煩惱)
대수번뇌(大隨煩惱) 제9권 197.

속질보찰유(速疾步刹喩) 제9권 120, 146,
155, 158, 160.

송습다문 허한적정(誦習多聞 虛閑寂靜)
제9권 15.

수다원 사다함 아나함 아라한 제9권 79.

수도위(修道位) 제8권 291. 제9권 70,
194.

수미게찬품 제8권 71.

수순인(隨順忍. 제4, 5, 6지) 제8권 389.

수습위(修習位)와 구경위(究竟位) 제8권 290.

수식관(數息觀)과 부정관(不淨觀) 제9권 391.

수행주(修行住) 제8권 285, 332, 465, 466.

숙주수념지(宿住隨念智) 제9권 210.

숙주통(宿住通) 제9권 218.

순결택분(順決擇分) 제8권 290.

순해탈분(順解脫分) 제8권 290, 291, 292.

승류진여(勝流眞如) 제8권 362, 363.

승연화계겁(勝蓮華界劫) 제9권 168, 169.

승열(勝熱) 바라문 제9권 224.

승예(僧叡) 법사 제8권 40.

승조(僧肇) 법사 제8권 355. 제9권 97.

승해행지(勝解行地) 제8권 295, 300.

승혜보살(勝慧보살) 제8권 75, 107, 109.

승흘란저살(僧吃爛底薩) 제9권 207.

시기(尸棄)불 식기나(式棄那) 제8권 64. 제9권 170, 171.

시성정각(始成正覺) 제9권 253.

신견(身見) 제8권 226, 227. 제9권 197, 204, 205, 206, 209.

신성취발심(信成就發心) 해행발심(解行

發心) 증발심(證發心) 제8권 286. 제9권 122, 127, 128.

심구[尋]와 사찰[伺] 제9권 47.

심사관(尋伺觀)과 등지관(等至觀) 제9권 213, 215.

십력(十力) 제8권 313, 316, 411, 412, 446, 449. 제9권 109, 156, 175, 185, 188, 240, 241, 243, 269, 302, 312, 317, 425, 441.

십력장(十力章) 제8권 316. 제9권 189.

십무진장품 제8권 323. 제9권 61, 209.

십사근(十四根) 제8권 304.

십삼관문(十三觀門) 제8권 304.

십삼법사(十三法師, 인왕반야경) 제8권 302.

십상(十想, 대지도론) 제8권 336.

십육심(十六心) 제9권 71.

십이주(十二住, 유가사지론) 제8권 295.

십인품(十忍品) 제8권 306, 309.

십종지력(十種智力, 십주품) 제8권 315.

십중죄(十重罪)와 오역(五逆)죄 제8권 287.

십지십산(十地十山) 제9권 360.

십팔불공법(十八不共法) 제8권 412. 제9권 240, 241, 312, 317.

십현문(十玄門) 제8권 52.

십회향품 제8권 207, 250, 412. 제9권 72, 245, 246.

ㅇ

아로나(阿盧那) 제8권 77.

아사리(阿闍梨) 제9권 84, 357.

아상(我相)과 법상(法相) 제8권 113.

아석수중고 유아불견불(我昔受衆苦 由我不見佛, 공덕혜보살) 제8권 152.

아지목다(阿地目多) 제9권 173.

안반(安般)삼매 제9권 391.

알습박갈라(頞濕縛羯拏, 馬耳) 제8권 24.

앙추지(仰推智, 승만경) 제9권 140.

애견대비(愛見大悲) 제8권 321.

약견진에자 이인위기앙 지진등양염 인역무소인(若見嗔恚者 以忍爲羈鞅 知嗔等陽燄 忍亦無所忍, 법구경) 제9권 83.

약능여시해 제불상현전(若能如是解 諸佛常現前, 수미게찬품) 제8권 94, 97, 100.

약불보살등 불출어세간(若佛菩薩等 不出於世間, 견고혜보살) 제8권 230.

약설제정진 위증상만설 무증상만자 무선무정진(若說諸精進 爲增上慢說 無增上慢者 無善無精進, 법구경) 제9권 83.

약설제지계 무선무위의 계성여허공 지자위미도(若說諸持戒 無善無威儀 戒性如虛空 持者爲迷倒, 법구경) 제9권 83.

약인견반야 시즉위피박(若人見般若 是則爲被縛, 대지도론) 제8권 154.

약주어분별 즉괴청정안(若住於分別 則壞淸淨眼, 정진혜보살) 제8권 159.

약학제삼매 시동비좌선 심수경계류 운하명위정(若學諸三昧 是動非坐禪 心隨境界流 云何名爲定, 법구경) 제9권 83.

양족존소념보은 심여금강불가저(兩足尊所念報恩 心如金剛不可沮, 초발심공덕품) 제9권 272.

양족지방광(兩足指放光, 발가락광명) 제8권 83.

어법무소착 무념역무염(於法無所着 無念亦無染, 무상혜보살) 제8권 222.

어실견진실 비실견불실(於實見眞實 非實見不實, 진실혜보살) 제8권 208.

어일모단현중찰 제대보살개충만(於一毛端現衆刹 諸大菩薩皆充滿, 초발심공덕품) 제9권 282.

여래명호품 제8권 82, 83.

여래출현품 제9권 139.

여래해탈무장애지(如來解脫無障礙智)
　제9권 179.

여련화불착수(如蓮華不着水) 제9권 347.

여리지와 여량지 제9권 330.

여불평등(與佛平等) 제9권 120, 234, 240,
　242, 243.

여수집여의 비무여의수(如手執如意 非無
　如意手, 선종영가집) 제8권 197.

여인야행 운월몽롱 견일올목 이무월광(如
　人夜行 雲月朦朧 見一杌木 以無月光,
　수미게찬품) 제8권 163.

연경발심(緣境發心) 제8권 312, 315, 444,
　446. 제9권 15.

연기무생관(緣起無生觀) 제8권 166.

연등여래(然燈如來) 제8권 67.

열반오행(涅槃五行, 1. 聖行 2. 梵行 3. 天
　行 4. 嬰兒行 5. 病行) 제9권 20, 21.

영공(影公)법사 제9권 95.

영기개나야간지심 불기이승지심(寧起疥
　癩野干之心 不起二乘之心, 명법품)
　제9권 356.

영략(影略) 제9권 240, 378, 460.

영수지옥고 득문제불명(寧受地獄苦 得
　聞諸佛名, 진실혜보살) 제8권 199.

예류(預流)와 불환(不還) 제9권 69.

오개(五蓋) 제9권 221.

오견(五見, 1. 身見 2. 邊見 3. 邪見 4. 見取
　見 5. 戒禁取見) 제9권 197.

오부정(五不淨 : 1. 種子不淨 2. 住處不淨
　3. 自體不淨 4. 自相不淨 5. 究竟不淨, 대
　지도론) 제9권 35.

오인(五忍 : 1. 伏忍 2. 信忍 3. 順忍 4. 無生
　忍 5. 寂滅忍) 제8권 305, 306, 307.

오파니살담(塢波尼殺曇) 제9권 151.

요법자성여허공 일체적멸실평등(了法自
　性如虛空 一切寂滅悉平等, 초발심공덕
　품) 제9권 321.

요익유정선(饒益有情禪) 제9권 422.

요지일체법 자성무소유(了知一切法 自性
　無所有, 수미게찬품) 제8권 106.

욕실요지기숙주 보살이차초발심(欲悉了
　知其宿住 菩薩以此初發心, 십주품)
　제8권 449.

욕이무량찰중생 치일모단불박애(欲以無
　量刹衆生 置一毛端不迫隘, 십주품)
　제8권 452.

용수(龍樹)보살 제8권 97.

우단나(優陀那) 제9권 43.

운하무외여사자 소행청정여만월(云何無

畏如師子 所行淸淨如滿月, 명법품)
제9권 347.

원교십주(圓敎十住) 제8권 248.

원리어제견 여시내견불(遠離於諸見 如是
乃見佛, 정진혜보살) 제8권 165.

원성무성관(圓成無性觀) 제8권 169, 170.

원성실성 제8권 161, 351.

원융문(圓融門)과 항포문(行布門) 제8권
309, 310.

원효(元曉)법사 海東曉公 제9권 46.

위대법사연묘법 비여감로실점쇄(爲大法
師演妙法 譬如甘露悉霑灑, 명법품)
제9권 481.

위위성불 불유타오지상(位位成佛 不由
他悟之相, 범행품) 제9권 17.

위재대광명 용건무상사(偉哉大光明 勇健
無上士, 견고혜보살) 제8권 229.

유건달라산[踺健達羅, 持雙山] 제8권 22.

유견식(有見識) 제8권 295.

유마(維摩)거사 제8권 42.

유방(劉邦) 제9권 140.

유부무기(有覆無記) 제9권 414.

유부종(有部宗) 제9권 102.

유선나(踰繕那) 제8권 24, 25, 26, 27.

유소문법 즉자개해 불유타교고(有所聞

法 卽自開解 不由他敎故, 발심주)
제8권 324, 331, 360, 370, 376, 388, 410,
414, 429, 435.

유재석(有財釋)과 지업석(持業釋) 제9권
19, 328.

유쟁설생사 무쟁즉열반(有諍說生死 無
諍卽涅槃, 수미게찬품) 제8권 189.

유전생사중 불문불명고(流轉生死中 不
聞佛名故, 진실혜보살) 제8권 200.

육근(六根)과 육경(六境) 제9권 178.

육성(六性 : 1. 習種性 2. 性種性 3. 道種性
4. 聖種性 5. 等覺性 6. 妙覺性 : 보살영락
경) 제8권 309.

육십이견(六十二見) 제9권 204, 205, 219.

육육육사급여삼(六六六四及與三) 제8권
17.

육종진동(六種震動) 제8권 435. 제9권
254.

육합석(六合釋, 의주석, 지업석, 유재석, 상
위석, 대수석, 인근석) 제8권 289.

육화경(六和敬) 제8권 304. 제9권 451,
452.

의법불의인 의지불의식(依法不依人 依智
不依識) 제9권 398.

의요의경 불의불요의경(依了義經 不依不

了義經) 제9권 398.

의주석(依主釋) 제8권 20, 289. 제9권 19.

이락중생유(利樂衆生喩) 제9권 120, 146, 148.

이법무인 이인무법(離法無人 離人無法) 제9권 81.

이법불가합 비이무가합(異法不可合 非 異無可合, 중론) 제8권 41.

이사타라산(伊沙馱羅山, 持軸山) 제8권 24.

이신령해(已信令解) 제8권 17, 18, 19.

이십법사(二十法師) 제8권 418.

인다라망경계(因陀羅網境界) 제9권 246.

인다라화(因陀羅華) 제8권 75, 82.

인생공덕선(引生功德禪) 제9권 410, 424.

인신견생육십이견 조복일체번뇌(因身見 生六十二見 調伏一切煩惱, 초발심공덕 품) 제9권 204.

인인과 과과(因因과 果果, 원인의 원인과 결과의 결과) 제8권 141.

일념진심기 백만장문개(一念瞋心起 百萬 障門開, 보현행품) 제9권 195.

일신위무량 무량부위일(一身爲無量 無量 復爲一, 광명각품) 제9권 243.

일진법계(一眞法界) 제8권 202.

일체법불여명(一切法不如名)과 일체법무 처소(一切法無處所) 제8권 333.

일체보살 무량겁수 선재 일생개득(一切菩 薩 無量劫修 善財 一生皆得, 초발심공 덕품) 제9권 258.

일체제법개무상 무체무성공무실(一切諸 法皆無相 無體無性空無實, 정심주) 제8권 385, 473.

일체해즉시일해 일해즉시일체해(一切解卽 是一解 一解卽是一切解, 초발심공덕품) 제9권 176.

일체혜(一切慧) 보살 제8권 91, 148.

입법계품 제8권 294, 433.

ㅈ

자량위(資糧位) 가행위(加行位) 통달위 (通達位) 제8권 291.

자미득도선도타 시고아례초발심(自未得 度先度他 是故我禮初發心, 열반경) 제9권 138.

자상부정(自相不淨, 五不淨) 제9권 35.

자체부정(自體不淨, 五不淨) 제9권 35.

장의(張儀) 제9권 137, 139.

재생왕궁 귀극신좌 영동백전이항 비력간

신 황십천겁지공고 역비료이인이(纔生
 王宮 貴極臣佐 寧同百戰夷項 備歷艱辛
 況十千劫之功高 亦非聊爾人耳, 초발심
 공덕품) 제9권 134.

저사(底沙) 제8권 66.

정목(淨目) 바라문 제9권 87.

정심주(正心住) 제8권 285, 376, 377, 394,
 472.

정심주 권학십법(正心住 勸學十法, 십주
 품) 제8권 385.

정유이무(情有理無) 제8권 164.

정인(正因)과 연인(緣因) 제8권 113, 114,
 119, 120, 121, 122, 123.

정진혜보살(精進慧보살, 수미게찬품)
 제8권 72, 75, 158, 159, 185. 제9권 325,
 331, 343, 348.

제갈량(諸葛亮) 제9권 139.

제법무소의 단종화합기(諸法無所依 但
 從和合起, 진실혜보살) 제8권 212.

제불소득처 무작무분별(諸佛所得處 無
 作無分別, 무상혜보살) 제8권 217.

제법실상중 무아무비아(諸法實相中 無
 我無非我, 중론) 제8권 342.

제불여시수 일법불가득(諸佛如是修 一法
 不可得, 진실혜보살) 제8권 211.

제불주어차 구경부동요(諸佛住於此 究
 竟不動搖, 진실혜보살) 제8권 213.

제사(提舍)여래 제8권 66.

제일의공(第一義空) 제8권 116, 117, 125,
 127, 223, 224.

제취중생무량고 보살이차초발심(諸趣衆
 生無量苦 菩薩以此初發心, 십주품)
 제8권 445.

조림(稠林) 제8권 416, 418.

종성(種姓) 제8권 278.

종자부정(種子不淨, 五不淨) 제9권 35.

주불숙원(主佛宿願) 제8권 250, 255.

주처부정(住處不淨, 五不淨) 제9권 35.

중생해각각차별해(衆生海各各差別解)
 제9권 175, 176.

즉용지체(卽用之體) 제8권 35.

즉체지용(卽體之用) 제8권 35.

지겁성괴유(知劫成壞喩) 제9권 120, 146,
 155, 165, 166.

지덕 단덕 은덕(智德 斷德 恩德) 제8권
 80.

지도무난 유혐간택 단부증애 통연명백(至
 道無難 唯嫌揀擇 但不憎愛 洞然明白,
 신심명) 제8권 161.

지망본자진 견불즉청정(知妄本自眞 見佛

則淸淨, 정진혜보살) 제8권 163.

지상(智相), 상속상(相續相) 제8권 219.

지업석(持業釋) 제9권 19, 55, 328.

지일즉다다즉일 문수어의의수문(知一卽
多多卽一 文隨於義義隨文, 불퇴주)
제8권 406, 407.

지일체법 즉심자성(知一切法 卽心自性,
범행품) 제8권 127, 142, 324.

지자(智者)대사 제9권 249.

지정계(持淨戒) 제9권 84.

지정즉심정(智淨卽心淨) 제9권 24.

지처도지(至處道智) 제9권 186.

지혜보살(智慧보살, 수미게찬품) 제8권
72, 75, 186.

진견도(眞見道) 제9권 193, 194.

진실혜보살(眞實慧보살, 수미게찬품)
제8권 72, 75, 199.

진지안서여상왕 용맹무외유사자(進止安
徐如象王 勇猛無畏猶師子, 명법품)
제9권 481.

진헌공(晉獻公) 제9권 138, 139.

진현량(眞現量)과 사현량(似現量) 제8권
203, 204, 206.

집취상(執取相) 계명자상(計名字相)
제8권 218, 219.

ㅊ

차제변제상가지 발심공덕난사의(此諸邊
際尙可知 發心功德難思議, 초발심공덕
품) 제9권 310.

채택(蔡澤) 제9권 137, 139.

천불찰미진수제불(千佛刹微塵數諸佛)
제8권 247, 248.

천왕청설분(天王請說分) 제9권 120, 141.

천태지관(天台止觀) 제9권 407.

철위산(鐵圍山) 제8권 25.

첨복(瞻蔔) 제9권 37.

청정대원항상응 락공여래불퇴전(淸淨大
願恒相應 樂供如來不退轉, 초발심공덕
품) 제9권 275.

체시무기 비가궤법(體是無記 非可軌法,
범행품) 제9권 34.

체유상무(體有相無) 체무상유(體無相有)
제8권 382, 383, 384.

초발심시 변성정각(初發心時 便成正覺,
범행품) 제9권 121, 130.

초발심 즉득보리(初發心 卽得菩提, 범행
품) 제9권 241.

초주성불(初住成佛, 범행품) 제9권 17.

치지주(治地住 十心 십주품) 제8권 326.

친리각, 국토각, 불사각, 족성각, 경모각
　(親里覺, 國土覺, 不死覺, 族姓覺, 輕侮
　覺, 초발심공덕품) 제9권 199.
칠금산(七金山)이 칠중위요(七重圍繞)
　제8권 21.
칠선법 득구범행(七善法 得具梵行 열반
　경) 제9권 20.
칠선지(七善知) 제9권 400.
칠향해(七香海) 제8권 21, 24.

ㅌ

타방증성분(他方證成分) 제9권 120, 141,
　255.
탁사현법문(託事顯法門) 제8권 53.
탐욕즉시도 에치역부연(貪欲卽是道 恚
　癡亦復然. 제법무행경) 제9권 222.
택주(澤州)법사, 亘月선사 제8권 135,
　138.

ㅍ

파두마(波頭摩, 赤蓮華불) 제8권 66.
파리질다라(波利質多羅)나무 제8권 21,
　22, 26.

파저가(頗胝迦)색 제8권 21, 22.
팔대인각(八大人覺) 제9권 132, 133, 298,
　299.
팔도(八倒) 제8권 287.
팔배(八輩) 제9권 69, 77, 79, 81.
팔심(八尋)과 팔각(八覺) 제9권 201.
팔인 팔지(八忍 八智, 十六心) 제9권 71.
팔자재아(八自在我, 대지도론) 제8권
　340, 341.
팔재계(八齋戒) 제9권 369.
폐유리(吠瑠璃) 색 제8권 21, 22.
표전(表詮)과 차전(遮詮) 제8권 111.

ㅎ

하구(下口), 앙구(仰口) 유구(維口) 방구
　(方口) 제9권 86.
한신(韓信) 제9권 137, 139.
해당(海幢)비구 선지식 제9권 245.
해인삼매(海印三昧) 제8권 28.
해행원만(解行圓滿) 제9권 119, 120, 234,
　235, 267, 268, 269.
행정 즉지혜정(行淨 卽智慧淨) 제9권 24.
허공변제사가량 발심공덕무능측(虛空邊
　際乍可量 發心功德無能測, 초발심공덕

품) 제9권 323.

현담(玄談) 제8권 116, 242, 309, 400, 433.

  제9권 165.

현량(現量)과 비량(比量) 제8권 375.

현법락주선(現法樂住禪) 제9권 410, 424.

혜원(慧遠)법사 제8권 351.

화분지옥(火盆地獄) 제9권 443, 444.

화엄종(華嚴宗) 제8권 354, 356.

희망천(戱忘天) 의분천(意憤天) 제9권

  211.

『화엄경청량소』

제4 야마천궁법회

[제10권 - 제11권]

1. 인용된 경론 이름

ㄱ

『간정기(刊定記)』 제10권 62, 63, 65, 210.
　제11권 67, 319, 340.
『결정장론(決定藏論)』 제10권 194, 462.
『구사론』『아비달마구사론』 제10권 397,
　398, 401. 제11권 255, 258, 292, 294, 295,
　308, 309, 314, 318, 320, 322, 355, 356,
　362, 371, 397, 435, 440.
『금강경』『금강반야경』 제10권 117, 158,
　234, 296. 제11권 132.
『금광명경(金光明經)』『금광명최승왕경』
　제10권 222.
『금칠십론(金七十論)』 제10권 423.
『기신론』『대승기신론』 제10권 42, 124,
　165, 166, 168, 169, 178, 195, 386, 403,
　406, 460, 462.

ㄴ

『남본열반경』 南經 제10권 399,
　401, 410. 제11권 256, 327.
『노자덕경(老子德經)』 제10권 399.
『논어(論語)』 제10권 122.
『능가경』 제10권 169.

ㄷ

『대당서역기』 제10권 62, 65.
『대반야경』 제10권 284, 285, 293, 296,
　297, 298. 제11권 34, 353, 459, 474, 475.
『대비바사론』 제11권 238, 239.
『대승밀엄경』 제10권 462.
『대승백법론』 백법론 제11권 296.
『대승잡집론』 제10권 75.
『대승장엄론』 제10권 360, 361, 460.
『대승장진론(大乘掌珍論)』 제11권 313,
　315.
『대지도론』 제10권 173, 287, 289, 290,
　291, 292, 293, 294, 295, 342, 364, 403,

408, 431, 438, 459. 제11권 41, 248, 267, 269, 274, 299, 300, 306, 307, 312, 324, 328, 331, 351, 363, 365, 370, 372, 376, 397, 398, 399, 447, 448.

『대집경』제10권 397, 399.

『대품반야경』제10권 77, 292, 296, 317, 403, 404. 제11권 274, 292, 295, 307, 325, 340, 372, 374, 375, 397, 474.

『도일체제불경계지엄경(度一切諸佛境界 智嚴經)』제10권 223, 224.

ㅁ

『무성섭론』제10권 348, 356.

『밀엄경(密嚴經)』제10권 114, 115, 194.

ㅂ

『반야경』제11권 473.

『백론(百論)』제10권 117, 135. 제11권 84, 246, 394.

『백법론소』제11권 317.

『범망경』제10권 239, 240.

『법화경』제10권 476. 제11권 144, 145, 499, 500, 501, 503.

『보살본업경』『보살영락경』제10권 258, 259, 260, 315, 374, 379, 442, 443, 444, 446. 제11권 99.

『보살장경』제11권 353.

『북본열반경』제10권 327.

『분별론』제11권 314.

『불지론』제11권 301, 302.

ㅅ

『사분율(四分律)』『사분율장』제10권 308. 제11권 245.

『사익범천경』『사익범천소문경(思益梵天 所問經)』『사익경(思益經)』제10권 148, 150, 161, 343.

『삼왕력(三王曆)』제10권 140.

『상서(尙書)』제11권 33.

『섭대승론』섭론 제10권 98, 261, 278, 279, 280, 313, 314, 390, 442, 443, 444. 제11권 174.

『성유식론』유식론 제10권 68, 69, 70, 93, 166, 178, 185, 188, 221, 288, 313, 326, 342, 356, 357, 358, 372, 390, 442, 444. 제11권 17, 18, 58, 99, 101, 255, 256, 259, 294, 315, 320, 322, 335.

『순정리론』 제11권 307, 435, 436, 438.
『승만경』 제10권 98, 214, 460. 제11권 467.
『십이문론(十二門論)』 제10권 135, 413.
『십주비바사론』 제11권 238, 248, 249.
『십지경론』 제10권 142.

ㅇ

『아비달마발지론(發智論)』 제11권 358.
『아비달마잡집론』 대법론 제10권 142, 272, 309, 310. 제11권 277, 278, 288, 289, 312, 315, 351, 353, 482.
『아비달마집론』 제11권 279, 284.
『양섭론』 제10권 222, 280, 314, 340, 348, 349, 390. 제11권 100, 101.
『여환삼매경(如幻三昧經)』 제10권 434.
『연기경(緣起經)』 제11권 51, 53, 284.
『열반경』 제10권 196, 213, 397, 399, 401, 410, 415. 제11권 51, 53, 54, 133, 165, 238, 242, 245, 252, 254, 255, 256, 262, 267, 304, 318, 319, 324, 325, 327, 330, 360, 362, 367, 370, 372, 456, 458, 460, 482, 488, 491, 492, 493.
『옥편(玉篇)』 제11권 423.

『위소동기(韋昭同記)』 제10권 141.
『유가사지론』 유가론 제10권 73, 95, 221, 265, 267, 270, 287, 290, 291, 292, 293, 294, 316, 321, 345, 364, 379, 381, 382, 385, 388, 390, 396, 402, 426, 428, 436, 438, 440, 442, 443, 444, 446, 447, 448, 449. 제11권 255, 305, 307, 311, 342, 351, 353, 393, 395, 404, 436, 458, 459, 496, 500, 502.
『유마경』 정명경 제10권 96, 100, 147, 148, 150, 157, 311. 제11권 71, 230, 312, 447, 460.
『음의(音義)』 제10권 366.
『인왕반야경』『인왕경』 제10권 239, 240. 제11권 299.
『입대승론(入大乘論)』 제10권 97.

ㅈ

『잡아함경』 제10권 420. 제11권 324.
『정법념처경』 제10권 187.
『제법무행경』 무행경 제10권 100. 제11권 252.
『조론(肇論)』 제10권 124.
『주역(周易)』 역경 제10권 338, 366.

『중관론』제10권 74.

『중론』제10권 73, 75, 78, 83, 116, 143,
 145. 제11권 329, 373, 374, 376, 380, 381,
 382, 386, 387, 388, 389, 391, 395, 406,
 407, 408.

『지엄경(智嚴經)』제10권 78..

『지혜장엄경(智慧莊嚴經)』제10권 222,
 224.

『진경(晉經)』육십권 화엄경 제10권 82,
 83, 126, 198, 203, 260, 366, 457. 제11권
 45, 66, 70, 92, 390, 391, 436.

ㅊ

『찬영기(纂靈記)』제10권 207.

『초사(楚辭)』제10권 92.

『치선병비요경(治禪病秘要經)』제10권
 419, 420.

ㅎ

『해심밀경』제10권 180. 제11권 477, 500.

『현양성교론』현양론 제10권 463, 464.
 제11권 258, 353.

『현우경(賢愚經)』제11권 417.

2. 인용된 어구, 사람 이름

ㄱ

가관(假觀) 공관(空觀) 중도관(中道觀)
 제10권 451. 제11권 145.

가사분신불가설 이여법계허공등(假使分
 身不可說 而與法界虛空等, 진실행)
 제11권 204.

각림보살(覺林보살) 제10권 41, 161, 162.

간정공(刊定公) 간정(刊定) 법사 혜원(惠
 苑) 법사 제10권 63, 66, 164. 제11권 68,
 70, 485, 490.

갈진시(竭盡施) 제11권 412, 421, 427.

감응도교(感應道交) 제10권 19.

거소황다(擧少況多) 제11권 37.

견분(見分)과 상분(相分) 제10권 175.

견불무진장(見佛無盡藏) 제11권 211.

경래미진(經來未盡) 제11권 516.

경신익물(輕身益物) 제10권 318.

계윤(鷄胤)부와 화지부(化地部) 제11권
 324.

계이차방파계폐 위업(戒以遮防破戒蔽 爲
 業, 십무진장품 戒藏) 제11권 215.

계장(戒藏) 제11권 253.

고제(苦諦) 집제(集諦) 멸제(滅諦) 도제
(道諦) 제11권 353, 454, 464, 468, 469,
492.

고행여래(苦行如來) 제10권 33.

곡궁합장(曲躬合掌) 제10권 26.

곡향무실유(谷響無實喩) 제10권 227.

공관사(空觀寺) 정(定) 법사 제10권 207.

공덕림보살(功德林菩薩) 제10권 41, 47,
242.

공덕화취보살설십행품(功德華聚菩薩說
十行品) 제10권 240.

공번불배(恐繁不配) 제10권 276.

과거세유아 시사불가득(過去世有我 是
事不可得, 중론) 제11권 386.

과거 보시[過去施] 제11권 427.

과거작악(過去作惡) 제11권 260.

광대의요(廣大意樂) 제10권 278, 280,
281, 283.

과이대치무괴 지식악행 위업(愧以對治無
愧 止息惡行 爲業, 愧藏) 제11권 216.

괴장(愧藏) 제11권 263.

교화무피(敎化無疲, 救護一切 心無疲厭)
제11권 48.

구경시(究竟施) 제11권 412.

구계(狗戒) 계계(鷄戒) 우계(牛戒) 치계

(雉戒) 제11권 237.

구계(九戒 : 1. 難行戒 2. 一切門戒 3. 善士
戒 4. 一切種戒 5. 遂求戒 6. 淸淨戒 7. 淸
淨戒 8. 此世他世樂戒 9. 二世樂戒 유가
사지론) 제10권 332.

구담대성주 연민중생고(瞿曇大聖主 憐愍
衆生故, 중론) 제11권 389.

구부경(九部經) 제11권 502.

구분유식(具分唯識) 제10권 162.

구사광법사(俱舍光法師, 보광법사)
제10권 65.

긍가하(恒伽河) 사타(私陀)강 신도(信
度)강 박추(縛芻)강 제11권 105.

기바(耆婆)와 아사세(阿闍世)왕 제11권
255.

기심평등 무유회린 불망과보 불구명칭 불
탐이양(其心平等 無有悔吝 不望果報
不求名稱 不貪利養, 환희행) 제10권
272.

기재중생 우치무지 어생사내 수무수신 위
취부정 속귀괴멸 약이괴멸(奇哉衆生 愚
癡無智 於生死內 受無數身 危脆不停
速歸壞滅 若已壞滅, 환희행 법보시)
제10권 302.

기타(祇陀)태자와 말리카[末利]부인

제10권 317.

ㄴ

나유타겁상우불 종불일념생피염(那由他 劫常遇佛 終不一念生疲厭, 난득행) 제11권 180.

나형(裸形)외도 제10권 134.

난득선근(難得善根) 제11권 57, 60.

난득행(難得行) 제11권 56.

난타(難陀) 법사 제10권 94.

난타(難陀) 비구 제11권 240.

난행정진(難行정진, 유가사지론) 제10권 370, 381, 382.

내시(內施) 제11권 412, 415, 421, 422, 423.

내외시(內外施) 제11권 412, 424, 425, 427.

념이치망념 위업(念以治忘念 爲業, 念藏) 제11권 215.

념장(念藏) 제11권 478.

누진지력(漏盡智力) 제10권 375.

늑사바(勒沙婆) 제11권 394.

능어일념실요지 일체중생무유여(能於一 念悉了知 一切衆生無有餘, 진실행)

제11권 189.

능어일일어언중 보위시현무량음(能於一 一語言中 普爲示現無量音, 십행품) 제11권 175.

니사단(尼師壇) 제11권 249.

니타나(尼陀那) 니타나경(尼陀那經) 제11권 479, 494.

ㄷ

단견과 상견 제10권 213, 214, 223. 제11권 247, 374, 375, 380, 381.

단덕(斷德, 섭율의계) 지덕(智德, 섭선법 계), 은덕(恩德, 섭중생계) 제10권 315.

당회정종(當會正宗) 제10권 19, 237.

당회유치(當會由致) 제10권 19.

대성지소설 본제불가득(大聖之所說 本 際不可得, 중론) 제11권 406.

대수석(帶數釋) 제11권 213.

대운(大雲) 논사 제10권 292.

대위광(大威光) 태자 제11권 496.

대중부와 설일체유부 제11권 324.

대총상(大總相) 제10권 446.

도생(道生) 법사 제10권 107, 294. 제11권 71.

도회외도(塗灰외도) 제10권 134.

동교일승(同敎一乘)과 별교일승(別敎一乘) 제11권 154.

동류인(同類因)과 이숙인(異熟因) 제10권 141.

동본서여설(同本誓如說, 先度衆生後成佛, 진실행) 제11권 137.

동적무애(動寂無礙) 제11권 77.

등류습기(等流習氣)와 이숙습기(異熟習氣) 제10권 188.

□

마납파(摩納婆) 마납파박가(摩納婆嚩迦) 제10권 295.

마누마(摩㝹摩) 화신 제11권 46.

마니수영유(摩尼隨映喩) 제10권 216, 217, 219, 224.

마니장엄전(摩尼莊嚴殿) 제10권 34.

마달리카(摩怛理迦) 제10권 440.

마하전타(摩訶旃陀) 제11권 418.

막경소죄 이위무앙 수적수미 점영대기(莫輕小罪 以爲無殃 水滴雖微 漸盈大器, 열반경) 제11권 494.

명이해영행(明已解令行) 제10권 19.

명제(冥諦) 제10권 134. 제11권 403.

명칭여래(名稱如來) 제10권 28.

묘광명대삼매(妙光明大三昧) 제10권 287.

무거여래(無去如來) 제10권 32.

무굴요행(無屈撓行) 제10권 365.

무기법(無記法) 제11권 354.

무량무변무수겁 어일념중실명견(無量無邊無數劫 於一念中悉明見, 난득행) 제11권 179.

무루오온(無漏五蘊, 출세간법 戒 定 慧 解脫 解脫知見) 제11권 296.

무부무기성 제10권 186.

무상지 일체종지 변화지(無相智 一切種智 變化智, 보살본업경) 제11권 129.

무생즉시불(無生卽是佛) 제10권 77.

무생진성 역무소유 즉피승의무자성성(無生眞性 亦無所有 卽彼勝義無自性性, 야마게찬품) 제10권 78.

무승여래(無勝如來) 제10권 32.

무심보조유(無心普照喩) 제10권 225.

무외림보살(無畏林菩薩) 제10권 84.

무위역행(無違逆行) 제10권 335.

무유종무지 이생어지혜(無有從無智 而生於智慧, 야마게찬품) 제10권 91.

무작사제(無作四諦) 제11권 451.

무주안불(無住眼佛) 제10권 43.

무진심행(無盡心行) 제11권 77.

무착행(無着行) 제11권 16.

문기유사(問記有四, 1. 應一向記 2. 應分
別記 3. 應反詰記 4. 應捨置記, 십무진장
품 聞藏) 제11권 355.

문이능파무지 위업(聞以能破無知 爲業,
십무진장품 聞藏) 제11권 215.

문장(聞藏) 제11권 271.

문지(文持)와 의지(義持) 제10권 395.

미래시(未來施, 미래보시) 제11권 412.

미래소유인사자 주변유행어법계(未來所
有人師子 周徧遊行於法界, 십행품)
제11권 155.

ㅂ

반고(盤古)씨 제10권 139.

발리미저다(鉢唎味底多) 제11권 29.

발리야나다(鉢履耶捺多) 제10권 366.

발업(發業)과 윤업(潤業) 제11권 456.

발타기바(跋陀耆婆) 제11권 418.

방편의요(方便意樂) 환희의요(歡喜意樂)
제10권 280.

범성상대문(凡聖相對門) 사제차별문(四
諦差別門) 제11권 451.

법교유통엄(法敎流通嚴) 제10권 25.

법불생비법(法不生非法, 중론) 제10권
116.

법상(法尙)보살과 상제(常啼)보살
제10권 77.

법상종과 무상종 제10권 134. 제11권 76.

법성종(法性宗) 제10권 182.

법자재(法自在)보살 제10권 151.

법화경추요최현(法華經樞要最玄, 三千
世間) 제11권 144.

변이치어건눌 위업(辯以治於謇訥 爲業,
십무진장품 辯藏) 제11권 215.

변장(辯藏) 제11권 509.

변취행지력(徧趣行智力) 제10권 375.

보살마하살 학삼세제불이수행(菩薩摩訶
薩 學三世諸佛而修行, 십행품) 제10권
249.

보살사하(菩薩四河, 1. 願智河 2. 波羅密
河 3. 三昧河 4. 大悲河) 제11권 105.

보살선사유삼매(菩薩善思惟三昧)
제10권 242.

보연화장사자지좌(寶蓮華藏師子之座)
제10권 24.

보왕여래(寶王如來) 제10권 29.

본성주종성(本性住種性) 제10권 94.

본유(本有)종자와 신훈(新熏)종자
제10권 94.

부단불종(不斷佛種) 제11권 101, 102,
104, 107.

부동무위(不動無爲) 상수멸무위(想受滅
無爲) 제11권 336.

부잡변재와 임방변재(不雜辯才 任放辯
才) 제11권 154.

부파의 율문(律文) 제11권 344.

분감시(分減施) 제11권 412, 413.

분단생사(分段生死) 변역생사(變易生死)
제11권 465, 467.

불가사의겁 공양무량불(不可思議劫 供
養無量佛, 야마게찬품) 제10권 58.

불가사의겁 난가득치우(不可思議劫 難
可得値遇, 야마게찬품) 제10권 55.

불뇌란타시(不惱亂他施) 제10권 269.

불덕광박(佛德廣博) 제10권 60.

불동승전(佛同升殿) 제10권 35.

불리이승(不離而升) 제10권 23.

불방대광명 보조어시방(佛放大光明 普照
於十方, 야마게찬품) 제10권 48.

불생불멸 여생멸화합 비일비이 명아리야

식(不生不滅 與生滅和合 非一非異 名
阿梨耶識, 기신론) 제10권 168.

불시불간 불계불범 불인불에 부진불태 부
정불란(不施不慳 不戒不犯 不忍不恚
不進不怠 不定不亂, 유마경) 제10권
310, 311.

불응설이설 시위자기광(不應說而說 是爲
自欺誑, 지림보살) 제10권 211.

불이법위신 청정여허공(佛以法爲身 淸淨
如虛空, 여래현상품) 제10권 231.

불이일체보리수하 급수미산정(不離一切
菩提樹下 及須彌山頂, 승야마천궁품)
제10권 23.

불적입현(拂迹入玄) 제11권 80.

비나야(毘奈耶) 제11권 29.

비로자나여래 왕석원력 위신지력 급제보
살중선근력(毘盧遮那如來 往昔願力 威
神之力 及諸菩薩衆善根力, 십행품)
제10권 243.

비마사나(毘摩斯那) 노도차(勞度叉) 비
마선(毘摩羨)왕 제11권 416.

비불략(毘佛略, 方廣) 제11권 497.

비사연(毗闍延)의 궁전 제10권 224.

비소불종(悲紹佛種) 제11권 107.

비여공화사 분포제채색(譬如工畵師 分

布諸彩色, 야마게찬품) 제10권 167.

비여맹하월 공정무운에(譬如孟夏月 空淨
無雲曀, 야마게찬품) 제10권 60.

비여선사 부주차안 부주피안 부주중류
(譬如船師 不住此岸 不住彼岸 不住中
流 난득행) 제11권 63.

비여세계유성괴 이기허공부증감(譬如世
界有成壞 而其虛空不增減, 여래출현품)
제10권 127.

비여수의주 능현일체색(譬如隨意珠 能現
一切色, 지림보살) 제10권 216.

비여찬목 이출어화 화사무량 이화불멸
(譬如鑽木 以出於火 火事無量 而火不
滅, 난득행) 제11권 79.

빈출가책거처(擯黜訶責舉處) 제11권
251.

ㅅ

사념처(四念處)와 십팔불공법(十八不共
法) 제11권 307.

사대종(四大種)의 비유 제10권 163.

사리교철(事理交徹) 제10권 251.

사리무애(事理無礙) 제10권 27, 119, 145,
251, 253, 466.

사마(四魔, 1.天魔 2.陰魔 3.煩惱魔 4.死
魔) 제10권 404.

사무소외(四無所畏)는 십무진장품의 문
장(聞藏) 제11권 341.

사박(四縛, 1.貪欲 2.瞋恚 3.戒取 4.我見)
제10권 309.

사백사맥(四百四脈) 제10권 420, 422, 423.

사변재(四辯才)는 십지품의 제9지 제11권
341.

사사문과(四沙門果)는 범행품 제11권
341.

사선(四禪) 팔정(八定) 제11권 297.

사성제(四聖諦)는 사성제품 제11권 341.

사수(四受, 1.苦受 2.樂受 3.喜受 4.捨受)
제11권 298, 299.

사수이융(事隨理融) 제10권 376.

사악성인 원해태자 경만난의 기혐악혜 시
위마업(捨惡性人 遠懈怠者 輕慢亂意
譏嫌惡慧 是爲魔業, 이세간품 魔業)
제11권 96.

사유이종업(死有二種業 십지품) 제10권
395, 396.

사타가(闍陀伽, 本生) 제11권 496.

사택력과 수습력(思擇力과 修習力, 양섭
론) 제11권 99.

삭취취(數取趣) 제10권 293.

살타(薩埵, 此云衆生) 제10권 296.

삼론종(三論宗) 제10권 133.

삼륜(三輪) 제10권 390, 391.

삼무성관(三無性觀) 제10권 66.

삼십칠도품(三十七道品)은 십지품의 제4
  지 제11권 341.

삼인(三忍) 제10권 347.

삼정진(三精進, 攝論) 제10권 261.

삼종정진(三種精進, 1.被甲정진 2.攝善정
  진 3.利樂정진 성유식론) 제10권 371.

삼취계(三聚戒, 1.攝律儀戒 2.攝衆生戒
  3.攝善法戒) 제10권 304, 323.

상견(常見)과 단견(斷見) 제10권 454.

상무자성(相無自性) 제10권 69.

상물무괴불각고집(傷物無愧不覺苦集)
  제11권 264.

생무자성성관(生無自性性觀) 상무자성
  성관(相無自性性觀) 제10권 69, 70, 71.

생사중류와 열반중류(生死中流와 涅槃
  中流) 제11권 64.

석여조달이인 입해채보 선파지후 이인불
  사(昔與調達二人 入海探寶 船破之後
  二人不死, 열반경) 제11권 133.

선각여래(善覺如來) 제10권 31.

선도중생후성불(先度衆生後成佛, 십행품
  진실행) 제11권 137.

선법행(善法行) 제11권 98.

선인후기(先人後己) 제10권 473.

선해일체어언법 문난수대실구경(善解一
  切語言法 問難酬對悉究竟, 십행품 현법
  락주선) 제11권 171.

선현행(善現行) 제10권 441.

선호의요(善好意樂) 제10권 280, 283.

섭지정법(攝持正法) 제11권 101.

성상무애(性相無礙) 제11권 78.

성소작사정려(成所作事靜慮, 양섭론)
  제10권 390.

성실종(成實宗) 제10권 173.

성취제일성체지어 여설능행 여행능설(成
  就第一誠諦之語 如說能行 如行能說,
  진실행) 제11권 131.

성태삼십인(聖胎三十人) 제10권 240.

세간법불이불법 불법세간법무유잡란(世
  間法不異佛法 佛法世間法無有雜亂, 십
  행품) 제10권 470.

세계시성립 무유패괴상(世界始成立 無有
  敗壞相, 야마게찬품) 제10권 103.

세심관(洗心觀) 제10권 423.

세친(世親)보살 제10권 291, 314, 348, 373.

소발리미저다달마비나야(蘇鉢唎昧底多 達磨毘奈耶) 제11권 30.

소전의(所轉依, 持種依와 迷悟依) 제10권 166.

소취불가취 소견불가견(所取不可取 所 見不可見 지림보살) 제10권 208.

수기경(授記經) 제11권 493.

수기응견응공양 위현여래청정신(隨其應 見應供養 爲現如來淸淨身, 진실행) 제11권 203.

수남(水南) 선지식 제11권 401.

수론파(數論派)와 승론파(勝論派) 제10권 134, 173.

수마단(須摩檀) 제11권 418.

수문여래성 음성비여래(雖聞如來聲 音聲 非如來, 지림보살) 제10권 232.

수습무변복지장 보작청량공덕지(修習無 邊福智藏 普作淸凉功德池, 선법행) 제11권 182.

수야마천왕 게찬십여래(須夜摩天王 偈讚 十如來, 야마게찬품) 제10권 49.

수제중생각이견 일실신자소행도(隨諸衆 生各異見 一實身者所行道, 진실행) 제11권 198.

수타천(首陀天) 대월(大月)대신 제11권

416.

수현일체색 무능견공자(雖現一切色 無能 見空者, 야마게찬품) 제10권 217.

숙주수념지력(宿住隨念智力) 제10권 375.

습소성성(習所成性) 제10권 94.

승림보살(勝林菩薩) 제10권 59.

승의무자성성관(勝義無自性性觀) 제10권 69, 78.

승조(僧肇) 법사 제10권 124. 제11권 71.

승진무착(勝進無着) 제11권 27.

승천여래(勝天如來) 제10권 31.

시라발타(尸羅跋陀) 제11권 418.

시방각만불찰미진수동명제불 공가어여 (十方各萬佛刹微塵數同名諸佛 共加於 汝, 십행품) 제10권 243.

시방일체처 개위불재차(十方一切處 皆謂 佛在此, 야마게찬품) 제10권 50.

시이지간 위업(施以止慳 爲業, 施藏) 제11권 215.

시장(施藏) 제11권 412.

신삼성무생(信三性無生) 제11권 221.

신소집무상(信所執無相) 제11권 220.

신원성성무성(信圓成性無性) 제11권 220.

신의타무생(信依他無生) 제11권 220.

신이능제불신탁 위업(信以能除不信濁 爲
業, 信藏) 제11권 215.

신자 불각형해지수 가섭 불문열반지음
(身子 不覺刑害之手 迦葉 不聞涅槃之
音, 십행품) 제10권 430.

신장(信藏) 제11권 218.

심불여중생 시삼무차별(心佛與衆生 是
三無差別, 60권본) 제10권 195.

심여공화사 능화제세간(心如工畵師 能
畵諸世間, 각림보살) 제10권 186.

심중무채화 채화중무심(心中無彩畵 彩
畵中無心, 야마게찬품) 제10권 174.

십력(十力, 진실행) 제11권 135.

십마(十魔 智論說 이세간품) 제10권 403.

십마업(十魔業, 이세간품) 제10권 403.

십발취(十發趣, 십주) 십장양(十長養, 십
행) 십금강(十金剛, 십회향) 제10권 240.

십사무기(十四無記 구사론) 제11권 354.

십신 성취십종신(十身 成就十種身 선법행
승진행) 제11권 102, 116, 118, 119, 121,
122, 123, 184.

십신(十信) 십지(十止) 십견심(十堅心)
제10권 240.

십이두타(十二頭陀) 제11권 248.

십이분교(十二分敎 十二部經 念藏)
제11권 481, 483, 485, 500.

십이지(十二支, 初二卽能引 次五卽所引
次三卽能生 後二卽所生, 십무진장품)
제11권 276.

십장(十藏, 십무진장품) 제11권 213.

십장승능(十藏勝能, 1. 下化上求 2. 竪窮
橫徧 3. 捨相契實 4. 無變善攝 5. 外護內
明) 제11권 516.

십전(十纏) 제10권 308.

십종무진장(十種無盡藏) 제11권 211.

십지의 십신(十地의 十身) 제11권 123.

십행품 십지(十智) 제10권 238.

ㅇ

아가마의 소견[阿笈摩見] 제10권 267.

아나반나(阿那般那) 제10권 421.

아리륵(阿梨勒) 제10권 421.

아마라식(阿摩羅識)과 무구식(無垢識)
제10권 194.

아모라익타(阿慕羅匿陀) 제11권 232.

아부달마(阿浮達磨, 미증유) 제11권 499.

아불각오중생 수당각오 아부청정중생 수
당청정 차아소의 아소응작(我不覺悟衆

生 誰當覺悟 我不淸淨衆生 誰當淸淨 此我所宜 我所應作, 선현행) 제10권 473.

아불성숙중생 수당성숙 아부조복중생 수당조복 아불교화중생 수당교화(我不成熟衆生 誰當成熟 我不調伏衆生 誰當調伏, 선현행) 제10권 473.

아어미래세 위작위무작 초이무작위유변(我於未來世 爲作爲無作 初以無作爲有邊, 단견외도) 제11권 374.

아타나식심심세 일체종자여폭류(阿陀那識甚深細 一切種子如瀑流, 해심밀경) 제10권 179.

아파타나(阿波陀那, 譬喩) 제11권 498.

안다(安茶)논사 제10권 134.

안주대비 수행여시적멸지법 득불십력 입인다라망법계 성취여래무애해탈(安住大悲 修行如是寂滅之法 得佛十力 入因陀羅網法界 成就如來無礙解脫, 진실행) 제11권 142.

안주정려(安住靜慮) 제10권 390.

안체자라서이가(頞剃剌羅栖你迦) 제11권 239.

야마(夜摩) 제10권 20.

약견인연법 즉위능견불(若見因緣法 則爲能見佛, 중론) 제10권 77.

약불자언루영진자 하이애어라후 가매조달(若佛自言漏永盡者 何以愛語羅睺訶罵調達, 聞藏) 제11권 345.

약세간유변 운하유후세(若世間有邊 云何有後世, 중론) 제11권 379.

약세반유변 세간반무변 시즉역유변 역무변불연(若世半有邊 世間半無邊 是則亦有邊 亦無邊不然, 중론) 제11권 381.

약인지심행 보조제세간(若人知心行 普造諸世間, 각림보살) 제10권 199.

양거(穰佉) 미륵(彌勒) 제11권 493.

양족상방광(兩足上放光, 야마게찬품) 제10권 46.

어삼보무착(於三寶無着) 제11권 22.

어일탄지경 집착어아 기아아소상 어일일모단처 진미래겁 수보살행 불착신 불착법(於一彈指頃 執着於我 起我我所想 於一一毛端處 盡未來劫 修菩薩行 不着身 不着法, 십행품) 제11권 37.

어제불소 일향견신 지불지혜 무변무진(於諸佛所 一向堅信 知佛智慧 無邊無盡, 십무진장품 信藏) 제11권 226.

언행불허 고명진실(言行不虛 故名眞實, 진실행 명칭) 제11권 128.

업성본공적 중생소의지(業性本空寂 衆生 所依止, 야마게찬품) 제10권 155.

여래광대신 구경어법계(如來廣大身 究竟 於法界, 야마게찬품) 제10권 84.

여래멸도후 불언유여무(如來滅度後 不言 有與無, 중론) 제11권 394.

여래수파순청 각후삼월 당반열반(如來受 波旬請 却後三月 當般涅槃, 십회향품) 제11권 416.

여리지(如理智)와 여량지(如量智) 제10권 212.

여몽도하(如夢度河, 십지품 제8지) 제11권 42.

여설능행 여행능설(如說能行 如行能說, 진실행) 제11권 128.

여심불역이 여불중생연(如心佛亦爾 如佛 衆生然, 각림보살) 제10권 191.

역림보살(力林菩薩) 제10권 129.

연국공(燕國公) 장열(張說) 제11권 401.

연등여래(然燈如來) 제10권 30.

연려심(緣慮心)과 질애심(質礙心) 제10권 104.

연생무작관(緣生無作觀) 제10권 130.

열반춘지유(涅槃春池喩) 제10권 213.

염경불혐(染境不嫌) 제11권 21.

염법(染法)연기와 정법(淨法)연기 제10권 192.

영공(影公)법사 제11권 384.

영략(影略) 제10권 392. 제11권 280, 285, 434, 466, 468.

영불사리대보리심 항불퇴전화중생심 전 갱증장대자비심 여일체중생작소의처 (永不捨離大菩提心 恒不退轉化衆生心 轉更增長大慈悲心 與一切衆生作所依 處, 선현행) 제10권 471.

영사신명 이종부작뇌중생사(寧捨身命 而 終不作惱衆生事, 요익행) 제10권 318.

오명처(五明處)와 삼정취(三定聚) 제10권 442.

오사명법(五邪命法) 제11권 248.

오예부정(汚穢不淨, 依內不淨 依外不淨 대지도론) 제11권 268.

오음상상속 유여등화염(五陰常相續 猶 如燈火焰, 중론) 제11권 380.

오종부정(五種不淨 대지도론) 제11권 266.

오종풍(五種風, 금칠십론金七十論) 제10권 423.

오주지혹(五住地惑) 제10권 310.

완악(頑惡)과 은음(癮瘡) 제11권 33.

왕명간(王明幹) 이야기 제10권 207.

외시(外施, 왕위 보시) 제11권 423.

요달시처급비처 어제력처보능입(了達是 處及非處 於諸力處普能入, 선법행) 제11권 185.

요법무상진실문 차견실자소행도(了法無 相眞實門 此見實者所行道, 난득행) 제11권 178.

요심발제(要心拔濟) 제11권 30.

요익여래(饒益如來) 제10권 30.

요익행(饒益行) 제10권 304.

우다아나[嗢陀南] 제10권 266.

우루가(優樓伽) 제11권 395.

우바제사(優波提舍, 論義) 제11권 499.

운하야간 구사자자 즉애어라후야(云何 野干 驅師子子 卽愛語羅睺也, 십무진장 품) 제11권 346.

원교일승(圓敎一乘) 제10권 153.

원리세소탐 구족무변덕(遠離世所貪 具足 無邊德, 야마게찬품) 제10권 52.

원리어아무뇌해 항이대음선정법(遠離於 我無惱害 恒以大音宣正法, 십행품) 제11권 163.

원융문(圓融門)과 수상문(隨相門) 제11권 216, 217.

원제중생 식아육자 역득아눗다라삼막삼 보리(願諸衆生 食我肉者 亦得阿耨多羅 三藐三菩提, 환희행) 제10권 283.

월광왕의 머리보시, 竭盡施 제11권 418.

위세사(衛世師, 승론파 외도) 제10권 135.

유기법(有記法 십무진장품 聞藏) 제11권 339.

유여열반, 무여열반 제10권 123.

유인수문기명 경불식면 소화불소구 명지 명중 무유의야(有人雖聞其名 竟不識面 召火不燒口 明知名中 無有義也, 선현행 名無得物之功) 제10권 467.

유전환멸문(流轉還滅門) 능소상대문(能 所相對門) 제11권 452.

유회향고 부주생사 유발제고 부주열반 (由廻向故 不住生死 由拔濟故 不住涅 槃) 제11권 16.

육종진동(六種震動) 제11권 147.

은덕의요(恩德意樂) 제10권 279.

응관법계성 일체유심조(應觀法界性 一切 唯心造, 야마게찬품 각림보살) 제10권 204.

응당여시관 심조제여래(應當如是觀 心造 諸如來, 진경) 제10권 206.

의생신(意生身) 제11권 47, 467.

의소식지(意消息之) 제10권 41.

의신과 명신(義身과 名身) 제11권 106.

의주석(依主釋) 상위석(相違釋) 제10권
21.

의타성과 원성성 제10권 79, 80.

이광장설 출묘음성 충만시방일체세계(以
廣長舌 出妙音聲 充滿十方一切世界,
辯藏) 제11권 512.

이락정진(利樂精進) 제10권 379, 382,
383.

이법계(理法界)와 사법계(事法界)
제10권 251.

이사구절백비(離四句絶百非) 제11권
394.

이세락계(二世樂戒 九戒 유가사지론)
제10권 332.

이사무애(理事無礙) 제10권 468.

이생중(異生衆) 제11권 438.

이제목다가(伊帝目多伽, 本事) 제11권
495.

이차선근 원득아뇩다라삼막삼보리 증대
열반(以此善根 願得阿耨多羅三藐三菩
提 證大涅槃, 환희행) 제10권 282.

이치란행(離癡亂行) 제10권 384.

인공관과 법공관(人空觀과 法空觀)

제10권 286.

인근석(隣近釋) 제10권 386.

인다라망법계(因陀羅網法界) 제10권
252.

인발정려(引發靜慮) 제10권 390.

인부동분(因不同分) 시부동분(時不同分)
제11권 404.

인욕(忍辱)선인 제11권 134.

일불지지 상불가진 황횡변시방 수해삼제
(一佛之智 尙不可盡 況橫徧十方 曁該
三際, 信藏) 제11권 228.

일신결가이정좌 충만시방무량찰(一身結
跏而正坐 充滿十方無量刹, 진실행)
제11권 195.

일심경례십력존 이구청정무애견(一心敬禮
十力尊 離垢淸淨無礙見, 십행품)
제11권 152.

일일불토개왕예 진어무량무변겁(一一佛
土皆往詣 盡於無量無邊劫, 난득행)
제11권 178.

일체경계 유의망념 이유차별(一切境界 唯
依妄念 而有差別, 조론) 제10권 123.

일체법공고 하유변무변(一切法空故 何有
邊無邊, 중론) 제11권 385, 394.

일체법무래 시고무유생(一切法無來 是故

無有生, 야마게찬품) 제10권 76.

일체법무생 일체법무멸(一切法無生 一切
法無滅, 일체혜보살) 제10권 77.

일체시(一切施, 凡所有物보시) 제11권
425.

일체지무외(一切智無畏)는 所知障을 여
의고, 누영진무외(漏永盡無畏)는 煩惱
藏을 여의고, 설장도무외(說障道無畏)
를 여의고, 출고도무외(出苦道無畏)를
여읜다 제11권 350.

입불종성(入佛種性) 제11권 194.

ㅈ

자량위(資糧位, 성유식론) 제10권 356.

자분무착(自分無着) 제11권 21.

자상(自相)과 공상(共相) 제11권 369.

자성부정 즉삼십육물(自性不淨 卽三十
六物, 열반경) 제11권 266.

자업조성문(自業造成門, 현전지) 제11권
284.

자작급타작 공작무인작(自作及他作 共
作無因作, 중론) 제10권 143.

자해 약유오연(自害 略由五緣, 1. 貪, 2.
瞋, 3. 邪見, 4. 愚癡, 5. 不善心) 제10권

340.

작불청지우(作不請之友) 제11권 137.

장시무착(長時無着) 제11권 23.

재전여래장(在纏如來藏) 제10권 95, 96.

적행재궁 공덕원만(積行在躬 功德圓滿)
제10권 44.

전식득지(轉識得智) 전사전득(轉捨轉得)
제10권 357.

전타바라비(旃陀婆羅脾, 진역으로 月光)
제11권 416, 418.

정공현색유(淨空顯色喩) 제10권 217.

정(靜)법사 혜원(惠苑) 제11권 232.

정유과견(定有果見) 제10권 267.

정진림보살(精進林菩薩) 제10권 108.

제근미묘행역연 능위중생광설법(諸根微
妙行亦然 能爲衆生廣說法, 진실행)
제11권 192.

제바(提婆)보살 제10권 364.

제불법중 무구무정 무암무명 무이무일 무
실무망 무안은무험난 무정도무사도(諸
佛法中 無垢無淨 無闇無明 無異無一
無實無妄 無安隱無險難 無正道無邪道,
십행품) 제11권 24.

제온업위본 제업심위본(諸蘊業爲本 諸業
心爲本, 야마게찬품) 제10권 130.

제일의공(第一義空) 제10권 196.

조화찬양(助化讚揚) 제10권 39.

종법불생법 역불생비법(從法不生法 亦不生非法, 중론) 제10권 117.

종양족상 방백천억묘색광명(從兩足上 放百千億妙色 光明, 야마게찬품) 제10권 46.

종자부정과 주처부정(種子不淨과 住處不淨) 제11권 266.

주차신장 즉능문지일체불법 위중생설 개령개오(住此信藏 則能聞持一切佛法 爲衆生說 皆令開悟, 信藏의 이익) 제11권 234.

즉사입현(卽事入玄) 제11권 87.

증비무착(增悲無着) 제11권 30.

증장대비(增長大悲) 제11권 31.

지능멸우 우불멸지 약능거독 독불거약(智能滅愚 愚不滅智 藥能去毒 毒不去藥) 제10권 106.

지림보살(智林菩薩) 제10권 207.

지업석(持業釋) 제11권 215.

지이치망실 위업(持以治忘失 爲業, 持藏) 제11권 215.

지입종성(智入種性, 1. 入悲種性 2. 入智種性) 제11권 141.

지장(持藏) 제11권 505, 506.

진동시방제국토 무량억수나유타(震動十方諸國土 無量億數那由他, 십행품) 제11권 171.

진법(眞法)과 망법(妄法) 제10권 109.

진법급설자 청자난득고(眞法及說者 聽者難得故, 중론) 제11권 406.

진실행(眞實行) 제11권 127.

진여문과 생멸문 제10권 165.

진제(眞諦)삼장 제10권 460.

ㅊ

차전(遮詮) 제10권 69, 252.

참괴림보살(慚愧林菩薩) 제10권 89.

참이대치무참 지식악행 위업(慚以對治無慚 止息惡行 爲業, 慚藏) 제11권 215.

참장(慚藏) 제11권 253.

처비처지력(處非處智力) 제10권 375.

처홀관용(處忽寬容) 제10권 34.

천궁(天宮)법사 제10권 341.

천착(穿鑿) 제11권 45.

천태(天台)대사 제10권 196. 제11권 145, 295.

청량법지(淸凉法池) 제11권 126.

청목(青目)논사 제10권 72, 73. 제11권 329.

청정의요(清淨意樂) 제10권 279.

체용자재(體用自在) 제10권 53.

체찰법인(諦察法忍) 제10권 358.

초교(初敎) 대승과 실교(實敎) 대승 제10권 220.

치부동분(治不同分) 단부동분(斷不同分) 속부동분(續不同分) 제11권 404.

칠종음성(七種音聲, 십행품) 제10권 418, 419.

ㅌ

태(泰)법사 제10권 65.

ㅍ

팔전(八纏) 제10권 308.

팔지보살증무생인 변욕방사이중생사 제불권기 영억본원 이익중생(八地菩薩證無生忍 便欲放捨利衆生事 諸佛勸起 令憶本願 利益衆生, 선현행) 제10권 472.

포자나교치가(布刺拏憍雉迦) 제11권 237.

표의명언(表義名言)과 현경명언(顯境名言) 제10권 253.

피증입차마니전 시고차처최길상(彼曾入此摩尼殿 是故此處最吉祥, 승야마천궁품) 제10권 28.

ㅎ

항이무외시중생 보령일체개흔경(恒以無畏施衆生 普令一切皆欣慶, 십행품) 제11권 163.

항전여폭류(恒轉如瀑流, 성유식론) 제10권 178.

해탈도(解脫道)와 무간도(無間道) 제11권 317.

행림보살(行林菩薩) 제10권 153.

허망분별숙위본 전도상위본(虛妄分別執爲本 顚倒想爲本, 유마경) 제10권 156.

현담(玄談) 제10권 69, 166, 235, 236. 제11권 76, 305, 327.

현량(現量)과 비량(比量)과 정교량(正敎量) 제11권 393.

현무량신 보입세간(現無量身 普入世間, 진실행 入佛種性) 제11권 140.

현불삼덕(顯佛三德 智德 斷德 恩德, 십행

품) 제11권 152.

현서증성분(顯瑞證成分) 제11권 146.

현수(賢首) 대사 현수스님 제10권 219,
220, 223, 227, 229, 230, 231, 285. 제11
권 68.

현장(玄奘)삼장 제10권 194, 461.
제11권 319.

현재 보시[現在施] 제11권 433.

혜림보살(慧林菩薩) 제10권 54.

혜사(惠思)대사 십여시(十如是) 제11권
145.

혜원(慧遠)법사 제11권 67, 268, 324, 328,
482, 483, 485, 487, 490.

혜원(惠苑)법사, 혜원공(惠苑公) 간정공
제10권 221, 229. 제11권 67.

혜이파치 위업(慧以破癡 爲業, 慧藏 십무
진장품) 제11권 215.

혜장(慧藏) 제11권 449.

호법(護法)논사 제10권 94.

호월(護月)논사 제10권 93.

화가라나(和伽羅那, 수기) 제11권 492.

화지부(化地部) 제11권 313.

회사귀리(會事歸理) 제10권 27.

희목여래(喜目如來) 제10권 30.

『화엄경청량소』

제5 도솔천궁법회

[제12권 - 제15권]

『화엄경청량소』 제5 도솔천궁법회 [제12권 - 제15권]

1. 인용된 경론 이름

ㄱ

『간정기』 제12권 64, 81, 219, 220. 제15권 64.

『관보현보살행법경』 제13권 352.

『관불삼매해경』 제14권 303, 304.

『광아(廣雅)』 자전 제14권 454.

『교량공덕경(校量功德經)』 제14권 355, 359.

『구사론』 아비달마구사론 제13권 427. 제14권 332. 제15권 88.

『구사론』 소 제15권 89.

『구색록경(九色鹿經)』 제14권 294.

『구십오종외도사론경(九十五種外道邪論經)』 제14권 130.

『금강경』 『금강반야경』 제12권 240, 258. 제13권 317, 437. 제15권 153.

『기신론』 『대승기신론』 제12권 145. 제13권 67, 93, 158, 189. 제15권 154, 156, 162, 163, 206.

ㄴ

『남본열반경』 南經 제14권 183, 286, 319, 338.

『노자도덕경』 제13권 139. 제14권 122.

『능가경』 제13권 430, 431. 제14권 258, 449. 제15권 21, 301.

ㄷ

『대당서역기』 제14권 333.

『대반야경』 제13권 142, 149, 150, 151, 311, 316, 317. 제14권 262, 265, 316, 451. 제15권 187.

『대승장엄경론』 『대장엄경론』 제12권 134. 제13권 77, 80. 제14권 143, 145, 146, 147, 148, 149, 226, 394, 433. 제15권 60, 61.

『대지도론』 智論 智度論 제12권 220, 252. 제13권 73, 151, 234, 348, 350, 360, 363, 364. 제14권 65, 130, 159, 204, 220, 222, 242, 289, 291, 293, 308, 353, 354. 제15

권 206, 375, 402.

『대품반야경』제13권 129, 148, 150, 151,
  364, 365. 제14권 316.

『대회향경(大廻向經)』제13권 115.

『도덕경』제13권 139.

ㅁ

『마하승지율』제14권 112.

『모시(毛詩)』제13권 136.

『무상의경』제14권 112, 113, 257, 258.

『무성섭론』제12권 91, 92, 95, 98, 102,
  103, 106, 108, 110, 115, 119, 120, 123,
  125, 126, 133, 137, 138, 139, 144, 148,
  158, 159, 164, 173, 297. 제14권 96, 97,
  98, 99. 제15권 285.

『문수문반야경(文殊問般若經)』제13권
  430.

『밀적역사경(密迹力士經)』『불비밀경』
  제15권 60, 61, 62.

ㅂ

『반야론』제15권 152, 153.

『방등경(方等經)』제13권 351.

『범망경』제14권 356.

『법집경(法集經)』제13권 73.

『법화경』제12권 100, 108, 132, 145, 167,
  307. 제13권 256, 365, 367. 제14권 103,
  104, 107, 108, 487. 제15권 137, 236.

『보살대승장경』『보살장경』제12권 19.

『보살본업경』『보살영락경』제13권 86,
  185, 189, 227, 228, 282, 346. 제14권 16,
  342, 433. 제15권 19, 114, 230, 355.

『보살본연경』제14권 232, 292, 321, 394,
  399.

『보살본연집경』제14권 289, 294.

『보은경』제14권 232.

『보현관경』『관보현보살행법경』제13권
  356.

『부사의경계경』제14권 352.

『북본열반경』제14권 285, 338.

『불명경(佛名經)』제14권 129.

『불본행경』제14권 161, 188, 189.

『불비밀경』『밀적역사경』제15권 60, 61,
  62.

『불지경론』『불지경』『불지론(佛地論)』
  제12권 82, 84, 170. 제13권 374, 387,
  388, 389, 390, 391, 394, 396, 401, 403,
  412.

ㅅ

『사권능가경』『능가아발다라보경』
제14권 135, 250, 252, 253, 255.

『사리불비담경(舍利弗毘曇經)』제14권
130.

『사리불청문경(舍利弗請問經)』제14권
356.

『선계경(善戒經)』제13권 348.

『섭대승론』섭론 제12권 82, 83, 84, 92, 93,
94, 103, 114, 127, 295, 296. 제13권 77.
제14권 93, 95, 407. 제15권 157, 379,
411.

『섭대승론석론』제12권 91, 94.

『성실론』제14권 146, 147, 148, 150.

『성유식론』유식론 제13권 77, 387.
제14권 45, 177, 259. 제15권 47, 74, 157,
163, 169, 170, 172, 173, 175, 178, 205,
411, 412, 413.

『소타마왕경(蘇陀摩王經)』제14권 291.

『승만경』제14권 257.

『시경(詩經)』제12권 78. 제13권 136, 137.

『시등공덕경(施燈功德經)』제14권 76.

『십륜경』제14권 220, 223.

『십이인연경』제14권 112.

『십주비바사론』제13권 348, 350, 361.

『십지경론』『십지경(十地經)』論經 제13권
49, 50, 68, 70.

ㅇ

『아미타경』제13권 395.

『아비달마잡집론』제12권 87, 88. 제13권
77, 81.

『아함경』제14권 43, 45, 356.

『양본세친(兩本世親)』제14권 96.

『양섭론』제12권 128, 297. 제13권 21, 24,
124. 제14권 96, 408.

『여래밀경(如來密經)』제12권 139.

『연등공덕경』제14권 75.

『열반경』제12권 23, 176, 220, 254.
제13권 73, 93, 121, 124, 235, 262, 327,
350, 396. 제14권 54, 60, 65, 80, 81, 82,
108, 110, 132, 181, 261, 285, 316, 319,
321, 326, 337, 343. 제15권 204, 236.

『예불명경(禮佛名經)』제13권 352.

『유가사지론』유가론 제12권 254. 제13권
21, 23, 119, 360. 제14권 23, 57, 75, 76,
92, 94, 149, 181, 182, 270, 301, 341, 342,
343, 344, 409, 429, 435, 436. 제15권 158,

286.

『유마경』정명경 제12권 20, 108, 130, 149,
    155, 175. 제13권 69, 70, 87, 167, 168,
    242, 352, 428, 436, 439. 제14권 355, 358,
    407, 454, 457. 제15권 21, 22, 136, 156,
    379.

『음의(音義)』혜원음의 제12권 45.

『이구혜경(離垢慧經)』제13권 358.

『이구혜소문예불법경(離垢慧所問禮佛法
    經)』제13권 348.

『인명론소』제12권 292.

『인왕반야경』제12권 235.

ㅈ

『자씨론』제12권 253.

『잡아함경』제14권 48.

『잡집론』아비달마잡집론 제13권 81.

『장아함경』제14권 112.

『전자씨론(傳慈氏論)』제13권 158.

『점찰경(占察經)』제13권 360.

『제법무행경』無行經 제12권 288.

『조론(肇論)』제13권 139.

『중론』제13권 324, 326, 329, 331, 429.
    제14권 457, 462.

『중변론』제15권 172.

『지관좌선법요(止觀坐禪法要)』제12권
    252.

『진경』『60권 화엄경』제12권 182. 제13권
    28, 91, 238, 245, 267, 286, 429. 제14권
    54, 69, 388. 제15권 67, 87, 153, 209, 210,
    300, 303, 318, 363, 367, 384, 394, 444,
    457, 459.

ㅊ

『칠권능가경』제14권 131, 134, 135, 248,
    249, 250, 251, 252.

ㅎ

『해심밀경』제12권 170. 제13권 21.

『현양성교론』제15권 159, 160.

『현우경』제14권 161, 206, 308, 311, 321,
    405, 406.

2. 인용된 어구, 사람 이름

ㄱ

가사국(迦奢國) 범수왕 제14권 223.

가시국왕 시두(迦尸國王 施頭, 가사국왕
의 머리보시) 제14권 231.

가행위(加行位, 1. 煖位 2. 頂位 3. 忍位 4.
世第一法位) 제13권 76.

갈라타(曷羅他) 사갈탁(奢羯吒) 제14권
56.

감고근불(甘苦近佛) 제12권 320, 321.

감응도교(感應道交) 제12권 257.

개요견불 여대목전(皆遙見佛 如對目前)
제12권 66.

개장시보(開藏施寶) 제14권 171, 172.

건사나리왕(虔闍那梨왕. 보살본연경)
제14권 321.

견고당보살(堅固幢菩薩) 제12권 246.

견불광용(見佛光用) 제12권 183.

견불흥공(見佛興供) 제12권 66.

견취견(見取見) 계금취견(戒禁取見)
제13권 155.

결통시방(結通十方) 제12권 227.

고류지인(苦類智忍)과 고류지(苦類智)

제14권 174.

고법지인(苦法智忍)과 고법지(苦法智)
제14권 174.

골수와 살 보시[施身髓肉] 제14권 244,
245.

공백나한 불급일생신부모(供百羅漢 不
及一生身父母, 교량공덕경) 제14권 355.

공번불인 공번부재 공번불현 공번차지(恐
繁不引 恐繁不載 恐繁不顯 恐繁且止)
제13권 270. 제14권 320, 356. 제15권
454.

공양부모 공일생보처공덕제등(供養父母
共一生補處功德齊等, 아함경) 제14권
355.

과위청정덕(果位淸淨德) 제15권 83.

광대심(廣大心) 부전도심(不顚倒心) 상심
(常心) 제일심(第一心) 제15권 152, 153.

광명당보살(光明幢菩薩) 제12권 264.

광명집정(光明集定)과 복덕왕정(福德王
定) 현수정(賢首定)과 건행정(健行定)
(십지 이후 四定) 제14권 173.

광통(光統) 율사 제13권 246. 제14권 36.

괴신출혈시(壞身出血施, 몸을 부수어 피
를 내어 보시) 제14권 241, 242.

구가와 의가와 신가(口加와 意加와 身加)

제13권 41, 46, 47, 48, 51.

구법사왕위(求法捨王位) 제14권 323, 324.

구법입화(求法入火) 제14권 308, 309, 311.

구어형잔(救於形殘) 제14권 329, 330.

구이(瞿夷)와 전차나마(旃遮那摩) 제14권 399.

구파녀((瞿波女, 입법계품) 제12권 139. 제14권 261, 410.

구팔이숙(具八異熟, 유가사지론) 제14권 23.

구호일체중생이중생상회향(救護一切衆 生離衆生相廻向 십회향품) 제13권 85, 86.

국토즉십국토해 선인즉십신여래(國土卽 十國土海 善人卽十身如來) 제14권 149.

권교(權敎)와 원교(圓敎) 제12권 243.

권물회향(勸物廻向) 제15권 48.

귀와 코를 보시하다[施耳鼻] 제14권 211, 213.

극가애락심심삼매(極可愛樂甚深三昧) 제15권 135.

근본불각(根本不覺) 제13권 92, 93.

금강당보살(金剛幢菩薩, 십회향품)

제13권 29.

금강당보살회(金剛幢菩薩會) 십회향회 (十廻向會) 도솔천궁회(兜率天宮會) 제12권 21.

금정옥액(金精玉液) 제14권 294.

기세간장엄과 중생세간장엄과 지정각세 간장엄 제12권 33.

길상희선덕상(吉祥喜旋德相) 제14권 269.

ㄴ

나가타(那伽吒)와 새박실저가(塞縛悉底 迦) 제14권 302.

나계(螺髻)장자 나계(螺髻) 범왕 제12권 155. 제13권 438.

나한 삼생수복 연각 백겁(羅漢 三生修福 緣覺 百劫. 제6회향 施車) 제14권 124.

난제가물다(難提迦物多) 제14권 303, 304.

남악(南嶽)법사 제14권 104.

내궁권속보시[施內宮眷屬] 제14권 385, 386.

눈을 보시하다[施眼] 제14권 204.

능전과 소전(能詮과 所詮) 제12권 121.

능제오난 즉삼도 북주급장수천 차의선인
　제불전후난(能除五難 卽三塗 北洲及長
　壽天 次依善人 除佛前後難, 성실론)
　제14권 148.

ㄷ

단덕(斷德) 지덕(智德) 은덕(恩德)
　제13권 75. 제14권 105. 제15권 144.
단식(段食) 원식(願食) 출세식(出世食)
　제14권 46, 48.
단정면왕 보살과 불퇴전 보살(端正面王
　菩薩과 不退轉菩薩, 혀보시) 제14권
　230.
담마감(曇摩鉗) 제14권 311.
당이대해위유 수미위주 연대등명(當以大
　海爲油 須彌爲炷 然大燈明, 연등공덕
　경) 제14권 74.
당회유치(當會由致, 승도솔품의 위상)
　제12권 26.
땅덩이 보시[施大地] 제14권 350.
대고구호(代苦救護) 제13권 110, 111.
대광왕(大光王) 제14권 21.
대력전(大力田) 제15권 66.
대비광제 명위구호일체중생 대지무착 고

운이중생상(大悲廣濟 名爲救護一切衆
　生 大智無着 故云離衆生相. 제1회향 釋
　名) 제13권 60.
대승(大乘)법사 제14권 105, 106.
대승시교(大乘始敎)와 대승종교(大乘終
　敎) 제13권 369. 제15권 165.
대운(大雲) 법사 제14권 256.
대원경지(大圓鏡智) 제12권 161.
대위광동자(大威光童子) 제14권 347.
대해불변유(大海不變喩) 제13권 95.
덕전(德田)과 대비전(大悲田) 고전[苦田]
　제14권 354.
도사위중생 여응연설법(導師爲衆生 如應
　演說法, 이구당보살) 제12권 308.
도생(道生) 법사 제13권 383. 제14권 82,
　104, 106, 109. 제15권 197, 236, 365.
도성 보시[施王都城] 제14권 382.
독자부(犢子部)와 방광부(方廣部)
　제14권 130.
돈교(頓敎)과 원교(圓敎) 제15권 165.
동산과 정자 보시[施園林] 제14권 414,
　416.
득무애이 어불가설불가설제불세계 일일
　여래소전법륜(得無礙耳 於不可說不可
　說諸佛世界 ――如來所轉法輪. 제7회

향) 제15권 80.

득시해탈 능령수미 입개자등(得是解脫
能令須彌 入芥子等, 유마경) 제12권 149.

등각위(等覺位) 불과위(佛果位) 제15권
57, 58, 59, 60.

등수순일체중생회향(等隨順一切衆生廻
向) 제15권 16.

등일체불회향(等一切佛廻向) 제13권
226.

ㄹ

륵나(勒那) 삼장 제13권 357.

ㅁ

마하연자 총설유이종 일자법 이자의 소언
법자 위중생심(摩訶衍者 總說有二種 一
者法 二者義 所言法者 謂衆生心, 기신
론) 제15권 164.

막불함령득개각 실사상여보현행(莫不咸
令得開覺 悉使常如普賢行, 偈讚勸修分
십회향품) 제15권 496.

맛 보시[施味] 제14권 51.

망공(妄空)과 진유(眞有) 제13권 160,

161, 165.

머리 보시[施頭] 제14권 231.

명득정(明得定) 제13권 30.

명이행영기원(明已行令起願) 제12권 18.

모다라(牟陀羅) 제12권 49.

몸으로 중생에게 보시하다[以身布施一切
衆生] 제14권 373.

몸을 버려 사형수를 대신하여 보시하다
[捨身代死囚] 제14권 192, 195.

몸을 부수어 피를 내어 보시하다[壞身出
血施] 제14권 241.

몸의 가죽 보시[施身皮, 금협록왕보살의
가죽보시, 대지도론] 제14권 288.

무간도(無間道)와 해탈도(解脫道)
제14권 176. 제15권 143.

무공용불사(無功用佛事) 제12권 106.

무상보주(無上寶主) 제14권 177.

무성(無性)보살 제12권 83, 99, 101, 141.

무신무해 훼계훼견등 개명생맹(無信無解
毀戒毀見等 皆名生盲, 여래출현품)
제13권 100.

무연(無緣)대비 제13권 138.

무진공덕장회향(無盡功德藏廻向)
제13권 344.

무차대시지회(無遮大施之會) 제14권 25.

무착무박해탈회향(無着無縛解脫廻向)
　제15권 228.

무착(無着)보살 십팔주처(十八住處)
　제15권 152, 153.

무착(無着)보살과 세친(世親)보살
　제12권 83, 92, 93, 94, 96, 97, 104, 108,
　135, 144, 148, 171, 177. 제13권 24.
　제15권 169, 171.

문법희열사신공불(聞法喜悅捨身供佛, 십
　회향품) 제14권 369, 370.

문혜(聞慧) 사혜(思慧) 수혜(修慧)
　제13권 193, 411.

미다나(未達那, 80종호 首相) 제14권
　268.

미려학(尾閭壑) 제13권 118.

미마랑(微麽囊) 제12권 45.

미부자위항대어불(靡不自謂恒對於佛,
　승도솔천궁품) 제12권 24.

미지진실법 불명위공양(未知眞實法 不名
　爲供養, 법당보살) 제12권 323.

ㅂ

바루나(婆樓那) 천자 제12권 221.

바사론(婆沙論)의 논사 제13권 156.

박구라(薄俱羅) 제14권 80.

반야바라밀 유여대화취(般若波羅密 猶
　如大火聚, 대지도론) 제14권 308.

반탁가(半擇迦, 성불구자) 제14권 341.

방광도인(方廣道人) 제14권 130.

방광이물(放光利物) 제12권 225, 226.

백만억인다라묘색보(百萬億因陀羅妙色
　寶, 승도솔품) 제12권 38.

백복상신과 삼십이상(百福相身과 三十
　二相) 제14권 260, 261.

범(範)법사 제13권 247.

법계대연기문(法界大緣起門) 제14권 37.

법구(法救) 논사 제13권 154.

법당보살(法幢菩薩, 상방) 제12권 319.

법미수(法味水) 제14권 49.

법성토(法性土) 변화토(變化土) 제15권
　134.

법신덕 반야덕 해탈덕 제14권 186.
　제15권 144.

법신 보신 화신(法身 報身 化身) 제13권
　74.

법을 구하고 법을 보호하려고 보시하다
　[求法護法 香城粉骨 雪嶺忘軀] 제14권
　314, 315, 316.

법을 구하려고 불구덩에 뛰어들다[求法入

火] 제14권 308

변(辨)법사 제14권 158, 173. 제15권 289.

보관시방제세계 실이공덕시어피(普觀十
方諸世界 悉以功德施於彼. 제3회향)
제13권 278.

보당보살(寶幢菩薩, 동남방) 제12권 284.

보리보리단 구명위보리(菩提菩提斷 俱名
爲菩提, 대지도론) 제15권 205.

보리신 법신(菩提身 法身, 十身) 제12권
162.

보림기(寶林基)법사 제14권 105.

보배 관과 상투 보시[施寶冠髻] 제14권
183.

보배 일산 보시[施蓋] 제14권 159.

보살구족자재력 소응학처개왕학(菩薩具
足自在力 所應學處皆往學, 偈讚勸修
分) 제15권 488.

보살능어일념경 근등중생무수불(菩薩能
於一念頃 觀等衆生無數佛, 偈讚勸修
分) 제15권 489.

보살성취심심력 보어제법득자재(菩薩成
就深心力 普於諸法得自在. 제5회향)
제13권 446.

보살 영기선근 지일체처(菩薩 令其善根
至一切處. 제4회향 釋名) 제13권 61.

보살원력변일체 비여진여무부재(菩薩願
力偏一切 譬如眞如無不在. 제8회향)
제15권 218.

보살위도중생고 상수최승회향업(菩薩爲
度衆生故 常修最勝廻向業. 제7회향)
제15권 104.

보살위법대도사 개시심심난득법(菩薩爲
法大導師 開示甚深難得法, 偈讚勸修
分) 제15권 483.

보살이음불법해 법운보우시방계(菩薩已
飮佛法海 法雲普雨十方界, 偈讚勸修
分) 제15권 483.

보살이익제군생 공덕대해진회향(菩薩利
益諸群生 功德大海盡廻向. 제7회향)
제15권 108.

보살이제선근 회향불이 부즉이차선근 회
향일체보살(菩薩以諸善根 廻向佛已 復
卽以此善根 廻向一切菩薩. 제3회향)
제13권 21.

보살지광삼매(菩薩智光三昧, 십회향품)
제13권 29, 32.

보살지광월 법계이위륜(菩薩智光月 法界
以爲輪, 이세간품 現受用身) 제12권
126, 127.

보살지락상안주 정념견고이치혹(菩薩志

樂常安住 正念堅固離癡惑. 제8회향)
제15권 215.

보살현신작국왕 어세위중최무등(菩薩現
身作國王 於世位中最無等. 제6회향)
제14권 477.

보살회향도피안 보개청정묘법문(菩薩廻
向到彼岸 普開淸淨妙法門. 제7회향)
제15권 105.

보섭유위무위법 불어기중기망념(普攝有
爲無爲法 不於其中起妄念. 제4회향)
제13권 339.

보실저가(寶悉底迦) 제12권 45.

보위일체중생고 불사의겁처지옥(普爲一
切衆生故 不思議劫處地獄. 제1회향)
제13권 176.

보인수보살(寶印手菩薩, 유마경) 제14권
454.

본불(本佛)과 적불(迹佛) 제13권 293.

본소사불(本所事佛) 제12권 221, 222.

부단위일중생고 수제선근 회향아누다라
삼막삼보디 보위구호일체중생고 이수선
근 회향아누다라삼막삼보디(不但爲一
衆生故 修諸善根 廻向阿耨多羅三藐三
菩提 普爲救護一切衆生故 而修善根 廻
向阿耨多羅三藐三菩提) 제13권 102.

부정종성(不定種性) 제12권 140.

부혜생아 모혜국아 부아축아(父兮生我
母兮鞠我 拊我畜我, 詩經) 제13권 136.

불가괴와 안주(不可壞와 安住) 제12권
111.

불과원만(佛果圓滿) 제15권 68, 69.

불괴회향(不壞廻向) 제13권 184.

불리어차보리수하 급수미정 야마천궁 이
왕예어도솔타천일체묘보소장엄전(不離
於此菩提樹下 及須彌頂 夜摩天宮 而往
詣於兜率陀天一切妙寶所莊嚴殿, 승도
솔품) 제12권 28.

불법급보리 이구불가득(佛法及菩提 二
俱不可得, 도솔게찬품 이구당보살)
제12권 310.

불법무인설 수혜막능료(佛法無人說 雖
慧莫能了, 수미게찬품) 제12권 261.

불수중생심 보현일체신(佛隨衆生心 普現
一切身, 도솔게찬품 성수당보살)
제12권 314.

불신무처소 충만일체처(佛身無處所 充滿
一切處, 도솔게찬품 보당보살) 제12권
285.

불어차사이생피 시인오해제불법(不於此
死而生彼 是人悟解諸佛法. 제6회향)

제14권 491.

불위상박 불어견착 작용자재 고명해탈
(제9회향 釋名) 제13권 62.

불위자신구이익 욕령일체실안락(不爲自
身求利益 欲令一切悉安樂. 제3회향)
제13권 276.

불위자신구쾌락 단욕구호제중생(不爲自
身求快樂 但欲救護諸衆生. 제1회향)
제13권 173.

불취중생소언설 일체유위허망사(不取衆
生所言說 一切有爲虛妄事. 제2회향)
제13권 225.

비순타(毗荀陀)왕 약장(藥藏)보살
제14권 407.

비여가타약 능소일체독(譬如伽陀藥 能
消一切毒, 도솔게찬품) 제12권 260.

비여금강 유종금강처 급금처생 비여보처
생(譬如金剛 唯從金剛處 及金處生 非
餘寶處生, 입법계품) 제12권 238.

비여명정안 인일도중색(譬如明淨眼 因日
覩衆色, 도솔게찬품) 제12권 257.

비여법계무분별 희론염착개영진(譬如法
界無分別 戲論染著皆永盡, 偈讚勸修
分) 제15권 497.

비여수의주 능만중생심(譬如隨意珠 能滿
衆生心, 도솔게찬품) 제12권 302.

비여양옥전 소종필자장(譬如良沃田 所
種必滋長, 도솔게찬품) 제12권 260.

비여일심력 능생종종심(譬如一心力 能生
種種心, 도솔게찬품) 제12권 266.

비여정만월 보현일체수(譬如淨滿月 普現
一切水, 동북방 지당보살) 제12권 282.

비여진여 과거비시 미래비말 현재비이(譬
如眞如 過去非始 未來非末 現在非異,
진여상회향) 제15권 208.

비여진여 구경청정 불여일체제번뇌구(譬
如眞如 究竟淸淨 不與一切諸煩惱俱,
진여상회향) 제15권 210.

비여진여 무능측량(譬如眞如 無能測量,
진여상회향) 제15권 183.

비여진여 무유단절(譬如眞如 無有斷絶,
진여상회향) 제15권 203.

비여진여 무유소법 이능괴란(譬如眞如
無有少法 而能壞亂, 진여상회향)
제15권 204.

비여진여 변성괴겁(譬如眞如 徧成壞劫,
진여상회향) 제15권 195.

비여진여 변일체처 무유변제(譬如眞如 徧
一切處 無有邊際, 진여상회향) 제15권
180.

비여진여본자성 보살여시발대심(譬如眞如本自性 菩薩如是發大心. 제8회향) 제15권 219.

비여진여 불가언설(譬如眞如 不可言說, 진여상회향) 제15권 193.

비여진여 비시가수 비불가수(譬如眞如 非是可修 非不可修, 진여상회향) 제15권 201.

비여진여 사리제루(譬如眞如 捨離諸漏, 진여상회향) 제15권 203.

비여진여 성상각오(譬如眞如 性常覺悟, 진여상회향) 제15권 192.

비여진여 어일체법 무소희구(譬如眞如 於一切法 無所希求, 진여상회향) 제15권 202.

비여진여 영리세간(譬如眞如 永離世間, 진여상회향) 제15권 199.

비여진여 위중법안(譬如眞如 爲衆法眼, 진여상회향) 제15권 186.

비여진여 일체법중 필경무진(譬如眞如 一切法中 畢竟無盡, 진여상회향) 제15권 190.

비여진여 체성무구(譬如眞如 體性無垢, 진여상회향) 제15권 198.

비여진여 체성안주(譬如眞如 體性安住, 진여상회향) 제15권 189.

비여진여 체성청정(譬如眞如 體性淸淨, 진여상회향) 제15권 198.

비전(悲田) 제14권 138.

빈바(頻婆)의 휘장 제12권 36.

ㅅ

사갈탁(奢羯吒) 갈라타(曷羅他) 제14권 56.

사리무애 사사무애(事理無礙 事事無礙) 제15권 95.

사무량심(四無量心) 제15권 55.

사선좌(四禪座, 사선정(四禪定)의 자리) 제14권 69.

사식 혜식(思食 慧食) 제14권 44.

사신대사수(捨身代死囚) 제14권 192, 195.

사전의(四轉依, 성유식론) 제15권 163.

사정(四定, 1.明得定 2.明增定 3.印順定 4.無間定, 십지 이전) 제14권 173.

사참(事懺)과 이참(理懺) 제13권 356.

살바다종 제14권 130.

살이 붙은 손톱을 보시하다[施連肉爪] 제14권 304.

삼고팔고(三苦八苦) 제13권 255.

삼륜(三輪) 제14권 36.

삼법자 위진성 관조 급여자성(三法者 謂
眞性 觀照 及與資成, 십회향품) 제13권
66.

삼보리 위실상보리 실지보리 방편보리(三
菩提 謂實相菩提 實智菩提 方便菩提,
십회향품) 제13권 66.

삼세제겁유가진 불찰공덕무궁진(三世諸
劫猶可盡 佛刹功德無窮盡. 제5회향)
제13권 447.

삼시문(三時門, 중론) 제14권 457.

삼열반 위성정열반 원정열반 방편정열반
위신진화멸(三涅槃 謂性淨涅槃 圓淨涅
槃 方便淨涅槃 謂薪盡火滅) 제13권 66,
67.

삼종세간(三種世間, 1. 衆生世間 2. 五蘊
世間 3. 器世間) 제13권 423. 제14권
157, 158, 374.

삼종의생신(三種意生身) 제14권 257.

삼종회향(三種廻向) 제13권 65. 제15권
34, 78.

삼현위종 십지위전(三賢位終 十地位前)
제12권 24.

삼현(三賢)과 십성(十聖) 제12권 19.

제15권 161.

상견도(相見道) 제14권 175.

상견외도와 단견외도 제14권 108, 109,
110.

상어제법부작이 역부부작어불이(常於諸
法不作二 亦復不作於不二. 제7회향)
제15권 106.

상진평등덕(相盡平等德) 제15권 97, 98.

새박실저가(塞縛悉底迦) 제12권 45.
제14권 302.

색신비시불 음성역부연(色身非是佛 音聲
亦復然, 도솔게찬품) 제12권 242.

생여래가(生如來家) 제13권 292. 제14권
212, 375, 377, 381, 388, 389. 제15권 31,
140, 266.

생활물자와 도구로 보시하다[施資具]
제14권 423, 424.

석유여래명일조 제길상중최수승(昔有如
來名日照 諸吉祥中最殊勝, 승도솔품)
제12권 206.

석유여래무애월 제길상중최수승(昔有如
來無礙月 諸吉祥中最殊勝, 승도솔품)
제12권 205.

선구팔고(先救八苦, 1. 生苦 2. 老 3. 病 4.
死 5. 五盛陰 6. 求不得 7. 怨憎會 8. 愛別

離苦, 십회향품) 제13권 113.

선근수소 보섭중생 이환희심 광대회향(善
根雖少 普攝衆生 以歡喜心 廣大廻向)
제13권 20, 140.

선근합여 이성회향(善根合如 以成廻向.
제8회향 釋名) 제13권 62.

선사유천(善思惟天) 제12권 59.

선소의연(善所依緣, 선근이 의지하는 인
연. 제7회향) 제15권 23.

선예국왕(仙預國王) 제13권 121.

선인산(仙人山) 제14권 161.

선타바(先陀婆) 선타바(船柁婆) 제12권
223, 253.

설대시회(設大施會) 제14권 358, 418,
421.

설령망구(雪嶺忘軀) 제14권 314, 315,
316, 318, 319.

설어무수겁 재보시어불(設於無數劫 財寶
施於佛, 도솔게찬품) 제12권 262.

설유인욕견 중생수등불(設有人欲見 衆
生數等佛, 도솔게찬품) 제12권 306.

설차법자 유이종력(說此法者 有二種力,
1. 他力 2. 自力) 제13권 43.

섭장회향(攝將廻向) 제15권 32.

성수당보살(星宿幢菩薩, 하방) 제12권

311.

성종(性宗)과 상종(相宗) 제13권 157.

세친(世親)보살 제13권 24.

소등공양 대능멸죄생복(燒燈供養 大能
滅罪生福, 연등공덕경) 제14권 74.

소수만행 칭법성공 공유무애 시엄공의(所
修萬行 稱法性空 空有無礙 是嚴空義,
만행이 법성이 공함과 맞다) 제12권 70.

소이차회 엄사편다자(所以此會 嚴事偏
多者, 1. 此天多以補處爲王故 2. 賢位已
極 大悲普周故, 도솔법회에 장엄이 많은
이유) 제12권 62.

소지불능지 제불실경계(少智不能知 諸佛
實境界, 도솔게찬품) 제12권 243.

소회선근(所廻善根) 제15권 24.

손가락 발가락 보시[施手足指] 제14권
298.

손과 발 보시[施手足] 제14권 235.

수기소응화 보현묘색신(隨其所應化 普
現妙色身, 도솔게찬품) 제12권 267.

수기소응화 시현무량신(隨其所應化 示
現無量身, 도솔게찬품) 제12권 282.

수능엄삼매[首楞嚴定] 제14권 69.

수능우보 족능유찰(手能雨寶 足能遊刹,
손 보시) 제14권 239.

수다나(須達拏) 제14권 396.

수루파(修樓婆) 제14권 406.

수상회향(隨相廻向, 1. 利樂救護 2. 受惱救護 3. 代苦救護 4. 迴拔救護) 제13권 89, 164, 372.

수설삼세일체법 여시등법실비유(雖說三世一切法 如是等法悉非有. 제6회향) 제14권 492.

수용신(受用身)과 수용토(受用土) 제12권 127, 154.

수위군생고회향 이어회향무소착(雖爲群生故廻向 而於廻向無所着. 제3회향) 제13권 273.

순리수선 사리무위 입어평등(順理修善 事理無違 入於平等. 제6회향 釋名) 제13권 61.

순여지익(順如之益) 제15권 151.

순여지행(順如之行) 제15권 147.

순타시복(純陀施福) 제12권 176.

슬륜방광(膝輪放光, 從兩膝輪 放百千億那由他光明, 도솔게찬품) 제12권 228.

승류진여(勝流眞如, 성유식론) 제15권 173.

승묘생(勝妙生) 제15권 72, 73, 74.

승열(勝熱) 바라문 제14권 308.

승조(僧肇) 법사 제14권 454.

시내궁권속(施內宮眷屬) 제14권 385, 386.

시대지(施大地, 땅덩이를 보시하다) 제14권 350, 351.

시도향(施塗香, 바르는 향 보시) 제14권 66.

시동복(施僮僕, 하인 동복 보시) 제14권 362, 363.

시방소유중마원 보살위력실최파(十方所有衆魔怨 菩薩威力悉摧破. 제5회향) 제13권 450.

시보관계(施寶冠髻, 보배 관과 상투 보시) 제14권 183, 185.

시사택(施舍宅) 제14권 411, 412.

시상마이사(施象馬二事) 제14권 150, 153.

시설(施舌, 혀 보시) 제14권 228, 21.

시수족(施手足) 제14권 235, 236.

시수족지(施手足指, 손가락 발가락 보시) 제14권 298, 299.

시식(施食, 음식 보시) 제14권 41.

시신급시제불(施身給侍諸佛, 자신의 몸으로 부처님을 시봉하는 보시) 제14권 376, 377.

시신수육(施身髓肉, 골수와 살 보시)
제14권 244.

시신피(施身皮, 몸의 가죽 보시) 제14권
288, 289.

시심(施心, 심장 보시) 제14권 273, 275.

시아치(施牙齒, 치아 보시) 제14권 219,
220.

시연육조(施連肉爪, 살이 붙은 손톱 보시)
제14권 304, 305.

시왕도성(施王都城, 도성 보시) 제14권
385.

시자신위급시(施自身爲給侍) 제14권
365, 366.

시장신간폐(施腸腎肝肺, 몸의 장기 보시)
제14권 279, 280.

시좌(施座, 앉을 자리 보시) 제14권 154,
158.

시지절제골(施支節諸骨, 팔다리의 뼈 보
시) 제14권 283.

시처자(施妻子) 제14권 186, 187.

신자사리불 피비일체지(身子舍利弗 彼非
一切智) 제12권 134.

신장 간장 등 장기보시[施腸腎肝肺]
제14권 279.

실리말차(室利靺蹉)와 세박실저가(塞縛

悉底迦) 제14권 203.

실상반야 관조반야 권속반야(實相般若
觀照般若 眷屬般若) 제13권 72, 73.

심불망취과거법 역불탐착미래사(心不妄
取過去法 亦不貪着未來事. 제6회향)
제14권 486.

심선안주무여등 의상청정대환열(心善安
住無與等 意常清淨大歡悅. 제1회향)
제13권 173.

심선조복 생여래가 정불종성 공덕구족 작
대복전 위세소의(心善調伏 生如來家 淨
佛種性 功德具足 作大福田 爲世所依
제7회향) 제15권 31.

심장보시[施心] 제14권 273.

심진여자 즉시일법계대총상법문체(心眞
如者 卽是一法界大總相法門體, 기신
론) 제15권 154.

십법계신(十法界身) 제12권 151.

십사(十使)번뇌 제15권 21.

십신(十身 : 1. 菩提身 2. 法身 3. 智身 4. 相
好莊嚴身 5. 威勢身 6. 福德身 7. 意生身
8. 願身 9. 變化身 10. 力持身) 제12권
162, 163.

십신상해품 제14권 217, 228.

십안(十眼 이세간품) 제14권 209.

십오륜왕(十五輪王, 영락본업경) 제14권 435.

십육종심(十六種心) 제14권 176.

십자재락(十自在樂) 제13권 234.

십종회향(十種廻向) 제13권 83.

십지십여(十地十如) 제15권 166, 168.

십팔원만(十八圓滿) 제13권 371, 372.

ㅇ

아가타약(阿伽陀藥) 제14권 59.

아나살라박(阿那薩欏縛, 此云無漏) 제15권 203.

아루나(阿樓那) 제12권 40.

아비담(阿毘曇) 제14권 134.

아타나식심미세(阿陀那識甚微細) 제15권 289.

앉을 자리 보시[施座] 제14권 154, 158.

앙추지(仰推智, 승만경) 제12권 178.

약견인연법 즉위능견불(若見因緣法 則爲 能見佛, 중론) 제13권 328.

약욕성취불소설 보살광대수승행(若欲成 就佛所說 菩薩廣大殊勝行, 偈讚勸修 分) 제15권 498.

약원만입증지제 여차회향 초승지만 총위

입지방편(約願滿入證之際 如此廻向 初 僧祇滿 總爲入地方便, 십회향지위) 제12권 24.

약유선근 불욕요익일체중생 불명회향(若 有善根 不欲饒益一切衆生 不名廻向. 제1회향) 제13권 20.

약장(藥藏)보살 미치(眉絺) 왕 비제하(毗 提訶)왕 제14권 408.

약행만입위지제 여현수품 신만총위입주 방편(約行滿入位之際 如賢首品 信滿總 爲入住方便, 信滿成佛) 제12권 24.

어삼보등 득불괴신 이차선근 용장회향 (於三寶等 得不壞信 以此善根 用將廻 向. 제2회향 釋名) 제13권 61.

업상(業相) 전상(轉相) 현상(現相) 제13권 158.

여래무소주 보주일체찰(如來無所住 普住 一切刹, 도솔게찬품) 제12권 313.

여래불출세 역무유열반(如來不出世 亦無 有涅槃, 도솔게찬품) 제12권 241.

여래불출세 역부도중생(如來不出世 亦不 度衆生. 제법무행경) 제12권 287.

여리지(如理智) 제12권 323. 제15권 230.

여비로자나여래 어왕석시 동종선근 수보 살행(與毘盧遮那如來 於往昔時 同種善

根 修菩薩行, 도솔궁중게찬품) 제12권 230.

여시사유제법성 요달일체업차별(如是思惟諸法性 了達一切業差別. 제8회향) 제15권 221.

여시진실제불자 종어여래법화생(如是眞實諸佛子 從於如來法化生. 제7회향) 제15권 110.

여시총혜진불자 지원견고부동요(如是聰慧眞佛子 志願堅固不動搖. 제8회향) 제15권 220.

여중생수불세존 개수무상묘공양(如衆生數佛世尊 皆修無上妙供養, 偈讚勸修分) 제15권 493.

여진여상업역이 여진여성업역이(如眞如相業亦爾 如眞如性業亦爾. 제8회향) 제15권 219.

연부정계(連膚頂髻, 정수리의 살상투 보시) 제14권 198.

염오무지(染汚無知) 제12권 98.

엽파(葉波)와 습파(濕波) 수대나(須大拏) 제14권 396.

영가항구수 일체세간고(寧可恒具受 一切世間苦, 도솔게찬품) 제12권 321.

영공(影公) 법사 제13권 430.

영략(影略) 제12권 84, 188, 300. 제15권 386.

영리의처 도어피안 고명회향 영절소작 지어피안 고명회향(永離依處 到於彼岸 故名廻向 永絶所作 至於彼岸 故名廻向. 제6회향) 제13권 25. 제14권 466.

영(英) 법사 제15권 166.

영불흥공(迎佛興供) 제12권 64.

오무간업(五無間業) 제15권 19, 20.

오분향(五分香) 제14권 66.

오실본(五失本) 제14권 390.

오포외(五怖畏) 제13권 92, 93.

왕이 되어 살생을 금지하는 보시[爲王斷殺, 無畏施] 제14권 326, 327.

외전(外典) 사문류취(事文類聚) 제13권 232. 제14권 342.

요달업성비시업 이역불위제법상(了達業性非是業 而亦不違諸法相. 제5회향) 제13권 456.

요법성공적 여환이생기(了法性空寂 如幻而生起, 도솔게찬품) 제12권 266.

용맹당보살(勇猛幢菩薩) 제12권 256.

용이상적(用而常寂) 제12권 241.

우발라화(優鉢羅華) 장자 제12권 223.

우백만억천파두마화운 우백만억천우발

라화운(雨百萬億天波頭摩華雲 雨百萬億天優鉢羅華雲, 승도솔천궁품) 제12권 40.

원융문과 항포문 제13권 39, 78, 81, 82. 제15권 52, 62, 71, 178, 358, 359.

원차선근 보능요익일체중생 개사청정 지어구경 영리지옥아귀축생염라왕등무량고뇌(願此善根 普能饒益一切衆生 皆使淸淨 至於究竟 永離地獄餓鬼畜生閻羅王等無量苦惱, 隨相廻向) 제13권 89.

월광왕과 대광왕(月光王 大光王, 불본행경 보은경) 제14권 232.

월애삼매(月愛三昧) 제14권 61.

위왕단살(爲王斷殺, 無畏施) 제14권 326, 327.

위차망집일체무정 유불성의(爲遮妄執一切無情 有佛性義. 제8회향) 제15권 206, 207.

유설삼현 총위취성방편(有說三賢 總爲趣聖方便) 제13권 78.

유제불자심청정 실종여래법화생(有諸佛子心淸淨 悉從如來法化生. 제5회향) 제13권 448.

유회향고 능성무진공덕지장(由廻向故 能成無盡功德之藏. 제5회향 釋名) 제13권

육법(六法, 십회향 체성) 제13권 55.

육상(六相, 1.總顯佛德 2.別則十種德殊 3.同則同明佛德 4.異則十德互望不同 5.成則共成佛德 6.壞則各住自性) 제12권 326.

육상원융(六相圓融) 제12권 325, 326.

육십종보시(六十種布施, 六十門) 제14권 27, 28, 35, 40.

육십종음성(六十種音聲) 제15권 58, 60.

육아백상(六牙白象) 제14권 220, 222.

육합석 대수석(帶數釋) 유재석(有財釋) 제13권 28, 346.

은혜전과 공경전 제14권 353.

음료 보시[施飮] 제14권 49.

음식 보시[施食] 제14권 41.

의사식(意思食) 식식(識食) 제14권 46, 47.

의생신(意生身)과 변화신(變化身) 제13권 234.

의성공이산불(衣盛供以散佛, 옷을 가득 부처님께 흩어 공양하다) 제12권 67, 68.

의성신(意成身, 성유식론) 제14권 259, 260.

의주석(依主釋) 지업석(持業釋) 제13권

59, 60, 154.

의타성과 원성성 제14권 445.

이과성덕(離過成德) 제14권 414, 416. 제15권 42.

이구당보살(離垢幢菩薩, 서북방) 제12권 304, 305.

이대원력 입일체불국중 공양일체불고(以 大願力 入一切佛國中 供養一切佛故, 본업경) 제13권 282.

이묘지혜항관찰 구경광대진실리(以妙智 慧恒觀察 究竟廣大眞實理. 제8회향) 제15권 217.

이불신일 보조법계 즉횡무애 상현불몰 즉 수무애(以佛身日 普照法界 則橫無礙 常現不沒 則竪無礙) 제12권 118.

이사나(伊舍那)천자 제12권 220, 221.

이상회향(離相廻向) 제13권 89, 137.

이선근등심 순익중생(以善根等心 順益衆 生. 제7회향 釋名) 제13권 62.

이소선근 인무량과자 위회향심(以少善根 引無量果者 謂廻向心, 보살대승장경) 제12권 19.

이신보시일체중생(以身布施一切衆生, 몸 으로 중생에게 보시하다) 제14권 373.

이십일종공덕(二十一種功德 : 1. 色相第

一無能暎奪德 2. 趣無相法卽觀如來德 3. 住於佛住德 4. 逮得一切佛平等性德 5. 到無障礙處德 6. 不可轉法德 7. 所行 無礙德 8. 其所安立不可思議德 9. 游於 三世平等法性德 10. 身流布一切世間德 11. 身流布一切世間德 12. 於一切行成 就大覺德 13. 於諸法智無有疑惑德 14. 於諸法智無有疑惑德 15. 凡所現身不可 分別德 16. 一切菩薩等所求智德 17. 得 佛無二住勝彼岸德 18. 不相間雜如來解 脫妙智究竟德 19. 證無中邊佛平等地德 20. 盡虛空性窮未來際덕 21. 世尊無盡 功德, 승도솔품) 제12권 295.

일여래소공양구 기수무량등중생(一如來 所供養具 其數無量等衆生, 偈讚勸修 分) 제15권 490.

인연고유 인연고공 인연고불유 인연고불 공 인연고유전 인연고환멸(因緣故有 因 緣故空 因緣故不有 因緣故不空 因緣故 流轉 因緣故還滅, 십회향품) 제13권 325.

인연소생법 아설즉시공(因緣所生法 我說 卽是空, 중론) 제13권 325.

인위광대덕(因位廣大德) 제15권 80.

인원과만(因圓果滿) 제15권 52, 62, 65,

66.

인천승(人天乘)과 불승(佛乘) 제13권
240.

일득문불명 결정성보리(一得聞佛名 決定
成菩提, 도솔게찬품) 제12권 321.

일륜보조유(日輪普照喩) 제13권 96.

일모탁공가득변 중찰위진가지수(一毛度
空可得邊 衆刹爲塵可知數, 校量功德
分) 제15권 499.

일위지중 돈섭제위 불애전후 이위만처 즉
시인원 약원교설(一位之中 頓攝諸位 不
礙前後 而位滿處 卽是因圓 約圓教說)
제13권 79.

일체보살 어일체겁 칭양찬설 불가궁진(一
切菩薩 於一切劫 稱揚讚說 不可窮盡,
승도솔천궁품) 제12권 198.

일체불법의자비 자비우의방편립(一切佛
法依慈悲 慈悲又依方便立, 여래출현품)
제12권 161.

일체중생 수업소계 장면생사 여래출세 능
각오지(一切衆生 隨業所繫 長眠生死
如來出世 能覺悟之, 승도솔천궁품)
제12권 155.

일체중생유가수 삼세심량역가지(一切衆
生猶可數 三世心量亦可知, 십회향품)

제15권 499.

ㅈ

자량위(資糧位) 가행위(加行位) 제13권
77.

자비심으로 중생을 구제하는 보시[救於
形殘] 제14권 330.

자상(自相)과 공상(共相)과 불이상(不二
相) 제13권 49, 50.

자수용신(自受用身) 타수용신 변화신
제12권 112, 313

자수용토와 타수용토 제13권 377, 379,
381, 383, 386, 388, 395.

자신을 하인으로 삼아 시중드는 보시[施
自身爲給侍] 제14권 365.

자신의 몸으로 부처님을 시중드는 보시
[施身給侍諸佛] 제14권 376, 377.

자재법왕일체공덕 개종왕석선근소현(自
在法王一切功德 皆從往昔善根所現, 승
도솔천궁품) 제12권 198.

자하(子夏)의 시경(詩經) 서문 제12권 78.

잡문(雜門) 공양과 순문(純門) 공양
제13권 196.

장엄거리 보시[施莊嚴具] 제14권 178,

180.

적이상용(寂而常用) 제12권 240, 241.

전행재야마 금회향초전 고거도솔(前行在 夜摩 今廻向超前 故居兜率, 승도솔천궁 품) 제12권 22.

정각초어언 가이어언설(正覺超語言 假以 語言說, 도솔게찬품) 제12권 319.

정공계(定共戒)와 도공계(道共戒) 제14권 65, 66.

정(靜)법사 제12권 45. 제14권 203.

정승의락지(淨勝意樂地) 제13권 119.

정심지(淨心地, 초지) 행적지(行迹地, 2지 -7지) 결정지(8지-9지) 구경지(10지) 제15권 166.

정진당보살(精進幢菩薩, 서남방) 제12권 292.

제불상유어세간 이락일체유정류(諸佛常 遊於世間 利樂一切有情類, 무성섭론) 제12권 118.

제불신여시 무량불가수(諸佛身如是 無 量不可數, 도솔게찬품) 제12권 300.

제화가라[提和竭] 제14권 397.

조림(稠林) 제15권 142.

조유과와 섭보과(調柔果와 攝報果) 제13권 217.

조화찬불(助化讚佛) 제12권 215.

졸도파(窣堵波) 제14권 111, 112.

종성위(種性位) 해행위(解行位) 제15권 52, 53, 54, 55, 62, 64, 65, 66.

좌신지감명장(座身之龕名藏) 제12권 37.

주무소득무의지무작무착보살신통 어일 찰나일탄지경 분신보예불가설제불세계 여제보살 등동일견(住無所得無依止無 作無着菩薩神通 於一刹那一彈指頃 分 身普詣不可說諸佛世界 與諸菩薩 等同 一見. 제7회향) 제15권 80.

주법수미정 정녀상공시(住法須彌頂 定女 常恭侍, 입법계품) 제14권 392.

주불숙원과 주불현위(主佛宿願과 主佛 現威) 제13권 32.

주어불주(住於佛住) 제12권 105.

중생망분별 시불시세계(衆生妄分別 是佛 是世界, 도솔게찬품) 제12권 316.

중생여시설 모일불성도(衆生如是說 某日 佛成道, 도솔게찬품) 제12권 289.

중생회향 보리회향 실제회향 제13권 27.

중중무진지문(重重無盡之門) 중중무진 (重重無盡) 제12권 35. 제13권 36, 357, 369, 370, 408. 제14권 36, 37, 360. 제15권 162, 165, 330.

지당보살(智幢菩薩, 동북방) 제12권 217, 278, 279.

지자요지제불법 이여시행이회향(智者了 知諸佛法 以如是行而廻向. 제8회향) 제15권 224.

지혜도피안 내견제불경(智慧到彼岸 乃見 諸佛境, 도솔게찬품) 제12권 242.

진공(眞空)과 묘유(妙有) 제15권 149.

진소유성(盡所有性)과 여소유성(如所有性) 제12권 87, 90.

진여상회향(眞如相廻向, 眞如相自性廻向) 제15권 112, 114.

진여와 의타성 제12권 274.

진제(眞諦) 삼장 제13권 77.

진제와 속제 제12권 234.

진중사구(眞中四句, 1.眞 2.非眞 3.俱 4.泯) 제12권 275, 276.

진화용융 위일무애청정법계(眞化鎔融 爲 一無礙淸淨法界) 제12권 274.

집과 살림도구 보시[施舍宅] 제14권 411, 412.

ㅊ

차승상 개시여래해인소현 법계차별 자재 실덕 인법무애 의정혼융지엄사야(此勝 相 皆是如來海印所現 法界差別 自在實 德 人法無礙 依正渾融之嚴事也, 도솔천 궁법회에 장엄상이 뛰어난 이유) 제12권 62.

창고를 열고 보배를 보시하다[開藏施寶] 제14권 171, 172.

처와 자식 보시[施妻子] 제14권 186, 393.

천왕획익(天王獲益) 제12권 203.

천제(闡提) 제13권 243.

천착(穿鑿) 제13권 245, 247. 제15권 144.

천태(天台)대사 제12권 252. 제14권 105.

청정선근보회향 이익군미항불사(淸淨善 根普廻向 利益群迷恒不捨. 제4회향) 제13권 340.

청정자문찰진수 공생여래일묘상(淸淨慈 門刹塵數 共生如來一妙相, 普興雲幢 주수신) 제14권 180.

체대(體大) 상대(相大) 용대(用大) 기신론 제15권 162.

체득일체불평등성(逮得一切佛平等性, 得 佛平等) 제12권 109.

최승지보살 가시국왕(最勝智보살 迦尸 國王, 머리 보시) 제14권 231.

출과언어도 청정여허공(出過言語道 淸淨

如虛空, 도솔게찬품) 제12권 247.

출리식 해탈식 촉식(出離食 解脫食 觸食)
　제14권 43, 44, 45, 47.

치아보시[施牙齒] 제14권 219.

친광(親光)보살 친광(親光) 논사 제12권
　81, 82, 84, 96, 97, 99, 106, 107, 117, 118,
　133, 134, 137, 142, 143, 148, 150, 151,
　154, 157, 158, 164, 170, 171, 172.

친인(親因)과 연인(緣因) 제13권 381.

칠성재(七聖財) 제14권 37.

칠최승(七最勝, 성유식론) 제14권 214.
　제15권 47.

칭성기용 위이법계선근 회향법계고(稱性
　起用 謂以法界善根 廻向法界故. 제10
　회향 釋名) 제13권 62.

ㅋ

쾌목왕(快目王)의 눈보시(현우경)
　제14권 206.

큰 보시회를 열어 보시하다[設大施會]
　제14권 418.

ㅌ

탑묘(塔廟) 제14권 160.

ㅍ

팔고팔난(八苦八難) 제13권 113.

팔다리의 뼈 보시[施支節諸骨] 제14권
　283.

팔법열풍사분별 불능경동불구애(八法熱
　風邪分別 不能傾動不拘礙, 무성섭론)
　제12권 118.

팔십종호(八十種好) 제14권 261, 262.

팔자재아(八自在我, 열반경) 제13권 234.

팔풍(八風) 제12권 117.

포막가(蒲莫迦) 제12권 45.

표업(表業)과 무표업(無表業) 제15권 88.

피제보살신정이 즉의청정무하예(彼諸菩
　薩身淨已 則意淸淨無瑕穢. 제3회향)
　제13권 279.

피제여래멸도이 공양사리무염족(彼諸如
　來滅度已 供養舍利無厭足. 제2회향)
　제13권 220.

피증입차마니전 시고차처최길상(彼曾入
　此摩尼殿 是故此處最吉祥, 승도솔품)

제12권 207.

ㅎ

하라다바두미라국왕(현우경, 쾌목왕의 눈
　보시) 제14권 206.

하인 동복 보시[施僮僕] 제14권 362, 363 .

학삼세불 소작회향 명등제불(學三世佛
　所作廻向 名等諸佛. 제3회향 釋名)
　제13권 61.

항포문 제12권 190. 제15권 50.

행진일승지 장신령증상(行盡一僧祇 長信
　令增上) 제13권 80.

향성분골 설령망구(香城粉骨 雪嶺忘軀,
　십회향품) 제14권 315, 316, 318, 319.

허공수무소의 능령삼천세계 이득안주(虛
　空雖無所依 能令三千世界 而得安住,
　여래출현품 신업의 비유) 제12권 269.

혀를 보시하다[施舌] 제14권 228.

현관인(現觀忍)과 현관지(現觀智)
　제14권 176.

현수법장(賢首法藏) 현수(賢首)스님
　제12권 80, 181, 182, 183. 제13권 115,
　246. 제14권 173, 174, 175.

현장(玄奘)법사 제12권 83. 제13권 77,

159.

형발구호(泂拔救護) 제13권 134.

혜원(惠苑)법사 제15권 166.

혜원(慧遠)법사 원공(遠公) 제13권 246.

혹시어두혹시안 혹시어수혹시족(或施於
　頭或施眼 或施於手或施足. 제6회향)
　제14권 480.

화소유(和酥油) 소락(酥酪) 제14권 73.

화주부기(化主赴機, 승도솔품) 제12권
　26.

환희행 보살 월광왕 보살(施眼) 제14권
　205.

회사향리 회세향출세(廻事向理 廻世向
　出世) 제13권 27.

회순리사행향이소성사(廻順理事行向理
　所成事. 제8회향) 제13권 27.

회열향승 회비향증(廻劣向勝 廻比向證)
　제13권 27.

회위자재덕(會違自在德) 제15권 85.

회유귀공 의공입유 공유양망 공유무애
　(會有歸空 依空立有 空有兩亡 空有無
　礙) 제13권 320.

회이수선 원성자구이시중생[廻已修善 願
　成資具以施衆生, 제7회향] 제15권 34.

회이십향대원 위종 득지위취[會以十向大

願 爲宗 得地爲趣, 십회향품 宗趣]

　제12권 23.

회자인행향타인행 회인향과(廻自因行向

　他因行 廻因向果) 제13권 21.

회자전야 향자취야 전자만행 취향삼처

　고명회향(廻者轉也 向者趣也 轉自萬行

　趣向三處 故名廻向) 제13권 19.

회자향타 회소향다(廻自向他 廻少向多)

　제13권 20.

회차별행 향원융행(廻差別行 向圓融行.

　제9회향) 제13권 25.

회향실제(廻向實際) 제13권 310. 제15권

　77, 321.

『화엄경청량소』

제6 타화자재천궁법회

[제16권 - 제22권]

1. 인용된 경론 이름

ㄱ

『간정기(刊定記)』 제16권 544, 636, 638.
　제17권 201, 202.　제18권 202.　제19권
　396.
『관소연연론(觀所緣緣論)』 제20권 278,
　284.
『관불삼매경(觀佛三昧經)』 제16권 554.
『구사론(俱舍論)』『아비달마구사론(阿毘
　達摩俱舍論)』 제16권 300, 402, 403, 404,
　405.　제17권 165, 389, 498.　제18권 167,
　220, 263, 386, 388, 389, 390, 392, 396,
　397, 401, 402, 427, 431, 434, 435, 441,
　449.　제19권 33, 66, 73, 80, 82, 86, 167.
　제20권 109, 111, 132, 164, 195, 205, 215,
　218, 223, 230, 232, 303, 306, 313, 316,
　341, 346, 417, 504.　제21권 91, 283, 286,
　288.　제22권 46, 99, 106, 108, 110, 114,
　115, 122, 136, 182, 231, 265, 267, 483.
『구사론송소(俱舍論頌疏)』 제18권 220,

262, 395, 479.　제19권 66, 73.　제20권
　164, 232, 313.　제22권 119, 230.
『금강선론(金剛仙論)』 제16권 323, 325.
『금강정유가자모경(金剛頂瑜伽字·母經)』
　제16권 546.
『금광명경(金光明經)』『금광명최승왕경』
　제18권 264, 266.　제19권 20, 22.　제21권
　19, 21, 150, 156, 160.　제22권 18, 19, 23,
　26, 324, 325, 327.
『기신론(起信論)』『대승기신론』 제16권
　293, 461.　제17권 74, 126, 127, 172, 227,
　475, 482, 495, 496.　제18권 31, 187.　제
　19권 188.　제20권 291, 330, 332, 333,
　587, 588.　제21권 109, 207, 216, 217.　제
　22권 74, 167, 173, 282, 324.
『기신론소(起信論疏)』 제20권 330.

ㄴ

『노자(老子)』 제16권 416.　제18권 530.
　제20권 75.
『논어(論語)』 제16권 425.　제18권 102.

『능가경(楞伽經)』제16권 470, 477.
제20권 74, 76, 288, 289, 290, 312, 333,
551, 588. 제21권 289, 290, 217, 218,
290.

ㄷ

『대반야경(大般若經)』제18권 522.
제19권 373.
『대보살장경(大菩薩藏經)』『대승보살장
경(大乘菩薩藏經)』제17권 398. 제22권
96.
『대비바사론(大毗婆沙論)』제18권 84,
386, 389, 411, 460, 480. 제19권 87. 제
22권 479.
『대승동성경(大乘同性經)』제16권 119.
『대승법원의림장(大乘法苑義林章)』
제18권 384.
『대승장엄론(大乘莊嚴論)』『대승장엄경
론(大乘莊嚴經論)』제18권 278. 제19권
19, 22, 266, 269. 제20권 19, 288. 제21
권 147, 159. 제22권 18, 19, 26, 180, 181,
331.
『대십주경(大十住經)』제16권 58.
『대위등광선인소문경(大威燈光仙人所問

經)』제22권 175, 176.
『대지도론(大智度論)』智論 智度論
제16권 214, 340, 341, 554, 614, 617, 618.
제17권 110, 344, 345, 432, 442. 제18권
25, 264, 378, 399, 400, 401, 402, 412. 제
19권 15, 68, 72, 74, 82, 93, 98, 100, 121,
123, 124, 128, 133, 135, 176, 199, 395.
제20권 22, 532, 535, 536. 제21권 128,
284, 329. 제22권 18, 20, 186, 187, 386.
『대집경(大集經)』제18권 477, 478. 제19권
68, 98, 109, 392.
『대품반야경(大品般若經)』제17권 106,
107, 110, 111. 제19권 108, 109, 113. 제
20권 68, 87, 546. 제21권 121, 325.
『도덕경(道德經)』제16권 416.

ㅁ

『무상경(無常經)』제18권 309, 310.
『무상의경(無上依經)』제17권 90.
『무성섭론(無性攝論)』제16권 45, 47, 75.
제17권 32, 33. 제21권 151. 제22권 326.
『무착론(無着論)』제16권 163.
『무행경(無行經)』제법무행경 제19권 98,
99, 109.

『문선(文選)』 제18권 66.

『미륵소문경(彌勒所問經)』 제16권 122.
　제17권 556.

『밀엄경(密嚴經)』 제16권 119.　제20권
　291.

ㅂ

『반야경(般若經)』 제17권 59, 82.　제19권
　98, 109, 188.　제21권 109.

『반야론(般若論)』 제16권 172.　제17권
　548.

『백론(百論)』 제17권 531.　제18권 47, 48,
　59, 60.　제19권 395.　제20권 117, 121,
　123.

『범망경(梵網經)』 제16권 477.

『법구경(法句經)』 제19권 149.

『법화경(法華經)』 제16권 115, 117, 305,
　346, 424, 428, 429, 461, 477, 481, 485,
　620.　제17권 127, 128, 147, 349, 426, 429,
　430.　제18권 194, 207, 330, 384, 470.　제
　20권 76, 88.　제22권 188, 273, 274.

『법화경소(法華經疏)』 제16권 428.
　제18권 384.

『법화경우바제사(法華經憂波提舍)』 『법

화론(法華論)』 제16권 483, 484.　제18권
　320.

『법화현의(法華玄義)』 제22권 475.

『변중변론(辨中邊論)』 제16권 639.

『보살본업경(菩薩本業經)』 『보살영락경
　(菩薩瓔珞經)』 『영락본업경(瓔珞本業
　經)』 제16권 54, 296.　제17권 597.　제18
　권 128, 436, 537.　제19권 213.　제20권
　33.　제21권 213.　제22권 33.

『보살지지경(菩薩地持經)』 제17권 43,
　228, 271, 272.　제18권 42, 100, 101, 518.
　제21권 184.

『보성론(寶性論)』 『구경일승보성론』
　제17권 77, 78, 79, 89, 90.　제22권 349.

『불본행집경(佛本行集經)』 제21권 129.

『불성론(佛性論)』 제16권 305.　제21권
　182, 185.

ㅅ

『사기(史記)』 제20권 446.

『사리불아비담론(舍利弗阿毘曇論)』
　제18권 409.

『사분율(四分律)』 제18권 87, 89.

『사유경(闍維經)』 제19권 108.

『살자니건자경(薩遮尼揵子經)』제22권
386.

『상속해탈경(相續解脫經)』제16권 317.

『선생경(善生經)』제17권 328.

『섭대승론(攝大乘論)』섭론 제16권 519.
제17권 31, 32, 33, 209, 211, 218, 340,
518, 519, 520, 523. 제18권 20, 23, 266,
267. 제19권 19, 21, 265, 269, 272. 제20
권 20, 24, 275, 277, 304. 제21권 19, 21,
150, 152, 331, 334, 337. 제22권 18, 19,
167, 322, 323, 324, 325, 327.

『섭대승론석(攝大乘論釋)』제16권 519.
제17권 133, 134, 214, 354, 518.

『성실론(成實論)』제16권 618. 제21권
329, 330. 제22권 163, 264.

『성유식론(成唯識論)』유식론 제16권 54,
56, 70, 76, 139, 180, 181, 182, 184, 242,
248, 250, 366, 381, 382, 383, 384, 488,
513, 514, 517, 518, 521, 522, 523, 525,
634. 제17권 100, 119, 122, 123, 124, 133,
209, 211, 213, 215, 216, 233, 319, 321,
369, 471, 482, 483, 511, 528, 537. 제18
권 19, 23, 24, 185, 270, 274, 277, 404,
416, 436, 441, 507, 508, 511. 제19권 19,
23, 24, 26, 139, 167, 263, 270, 272. 제20

권 21, 108, 109, 114, 128, 133, 140, 142,
143, 148, 156, 158, 167, 170, 202, 205,
213, 231, 237, 239, 271, 274, 277, 280,
281, 328, 329, 332, 348, 355, 356, 361,
411, 412, 414, 422, 427, 456, 457, 505,
508. 제21권 18, 21, 22, 24, 96, 148, 155,
158, 314, 316. 제22권 18, 20, 22, 70, 100,
102, 104, 143, 165, 167, 168, 169, 230,
231, 263, 265, 324, 334.

『수자경(修慈經)』제18권 489.

『승거경(僧佉經)』제17권 531.

『승만경(勝鬘經)』제16권 481, 482. 제17권
79, 126, 127, 372. 제19권 100, 102, 105,
106. 제20권 291. 제22권 82, 479.

『시경(詩經)』毛詩 제18권 533.

『시설족론(施設足論)』제18권 450.

『심밀상속해탈경(深密相續解脫經)』
제22권 265.

『십이문론(十二門論)』제20권 78.

『십이인연론(十二因緣論)』제20권 415,
417.

『십주경(十住經)』제16권 57, 58.

『십주론(十住論)』『십주비바사론(十住毘
婆沙論)』제16권 56, 58, 385. 제17권
210. 제18권 19, 21, 264, 267. 제19권 76,

266, 267, 269. 제20권 20. 제21권 19, 22,
152. 제22권 18, 20, 326, 332.
『십지경론(十地經論)』『십지경(十地經)』
　論經 제16권 54, 57, 58, 86, 89, 273, 323,
388, 398, 451, 471, 472, 507. 제17권 26,
27, 140, 282, 337, 347, 370, 372. 제18권
21, 135, 138, 265, 269, 274, 348, 383, 407,
421. 제19권 36, 261, 395. 제20권 179,
270, 557, 559. 제21권 274. 제22권 66,
154, 201, 202, 205, 208, 261.

ㅇ

『아비달마순정리론(阿毘達磨順正理論)』
　順正理論 제18권 442, 457. 제20권 313,
314.
『아비달마잡집론』잡집론『대법론(對法
　論)』 제16권 319, 526,527. 제17권 98.
제18권 62, 157, 164, 166, 398, 400, 410,
437, 472, 478, 481. 제19권 34, 72, 76,
77, 80, 83, 86, 87, 89, 90, 92, 124, 125,
126, 151, 153, 157, 163, 164, 165, 166,
169, 171, 175, 178, 179, 180, 184, 185,
190, 193, 194, 195. 제20권 73, 83, 128,
148, 149, 150, 193, 194, 251, 252, 261,

338, 344, 350, 352, 353, 354, 361, 363,
365, 368, 471, 472, 473, 478, 490, 491,
501, 502, 514. 제21권 328. 제22권 115,
263.
『아비담론(阿毘曇論)』『사리불아비담론
　(舍利弗阿毘曇論)』 제18권 399, 409.
『아촉불국경(阿閦佛國經)』 제18권 36.
『아함경(阿含經)』 제22권 479.
『양섭론(梁攝論)』 제16권 75, 76, 618.
제17권 212, 214, 215, 263, 264, 265, 266,
354. 제18권 277, 279. 제19권 272. 제
21권 147, 160. 제22권 23, 26.
『여래비밀장경(如來秘密藏經)』 제18권
160, 161.
『연기경(緣起經)』『분별연기초승법문경
　(分別緣起初勝法門經)』 제20권 149,
150, 151, 347, 413, 500, 501.
『열반경(涅槃經)』大般涅槃經 제16권
402, 462, 576, 626, 627. 제17권 39, 41,
43, 75, 80, 99, 107, 108, 125, 327, 328,
344, 345, 485, 486, 553, 554. 제18권 57,
58, 185, 217, 218, 219, 221, 234, 238, 298,
307, 311, 483, 492, 533. 제19권 62, 67,
68, 69, 105, 106, 108, 110, 292, 294, 295,
339, 383. 제20권 49, 52, 76, 85, 87, 131,

135, 137, 139, 191, 194, 226, 233, 234, 298, 319, 375, 377, 380, 395, 398, 454, 460, 462, 555, 558. 제21권 327, 330. 제22권 76, 181, 193, 223, 224, 225, 256, 287, 503, 513.

『옥편(玉篇)』제17권 500.

『우바새경(優婆塞經)』제17권 328.

『위세사경(衛世師經)』제17권 531.

『유가론석(瑜伽論釋)』제16권 128.

『유가사지론(瑜伽師地論)』유가론 자씨론 제16권 260, 264, 268, 326, 356, 456, 476, 515, 518, 519. 제17권 210, 212, 220, 221, 225, 226, 228, 243, 252, 262, 267, 352, 354, 372, 382, 383, 394, 412, 442, 448, 450, 454, 551, 558, 560, 568, 607. 제18권 19, 20, 34, 40, 43, 108, 112, 117, 129, 131, 137, 142, 143, 155, 159, 160, 161, 164, 167, 215, 216, 217, 218, 265, 268, 269, 287, 289, 290, 291, 371, 373, 374, 375, 376, 378, 379, 385, 394, 400, 401, 403, 404, 405, 406, 409, 416, 420, 429, 431, 432, 436, 439, 462, 469, 476, 498, 500, 518, 523, 524. 제19권 15, 20, 47, 52, 67, 76, 77, 84, 97, 98, 109, 121, 125, 132, 138, 141, 144, 145, 148, 152, 154, 162,

169, 172, 178, 180, 185, 186, 191, 193, 194, 196, 198, 207, 236, 262, 313, 319, 323, 372, 376, 384, 387, 395, 397. 제20권 17, 20, 41, 80, 138, 157, 158, 169, 172, 193, 194, 201, 202, 207, 208, 213, 216, 239, 243, 247, 248, 254, 255, 350, 355, 356, 365, 422, 439, 440, 448, 449, 450, 457, 505, 510, 511, 514, 515. 제21권 17, 82, 147, 202, 225, 277. 제22권 17, 18, 19, 141, 223, 224, 263, 319, 324, 332.

『유교경(遺敎經)』제17권 322, 553, 556

『유마경(維摩經)』정명경 제16권 191, 192, 462, 470, 485, 596. 제17권 53, 54, 55, 59, 402, 403, 404, 405, 426, 539. 제18권 74, 163, 202, 305, 488. 제19권 68, 188, 339. 제20권 41, 76, 324, 325, 483, 485, 545, 547, 548. 제21권 120, 125, 189, 190 제22권 283, 357, 419.

『유식이십론(唯識二十論)』제20권 269, 278, 283, 284.

『인명론(因明論)』제16권 272. 제17권 37. 제20권 117, 118, 121, 122, 123.

『인왕반야경(仁王般若經)』『인왕경(仁王經)』제16권 57, 58, 122. 제17권 220, 221, 597. 제18권 267, 273, 526. 제19권 207,

261, 262, 263, 267, 269, 324. 제20권 54,
55. 제21권 19, 21, 86, 153, 154. 제22권
18, 48, 49.
『일권유식론(一卷唯識論)』제20권 269.

ㅈ

『잡심론(雜心論)』『잡아비담심론(雜阿毘
曇心論)』제17권 388, 390.
『잡집론소(雜集論疏)』제18권 410.
『장엄론(莊嚴論)』『장엄경론(莊嚴經論)』
『대승장엄경론(大乘莊嚴經論)』제19권
19, 22, 266, 269. 제20권 19, 287, 288.
제21권 19, 21, 147, 159. 제22권 19, 180,
326, 332.
『장자(莊子)』제16권 426. 제18권 133.
제19권 130.
『정법념처경(正法念處經)』제18권 157.
『정원화엄(貞元華嚴)』唐經 新經 제17권
394.
『주역(周易)』역경 제17권 187. 제18권
116, 174. 제19권 393. 제22권 333, 379.
『중관론(中觀論)』제17권 93, 98.
『중론(中論)』제17권 95, 473, 474, 511,
537. 제19권 100, 107, 113, 252, 272, 295,
296, 298, 390, 474, 475, 484, 490, 491,
496. 제20권 76, 252, 296, 298, 390, 471,
475, 484, 490, 491, 496. 제21권 198. 제
22권 87, 110.
『중변론(中邊論)』제19권 272. 제21권 25,
158. 제22권 25.
『지지경(地持經)』보살지지경 제16권 355,
356. 제17권 43, 233, 271, 454. 제21권
225.
『진경(晉經)』육십권화엄경 제16권 46, 48.
제17권 383, 436. 제18권 82, 292. 제20
권 309. 제21권 306, 384. 제22권 105,
140.

ㅌ

『탐현기(探玄記)』제17권 31, 305, 359.
제18권 122. 제19권 396.

ㅍ

『품류족론(品類足論)』제20권 314.

ㅎ

『한서(漢書)』 제19권 390.

『해심밀경(解深密經)』 제16권 168, 317,
318, 326. 제17권 210, 212. 제18권 261.
제19권 17, 20, 264, 268. 제20권 20, 278,
282. 제21권 19, 20, 152. 제22권 18, 19,
72.

『화엄오교장(華嚴五教章)』 제17권 113,
384.

『현겁경(賢劫經)』 賢劫定意經 제22권 91,
92.

『현양성교론(顯揚聖教論)』 현양론
제18권 272, 408, 409, 410, 415, 418, 471.
제19권 20.

『현종론(顯宗論)』 제18권 167.

2. 인용된 어구, 사람 이름

ㄱ

가(假, 假有三種, 1. 因成假 2. 相續假 3. 相
待假) 제19권 40.

가견유대상(可見有對想) 제18권 444.

가과(家過) 제17권 263.

가관(假觀, 三觀) 제19권 42, 115. 제20권
263.

가라구타(迦羅鳩馱, 가라구타가전연迦
羅鳩馱迦旃延) 제20권 374, 375, 381.

가라라(歌羅邏) 제16권 402, 551. 제20권
225.

가루라(迦樓羅) 제17권 389.

가명가명동상(假名假名同相, 依同相有
四) 제22권 248.

가문가설(可聞可說) 제16권 499.

가부단행(家不斷行, 勝行有七) 제21권
128.

가분(加分, 十地品十分) 제16권 92, 101,
102, 346, 581, 582, 583. 제17권 235.

가상(加相) 제16권 276, 277, 310, 580.

가설(可說) 제16권 221, 222, 421, 499,
501, 635. 제17권 35, 39, 194, 195.

가설일심(假說一心, 假說一心門：一心十
門) 제20권 276, 280.

가악인수(加惡忍受) 他加惡辱能忍受
제18권 530.

가지불가설(可知不可說) 제17권 163.

가지지대(加持智大, 智大有七智) 제22권
391, 403.

가청(加請) 제16권 94, 583.

가행과(加行果) 제18권 167.

가행구경과작의(加行究竟果作意, 七種 作意) 제18권 374, 377, 439, 462.

가행구경작의(加行究竟作意, 七種作意) 제18권 374, 462, 463.

가행도(加行道, 四道) 제16권 65, 246, 514, 517, 631. 제17권 584. 제18권 372, 376, 441. 제19권 34, 279.

가행무상(加行無相) 제21권 17.

가행방편(加行方便) 제16권 64. 제17권 454. 제21권 59.

가행선근(加行善根) 제16권 187, 188.

가행원만(加行圓滿) 제19권 144, 146, 150.

가행위(加行位, 四加行位) 제16권 63, 64, 163, 182, 234, 242, 246, 476, 522, 524. 제17권 133, 135, 166, 170, 230, 232, 233, 234. 제18권 435, 436, 457, 462.

가행조수(加行造修) 제17권 453.

가행지(加行智) 제16권 629, 636. 제17권 27, 37, 38, 52, 64, 119, 143, 145, 146, 170. 제18권 21. 제21권 156, 184.

가행청정(加行淸淨) 제17권 454.

가훈성(可熏性, 所熏四義) 제22권 168, 169.

각각지(覺覺智) 제16권 469, 470.

각관(覺觀) 제16권 170, 436, 476, 618. 제17권 32.

각관추동(覺觀麤動) 제18권 407.

각관파도(覺觀波濤, 生死苦) 제19권 347, 350.

각분상응혜(覺分相應慧, 四地) 제19권 262.

각불지(覺佛智) 제16권 468, 469. 제17권 244, 423.

각심초기 심무초상(覺心初起 心無初相, 起信論) 제22권 282, 283.

각업(覺業) 제16권 587.

각즉부동(覺則不動) 제17권 481.

각지수과(覺支修果) 제19권 185.

각천(覺天)논사, 경량부(經量部) 제20권 281.

간대이소(揀大異小) 제16권 121, 122.

간신이구(揀新異舊) 제16권 123.

간이여래(揀異如來) 제21권 211.

간정기주(刊定記主) 간정기석(刊定記釋) 제16권 544, 636, 638. 제17권 202.

간정(刊定)대사, 惠苑 제16권 636.

간존이비(揀尊異卑) 제16권 121, 123.

간착장엄(間錯莊嚴) 제16권 227, 229.

간탐(慳貪, 二種垢) 제16권 228. 제18권 246.

갈라람(羯邏藍, 羯剌藍, =凝滑, 구사론) 제16권 402. 제17권 522. 제20권 150, 204, 206, 207, 209, 214, 222.

갈록치염(渴鹿馳焰) 제17권 494.

감고중법(甘苦重法, 常勤求因分六) 제18권 362, 364.

감능심(堪能心, 十種深心) 제16권 64. 제17권 585. 제18권 33, 39.

감로(甘露) 제16권 458, 460, 461, 462, 504, 570, 575, 576.

감로사능(甘露四能) 제16권 575.

감로여장(甘露如漿) 제16권 461.

감변(堪辯) 제16권 315.

감보정(感報定) 제16권 554.

감소불종(堪紹佛種) 제17권 265.

감수답(堪酬答) 제16권 463, 464.

강강(剛强) 강강중생(剛强衆生) 제17권 448. 제21권 313.

강자선견(强者先牽) 제16권 624.

개권현실(開權顯實) 제16권 346.

개연(開演) 제17권 181, 183.

개오업(開悟業, 放光十業) 제22권 380, 381, 382.

개제처문상(開諸處門相, 隨眠稠林) 제22권 138, 139.

개칠각화(開七覺華) 제19권 198.

거기(去飢, 甘露四能) 제16권 575.

거법청(擧法請) 제16권 531, 592, 593, 604.

거손위청(擧損違請) 제16권 532, 533.

거승간열(擧勝揀劣) 제22권 320.

거승황열(擧勝況劣) 제21권 242.

거시기(據始起, 化有三種) 제22권 402, 403.

거열현승(擧劣顯勝, 十地) 제22권 320.

거익청(擧益請) 제16권 592, 606.

거일전수(擧一全收) 제16권 283. 제19권 112.

거점구리(居店求利) 제17권 327, 328.

건남(鍵南=堅肉, 구사론) 제16권 403. 제20권 206.

건다라(乾陀羅)나라 제19권 391, 393.

견고력(堅固力) 제17권 451, 452, 455, 457, 458, 555.

견고응발(見苦應拔) 제17권 541.

견고장엄심(堅固莊嚴心, 十心) 제17권 450.

견구구(遣俱句) 제20권 48, 52.

견구비구(遣俱非句) 제20권 49.

견난(見難, 三界獄五難) 제18권 228, 229.

견도(見道, 見道位) 제16권 175, 180, 236,
243, 334, 518, 528. 제18권 17, 441, 524,
525. 제19권 80, 81, 186, 291, 292, 296.
제20권 111, 503, 513. 제22권 46, 48,
134, 193.

견도소단(見道所斷, 見惑) 제16권 137,
138, 182. 제17권 67, 129. 제18권 527.
제20권 513.

견기감화(見機堪化) 제16권 114, 115.

견망증장(見網增長, 有支六緣) 제20권
152, 171.

견박선멸(見縛先滅) 제18권 524, 525.

견부모정혈 명위아소(見父母精血 名爲我
所) 제20권 175.

견분(見分) 제16권 249. 제20권 109, 272,
278, 280. 제22권 171.

견불색신(見佛色身, 九地果) 제22권 301.

견불인(見佛因) 제17권 567.

견 시사범행구(見 是邪梵行求 三分)
제22권 89.

견실난치상(堅實難治相, 隨眠稠林)
제22권 138.

견실위(見實位) 제21권 74, 75.

견연지화(見煙知火) 제17권 70.

견유이종(堅有二種, 1.決定信堅 2.證得
堅) 제16권 480, 489.

견인인(牽引因, 瑜伽十因) 제17권 41, 43.
제20권 128, 167, 364, 365, 366.

견일체처주지(見一切處住地) 제17권
496, 497.

견쟁과(見諍過, 聽二過) 제17권 181, 182.

견주성(堅住性, 所熏四義 성유식론)
제22권 168, 169.

견지득증(見智得證) 제16권 167.

견착이익희(堅着利益喜) 제17권 547,
548.

견취견(見取見) 제16권 71, 569. 제17권
300. 제18권 115, 116, 117. 제19권 292,
296.

견취우부고사(牽取愚夫故詐) 제19권
330, 331.

견탐전(見貪轉, 轉凡惑有三 : 1. 見貪轉 2.
障礙轉 3. 貪轉) 제21권 128, 129.

견현관(見現觀, 現觀有三 : 1. 見現觀 2. 緣
現觀 3. 事現觀 구사론) 제22권 266.

견혹(見惑) 제16권 71, 137, 138, 182, 247,
248. 제17권 67, 129, 273. 제18권 522.

제19권 166, 185, 186, 294.

결능도생(決能度生, 論決定六義) 제16권
351.

결략현광(結略顯廣) 제22권 451.

결설무진(結說無盡) 제22권 520, 535.

결성관명(結成觀名, 不住道行勝分三)
제20권 65.

결성불과(決成佛果, 論決定六義) 제16권
351.

결신불의(決信不疑, 論決定六義) 제16권
351.

결정견고(決定堅固, 論決定六義) 제16권
351.

결정대(決定大) 제17권 258.

결정사(決定思, 思有三種) 제22권 102,
104.

결정신견(決定信堅, 堅有二種) 제16권
480, 489.

결정신증상(決定信增上) 제17권 318,
319.

결정유삼(決定有三, 1. 種性地 2. 解行地
3. 初地已上) 제16권 354.

결지구도(決志救度, 決志慈濟) 제18권
331, 333.

결지자제(決志慈濟) 제18권 325.

결통시방(結通十方) 제16권 84, 87, 100.
제22권 508.

결팔정과(結八正果) 제19권 198.

겸하심(謙下心) 제17권 445.

경가(經家, 경전 편집자) 제16권 464, 465.
제18권 27.

경계리(境界離) 제18권 399, 400.

경계심(境界深, 深行勝三) 제21권 221.

경계유대(境界有對, 有對三種) 제18권
447, 449, 450, 451.

경량부(經量部) 제20권 224, 281. 제22권
120, 159, 264.

경만잡염(輕慢雜染) 제16권 457, 458.

경모각(輕侮覺, 八覺) 제18권 218, 402.

경문초지(慶聞初地) 제18권 26.

경법(輕法) 제17권 159.

경법신증상(敬法信增上) 제17권 320.

경상관지력(鏡像觀智力) 제19권 327.

경생월세(經生越世) 제20권 303.

경수(敬受) 제17권 183.

경신증상(敬信增上) 제17권 318.

경업(敬業) 제16권 587, 588, 589. 제22권
382.

경열애어(慶悅愛語, 愛語三種) 제19권
368.

경위중법(輕位重法, 常勤求因分六)
  제18권 362, 363.

경재중법(輕財重法, 常勤求因分六)
  제18권 361.

경중법행(敬重法行, 修行勝有十一)
  제19권 364.

경중인(敬重因) 제16권 338.

경지일미(境智一味) 제16권 357.

경지일여(境智一如) 제16권 124, 364.

경지정식(鏡智淨識) 제17권 404.

경희(敬喜, 九喜) 제17권 277, 279.

계구삼취(戒具三聚) 제17권 334.

계난(戒難, 三界獄五難) 제18권 228, 229.

계도말저(計都末底, 此云幢慧 十山)
  제22권 482, 484.

계류복업사(戒類福業事, 三福業事)
  제18권 262.

계리심심(契理深心) 제17권 315.

계리정심(契理淨心) 제16권 333, 334.

계무결승(戒無缺勝, 攝戒勝有二) 제19권
  359.

계실사망 명행원리(契實捨妄 名行遠離)
  제21권 205.

계위삼학지수(戒爲三學之首) 제17권
  334.

계통사리(戒通事理) 제17권 334.

계차별(界差別, 化有求衆生有二, 1. 道差
  別 2. 界差別) 제18권 210, 227.

계청정(戒淸淨, 業淸淨四) 제17권 347.
  제18권 286. 제21권 100, 101, 104.

계취(戒取, 四取) 제18권 117. 제19권
  290, 291. 제20권 169, 178, 230, 421.

계행(戒行) 제16권 65, 66, 403.

계현관(戒現觀) 제16권 513, 515, 517.

계회위생(契會爲生) 제17권 264.

고고(苦苦, 三苦) 제17권 237, 238, 253.
  제20권 237, 455. 456, 458, 459, 590.

고과수(苦果樹) 제22권 267.

고관(苦觀) 구족제고관(具足諸苦觀)
  제17권 469, 479, 514. 제19권 94. 제22
  권 286.

고대신(高大身) 제16권 298.

고독무의(孤獨無依) 제18권 326, 540.

고독무의무구호(孤獨無依無救護)
  제18권 540.

고락차별(苦樂差別) 제17권 390.

고류지인(苦類智忍) 제16권 250. 제22권
  264, 266.

고무상(苦無常) 제16권 193, 194. 제17권
  384.

고범(故犯) 제16권 385. 제18권 79, 84.

고법지(苦法智, 十六心) 제16권 250.
　제22권 264, 266.

고법지인(苦法智忍) 제16권 250. 제22권
　264.

고사(苦事, 世獄有五過, 이구지) 제18권
　227, 228, 229, 545.

고수(苦受) 제17권 503, 528, 534. 제19권
　92. 제20권 222, 458, 459, 513, 515. 제
　22권 128.

고수(苦樹) 제17권 482, 527. 제20권 241,
　242, 243, 244, 249.

고수생진(苦受生瞋, 樂受生愛 癡從中容)
　제17권 503. 제18권 315.

고여(苦餘, 三餘) 제16권 304.

고집명염(苦集名染) 제20권 34.

고처계락(苦處計樂) 제17권 471.

고청정가(苦淸淨家, 四家) 제21권 73, 74.

고추장(苦麤障, 厭下苦麤障 欣上淨妙離,
　발광지) 제18권 371, 458.

고행인(苦行因, 顚倒因有四) 제20권 93,
　94, 372, 376, 420.

공가어여(共加於汝) 제16권 146, 151,
　155.

공경공양(恭敬供養, 三供養) 제17권 305,

366, 556, 570.

공경설인(恭敬說人) 제16권 456.

공경역삼(恭敬亦三, 1.給侍恭敬 2.迎送
　恭敬 3.修行恭敬) 제17권 367, 368.

공경정법(恭敬正法, 四相) 제16권 456,
　457.

공경청(恭敬聽, 六種) 제16권 456, 457.

공관(空觀) 제16권 623. 제19권 42.
　제20권 263, 539. 제21권 33, 95.

공교명(工巧明, 五明) 제16권 273.
　제19권 262, 264, 374, 385, 386. 제22권
　519.

공구대(供具大) 제17권 367.

공난의보살(空亂意菩薩, 三種空) 제17권
　75.

공덕념(功德念) 제17권 601, 602.

공덕법신(功德法身) 제17권 567, 568.

공덕심미(功德甚微, 四甚微) 제17권 61.

공덕의(功德依, 본업경) 제16권 56.

공명색생(共名色生) 제17권 517, 518.

공무변처(空無邊處, 八定) 제16권 127,
　614. 제18권 284, 433, 435, 439, 442, 459,
　462, 464.

공무상(空無常, 色無常 苦無常) 제16권
　194.

공문(空門, 三解脫門) 제20권 45, 47, 530, 532, 536, 537.

공반야(共般若) 제20권 88.

공번불인 공번지후 수공번문(恐繁不引 恐繁指後 雖恐繁文) 제16권 124. 제17권 434, 526. 제20권 566. 제22권 71.

공불복행(供佛福行, 能練行三) 제19권 241.

공불행(供佛行) 제17권 570.

공상(共相) 제16권 318, 321, 517. 제17권 36, 37, 282, 515. 제19권 316, 322. 제20권 167, 413. 제21권 18, 317. 제22권 166, 325.

공상종자(共相種子, 種子有二) 제22권 166.

공생(共生) 제17권 511, 522, 523, 524. 제20권 179, 203, 212, 224, 251, 302, 309, 466, 488, 491, 586. 제22권 106, 124, 135.

공생사온(共生四蘊) 제20권 203.

공실무애(空實無礙) 제17권 537, 538.

공심심(空甚深) 제17권 476.

공양공덕(供養功德, 顯法利益有二 : 1. 生信功德 2. 供養功德) 제22권 510, 512, 515.

공양공덕(供養功德, 依五種功德以顯不動 : 1. 供養功德 2. 守護功德 3. 依止功德 4. 國土淸淨功德 5. 敎化衆生功德 부동지) 제21권 363.

공양구대(供養具大, 供具大) 제17권 367, 368.

공양능진일체고(供養能盡一切苦 供養必得諸佛智, 난승지) 제19권 277.

공양불(供養佛) 제17권 451, 452, 455, 555, 556.

공양불행(供養佛行) 제17권 449.

공양원(供養願) 제17권 354, 357, 361, 367, 571.

공양유삼(供養有三, 1. 衣等利養 2. 香等敬養 3. 戒等行供養) 제17권 367.

공양제불(供養諸佛, 初地十行) 제17권 217, 224, 231, 457.

공업번뇌훈차별(功業煩惱熏差別, 習氣稠林 十熏差別) 제22권 179.

공여래장(空如來藏) 제17권 76, 78. 제19권 320. 제22권 76.

공용무상(功用無相) 제21권 17.

공용부동(功用不動, 부동지) 제16권 396, 397. 제21권 150.

공용지극(功用至極) 제16권 393.

공용행(功用行) 제16권 255.

공용행만(功用行滿, 원행지) 제21권 52, 78, 169.

공유무간부동(空有無間不動) 제17권 271.

공유상위(空有相位) 제16권 242.

공일현색(空一顯色) 제21권 326, 327, 328.

공재부득자재(共財不得自在, 偸盜二報, 이구지) 제18권 168.

공중방편지(空中方便智)와 유중수승행(有中殊勝行) 제21권 132, 177.

공중방편혜(空中方便慧, 원행지) 제21권 40, 61, 125, 126.

공처지적(空處之迹) 제16권 232, 233. 제17권 150, 151, 153, 156, 199.

공해탈문(空解脫門) 제17권 78, 81. 제20권 530.

공호(共護, 護有二種) 제18권 76, 78.

과거명업(過去名業 現在名有) 제18권 105.

과능변(果能變, 能變有二 : 1. 因能變 2. 果能變 현전지) 제20권 270, 271.

과단(果斷, 解脫有二種) 제20권 398, 399.

과만(果滿) 제16권 608. 제17권 176.

과범득성(過凡得聖) 제17권 225.

과부단(果不斷) 제20권 391.

과분(果分) 제16권 62, 63, 354. 제17권 29, 191, 194, 196, 197, 203.

과분불가설(果分不可說) 제17권 29, 163.

과불리인(果不離因) 제17권 481.

과불상(果不常) 제20권 391, 392.

과시(果時, 無明有二 : 1. 子時 2. 果時) 제20권 396.

과시현행(果是現行 子是種子) 제20권 396.

과원만전(果圓滿轉) 제17권 134.

과이익교량승(果利益校量勝, 益勝, 환희지) 제17권 561.

과이익승(果利益勝, 果校量利益勝) 제17권 349, 596.

과전육지 승후삼지(過前六地 勝後三地, 원행지) 제21권 34.

과정(果淨) 제17권 400, 405.

과즉후득(果卽後得, 相卽方便智 得是根本 果卽後得) 제17권 583.

과지유삼(過地有三 : 1. 修行善巧過 2. 作業廣大過 3. 修行勝入過 원행지) 제21권 111.

과해(果海) 제16권 61, 70, 76, 117, 429.

제17권 29, 34, 129, 131, 155, 199. 제22권 499.

과해불가설(果海不可說) 제16권 61.

과행(果行, 行有二義) 제16권 577.

과행리(果行離, 三種離 : 1.因離 2.對治離 3.果行離 이구지) 제16권 384. 제18권 58, 61, 69, 75, 80, 84, 89, 91, 103.

과행리(果行離, 律儀有三離 ; 1.因離 2.對治離 3.果行離) 제21권 69.

곽림종(郭林宗) 제18권 531.

관(觀, 對後顯劣有五) 제18권 135, 136.

관과수(觀過修) 제17권 326, 327.

관대도리(觀待道理) 제16권 317, 318.

관대인(觀待因, 瑜伽十因 地持等十因) 제17권 41, 43. 제20권 167, 364, 365, 444.

관방편(觀方便) 제17권 587, 588, 591.

관법무아(觀法無我, 治於我倒, 四念處) 제19권 78, 90, 91.

관비유미무지해(觀非有非無之解, 體障) 제21권 212.

관상선결정(觀相善決定, 六決定) 제16권 76, 345, 357.

관소경계(觀少境界, 緣覺三相) 제18권 142, 143.

관수(觀修) 제17권 169, 170, 173, 174, 175, 180.

관신부정(觀身不淨, 治於淨倒, 염혜지) 제19권 78, 130.

관심무상(觀心無常, 治於常倒 염혜지) 제19권 90, 91.

관심중고(觀深重苦, 大悲觀有二) 제19권 336, 342.

관음보문시현(觀音普門示現) 제22권 419.

관입분별(觀入分別, 住不住四種 : 1.觀入分別 2.起用分別 3.就寂分別 4.就用分別, 부동지) 제21권 247, 248.

관점차(觀漸次, 三漸次) 제16권 629, 630, 633. 제17권 169, 584, 585

관중생가명차별(觀衆生假名差別) 제19권 40, 41.

관중생우치전도(觀衆生愚癡顚倒, 大悲隨順觀分四) 제20권 91, 92, 93, 256, 323, 371.

관지(觀智) 제17권 62, 93, 115.

관지상(觀智相) 제17권 92, 94, 116.

관찰득실(觀察得失, 論出離三) 제16권 267.

관찰선교급불선교(觀察善巧及不善巧) 제16권 267.

관찰시중(觀察時衆, 論出離三) 제16권 267.

관찰작의(觀察作意, 七種作意) 제18권 374.

관행(觀行, 四甚微 1. 觀行 2. 依止 3. 淸淨 4. 功德) 제17권 60, 67. 제18권 438, 472. 제20권 296.

관행삼덕(觀行三德, 圓敎六卽) 제17권 130.

관행상(觀行相) 제17권 92, 114, 116.

관행심미(觀行甚微, 觀行微) 제17권 62.

관행취상순행(觀行取相順行, 三種順行 선혜지) 제22권 130.

광대무량(廣大無量, 大海十相) 제16권 56. 제22권 501.

광대여법계(廣大如法界) 제16권 349, 356, 360, 361, 364. 제17권 250, 259, 350, 352, 369, 375, 379, 385, 393, 399, 407, 411, 417, 433.

광대전(廣大轉, 轉依位別六種) 제17권 132.

광란소작업(狂亂所作業, 不增長業有十: 1. 夢所作業 2. 無知所作業 3. 無故思所作業 4. 不利不數所作業 5. 狂亂所作業 6. 失念所作業 7. 非樂欲所作業 8. 自性

無記業 9. 悔所損業 10. 對治所損業 : 십지품 현전지) 제20권 439.

광명각품(光明覺品) 제17권 415, 416.

광명선근(光明善根) 제17권 352, 353.

광명신(光明身) 제21권 313.

광명수상분(廣明修相分) 제16권 93.

광세계작협세계(廣世界作狹世界) 제22권 439.

광심(廣心, 十種深心) 제16권 63. 제17권 235. 제18권 34, 288, 292, 510, 517. 제19권 45.

광원요익(廣願饒益, 大慈觀有二) 제19권 348, 353.

광작불사(廣作佛事) 제22권 298.

광지(光地, 發光地) 제18권 264.

광집(廣集, 九種集) 제17권 229, 235, 238.

광타(誑他, 五過失) 제17권 159.

광협자재무애문(廣狹自在無礙門) 제22권 364.

광혹우부(誑惑愚夫) 제19권 329.

괴고(壞苦) 제17권 237, 238, 252, 528. 제20권 237, 454, 455, 456, 457, 458, 590.

괴대치(壞對治, 治有四種 발광지) 제18권 446.

괴락(壞樂) 제20권 455.

괴묵등의청(怪默騰疑請, 三家五請)
　제16권 419, 420, 432, 433, 504.
괴불괴상(壞不壞相, 衆生心種種相)
　제22권 67, 68, 73, 76.
괴업(壞業, 壞苦有二 1.壞樂 2.壞業)
　제20권 456.
교도(教道) 제16권 45, 47, 68, 74, 76, 90,
　198, 225, 325, 352, 467, 483, 486. 제17
　권 148, 372, 410, 478. 제22권 200.
교도론(教道論, 教導論 種種論六事)
　제16권 258, 260. 제19권 377.
교도위세(教道爲世 證道爲出) 제17권
　382.
교량승분(校量勝分, 校量顯勝) 제16권
　89, 96, 97, 104, 105, 111. 제17권 207,
　217, 221, 340, 420, 625.
교리행과(教理行果) 제17권 373.
교만사견(憍慢邪見) 제17권 493, 494.
교방편설(巧方便說, 法師十德 선혜지)
　제22권 222.
교설분제(教說分齊) 제16권 592, 628.
　제17권 585.
교설수성취대(教說修成就大, 三成就)
　제17권 164, 166, 170, 173.
교수출리인(教授出離因) 제16권 338,

339.
교의분제(教義分齊) 제16권 204, 205.
　제17권 114.
교정(教淨) 제16권 219, 220, 505.
교정견(教正見, 六種正見 금강선론)
　제16권 325.
교출변(教出辯) 제16권 324.
교행상대(教行相對) 제16권 218, 234.
교행집(教行集 分二 1.親近集 2.樂法集
　환희지) 제17권 323.
교화입(教化入 九種入) 제16권 175, 178.
교화중생(巧化衆生 九種不壞 현전지)
　제20권 565.
교화중생공덕(教化衆生功德, 五種功德:
　1.大勢力 2.根心使智力 3.無量法力 4.
　受力 5.說力) 제21권 364.
교화중생상(教化衆生相, 九地自分行)
　제22권 351.
교화중생승(教化衆生勝, 彼果勝有四)
　제19권 300, 356, 357, 366.
교화중생유오력(教化衆生有五力: 1.大
　勢力 2.根心使智力 3.無量法力 4.受力
　5.說力) 제21권 364.
교화중생정(教化衆生淨) 제16권 283,
　289, 308.

교화지(敎化智) 제21권 173, 174, 175.

구가(口加) 제16권 274, 276, 278, 279, 313, 327, 436, 580. 제20권 343.

구견고력(具堅固力, 淨治地法 十行) 제17권 217.

구견불가득(求見不可得) 제17권 48, 58.

구경부동요(究竟不動搖, 수미게찬품) 제17권 58.

구경삼덕(究竟三德 圓敎六卽) 제17권 130, 131.

구경승(究竟勝) 제17권 347, 349.

구경여허공(究竟如虛空) 제16권 349, 356, 367. 제17권 250, 260, 350, 369, 375, 379, 385, 393, 399, 407, 411, 417, 433, 444.

구경위(究竟位) 제16권 166, 175, 176, 513, 518. 제17권 132, 134, 167, 233, 316, 320.

구경지(究竟地, 不動地名) 제21권 236, 348, 351, 357.

구경평등(究竟平等) 제17권 96.

구경현관(究竟現觀) 제16권 513, 518, 519. 제19권 167.

구과가(具果加) 제16권 593, 601, 602.

구로사(俱盧舍) 제16권 300. 제21권 291.

구루사(拘樓舍) 제21권 290.

구무구상(垢無垢相, 衆生心種種相) 제22권 67, 76.

구무염족(求無厭足, 等行十善) 제18권 152, 153.

구법사행 이십종공덕(具法師行 二十種功德 : 1.知時 2.正意 3.頓 4.相續 5.漸 6.次 7.句義漸次 8.示 9.喜 10.勸 11.具德 12.不毀 13.不亂 14.如法 15.隨衆 16.慈心 17.安隱心 18.憐愍心 19.不着名利 20.不自讚毀他) 제22권 211, 213.

구부득(求不得, 十怖畏 십지경론) 제21권 335.

구부득고(求不得苦= 資生難) 제18권 229, 310, 313.

구불지(救佛智) 제17권 243, 423.

구불탈(俱不奪) 제22권 500, 501.

구사종(俱舍宗) 제19권 186, 294. 제20권 208, 310.

구상위색(俱相違色, 色法 此復三種 : 謂妙, 不妙, 俱相違色) 제21권 328.

구상점증(九相漸增) 제16권 201.

구생기아집(俱生起我執) 제18권 187.

구생번뇌(俱生煩惱, 俱生起) 제16권 71.

구생신견(俱生身見) 제19권 207.

구생아집(俱生我執, 我執有二 : 1. 俱生我
執 2. 分別我執) 제20권 109, 110, 111.

구생혹(俱生惑, 俱生起) 제16권 185, 528.
제21권 96.

구섭인업(救攝因業) 제17권 243.

구세계작정세계(垢世界作淨世界)
제22권 439.

구소마(俱蘇摩) 제16권 131.

구수기이연설(口隨機而演說) 제22권 33.

구승과(求勝過) 제17권 348.

구신가(具身加, 二種加) 제16권 601.

구십력(具十力, 入頂成益) 제22권 384.

구아함(求阿含) 제16권 565.

구애애(拘礙礙, 礙有二種 : 1. 障礙礙 2. 拘
礙礙) 제18권 448.

구업성취(口業成就) 제16권 398.

구업성취(口業成就, 說法成就有三)
제22권 199, 226, 311.

구업십상(口業十相 : 1. 依自相 2. 依同相
3. 行相 4. 說相 5. 智相 6. 無我慢相 7. 小
乘大乘相 8. 菩薩地相 9. 如來地相 10. 作
住持相 선혜지) 제22권 236, 253, 267,
272, 277, 281, 284.

구유의(俱有依, 瑜伽論) 제20권 208, 210.

구유의근왈색(俱有依根曰色) 제20권
207.

구유인(俱有因, 六因 현전지) 제20권 315,
347, 467. 제22권 267.

구의염불(求義念佛) 제17권 601.

구이능인생(具二能引生, 自力辯) 제16권
281, 282, 283.

구이십종공덕(具二十種功德, 具法師行)
제22권 213.

구이해탈(求異解脫, 大悲觀分四 : 1. 觀衆
生愚癡顚倒 2. 觀餘處求解脫 3. 觀異道
求解脫 4. 觀求異解脫) 제20권 92, 93,
256, 323, 324, 371, 496.

구적성성(久積成性) 제18권 31.

구전법륜(口轉法輪) 제21권 48.

구정(求淨) 제16권 508.

구정이사전(垢淨異事轉, 轉變外事有三 :
1. 同類略廣轉 2. 垢淨異事轉 3. 塵界自
在轉) 제22권 439, 440.

구정증(求正證) 제16권 565.

구족제고관(具足諸苦觀) 제17권 469,
514. 제22권 286.

구종교증(九種敎證) 제16권 541, 559.

구종구(九種求, 能求之行 : 1. 離求 2. 如說
行求 3. 護求 4. 不汚求 5. 不捨求 6. 不動
求 7. 不捨成就求 8. 集求 9. 常求 환희지)

제17권 333, 336.

구종변재(九種辯才, 1.不着辯才 2.與堪
辯 3.任放辯才 4.能說辯 5.不雜辯 6.敎
出辯 7.不畏辯 8.無量辯 9.同化辯) 제
16권 313, 315, 319, 321, 322, 324, 325,
327.

구종불괴(九種不壞 : 1.信理決定 2.行堪
調柔 3.不怖甚深 4.自乘不退 5.勝進無
息 6.泯絶自他 7.利生無邊 8.上求地智
9.巧化衆生 현전지) 제20권 565.

구종사견(九種邪見) 제17권 492.

구종심심(九種甚深, 1.寂靜甚深 2.寂滅
甚深 3.空甚深 4.無相甚深 5.無願甚深
~ 9.難得甚深) 제17권 473.

구종입(九種入, 1.攝善入 2.思義入 3.法
相入 4.敎化入 5.證入 6.不放逸入 7.地
地盡入 8.菩薩盡入 9.佛盡入) 제16권
175, 179, 193, 236, 238, 252.

구종전리(九種轉離 : 1.入轉離 2.遠轉離
3.近至轉離 4.斷轉離 5.依止轉離 6.近
見轉離 7.生轉離 8.平等轉離 9.捨轉離
환희지) 제17권 292.

구종환희(九種歡喜 : 1.敬喜 2.愛喜 3.調
柔喜 4.慶喜 5.踊躍喜 6.勇猛喜 7.無鬪
爭喜 8.無惱喜 9.不嗔恨喜, 환희지)

제17권 277, 278, 279, 280, 281, 282.

구지(俱胝) 제18권 536, 537.

구집(九集, 九種集 : 1.行集 2.定集 3.親近
集 4.取集 5.護集 6.淨心集 7.廣集 8.信
心集 9.現集 初地說分) 제17권 229,
230.

구차제정(九次第定) 제21권 105, 106,
230.

구호중생이중생상회향(救護衆生離衆生
相廻向) 제17권 223.

국토각(國土覺) 제18권 218, 401, 402.

국토신(國土身十相 : 1.小相 2.大相 3.無
量相 4.染相 5.淨相 6.廣相 7.倒住相 8.
正住相 9.普入相 10.方網差別相, 십지
품 부동지) 제21권 307, 308.

국토청정공덕(國土淸淨功德, 五種功德)
제21권 363.

궁행구경(窮行究竟, 彼岸有二 : 1.涅槃 2.
窮行究竟) 제22권 51, 52.

권(卷, 身自在有四) 제18권 500.

권구무애지(勸求無礙智, 勸辭有七 부동
지) 제21권 252, 253.

권비민중생(勸悲愍衆生, 勸辭有七 부동
지) 제21권 252, 253.

권비민중생즉화원미만원(勸悲愍衆生卽

化願未滿勸 부동지) 제21권 252, 256.

권서업(卷舒業, 放光十業) 제16권 587.
제22권 380, 382.

권성기본원(勸成其本願卽本願未充勸, 勸辭有七 부동지) 제21권 252, 258.

권성불외보(勸成佛外報卽化業廣大勸, 勸辭有七 부동지) 제21권 252, 262.

권속괴리(眷屬乖離, 兩舌二報) 제18권 170.

권속승(眷屬勝) 제16권 594, 599.

권속이익희(眷屬利益喜) 제17권 547, 548.

권수여래선조어지(勸修如來善調御智 卽自德未成勸, 勸辭有七 부동지) 제21권 252, 253.

권수이익(勸修利益) 제22권 339, 342.

권실무애지(權實無礙智) 제16권 124.

권실자지승(權實自智勝) 제16권 349.

권증불내명무량승행(勸證佛內明無量勝行卽自己所得法門未窮勸, 勸辭有七 부동지) 제21권 245, 262.

권지(權智) 제16권 484, 598. 제17권 64, 65.

권총수무유성변지도(勸總修無遺成偏知道卽少作能成增進衆德勸, 勸辭有七 부동지) 제21권 252, 263.

궤범사(軌範師) 제20권 342, 343.

귀통태화이(鬼通胎化二 人傍生具四, 구사론) 제17권 388, 389.

규기(窺基)법사 대승법사 제18권 384. 제20권 330. 제22권 70.

극난승지(極難勝地, 五地) 제16권 381, 383. 제19권 268, 269, 272.

극미(極微) 제21권 288, 289.

극미세애우(極微細礙愚, 如來地二愚 십지품 이구지) 제16권 188. 제18권 148.

극실체(劇實體) 제16권 76.

극유진(隙遊塵) 제21권 287, 288.

극희주(極喜住) 제17권 234.

극희지(極喜地) 제16권 383, 513, 519, 521, 524. 제19권 167.

근견전리(近見轉離, 九種轉離) 제17권 295.

근단이악(勤斷二惡, 止惡行) 제19권 66, 140.

근무구(近無垢) 제22권 356, 357.

근방편승(勤方便勝) 제19권 300, 308, 328, 409.

근본무명(根本無明) 제16권 294. 제17권 495.

근본식(根本識) 제17권 518.

근본입(根本入) 제16권 175, 193, 194, 200.

근본정(根本定) 제18권 436, 440, 462, 509.

근본지(根本智, 三智) 제16권 131, 138, 167, 248, 253, 303, 355, 360, 471, 507, 511, 625. 제17권 118. 제18권 436, 440, 462. 제20권 529.

근분정(近分定) 제18권 440, 454, 481.

근불법신(近佛法身, 九地果) 제22권 301.

근성욕해(根性欲解) 제22권 209.

근수선근(勤修善根) 제17권 317.

근수습(勤修習, 雜集論九修) 제19권 126.

근수이선(勤修二善, 作善行) 제19권 66, 140.

근신(根身) 제16권 487, 488. 제22권 75.

근심사지력(根心使智力, 敎化衆生有五力) 제21권 364.

근용념지(勤勇念知, 四念處) 제19권 125.

근욕성정견(根欲性正見) 제16권 325.

근전차별(根轉差別, 根稠林) 제22권 126, 136.

근조림(根稠林, 十一林 : 1. 衆生心稠林 2. 煩惱稠林 3. 業稠林 4. 根稠林 5. 解稠林 6. 性稠林 7. 樂欲稠林 8. 隨眠稠林 9. 受生稠林 10. 習氣相續稠林 11. 三聚差別稠林 선혜지) 제22권 125.

근지전리(近至轉離, 九種轉離) 제17권 294.

근행유사(勤行有四, 1. 信 2. 欲 3. 精進 4. 方便) 제17권 338.

근희(根喜, 三喜) 제17권 275.

금강도멸방필경(金剛道滅方畢竟, 선혜지) 제22권 81, 147, 153, 308.

금강유정(金剛喩定) 제16권 294, 401, 522. 제17권 106, 123, 134. 제18권 525. 제22권 146, 155.

금강장(金剛藏) 제16권 48, 94, 134, 135, 137, 139, 144, 147, 149, 150, 602. 제17권 21, 435, 609.

금강장불(金剛藏佛, 金剛藏會) 제16권 48.

금강장엄억덕상(金剛莊嚴臆德相) 제22권 377.

금강종성(金剛種性, 轉生時益) 제16권 607, 608.

금성본유(金性本有) 제17권 576, 578.

금시벽해(金翅闢海) 제16권 577.

금장엄구(金莊嚴具, 喩所練淨) 제19권

243.

금진(金塵) 제21권 288.

급시공경(給侍恭敬) 제17권 367.

기공덕행(起功德行, 勝行有七 원행지)
제21권 124, 128.

기관고사(機關苦事, 生苦) 제19권 343,
344.

기대창미(寄對彰微) 제17권 46, 144.

기대현승(寄對顯勝) 제16권 303, 304.
제17권 461. 제18권 320. 제21권 223.

기분(起分) 제16권 89, 90, 92, 93, 94, 101,
102, 104, 342.

기불법행(起佛法行, 修行勝有十一)
제19권 364.

기상여허공(其相如虛空) 제17권 69, 128.

기세간성괴문(器世間成壞門, 緣起門有
八) 제20권 79, 80.

기세간자재행(器世間自在行) 제21권
280, 331.

기세간자재화(器世間自在化) 제22권
401.

기수순세간지승(起隨順世間智勝, 彼果
勝有四 난승지) 제19권 300, 357, 372.

기신치연(其身熾然, 作業自在有八)
제18권 499, 500.

기심첨곡(其心諂曲, 邪見二報) 제18권
174.

기십대원(起十大願) 제17권 216, 342.

기어(綺語) 제18권 83, 172.

기어중중(綺語中重, 十惡中重) 제18권
161.

기엄토행(起嚴土行) 제21권 46.

기업사견(起業邪見) 제17권 505, 506.

기염행분(起厭行分, 三地四分) 제16권
104. 제18권 284, 539.

기용분별(起用分別, 住不住四種) 제21권
247, 248, 249.

기유현덕분(寄喩顯德分) 제16권 93.

기원행(起願行) 제18권 123, 124.

기정토행(起淨土行, 修行勝有十一)
제19권 364.

기통무구(起通無垢) 제22권 358.

기하승리(起何勝利) 제17권 226.

기행불퇴(起行不退) 제17권 271.

기행속질(起行速疾) 제21권 269.

기허전다라(氣噓旃陀羅) 제22권 286.

기현왈질 기색왈투(忌賢曰嫉 忌色曰妬)
제17권 499.

기화유치분(起化由致分) 제16권 93.

길흉회린(吉凶悔吝, 周易) 제18권 115,

116.

ㄴ

나계(螺髻)범지 제17권 403.

나한여습(羅漢餘習, 習氣稠林 선혜지)
제22권 165.

나한추경(羅漢推敬) 제17권 342.

낙무작행대치과(樂無作行對治果, 七地
有四果 : 1. 彼障對治果 2. 雙行果 3. 前上
地勝果 4. 樂無作行對治果, 遠公)
제21권 98.

낙수(樂受) 제17권 503, 528, 534. 제19권
89, 92. 제20권 459, 515. 제22권 127,
128.

낙수생애(樂受生愛 苦受生瞋 癡從中容)
제17권 503.

낙차(洛叉, 洛叉爲億 俱胝當兆 : 아승지
품) 제18권 536, 537.

난견난득(難見難得) 제16권 474.

난득난증(難得難證) 제16권 472.

난득능득(難得能得, 난승지) 제19권 400.

난득심심(難得甚深) 제17권 479.

난설난가시(難說難可示) 제16권 233.
제17권 148.

난승지(難勝地 難勝) 제16권 380, 390,
406. 제18권 43. 제19권 261, 262, 266,
268, 269, 355, 393, 399, 402, 404, 413,
415. 제22권 486, 498, 523.

난위(煖位) 제16권 243, 513, 517. 제17권
232. 제18권 144.

난입심(難入深, 深行勝) 제21권 221, 225.

난지상(難知相, 煩惱稠林 三種事 : 1. 遠
入相 2. 難知相 3. 染相) 제22권 80, 81.

남방칠수(南方七宿, 二十八宿) 제19권
390, 392.

남종(南宗) 제17권 56, 57.

내등정(內等淨) 제18권 394, 395, 396,
397, 398, 410, 416, 430.

내명(內明, 五明) 제16권 273. 제19권
262, 372, 374, 394, 395.

내명치오염(內明治五染 : 1. 持戒 2. 入禪
3. 神通 4. 無量 5. 四無色定 난승지)
제19권 394.

내식생문(內識生門, 緣起門有八 : 1. 內識
生門 2. 外緣成熟門 3. 有情世間生死門
4. 器世間成壞門 5. 食任持門 6. 受用隨
業所得愛非愛果門 7. 威勢門 8. 淸淨門
유가사지론) 제20권 79.

내유지기(內由智起 名四無礙智, 四無礙

智) 제22권 227.

내유진현지지(內有進賢之志, 毛詩序)
제18권 532.

내재경사(內財敬事, 常勤求因分六)
제18권 362.

내즉십이인연(內卽十二因緣, 因緣有二)
제20권 77.

내지어지외구설(內持於智外口說, 口業
成就) 제22권 212.

념각(念覺) 제16권 507. 제17권 503.
제19권 73.

념당득고희(念當得故喜, 환희지) 제17권
284.

념처여종자(念處如種子 正勤爲種植, 대
지도론) 제19권 198.

념처위궁근리전(念處爲弓根利箭 正勤爲
馬神足車, 난승지) 제19권 406.

념청정(念淸淨) 제18권 395, 396, 397,
430.

념통달불법(念通達佛法) 제21권 173,
174, 176.

념현득고희(念現得故喜) 제17권 284, 290

노괴위사(老壞爲死) 제20권 312, 313.

노사괴생 역명괴고(老死壞生亦名壞苦,
順觀 현전지) 제20권 455, 456.

노사나불본원력(盧舍那佛本願力)
제16권 152, 153.

노사무사수(老死無捨受) 제20권 458.

노이무자왈독(老而無子曰獨) 제18권
327.

논다소작법(論多所作法 ; 1. 善自他宗 2.
勇猛無畏 3. 辯才無竭) 제16권 257, 258,
266, 270.

논장엄(論莊嚴 五種, 1. 善自他宗 2. 語具
圓滿 3. 無畏 4. 敦肅 5. 應供) 제16권 257,
265, 270.

논처소(論處所) 제16권 261, 262. 제19권
378.

논체(論體有六 : 1. 言論 2. 尙論 3. 諍論 4.
毁謗論 5. 順正論 6. 敎道論) 제16권 260,
262. 제17권 536. 제19권 379.

논체성(論體性 十種體 : 1. 離言體 2. 所證
體 3. 能證體 4. 合能所證地體 5. 隨相體
6. 證入體 7. 就德體 8. 隨要體 9. 總攝體
10. 唯因體, 양섭론) 제16권 75, 352.

논출리(論出離) 제16권 257, 267. 제19권
378.

뇌해(惱害, 親舊成冤曰惱害) 제18권 86.

누진통(漏盡通) 제21권 368.

능광선설(能廣宣說, 法師十德 선혜지)

제22권 222, 224, 225.

능구지행(能求之行) 제17권 332, 333.

능대차별(能對差別, 業稠林九差別)
제22권 112.

능도난도(能度難度, 海喩難度能度大果
功德) 제22권 499, 500.

능변유이(能變有二, 1.因能變 2.果能變
현전지) 제20권 270, 271.

능복어타(能伏於他, 五力) 제19권 176,
177.

능복타력(能伏他力, 十不壞心 현전지)
제20권 571.

능생인과 방편인(能生因과 方便因, 현전
지) 제20권 366, 367.

능생인과 소생가(能生因과 所生家, 염혜
지) 제19권 48.

능생지(能生支, 十二支多攝爲四) 제20권
127, 148, 156, 424, 428.

능설변(能說辯) 제16권 322.

능소계합체(能所契合體, 十種體) 제16권
352.

능연행(能練行) 제18권 245, 519. 제19권
240. 제20권 575. 제21권 130.

능원증입무결무간(能遠證入無缺無間,
七地, 해심밀경) 제21권 18, 19.

능인지(能引支, 十二支多攝爲四) 제20권
127, 148, 156, 157, 424, 430.

능작대의(能作大義, 雙行有四) 제21권
63, 66.

능작인(能作因, 六因) 제18권 164, 490.
제20권 315, 346, 347, 364, 365.

능장(能藏, 賴耶三位 : 1.能藏 2.所藏 3.
執藏 ; 성유식론) 제20권 329.

능전도(能轉道, 轉依有四 許說分齊)
제17권 118, 119.

능정최승공덕장지(能淨最勝功德障支)
제19권 192, 193.

능증지(能證智) 제16권 173, 180, 184.
제21권 301. 제22권 278.

능증체(能證體) 제16권 75, 352.

능치소치문(能治所治門, 唯識十七門)
제20권 509, 513.

능통수색상(能通受色相, 虛空身六相)
제21권 326, 329.

능파사론장시종(能破邪論障始終)
제16권 236, 256. 제19권 378.

능해석의불괴(能解釋義不壞, 不壞九義)
제21권 367.

니건타야제자(尼健陀若提子) 제20권
380, 466.

니민타라(尼民陀羅, 此云持邊 十山, 십지
품 법운지) 제22권 482, 483, 486.

ㄷ

다라니무구(陀羅尼無垢) 제22권 358.

다라니자재우(陀羅尼自在愚, 於無量所
說法無量名句字後後慧辯陀羅尼自在
愚 九地二愚) 제22권 20, 21.

다문집(多聞集) 제17권 324.

다병(多病, 殺生二報 : 1. 短命 2. 多病)
제18권 167, 168.

다욕무염(多欲無厭, 貪欲二報 : 1. 心不知
足 2. 多欲無厭) 제18권 172.

다작대범천왕(多作大梵天王, 八地得)
제21권 374.

다작도솔타천왕(多作兜率陀天王, 五地)
제19권 404.

다작마혜수라천왕(多作摩醯首羅天王,
十地得) 제22권 463.

다작삼십삼천왕(多作三十三天王, 三地)
제18권 534.

다작선화천왕(多作善化天王, 六地果)
제20권 581.

다작수야마천왕(多作須夜摩天王, 四地)

제19권 248.

다작이천세계주대범천왕(多作二千世界
主大梵天王, 九地果) 제22권 303.

다작자재천왕(多作自在天王, 七地果)
제21권 135.

다작전륜성왕(多作轉輪聖王, 二地)
제18권 249.

다투(馱都, 佛性) 제21권 360.

다피비방(多被誹謗, 妄語二報 : 1. 多被誹
謗 2. 爲他所誑) 제18권 170.

단견(斷見) 제16권 205. 제17권 101.
제18권 115, 231. 제19권 101, 102, 296.
제20권 73, 332, 536. 제22권 232.

단금위상(檀金爲常, 염부단금) 제22권
366.

단금지자의교수식관(鍛金之子宜敎數息
觀, 隨業煩惱) 제22권 179.

단단(斷斷, 四正勤) 제19권 78, 137, 140,
143, 144, 145.

단대치(斷對治, 治有四種) 제18권 446.

단도위(斷道位) 제16권 182.

단멸과(斷滅過) 제20권 119, 122, 124.

단멸무(斷滅無) 제21권 198.

단멸외도(斷滅外道) 제21권 211.

단명(短命, 殺生二報) 제18권 55, 167.

단의력(斷疑力, 十不壞心) 제20권 571. 제22권 393.

단의섭육(檀義攝六) 제17권 573.

단의현승(斷疑顯勝) 제22권 436, 444.

단이부단(斷而不斷) 제17권 105.

단장(斷障, 七門分別) 제17권 207.

단장증리(斷障證理) 제17권 209.

단전리(斷轉離, 九種轉離) 제17권 295.

단제해태도(斷諸懈怠道, 四正勤 십지품 염혜지) 제19권 76, 77, 136.

단통비지(檀通悲智) 제21권 68.

단혹위(斷惑位, 約位分別四 : 1. 智位 2. 見實位 3. 斷惑位 4. 證滅位 遠行地) 제21권 74.

달마타도(達摩馱都, 다르마다투) 제16권 366.

당구석(當句釋) 제16권 342, 343. 제22권 174.

당대(當待, 待有二義 1. 停待 2. 當待) 제17권 186.

당체수칭(當體受稱) 제18권 435. 제21권 153.

대가섭무(大迦葉舞, 智論說) 제22권 186, 187.

대고이익희(代苦利益喜) 제17권 547.

대교가(大敎家, 如來家有三 : 1. 菩提心家 初住卽生 2. 大敎家 四住卽生 3. 法界家 初地證故生) 제19권 51.

대만(大慢) 제18권 222, 223.

대방편선교지(大方便善巧智) 제21권 281.

대법주(大法主, 二地) 제18권 249.

대보연화(大寶蓮華) 제22권 357, 363.

대보연화홀연출생(大寶蓮華忽然出生) 제22권 363.

대보연화홀연현(大寶蓮華忽然現, 법운지) 제22권 526.

대보이익희(代步利益喜) 제17권 547.

대비만족(大悲滿足, 六地中三種大悲 : 大悲爲首 大悲增上 大悲滿足) 제21권 177.

대비수순관(大悲隨順觀, 三觀) 제20권 84, 85, 91, 92, 103, 104, 106, 266, 337, 403, 406, 423, 453, 463, 518.

대비심(大悲心) 제16권 47. 제17권 225, 226, 343. 제21권 120.

대비위수(大悲爲首, 六地中三種大悲) 제21권 177.

대비이타(大悲利他) 제17권 597, 598. 제22권 350.

대비전증(大悲轉增, 현전지) 제20권 69, 540.

대비증상(大悲增上, 六地中三種大悲) 제21권 177.

대비증상관(大悲增上觀) 제17권 253. 제21권 177.

대비하(大悲河, 四河 : 1.願智河 2.波羅蜜 河 3.三昧河 4.大悲河) 제22권 480.

대선결정(大善決定) 제16권 372. 제17권 370.

대세력(大勢力, 敎化衆生有五力 : 1.大勢 力 2.根心使智力 3.無量法力 4.受力 5. 說力) 제21권 364.

대소승상(大小乘相, 口業十相 : 1.依自相 2.依同相 3.依行相 4.依說相 5.依智相 6.無我慢相 7.大小乘相 8. 菩薩地相 9. 如來地相 10.作住持相 십지품 선혜지) 제22권 236.

대수석(帶數釋) 제16권 58.

대승광명삼매(大乘光明三昧) 제16권 139.

대승무위(大乘無爲) 제22권 51.

대승법사(大乘法師, 窺基) 제18권 384. 제20권 330, 353, 355, 364. 제22권 70.

대승분(大勝分, 八地七分) 제16권 105,

107. 제21권 146, 167, 337, 338, 341, 357, 384.

대승비구(大勝比丘, 金剛蓮華上佛所 多 聞第一) 제22권 430.

대승시교(大乘始敎) 제18권 392, 478. 제19권 109. 제20권 294.

대승실교(大乘實敎) 제17권 114.

대승제팔지 동어라한(大乘第八地 同於 羅漢, 부동지) 제21권 235.

대승종교(大乘終敎) 제18권 392. 제20권 294.

대승초교(大乘初敎) 제17권 114.

대신소거(大身所居, 大海十相) 제16권 56. 제22권 498.

대신중생소거(大身衆生所居, 海有八德, 열반경) 제22권 503.

대신통우(大神通愚, 법운지 二愚) 제16권 188. 제22권 334.

대심(大心, 進修十心) 제16권 63.

대심(大心, 十種深心) 제18권 33, 34, 287, 292, 517. 제19권 45.

대용자재(大用自在) 제22권 339.

대원경지(大圓鏡智) 제16권 294. 제21권 314, 315.

대의덕(大義德, 攝功德大有五) 제18권

320.

대인각(大人覺) 제17권 327.

대중동청(大衆同請, 大衆請) 제16권 232,
504, 557.

대중부(大衆部) 제18권 386, 388. 제20권
508.

대중위덕외(大衆威德畏, 五畏) 제17권
298, 305, 307, 309. 제21권 336.

대중청(大衆請) 제16권 422, 425, 430.
제17권 50. 제18권 282.

대지대비대(大智大悲對, 二行四對)
제19권 64.

대지혜광명삼매(大智慧光明三昧)
제16권 137, 150, 277.

대치리(對治離, 三種離) 제18권 51, 55,
65, 74, 80, 86, 87, 91. 제21권 69.

대치소손업(對治所損業, 不增長業 十種
유가사지론) 제20권 439.

대치수승(對治殊勝, 十一殊勝事 緣起經)
제20권 413.

대치수행증장분(對治修行增長分)
제16권 104. 제19권 32, 33, 64.

대치승(對治勝, 五勝) 제17권 461.
제20권 526, 527, 593.

대치전도도(對治顚倒道, 四念處 염혜지)

제19권 76, 83, 84.

대치현전심(對治現前深, 深行勝) 제21권
224, 225.

대해구원금시동(大海久遠今始動 佛光久
遠今乃放, 난승지) 제19권 276,

대해십덕(大海十德) 제16권 56, 79.
제17권 200, 202,

대해십상(大海十相 : 1.次第漸深 2.不受
死屍 3.餘水入中 皆失本名 4.普同一味
5.無量珍寶 6. 無能至底 7.廣大無量 8.
大身所居 9.潮不過限 10.普受大雨 無
有盈溢 법운지) 제22권 497.

대후현열유오(對後顯劣有五 : 1.因集 2.
畏苦 3.捨心 4.依止 5.觀) 제18권 135,
136, 137, 145, 147.

덕생(德生)동자 제21권 264.

덕성증실분(德成證實分) 제16권 93.

도(道, 緣覺五相 : 1.種姓 2.道 3.習 4.住
5.行) 제18권 143.

도경흥자(覩境興慈, 大慈觀有二) 제19권
348.

도공계(道共戒) 제16권 515. 제18권 21.
제22권 267.

도과(道過) 제17권 263, 265, 266

도내수득(道內修得, 如如智三義 : 1.道前

性得 2.道內修得 3.道後至得) 제22권 329, 330.

도대겸무(道大兼亡) 제16권 423, 425.

도력승(道力勝) 제16권 527.

도리승의(道理勝義, 四重勝義) 제17권 537. 제20권 194.

도무극(度無極) 제22권 93.

도불상사(道不相似) 제17권 269.

도생(道生)법사 제16권 641. 제17권 148. 제20권 22.

도생일일생이(道生一一生二, 老子) 제20권 74.

도인차별(道因差別, 業稠林 九差別) 제22권 98.

도전성득(道前性得, 如如智 三義) 제22권 329, 330.

도종자연(道宗自然, 三教之宗) 제20권 74.

도종지(道種智= 菩薩智) 제19권 109, 110. 제20권 68, 529.

도중중(盜中重, 十惡中重) 제18권 161.

도지수과(道支修果) 제19권 194.

도차별(道差別, 化有求衆生) 제18권 210.

도품행(道品行) 제16권 65, 66. 제17권 348.

도혹기연 즉론명답(倒惑起緣 卽論明答) 제20권 124, 126.

도후지득(道後至得, 如如智三義) 제22권 329, 330.

도훈차별(道熏差別, 習氣稠林 十熏差別) 제22권 175.

독두기(獨頭起) 제18권 117. 제20권 136.

독잡분별문(獨雜分別門, 攝有支門 현전지) 제20권 509, 513.

돈교(頓教) 제18권 392, 478, 512. 제19권 109. 제20권 294.

돈기일체행(頓起一切行, 七地以上) 제20권 61.

돈숙(敦肅) 제16권 256, 265, 269.

돈증돈단(頓證頓斷) 제16권 245, 246.

동교일승(同教一乘) 제20권 294.

동귀일실(同歸一實) 제22권 273.

동류약광전(同類略廣轉, 轉變外事有三 : 1.同類略廣轉 2.垢淨異事轉 3.塵界自在轉) 제22권 440.

동류인(同類因) 제18권 164, 490. 제20권 315, 320, 321, 346, 467, 468.

동방칠수(東方七宿, 二十八宿 목성) 제19권 390.

동법념(同法念) 제17권 601.

동법이외도행해탈훈차별(同法異外道行
　解脫熏差別, 習氣稠林 十熏差別 선혜
　지) 제22권 185.

동보현인(同普賢因) 제16권 61. 제17권
　199.

동사섭(同事攝, 四攝) 제19권 247, 356,
　367.

동사인(同事因, 瑜伽十因) 제17권 41, 43.
　제20권 167, 364, 365, 366.

동사편다(同事偏多, 염혜지) 제19권 247.

동상(同相, 口業十相) 제16권 194, 195,
　200, 207, 323, 377. 제17권 70, 71, 73,
　90, 136, 137, 138, 139, 141, 239, 253, 513,
　515, 516, 527. 제18권 350. 제22권 237.

동성상응(同聲相應, 出處分四 주역)
　제22권 368, 377, 378.

동시구족상응문(同時具足相應門)
　제22권 364.

동식불사방편혜(動息不捨方便慧, 원행지)
　제21권 139.

동왈한풍(冬日寒風) 제20권 579.

동일함미(同一鹹味, 海有八德 열반경)
　제16권 357. 제22권 503.

동적무이(動寂無二) 제17권 427. 제21권
　120.

동즉유고(動則有苦) 제17권 481.

동지생신(動地生信) 제22권 510, 514.

동진주(童眞住, 不動地攝) 제21권 219.

동진지(童眞地, 不動地名) 제21권 348,
　351, 357.

동체대비(同體大悲) 제17권 266. 제19권
　45.

동체의분(同體義分) 제18권 46. 제22권
　285.

동체정(同體淨) 제17권 401, 406.

동행교변방능화(同行巧辯方能化 선혜지)
　제22권 210.

동행심(同行深, 深行勝有七) 제21권 221.

동화변(同化辯) 제16권 327.

두목이비설아치 수족골수심혈육(頭目耳
　鼻舌牙齒 手足骨髓心血肉, 발광지)
　제18권 542.

두타행(頭陀行) 제16권 511.

득과(得果, 七門分別) 제17권 207.

득과지(得過地, 七地有四果) 제21권 98,
　99.

득대치행승이장승(得對治行勝離障勝,
　果有五相 : 1.得對治行勝及離障勝 2.得
　修行勝 3.得三昧勝 4.得不壞心勝 5.得
　自在力勝 ; 現前地 攝善現行) 제20권

525.

득발기승(得發起勝 得發起勝行, 得勝行
有二) 제21권 118.

득방편(得方便) 제16권 506. 제17권 588.

득보살기비밀(得菩薩記秘密) 제16권
191.

득불괴심승(得不壞心勝, 果有五相)
제20권 525, 527.

득불지수관기정(得佛智水灌其頂, 법운
지) 제22권 524.

득삼매분, 삼매분(得三昧分 十地八分,
三昧分) 제16권 105. 제22권 345, 346,
353, 355.

득삼매승(得三昧勝, 果有五相) 제20권
527, 528. 제21권 106.

득수위분(得受位分, 十地八分) 제16권
105. 제22권 345.

득수행승(得修行勝, 果有五相) 제20권
525.

득승력(得勝力, 業淸淨四 : 1. 戒淸淨 2. 世
間智淨 3. 得自身勝 4. 得勝力) 제21권
101, 103, 105.

득승삼매(得勝三昧, 七地有四果 : 1. 業淸
淨 2. 得勝三昧 3. 得過地 4. 得勝行)
제21권 98.

득승행(得勝行, 七地有四果) 제21권 98.

득승행분(得勝行分) 제16권 105.

득자신승(得自身勝, 業淸淨四) 제21권
101.

득자재력승(得自在力勝, 彼果勝有五相)
제20권 525.

득자재분(得自在分, 七種差別 부동지)
제16권 105. 제21권 166.

득적멸승행(得寂滅勝行, 得勝行有二)
제21권 118.

득정(得淨) 제16권 511.

득정인분(得淨忍分, 부동지 七分) 제16권
105, 107. 제21권 166, 178, 222.

득지(得智, 依智相有四) 제22권 262.

등각보살(等覺菩薩) 제16권 124, 306.

등각이우(等覺二愚) 제22권 154.

등관지(等觀地, 부동지 이름) 제21권 153.
제22권 328

등기수승(等起殊勝, 十一殊勝事) 제20권
413.

등류과(等流果, 五果) 제18권 164, 165,
166, 167, 170, 173, 491. 제20권 80, 272,
468. 제22권 267.

등류습기(等流習氣, 因能變二因) 제20권
272.

등무간멸의(等無間滅依, 유가사지론)
제20권 207, 208, 210.

등무간연(等無間緣, 俱舍四緣) 제20권
346, 347, 353, 357, 367.

등불(等佛) 제22권 511, 512, 513.

등수순일체중생회향(等隨順一切衆生廻
向, 遠行地攝) 제21권 123.

등일체불회향(等一切佛廻向) 제18권
295.

등지(等持) 제16권 127. 제18권 261, 263,
265, 267, 268, 269, 385, 389, 507, 524.

등지(等至) 제16권 128, 129. 제18권 261,
267, 291, 392, 524. 제19권 23.

등지애우(等至愛愚, 四地二愚 : 1.等至愛
愚 2.法愛愚) 제16권 188, 189. 제19권
23, 26.

등행십선 구족청정(等行十善 具足淸淨,
上上四義 이구지) 제18권 150.

ㄹ

락무작행(樂無作行) 제16권 107. 제21권
37, 50.

락무작행대치(樂無作行對治) 제16권
105, 106.

락무작행대치차별(樂無作行對治差別,
遠行地 五種相差別) 제21권 32, 34.

락법집(樂法集) 제17권 323.

락착소승대치시종(樂着小乘對治始終)
제16권 236, 272.

락처계고(樂處計苦) 제17권 471.

량등대천(量等大千, 四禪) 제22권 363.

량등사주(量等四洲, 初禪) 제21권 286.

량등소천(量等小千, 二禪) 제21권 286.

량등중천(量等中千, 三禪) 제21권 286.

량물소의(量物所宜) 제22권 214.

량법소의(量法所宜) 제22권 214, 218.

량자소의(量自所宜) 제22권 219.

량타소의(量他所宜) 제22권 214, 216.

량화소의(量化所宜) 제22권 214, 216.

래의(來意, 七門分別) 제17권 207.

려수습(勵修習, 雜集論九修 : 1.欲修習 2.
勤修習 3.策修習 4.勵修習 5.勇猛修習
6.不息修習 7.正念修習 8.正知修習 9.
不放逸修習) 제19권 126.

력무력관(力無力觀) 제20권 100, 102.

력무력신입의관(力無力信入依觀, 一切相
智觀爲九) 제20권 91, 95, 97, 447.

력바라밀최승(力波羅蜜最勝, 善慧地果)
제22권 303.

력불지(力佛智, 九智) 제17권 242.

력승(力勝) 제16권 594, 595.

력지신(力持身, 八地名) 제17권 368.
제21권 311, 312.

뢰야폭류 칠식파랑(賴耶瀑流 七識波浪)
제18권 212.

류무별진여(類無別眞如, 類無差別眞如
난승지) 제19권 271.

류지(類智) 제16권 248, 518. 제22권 264,
266.

류지법인(類智法忍) 제22권 266.

륵사바(勒沙婆) 제20권 380, 466.

마노위아(碼磌爲我) 제22권 366.

마니보장전(摩尼寶藏殿) 제16권 110,
118.

마니보주(摩尼寶珠, 證智體) 제19권 244.

마니주십종성(摩尼珠十種性, 1. 從大海出
2. 巧匠治理 3. 圓滿無缺 4. 淸淨離垢 5.
內外明徹 6. 善巧鑽穿 7. 貫以寶縷 8. 置
在瑠璃高幢之上 9. 普放一切種種光明
10. 能隨王意) 제22권 503, 504.

마야(摩耶)부인 제22권 79.

만자상방광(卍字相放光 법운지) 제22권
379.

만족수(滿足修) 제17권 170, 173, 174,
175, 176, 178.

말가리구사리(末伽梨拘舍利子) 제20권
380, 381.

말나(末那) 제16권 546. 제18권 185, 186.
제20권 208.

말저(末底) 제18권 185.

망고본공(妄苦本空) 제17권 470, 471.

망구구법(忘軀求法) 제16권 387.

망소증결정수증(望所證決定須證)
제16권 351.

망식중함여래정혜(妄識中含如來正慧,
治想) 제21권 212.

망어다인어탐(妄語多因於貪) 제18권 82.

망어중중(妄語中重, 十惡中重) 제18권
161.

망연집(妄緣集) 제22권 393.

망전초과(望前超過) 제16권 393. 제21권
20.

매열상(昧劣想, 비상비비상처) 제18권
435, 467.

면문방광(面門放光, 十處放光) 제22권
370, 371.

면복장식(眠伏藏識) 제22권 58, 140, 142.

멸(滅, 習氣滅, 이구지) 제18권 151.

멸도위정(滅道爲淨) 제20권 34.

멸수상정(滅受想定) 제18권 430, 470.

멸정유(滅定喩) 제21권 230.

멸진정(滅盡定) 제16권 127, 128, 401.
    제17권 34, 245. 제18권 470. 제21권
    103, 104, 106, 120, 208.

멸진정(滅盡定, 三摩鉢底 有五種 : 1. 四無
    色 2. 八勝處 3. 十徧處 4. 滅盡定 5. 無想
    定) 제21권 103.

명가(冥加) 제16권 153, 154, 156, 157,
    278, 311.

명득정(明得定) 제16권 139, 386. 제17권
    230. 제19권 36.

명문결정(名聞決定, 決定有三) 제16권
    448, 449.

명법품(明法品) 제22권 180.

명색공생(名色共生, 名色支) 제20권 179.

명색공아뢰야식생(名色共阿賴耶識生, 十
    地論) 제17권 517. 제20권 179, 212.

명색여식불상리고(名色與識不相離故)
    제20권 179.

명색연식(名色緣識) 제20권 209, 212.

명성(冥性, 數論派) 제20권 94, 183, 245,

339, 340, 373, 382, 466, 519.

명성심(明盛心) 제18권 287, 288, 291,
    517, 539.

명성인(冥性因, 顚倒因有四) 제20권 93.

명신승(名身勝) 제16권 310.

명십진구 여중생공(明十盡句 與衆生共,
    환희지 願勝) 제17권 363, 435.

명언습기(名言習氣, 習氣有三) 제20권
    79, 80, 108, 110, 163. 제22권 100.

명위(冥衛, 원행지) 제21권 364.

명자삼덕(名字三德) 제17권 130.

명자재(命自在, 六自在) 제21권 332, 333.

명제(冥諦) 제20권 94, 246, 373, 466.

명지(明地, 發光地 십주비바사론) 제16권
    106, 386. 제18권 264, 267, 269.

명진여지(明眞如智) 제19권 55.

명행(命行, 有爲) 제18권 298, 299.

명혜(明慧, 발광지) 제18권 264, 435.

명혜지(明慧地) 제18권 273.

모니지(牟尼智) 제16권 489, 495.

모도범부(毛道凡夫) 제22권 416.

목성[歲星] 제19권 390.

몽소작업(夢所作業, 不增長業有十 : 1. 夢
    所作業 2. 無知所作業 3. 無故思所作業
    4. 不利不數所作業 5. 狂亂所作業 6. 失

念所作業 7. 非樂欲所作業 8. 自性無記業 9. 悔所損業 10. 對治所損業 현전지) 제20권 439.

몽오유(夢寤喩) 제21권 237.

묘관찰지(妙觀察智) 제17권 121. 제21권 315, 316.

묘달연생(妙達緣生) 제16권 392, 393.

묘용자재(妙用自在) 제18권 320. 제22권 346.

무간도(無間道, 四道) 제16권 246, 249, 520, 521, 524. 제17권 93, 99, 106, 583. 제18권 405, 440. 제19권 33, 34, 280.

무간도위(無間道位) 제16권 65.

무간수(無間修) 제17권 323.

무견무대(無見無對, 無表色) 제18권 453.

무계중생(無戒衆生) 제22권 89.

무고련심(無顧戀心, 十種深心) 제16권 64. 제18권 33, 40.

무고사소작업(無故思所作業, 不增長業 有十 현전지) 제20권 438.

무공기행승(無功起行勝) 제17권 346, 349.

무공용각혜(無功用覺慧) 제21권 281.

무공용도(無功用道) 제21권 155.

무공용부동(無功用不動) 제17권 271.

무공용지(無功用地, 부동지) 제21권 233, 348, 357.

무공용지(無功用智, 器世間自在行) 제21권 112, 276, 277, 281.

무공용행(無功用行) 제16권 529. 제17권 177. 제18권 353. 제21권 33, 53, 59, 60, 83, 139, 226, 250, 356. 제22권 27, 53, 502.

무공자연행(無功自然行, 治義三種勝 부동지) 제21권 215, 216.

무구식(無垢識) 제20권 330. 제21권 234

무구청정(無垢淸淨) 제17권 90. 제22권 288.

무기성(無記性, 所熏四義) 제22권 44, 101, 167, 169.

무기혐덕(無譏嫌德, 攝功德大 有五) 제18권 320.

무념념(無念念, 頓門禪意) 제19권 188.

무뇌희(無惱喜) 제17권 272, 277, 281, 282.

무능영탈(無能映奪) 제16권 310.

무능영폐(無能暎蔽, 현전지) 제20권 577.

무능지저(無能至底, 大海十相) 제22권 497, 502.

무단무부단(無斷無不斷) 제17권 113,

114.

무단변재(無斷辯才, 法師十德 선혜지) 제22권 222.

무등등정진(無等等精進) 제19권 230.

무량(無量, 內明治五染) 제19권 394.

무량겁설부진(無量劫說不盡, 如來地相) 제22권 281.

무량광대기(無量廣大器, 大海喩) 제22권 429.

무량대(無量大) 제17권 256, 257, 260.

무량법력(無量法力, 敎化衆生有五力 부동지) 제21권 364.

무량변(無量辯) 제16권 325.

무량상(無量相) 제17권 394, 395, 396, 398. 제21권 284, 286, 291, 307, 326.

무량상(無量相, 虛空身六相 부동지) 제21권 300, 303, 326, 327.

무량소설법무량명구자후후혜변다라니 자재우(無量所說法無量名句字後後慧 辯陀羅尼自在愚, 善慧地 二愚) 제16권 188, 190. 제22권 20, 22.

무량진보(無量珍寶, 大海十相) 제22권 497.

무력부작(無力不作) 제16권 281.

무루도(無漏道) 제21권 154, 156.

무루도품(無漏道品) 제16권 240.

무멸법인(無滅法忍) 제21권 187.

무명멸행멸(無明滅行滅, 生滅繫縛門) 제20권 45, 444, 479, 488, 493.

무명암부(無明暗覆, 有支六緣) 제20권 163.

무명애취부단 시번뇌도(無明愛取不斷 是 煩惱道, 현전지 삼도부단문) 제20권 406.

무명업상(無明業相) 제17권 481, 482.

무명여행위과거(無明與行爲過去 識至於 受現在轉, 현전지) 제20권 590.

무명주지(無明住地) 제16권 304. 제17권 495, 497. 제18권 322. 제19권 145, 350.

무명훈습(無明熏習) 제20권 270.

무박무착해탈회향(無縛無着解脫廻向, 九地攝) 제22권 53, 125.

무방편대치시종(無方便對治始終) 제16권 236, 273.

무변상(無邊相, 虛空身六相) 제21권 326.

무변제상(無邊際相, 衆生心種種相) 제22권 67, 76.

무별지별(無別之別) 제16권 193, 194, 196.

무병난(無病難, 三界獄五難) 제18권 227.

무부무기(無覆無記) 제18권 391. 제19권 139. 제20권 509, 513.

무분별자재(無分別自在, 辯中邊論四自在) 제21권 157.

무비덕(無比德, 攝功德大有五) 제18권 320.

무사지(無師智, 법화경) 제20권 75.

무상고무아(無常苦無我) 제16권 323.

무상공(無相空) 제20권 557.

무상관(無相觀) 제16권 396, 525. 제17권 132. 제21권 60, 149, 151, 153, 154.

무상문(無相門, 三解脫門) 제20권 45, 532, 533, 536.

무상법 다용공력무명(無相法 多用功力無明, 부동지 二愚 금광명경) 제21권 155.

무상심심(無相甚深) 제17권 476.

무상심정(無相心定) 제18권 432.

무상연생(無常緣生, 三種緣生) 제20권 403, 435.

무상애과인(無常愛果因) 제16권 367, 372.

무상작의(無相作意) 제21권 17, 18, 23.

무상정(無想定) 제16권 128. 제17권 34, 387, 391. 제18권 470. 제20권 273. 제 21권 103, 104, 159.

무상정(無想定, 三摩鉢底 有五種 원행지) 제21권 103.

무상종(無相宗) 제20권 468.

무상지(無相地, 원행지 이름) 제21권 52.

무상천(無想天) 제16권 617. 제17권 386, 387, 391. 제20권 514. 제22권 159, 162.

무색위무색(無色謂無色, 구사론) 제18권 388, 454.

무생무멸본청정(無生無滅本淸淨, 현전지) 제20권 583.

무생법인(無生法忍) 제16권 396. 제18권 348. 제19권 178. 제20권 53, 557. 제21 권 112, 158, 159, 185, 186, 217, 256, 259, 262, 377.

무생생(無生生, 頓門禪意) 제19권 188.

무생인(無生忍, 仁王五忍) 제16권 122. 제20권 54. 제21권 213, 257, 277, 357. 제22권 39.

무생인가(無生忍家, 八地生) 제19권 52.

무생인정(無生忍淨, 淨忍分) 제21권 178, 205.

무생지(無生智, 十智) 제19권 263, 324. 제21권 216, 277, 320.

무생행혜(無生行慧, 염혜지) 제16권 386.

제18권 269, 346, 522.

무섭수진여(無攝受眞如, 염혜지) 제19권
27, 28, 237.

무성공(無性空) 제20권 557.

무성(無性)보살 제18권 268, 278. 제19권
272. 제20권 20, 22. 제21권 149. 제22
권 18, 25, 324.

무성연생(無性緣生, 順觀) 제20권 494,
495.

무소불행(無所不行, 善法戒) 제18권 46

무습기지습기지(無習氣之習氣智, 선혜지)
제22권 189.

무시관(無始觀, 一切相智觀爲九) 제20권
89, 91, 95, 97, 100, 102, 103, 482, 492,
520.

무신현신(無身現身) 제21권 46, 47.

무심무사정려(無尋無伺靜慮, 二禪)
제18권 386.

무심정(無心定) 제16권 128.

무아만상(無我慢相, 口業十相) 제22권
236, 239, 268.

무아만상(無我慢相四 : 1. 第一義諦無我
2. 世諦無我 3. 說美妙無我 4. 說無上無
我 선혜지) 제22권 239.

무애상(無礙相) 제17권 92.

무애지(無礙智) 제17권 250. 제18권 338,
541. 제19권 351. 제20권 262, 263.

무여열반(無餘涅槃) 제18권 322, 332.
제22권 176.

무여유삼(無餘有三, 1. 一切佛無餘 2. 一
切供養無餘 3. 一切恭敬無餘) 제17권
367.

무여지불지(無餘智佛智 無餘佛智)
제17권 242, 243.

무연자(無緣慈, 無緣 慈總有三) 제18권
483, 484.

무염불지(無染佛智) 제17권 244, 245.

무염정도(無染淨道, 六地) 제20권 21.

무염정법계(無染淨法界, 攝論) 제20권
17, 24.

무염정진여(無染淨眞如, 十如 성유식론)
제20권 24.

무염족상(無厭足相, 선혜지 勝進行)
제22권 351, 352.

무염족정(無厭足淨) 제16권 528.

무염행학(無厭行虐, 무염족왕 逆行)
제22권 404.

무외(無畏) 제16권 265, 310, 311, 454,
464, 598, 599, 600. 제17권 461, 543. 제
18권 151, 323. 제19권 233. 제22권 38,

275.

무외불지(無畏佛智) 제17권 241, 242,
423.

무원문(無願門, 三解脫門) 제20권 45,
524, 535.

무원심심(無願甚深) 제17권 476.

무위법(無爲法) 제18권 446. 제19권 76.
제20권 40, 507, 546, 547, 548, 558. 제21
권 325. 제22권 168.

무위상(無爲相, 眞解脫 有四相) 제20권
94, 460. 제21권 326.

무유생사(無有生死, 有頂天) 제22권 146.

무유피염(無有疲厭, 十行) 제17권 217,
557.

무이상(無異相, 虛空身六相) 제21권 326.

무인(無因, 顚倒因 有四) 제18권 123.
제19권 94, 361. 제20권 74, 93, 94, 182,
250, 322, 337, 343, 369, 372, 373, 377,
470, 494, 495, 519.

무인상(無因常) 제20권 392, 394.

무인생(無因生) 제20권 250, 466, 467,
468, 494.

무작무수무사념(無作無受無思念, 현전
지) 제20권 191, 586.

무작법정(無作法淨, 自力辯) 제16권 281,

283, 288, 289, 308.

무작연생(無作緣生, 三種緣生) 제20권
403, 436.

무작정승(無作淨勝) 제21권 354.

무장애법계대연기(無障礙法界大緣起)
제20권 82.

무정대치과(無正對治過, 未得五欲追求
時 四過 이구지) 제18권 201.

무조림행(無稠林行) 제19권 219.

무죄자청(無罪者聽) 제18권 102.

무주열반(無住涅槃) 제17권 61. 제18권
322, 323. 제21권 354.

무지소작업(無知所作業, 不增長業 有十
현전지) 제20권 439.

무진공덕장회향(無盡功德藏廻向, 難勝
地攝) 제19권 300.

무진대연기(無盡大緣起) 제20권 478.

무진한행(無瞋恨行) 제18권 295.

무진행(無盡行, 攝四地) 제19권 33, 203,
229.

무차별법신(無差別法身) 제19권 273.

무차별지차별(無差別之差別) 제22권
472.

무착(無着)보살 제20권 288.

무착행(無着行, 遠行地攝) 제21권 53,

123.

무투쟁희(無鬪諍喜) 제17권 282.

무파계구(無破戒垢) 제18권 31.

무표색(無表色) 제18권 453. 제19권 72.
　제20권 164.

무피염(無疲厭) 제17권 318, 451, 452,
　458, 550.

무피염심(無疲厭心, 十心) 제17권 448,
　549, 550.

무피염행(無疲厭行) 제17권 549.

무학위(無學位) 제16권 518. 제20권 329.
　제21권 74. 제22권 134.

무형상(無形相, 虛空身 六相) 제21권
　326, 327.

무형질상(無形質相, 衆生心種種相)
　제22권 67, 76.

문답성취(問答成就, 法師自在成就 선혜
　지) 제22권 289, 290, 299.

문명품(問明品, 보살문명품) 제20권 208,
　552. 제22권 70, 101, 168, 173.

문섭정(聞攝淨) 제16권 336.

문시익(聞時益) 제16권 607.

문지(聞持, 難勝地果) 제18권 265, 267,
　268, 271. 제19권 16, 18, 401.

문혜(聞慧, 三慧) 제16권 45, 47, 176, 201,

222, 236, 473, 507, 572, 574. 제17권 144,
　148, 166, 167, 172, 179, 180, 229, 231,
　232, 324, 340.

물견아화 아실불화(物見我化 我實不化 :
　應化智大 법운지) 제22권 402.

미리무명(迷理無明 無明有四) 제16권
　250, 516. 제20권 166.

미리성사(迷理成事, 有支門) 제20권 522.

미묘언설(美妙言說) 제16권 398.

미법의과(迷法義過) 제17권 492.

미사무명(迷事無明) 제16권 516.

미생선영생(未生善令生) 제19권 140.

미생지악 영령불생(未生之惡過令不生)
　제19권 140.

미세(微細, 果離亦二) 제18권 61. 제19권
　23. 제20권 69, 218.

미세난가견(微細難可見) 제16권 419,
　467.

미세난득(微細難得) 제16권 473.

미세번뇌습장(微細煩惱習障) 제16권
　381, 442.

미세상행과(微細想行過, 地持論說)
　제21권 226, 241.

미세수축(微細隨逐, 隨逐有六) 제22권
　153.

미세오범우(微細誤犯愚, 이구지) 제16권 188, 193. 제18권 21.

미세지대(微細智大, 七智) 제22권 391, 406.

미증유일법 부종인연생(未曾有一法 不從因緣生 中論) 제20권 74, 250.

미지정(未至定) 제18권 481.

미진(微塵, 極微) 제16권 145. 제21권 287, 288.

미진기망연상차제(迷眞起妄緣相次第, 현전지) 제20권 96, 103, 183, 384.

미타사십팔원(彌陀四十八願) 제17권 434.

미판명도(未辦名道) 제19권 78.

미황물(微黃物) 제18권 388.

민동평등문(泯同平等門, 隨順無所有盡門 현전지) 제20권 493.

민절무기(泯絶無寄) 제18권 390. 제20권 523.

민절자타(泯絶自他, 九種不壞 : 1. 信理決定 2. 行堪調柔 3. 不怖甚深 4. 自乘不退 5. 勝進無息 6. 泯絶自他 7. 利生無邊 8. 上求地智 9. 巧化衆生 현전지) 제20권 565.

밀운불우(密雲不雨, 周易) 제22권 332, 333.

밀적(密跡, 力士) 제21권 385.

밀적금강항시위(密跡金剛恒侍衛, 不動地) 제21권 385.

밀처결신력(密處決信力) 제20권 571, 573.

밀처지대(密處智大, 智大有七智) 제22권 391, 408.

ㅂ

바가바(波伽婆) 제16권 113, 114.

바라미루(波羅彌樓) 제21권 290.

바라밀하(波羅蜜河, 四河 : 1. 願智河 2. 波羅蜜河 3. 三昧河 4. 大悲河) 제22권 480.

바루가(婆樓迦) 나라 제19권 392.

바수염욕(婆須染欲, 逆行) 제22권 404.

바이세시카(衛世=勝論派) 제17권 530. 제20권 183, 466.

박복(拍腹, 檀提바라문) 제22권 163.

박불박상(縛不縛相, 衆生心種種相) 제22권 76, 77.

박비성(薄悲性, 緣覺三相) 제18권 144

박진성(薄塵性, 緣覺三相) 제18권 143, 144.

반불동가(伴佛同加) 제16권 152.

반야가(般若家, 四家) 제21권 73.

반야덕(般若德, 三德) 제17권 114, 138.

반야류지(般若流支) 제20권 269, 284.

반야바라밀편다(般若波羅蜜偏多, 현전
지) 제20권 580.

반야(般若)삼장 제16권 550.

반야용승(般若用勝, 修勝有三) 제20권
545.

반야인승(般若因勝, 修勝有三) 제20권
544.

반야체현승(般若體現勝, 修勝有三)
제20권 544.

반야현전심(般若現前心) 제20권 570.

반차라(般遮羅)나라 제19권 393.

발각업(發覺業, 十處放光 有三業 : 1. 利
益業 2. 發覺業 3. 攝伏業) 제22권 369,
372.

발고(拔苦) 제17권 237, 238, 448. 제18권
476, 478, 479.

발고심(拔苦心) 제17권 260.

발고지(拔苦智) 제17권 260.

발광지(發光地) 제16권 18, 386, 387.
제18권 261, 267, 269, 272, 365, 380, 519,
533, 539.

발근정진과(發勤精進果) 제19권 212,
213, 228.

발근정진무염족(發勤精進無厭足, 이구
지) 제18권 255.

발기승(發起勝, 得勝行分) 제21권 118,
219, 245, 379, 380.

발기정(發起淨) 제16권 104. 제18권 29,
31, 32.

발동사(發動思) 제22권 102, 104.

발라사거(鉢羅奢佉= 支節 ; 구사론)
제16권 402, 403. 제17권 522. 제20권
205, 206.

발무인과(撥無因果) 제16권 569. 제17권
485. 제18권 115. 제19권 296. 제22권
192.

발삼보리심(發三菩提心) 제22권 47.

발생대원(發生大願, 發光地攝餘七)
제18권 145, 147.

발수리과(發修離過, 勝進有三) 제21권
348.

발심공덕품(發心功德品 초발심공덕품)
제18권 188, 402. 제22권 138, 413.

발심원(發心願, 菩薩所修正願) 제17권
352.

발심정단(發心正斷) 제19권 137, 151, 158

발심주(發心住, 초발심주) 제17권 130, 206, 223. 제19권 51. 제22권 53.

발심품(發心品) 제18권 186, 217, 218. 제22권 67, 412.

발심회향시보시(發心廻向是布施, 遠行地) 제21권 139.

발업무명(發業無明, 無明有四) 제20권 164, 165, 166.

발업위(發業位) 제20권 132, 410, 411.

발용맹수행(發勇猛修行, 修行有二) 제20권 542.

발취과(發趣果) 제16권 215, 254. 제17권 346, 561, 563, 581, 628. 제18권 244.

발행청정(發行淸淨) 제21권 351.

방광무구(放光無垢) 제22권 356, 359.

방광십업(放光十業 : 1.益業 2.因行業 3.示敬業 4.開悟業 5.震動業 6.止惡業 7.降魔業 8.示現業 9.卷舒業 10.變化業 법운지) 제22권 382.

방대광명조불신(放大光明照佛身, 원행지) 제21권 27.

방법죄업(謗法罪業, 治十怖畏 : 1.死怖畏 2.煩惱垢怖畏 3.貧窮 4.惡業 5.惡道 6.求不得 7.謗法罪業 8.追求時縛不活 9.云何云何疑 10.治大衆威德 부동지) 제21권 335.

방불(謗佛) 제17권 159. 제18권 161.

방색(房色) 제18권 315.

방편(方便 勤行有四 : 1.信 2.欲 3.精進 4.方便) 제17권 337.

방편관(方便觀, 一切相智觀爲九) 제20권 96, 382.

방편구족주(方便具足住, 難勝地攝) 제19권 299.

방편기행(方便起行) 제17권 364.

방편등류과(方便等流果) 제18권 165.

방편리(方便離, 離有三種) 제18권 53.

방편바라밀편다(方便波羅蜜偏多, 遠行地得) 제21권 134.

방편섭행(方便攝行) 제18권 278, 338, 346, 366, 541, 543.

방편소섭보리(方便所攝菩提, 難勝地得) 제19권 262.

방편인(方便因) 제20권 366, 367.

방편작만족지분(方便作滿足地分) 제16권 105. 제22권 345, 348, 521.

방편정열반(方便淨涅槃) 제17권 72, 73, 84, 86, 140.

방편조수(方便造修) 제16권 61. 제17권 197.

방편지(方便智) 제16권 314. 제17권 583. 제21권 79, 99, 103, 115, 118, 132.

방편차별(方便差別, 業稠林九差別) 제22권 106, 107.

방행무애(傍行無礙, 作業自在 有八 부동지) 제18권 499.

방호단(防護斷, 四正勤) 제19권 143, 144, 146.

백골관(白骨觀) 제22권 180.

백백업(白白業) 제22권 113.

번뇌구포외(煩惱垢怖畏, 十怖畏) 제21권 336.

번뇌마(煩惱魔, 四魔) 제20권 569, 579. 제21권 127.

번뇌부동(煩惱不動) 제16권 395, 396. 제21권 148, 150.

번뇌여(煩惱餘) 제16권 304, 305.

번뇌염생원리과(煩惱染生遠離果, 離障果 有二) 제19권 203.

번뇌염차별(煩惱染差別, 根稠林) 제22권 127.

번뇌욕(煩惱欲, 欲有二種) 제18권 399, 400.

번뇌조림(煩惱稠林, 十一林) 제18권 326. 제22권 54, 80.

범부아상장(凡夫我相障) 제16권 381. 제17권 212, 339.

범성차별상(凡聖差別相, 業種種相) 제22권 97.

법가승(法家勝) 제16권 600.

법계가(法界家, 如來家有三) 제19권 51.

법계무량(法界無量, 五無量界) 제21권 54, 56.

법계불(法界佛, 離世間品十佛) 제21권 315.

법계업삼매(法界業三昧, 원행지) 제21권 109.

법계일대연기(法界一大緣起) 제20권 78.

법계장(法界藏) 제22권 420, 432.

법공(法空=自性空, 空門有三) 제21권 299.

법기자재설법행(法器自在說法行, 선혜지) 제22권 25.

법뢰경칩(法雷驚蟄) 제22권 433.

법류(法流) 제21권 112, 250.

법륜부주업(法輪復住業, 菩提作業) 제17권 428, 429.

법무별진여(法無別眞如, 七地得) 제21권 24.

법무아(法無我) 제17권 242, 381. 제18권

138. 제19권 56. 제22권 269.

법무아지(法無我智) 제16권 75, 243, 245, 251.

법무애지(法無礙智) 제22권 226, 230, 240, 245, 248, 251, 253, 256, 258, 267, 272, 277, 281, 284.

법무애해(法無礙解) 제22권 21, 22, 232.

법문유포정(法門流布淨, 淨土有三淨) 제17권 400. 제19권 365.

법불입심(法不入心) 제22권 214.

법비량(法比量) 제16권 262, 264.

법사방편성취(法師方便成就, 九地四分) 제16권 105, 161. 제22권 34, 35, 196, 305.

법사십덕(法師十德 : 1.善知法義 2.能廣宣說 3.處衆無畏 4.無斷辯才 5.巧方便說 6.法隨法行 7.威儀具足 8.勇猛精進 9.身心無倦 10.成就忍力 선혜지) 제22권 222.

법사자재성취(法師自在成就, 說法成就 선혜지) 제16권 398. 제22권 199, 289, 290, 291, 311.

법사지(法師地, 九地名) 제22권 34.

법상입(法相入, 九種入) 제16권 175, 178.

법상종(法相宗) 제17권 126. 제18권 379.

제19권 42, 43. 제20권 269, 468. 제22권 167, 191.

법설유통분(法說流通分) 제16권 91.

법성관(法性觀, 眞諦觀) 제18권 520.

법성여대지 념처여종자(法性如大地 念處如種子) 제19권 198.

법성종(法性宗) 제17권 126. 제19권 43. 제20권 269, 468. 제22권 167, 172.

법성즉실상진여(法性卽實相眞如) 제21권 259.

법성진상이심념(法性眞常離心念, 부동지) 제21권 379.

법성토(法性土) 제17권 401. 제22권 358.

법수법행(法隨法行, 法師十德) 제22권 222, 223, 224, 225.

법시설건립상(法施設建立相, 聲明六相) 제19권 373, 374.

법신(法身) 제16권 52, 279, 291, 293, 295, 298, 369, 399, 405, 601. 제17권 88, 92, 116, 118, 266, 368, 568. 제18권 194, 537. 제19권 68, 104, 108, 264, 364. 제21권 28, 39, 46, 48, 160, 217, 300, 311, 315, 316, 321, 323, 324, 332, 360, 383.

법신덕(法身德, 三德) 제17권 93, 138.

법신본각(法身本覺) 제21권 217.

법신상(法身相, 如來地相) 제22권 282.

법신오상(法身五相: 1. 平等相 2. 不壞相 3. 隨時隨俗假名差別相 4. 衆生非衆生 法差別相 5. 佛法聖僧法差別相) 제21권 321, 322.

법심난수지(法深難受止) 제16권 432, 462.

법아만(法我慢, 蘊界處三) 제19권 206.

법애(法愛, 법에 대한 애착) 제19권 17, 23, 24, 26, 27.

법애우(法愛愚, 四地二愚) 제16권 188, 189. 제19권 23, 26.

법여시(法如是) 제22권 514.

법연(法緣) 제18권 483, 491.

법연자(法緣慈, 慈總有三) 제18권 483, 491.

법왕(法王) 제16권 601, 605.

법왕자주(法王子住, 九地攝) 제22권 43, 53, 450.

법외입심고유체장(法外立心故有體障) 제21권 212.

법요(法瑤)스님 제19권 106, 107.

법우지(法雨地, 十地名) 제22권 423.

법운지(法雲地) 제16권 104, 108, 191, 297, 380, 399, 406, 529 제22권 53, 318, 320, 328, 388, 392, 443, 450, 454, 462, 486, 498, 527, 529.

법이도리(法爾道理) 제16권 318.

법자재(法自在, 十種自在 攝大乘論) 제21권 272, 273, 332, 333, 334, 336.

법자재(法自在, 六自在 부동지) 제21권 331, 332.

법자재 치운하운하의(法自在 治云何云 何疑, 十怖畏) 제21권 335, 336.

법전(法轉) 제17권 437, 440, 443.

법정(法定) 제17권 473.

법주지(法住智) 제20권 253, 254, 502, 503

법지(法智) 제16권 248, 250, 632. 제17권 431. 제21권 320. 제22권 254, 255, 257, 259, 263.

법지(法地, 十地有三) 제22권 471, 501.

법지(法持, 聞持通四) 제18권 275, 276. 제22권 403, 404.

법지통(法智通) 제16권 341. 제17권 411, 430, 431. 제21권 368.

법처소섭색(法處所攝色) 제21권 327. 제22권 242.

법체과(法體過) 제17권 266, 293.

법해지(法海地, 十地名) 제22권 423.

법행(法行, 菩薩地 智相有二 : 1. 所證法行

2. 能證智行) 제22권 278.

법화삼청(法華三請) 제16권 424.

법희선열식(法喜禪悅食) 제16권 461.

법희여밀(法喜如蜜) 제16권 461.

변견(邊見) 제18권 115, 162. 제19권 27,
102, 291, 292, 294, 296.

변계성(遍計性) 제20권 46.

변과(辯果) 제16권 560.

변덕창호(辨德彰號, 부동지) 제21권 167.

변무애지(辯無礙智) 제22권 231.

변무애해(辯無礙解) 제22권 21, 23, 230.

변성대실(便成大失, 瀑水波浪有三相)
제18권 213, 226.

변수행(偏修行, 地上菩薩二修行) 제22권
349.

변역고(變易苦, 열반경) 제20권 454.

변역과(變易果) 제21권 208.

변역생사(變易生死) 제16권 304. 제18권
329.

변일체법상(偏一切法想, 治義三種勝)
제21권 215.

변재무갈(辯才無竭) 제16권 266.

변재무체(辨才無滯) 제16권 191.

변재불갈(辯才不竭) 제16권 256.

변재자재우(辯才自在愚, 九地二愚 : 1. 於

無量所說法無量名句字後後慧辯陀羅
尼自在愚 2. 辯才自在愚) 제16권 188,
191.

제22권 20, 21.

변정무아즉론명성(辨定無我卽論明成)
제20권 103.

변지무연(偏至無緣, 無緣有二) 제18권
492.

변체성(辯體性) 제16권 560.

변치력(偏治力, 十不壞心) 제20권 571,
573.

변행심소(偏行심소 心所五) 제19권 181.
제21권 207, 208.

변행인(偏行因, 六因) 제20권 315, 346.

변행진여(偏行眞如) 제16권 186, 188.
제17권 133, 215, 216.

변행처사(偏行處邪, 逆行) 제22권 404.

변화신(變化身) 제21권 273.

변화업(變化業, 放光十業) 제22권 380,
383.

변화지(變化地, 八地名) 제21권 348, 354,
357.

변화토(變化土) 제17권 400. 제21권 272

별경심소(別境心所) 제17권 356. 제19권
181.

별관사제(別觀四諦) 제19권 313.

별교일승(別敎一乘) 제20권 294.

별기비관(別起悲觀, 勤方便勝有二)
　제19권 328, 335.

별명관상(別明觀相, 不住道行勝分三)
　제20권 65, 73, 497, 586.

별이무별(別而無別) 제16권 193, 194,
　196.

별지행상(別地行相) 제16권 67. 제17권
　566, 572. 제18권 244, 518. 제19권 240,
　247, 398. 제20권 574. 제22권 460, 461.

별해탈계(別解脫戒) 제18권 21.

법주지(法住智) 제20권 254, 256, 502,
　503.

병벽광(洴澼絖) 제18권 132.

병상선교(病相善巧, 醫方明有四) 제18권
　382.

보과차별(報果差別, 十不善中 各有二果
　: 1. 報果差別 2. 習氣果差別) 제18권
　163.

보동일미(普同一味, 大海十相) 제22권
　497.

보득신통(報得神通) 제21권 362, 364,
　365.

보리보리단(菩提菩提斷) 제18권 320.

보리분법(菩提分法) 제16권 229. 제18권
　40, 261. 제19권 16, 18, 19, 21, 23, 40,
　64, 87, 215, 264, 268, 288, 290, 297, 301,
　303. 제20권 540, 544, 569.

보리분법(菩提分法 由五門建立 : 1. 所緣
　2. 自體 3. 助伴 4. 修習 5. 修果 염혜지)
　제19권 87.

보리분차별(菩提分差別, 雙行有四)
　제21권 63, 71, 105.

보리분행(菩提分行) 제16권 65.

보리성(菩提性) 제20권 523.

보리신(菩提身) 제21권 312.

보리실지(菩提實智) 제16권 483.

보리심가(菩提心家, 如來家有三) 제19권
　51.

보리지(菩提智) 제16권 480.

보불여래(報佛如來) 제16권 119.

보산천의공양불(普散天衣供養佛, 十地
　讚請偈) 제22권 337.

보살마사(菩薩魔事, 대지도론) 제20권
　21.

보살문명품(菩薩問明品) 제17권 130.

보살발심 인사행상(菩薩發心 因四行相 :
　1. 何相發心 2. 何緣發心 3. 何狀自性 4.
　起何勝利 加分) 제16권 226.

보살보리(菩薩菩提) 제20권 85.

보살신(菩薩身) 제16권 50, 587. 제17권 368. 제21권 272, 295, 300, 310.

보살십선(菩薩十善) 제18권 127, 145, 146, 152.

보살정광입불족(菩薩頂光入佛足) 제22권 383.

보살지승(菩薩地勝, 依德成位) 제21권 354.

보살지진(菩薩地盡) 제16권 332, 530. 제17권 222, 287, 590. 제21권 169, 207, 208. 제22권 283.

보살진입(菩薩盡入) 제16권 190.

보상(報相, 自相三種) 제17권 517, 519, 526.

보생식지(報生識智) 제16권 221, 222, 475. 제17권 52, 144.

보수대우무유영일(普受大雨無有盈溢, 大海十相) 제22권 498.

보숙(報熟) 제21권 149, 234, 355. 제22권 134, 135.

보숙명무공용(報熟名無功用) 제21권 355.

보은행(報恩行) 제19권 222, 223.

보주십의(寶珠十義) 제17권 200.

보차별(報差別, 智有三相 : 1. 時차별 2. 報차별 3. 習氣차별) 제18권 157.

보처존(補處尊) 제16권 298.

보특가라시설건립상(補特伽羅施設建立相, 聲明六相) 제19권 374.

보행(報行) 제16권 396, 397, 405. 제17권 177, 563. 제21권 89, 90, 95, 149, 179, 224, 229, 233, 234, 236, 372.

보행순숙(報行純熟) 제16권 395, 404. 제17권 563. 제21권 149, 178.

보행정(報行淨, 八地) 제21권 90.

보현삼매품(普賢三昧品) 제16권 326.

보현행(普賢行) 제18권 532.

복덕신(福德身, 佛身十相) 제21권 311.

복선동집(福善同集) 제17권 408.

복엄(福嚴) 제17권 361.

복인(伏忍, 仁王五忍) 제20권 54, 571. 제22권 48, 49.

복전대(福田大) 제17권 367, 368.

복행(福行, 起欲界善業名福行) 제18권 520. 제20권 141, 142.

복행(福行, 能練行有三 : 1. 福行 2. 廻向行 3. 修智行 三地) 제18권 520.

본래무생(本來無生) 제21권 186.

본래무생인(本來無生忍) 제21권 186.

본말의지문(本末依持門) 제20권 81, 267, 295, 297, 298, 300, 499.

본말의지문 육관(本末依持門 六觀 : 1. 染依止觀 2. 因觀 3. 攝過觀 4. 護過觀 5. 不厭厭觀 6. 深觀 현전지) 제20권 296.

본무금유(本無今有) 제19권 62. 제21권 352.

본분(本分) 제16권 59, 72, 89, 90, 101, 102, 104, 225, 345, 411. 제17권 48, 50, 247, 260. 제18권 270, 274. 제19권 18, 270, 271. 제20권 23. 제21권 19, 148. 제22권 278, 324.

본원력(本願力) 제16권 147. 제21권 247, 248, 249. 제22권 469, 478.

본원미충권(本願未充勸, 勸辭有七) 제21권 253, 254.

본원소치(本願所致) 제16권 330.

본유(本有) 제22권 182, 183.

본유금무(本有今無, 四出偈) 제19권 61, 62. 제20권 486.

본유금현(本有今顯) 제21권 352.

본유실(本有實, 治七種實 부동지) 제21권 188, 192.

본유즉시금신(本有卽是今身) 제22권 182.

본제불가득(本際不可得, 중론) 제20권 484.

부견(覆見) 제18권 84.

부공유(覆空喩) 제22권 323, 327.

부공의(覆空義) 제22권 321, 323.

부단번뇌(不斷煩惱, 習氣稠林) 제22권 164.

부단불종업(不斷佛種業, 菩提作業) 제17권 427, 428.

부단어(不斷語, 惡口) 제18권 93, 94.

부단수축(不斷隨逐, 隨逐有六) 제22권 149.

부단지단(不斷之斷, 不斷而斷) 제17권 105.

부동구(不動求) 제17권 336.

부동덕(不同德, 攝功德大有五) 제18권 320.

부동상(不同相) 제17권 83, 136, 139, 141.

부동여산왕(不動如山王) 제16권 536.

부동지(不動地) 제16권 380, 395, 406. 제17권 168, 382, 403. 제19권 52. 제21권 148, 218, 229, 231, 236, 237, 240, 342, 347, 349, 357, 370, 374, 386. 제22권 487, 498, 523.

부동행(不動行, 八禪淨業名不動行)

제20권 134.

부득수의권속(不得隨意眷屬, 邪婬二報)
제18권 169.

부라나가섭(富蘭那迦葉) 제20권 381.

부망유자(夫亡由子, 女有三從) 제18권
77.

부사의(不思議) 제16권 167, 169, 170,
171, 183, 184, 190, 347, 386. 제21권 316,
338. 제22권 47, 48, 307, 413, 418.

부사의삼업(不思議三業) 제21권 119.

부사의신통력상승(不思議神通力上勝,
五勝) 제17권 461.

부사의정견(不思議正見) 제16권 325.

부사의해탈(不思議解脫) 제22권 418,
437.

부업무명(覆業無明, 無明有四 : 1. 迷理無
明 2. 發業無明 3. 覆業無明 4. 受生無明)
제20권 164, 165, 166.

부오명자입오망중(負吾命者入吾網中,
湯言) 제20권 445.

부자경멸(不自輕蔑) 제16권 456.

부잡변(不雜辯) 제16권 322, 323, 336.

부잡심(不雜心, 十種深心) 제16권 64.
제17권 585. 제18권 40.

부잡염승(不雜染勝, 五勝) 제17권 461.

부장견(覆藏見) 제18권 115.

부장성도과(不障聖道過, 四過) 제17권
99, 102.

부정(不正, 邪境有三 : 1. 不正 2. 非時 3. 非
處) 제18권 75.

부정관(不淨觀) 제19권 93, 97.

부정신(不正信) 제17권 159, 160.

부정지(不正知) 제19권 186.

부정취(不定聚) 제18권 241. 제22권 58,
59, 61, 62, 63, 65, 190, 192, 193.

부족공덕탁(不足功德濁, 六濁) 제16권
455.

부주도(不住道, 不住道德) 제16권 70,
219, 339, 603. 제17권 267.

부주도법(不住道法) 제21권 110.

부주도행승(不住道行勝) 제16권 104.
제19권 279, 299, 308, 354. 제20권 30,
64, 65, 527, 528, 584.

부주무위(不住無爲, 功德助道未滿足故)
제22권 545.

부주생사(不住生死) 제16권 304, 306,
371, 373. 제17권 478. 제18권 322, 323.
제20권 19, 67, 71. 제21권 109.

부주생사열반(不住生死涅槃) 제20권 19,
67.

부주생사열반대(不住生死涅槃對, 二行
　四對) 제19권 64.

부주열반(不住涅槃) 제16권 304, 306,
　371, 372. 제17권 431, 478. 제18권 322,
　323. 제19권 308. 제21권 109.

부주유위(不住有爲, 不住道) 제22권 350.

부즉불리 위중도(不卽不離 爲中道)
　제21권 199, 200.

부증감진여(不增減眞如, 八地得) 제21권
　157, 187.

부증장업(不增長業 有十 : 1. 夢所作業 2.
　無知所作業 3. 無故思所作業 4. 不利不
　數所作業 5. 狂亂所作業 6. 失念所作業
　7. 非樂欲所作業 8. 自性無記業 9. 悔所
　損業 10. 對治所損業 현전지) 제20권
　439.

부진한희(不瞋恨喜) 제17권 282.

부찰(覆刹) 제17권 397.

북방칠수(北方七宿, 二十八宿 수성)
　제19권 391.

북종(北宗) 제17권 56, 57.

분단무상(分段無常, 少時無常) 제18권
　303, 304.

분득평등도(分得平等道, 二因故淨 七地)
　제21권 89.

분별(分別, 遍計性) 제20권 46.

분별기(分別起) 제16권 185, 524. 제17권
　211.

분별기아집(分別起我執) 제18권 187.

분별설지(分別說智) 제19권 56.

분별아집(分別我執, 我執有二) 제20권
　109, 111.

분별유무지심(分別有無之心, 智障)
　제21권 212.

분별의장삼매(分別義藏三昧, 七地)
　제21권 106, 108.

분위연기(分位緣起, 俱舍論四種緣起)
　제20권 234, 313, 314.

분진삼덕(分眞三德) 제17권 130.

분포사리(分布舍利)바라밀, 最後度)
　제22권 93.

불가견유대상(不可見有對想, 三有對等
　色 1. 眼識想 2. 可見有對想 3. 不可見有
　對想 십지경론) 제18권 444.

불가설무(不可說無) 제16권 493.

불가설유(不可說有) 제16권 493.

불가진법(不可盡法) 제17권 436.

불갈공덕(不竭功德, 六七地) 제22권 502.

불감유손지(不堪有損止) 제16권 432,
　532.

불겁약선결정(不怯弱善決定. 六決定)
　제16권 76, 376.

불겁약수답(不怯弱酬答) 제16권 463.

불경설인(不輕說人) 제16권 456.

불경정법(不輕正法) 제16권 456.

불고불락(不苦不樂, 不苦不樂地 四禪)
　제18권 425, 428, 430.

불공덕 구지구족(佛功德 九地具足, 瑜伽
　論說) 제21권 82.

불공덕 십지원만(佛功德 十地圓滿, 瑜伽
　論說) 제21권 82.

불공덕 칠지개득(佛功德 七地皆得, 瑜伽
　論說) 제21권 82.

불공덕 팔지성취(佛功德 八地成就, 瑜伽
　論說) 제21권 82.

불공반야(不共般若) 제20권 88.

불공(不空)삼장 (興善三藏) 제16권 545,
　546.

불공법(不共法) 제16권 88, 117. 제17권
　330, 331, 461

불공호(不共護, 護有二種 : 1. 不共護 2. 共
　護) 제18권 75.

불광구원금내방(佛光久遠今乃放, 난승
　지) 제19권 276.

불광입보살정(佛光入菩薩頂) 제22권

383.

불괴구의(不壞九義 : 1. 智不壞 2. 說不壞
　3. 解脫不壞 4. 佛國淸淨不壞 5. 入大乘
　不壞 6. 神通不壞 7. 能解釋義不壞 8. 坐
　道場不壞 9. 正覺不壞 십지경론) 제20권
　564, 565. 제21권 366.

불괴상(不壞相, 法身五相) 제21권 321.

불괴상(不壞相, 능가경) 제20권 550.

불괴심승(不壞心勝, 現前地 彼果勝五 :
　1. 對治行勝及離障勝 2. 修行勝 3. 三昧
　勝 4. 不壞心勝 5. 自在力勝) 제20권
　525, 526, 529.

불괴회향(不壞廻向) 제18권 45.

불구집(不求集) 제17권 324, 326.

불국청정불괴(佛國淸淨不壞, 不壞九義)
　제21권 366.

불균수지약(不龜手之藥, 莊子) 제18권
　132.

불기어(不綺語, 十善業道) 제18권 99.

불능멸혹과(不能滅惑過, 四過) 제17권
　99, 102.

불능선이익중생장(不能善利益衆生障)
　제16권 381.

불능설법(不能說法, 緣覺三相) 제18권
　141.

불덕무량(佛德無量) 제22권 453, 454, 455.

불리불수소작업(不利不數所作業, 不增長業有十 현전지) 제20권 439.

불리원(不離願) 제17권 354, 357, 361, 407, 445.

불망어(不妄語, 十善業道) 제18권 79.

불망인(不忘因) 제16권 337.

불무등등여허공 십력무량승공덕(佛無等等如虛空 十力無量勝功德) 제16권 277, 593.

불무애지(佛無礙智, 方便有五) 제18권 345, 366.

불미방편(不迷方便) 제17권 593.

불방일수습(不放逸修習, 雜集論九修) 제19권 126.

불법성승법차별상(佛法聖僧法差別相, 法身五相) 제21권 321.

불보리(佛菩提) 제17권 371, 372, 373. 제18권 319. 제20권 85, 448, 569, 570.

불불수회설(佛不隨喜說, 說二過) 제17권 181.

불사구(不捨求) 제17권 333, 335.

불사성취구(不捨成就求) 제17권 336.

불사중생법무아지(不捨衆生法無我智)

제21권 35.

불사중생행(不捨衆生行) 제21권 177.

불상위인(不相違因, 十因) 제17권 41.

불생공경과(不生恭敬過, 聽二過) 제17권 181.

불성(佛性) 제20권 81, 395, 422. 제21권 192, 193, 194, 196, 360. 제22권 47.

불수사시(不受死屍, 大海十相) 제22권 497.

불수타교(不隨他敎) 제16권 220, 511, 532. 제18권 203.

불수타교정(不隨他敎淨) 제16권 529.

불수호장(不守護障) 제19권 379. 제21권 45.

불숙사시(不宿死屍, 海有八德 열반경) 제22권 503.

불승종성(佛乘種性) 제22권 33.

불식수습(不息修習, 雜集論九修) 제19권 126.

불신십상(佛身十相 : 1.菩提身 2.願身 3. 化身 4.力持身 5.相好莊嚴身 6.威勢身 7.意生身 8.福德身 9.法身 10.智身) 제21권 311.

불실수축(不實隨逐, 隨逐有六) 제22권 151, 152.

불실자리(不失自利) 제17권 600.

불악구(不惡口, 十善業道) 제18권 90.

불애진이항속(不礙眞而恒俗) 제20권 290.

불양설(不兩舌, 十善業道) 제18권 85.

불여이취(不與而取 非理損財, 不偸盜) 제18권 65.

불염염관(不厭厭觀, 本末門有六) 제20권 296, 297, 298, 453, 519.

불염이염(不染而染, 自性不染相) 제22권 77.

불오구(不汚求) 제17권 333.

불외변(不畏辯) 제16권 325.

불요의경(不了義經) 제21권 185.

불욕탁(不欲濁, 六濁) 제16권 455, 459.

불위증도(不違證道, 無差別二意) 제22권 280.

불위타복(不爲他伏, 五力) 제19권 177.

불유타오(不由他悟) 제18권 357.

불음도천(不飮盜泉, 文選) 제18권 65.

불이상(不二相) 제16권 323.

불이성(不二性, 智成就三性) 제22권 44.

불인성(佛因性) 제20권 523.

불자주대승(佛自住大乘) 제17권 425.

불자찬훼타(不自讚毁他, 具法師行 二十

種功德) 제22권 224, 225.

불적입현(拂迹入玄) 제17권 203.

불종부단(佛種不斷) 제17권 268, 269. 제22권 427.

불종인연(佛宗因緣, 三敎之宗) 제20권 74.

불지(佛智 有二 1. 菩提實智 2. 化生權智) 제16권 480, 481.

불지십선(佛之十善) 제18권 149.

불지유위(佛智有爲) 제22권 50.

불진입(佛盡入) 제16권 175, 192, 236.

불진자(佛眞子) 제19권 101, 103.

불착명문이양(不着名聞利養, 具法師行) 제22권 220, 222.

불착변재(不着辯才) 제16권 314.

불착집(不着集, 八集) 제17권 324.

불찰미진수(佛刹微塵數) 제16권 145, 153.

불청이설(不請而說) 제16권 347.

불탁심(不濁心, 十心) 제17권 445, 449.

불탈(不奪) 제22권 500.

불탐욕(不貪欲, 十善業道) 제18권 104.

불탐집(不貪集) 제17권 324, 326.

불퇴심(不退深, 深行勝) 제21권 223, 225.

불퇴전방편(不退轉方便) 제17권 588, 590.

불퇴주(不退住, 七地攝) 제21권 52.
제22권 53.

불투도(不偸盜, 十善業道) 제18권 52,
118.

불파속이항진(不破俗而恒眞) 제20권
290.

불평등설(不平等說, 說二過) 제17권 181.

불포심심(不怖甚深, 九種不壞) 제20권
565.

불행비과(不行非過, 律儀戒) 제18권 46.

불행정(不行淨) 제16권 520, 522.

불화중생시독(不化衆生是獨) 제18권
327.

불환과(不還果) 제20권 514.

불활외(不活畏, 五怖畏) 제17권 300, 305,
307, 309.

비기윤익(悲其淪溺) 제18권 325.

비니어(毘尼語) 제18권 103.

비담종(毘曇宗) 제17권 109.

비락욕소작업(非樂欲所作業, 不增長業
有十) 제20권 439.

비로자나여래본원력(毘盧遮那如來本願
力) 제16권 146.

비리손재(非理損財=盜) 제18권 65.

비마질다라(毘摩質多羅, 此云淨心)

제22권 490.

비문혜경(非聞慧境) 제16권 473.

비민중생(悲愍衆生) 제16권 115.

비바사나(毘鉢舍那) 제16권 168. 제17권
99, 218. 제18권 373, 477.

비분제경(非分齊境) 제16권 473.

비불현견(非不現見, 現量三義 : 1. 非不現
見 2. 非已思應思 3. 非錯亂境) 제16권
262.

비사거부인(毘舍佉夫人, 비사카부인)
제17권 388.

비소지경(非所知境) 제16권 473.

비시(非時, 邪境有三 : 1. 不正 2. 非時 3. 非
處) 제18권 75.

비악어(鄙惡語, 惡口) 제18권 90, 93.

비안립제(非安立諦) 제16권 244, 248,
514, 518, 519, 520. 제17권 120. 제19권
61.

비언사소설(非言辭所說) 제17권 69, 116.

비여승선입해중 재수불위수소표(譬如乘
船入海中 在水不爲水所溺, 원행지)
제21권 143.

비운보부(悲雲普覆) 제22권 433.

비유리(毘琉璃) 제22권 366.

비유리보(毘瑠璃寶, 현전지) 제20권 577.

비유비무위중도(非有非無爲中道) 제21권 199.

비이사응사(非已思應思, 現量三義) 제16권 262, 263.

비자(悲慈, 환희지十行) 제17권 217, 468, 469.

비제하(鞞提訶)나라 제19권 393.

비지(比智, 依智相有四) 제22권 217, 219, 253, 254, 255, 257, 259, 260, 264, 265.

비지무애(悲智無礙) 제21권 31. 제22권 407.

비지무애위불미세(悲智無礙爲佛微細) 제22권 407.

비지상도(悲智相導) 제20권 86.

비지쌍운(悲智雙運) 제20권 88. 제21권 68, 171.

비착란경(非錯亂境, 現量三義) 제16권 262, 263.

비처(非處, 邪境有三) 제18권 75.

비타리(鞞陀梨, 此云種種持 十山) 제22권 482, 483, 485, 533.

비택멸무위(非擇滅無爲) 제22권 397.

비호소승(悲護小乘) 제20권 71.

비화겸물(悲化兼物) 제17권 315.

비흑비백업(非黑非白業) 제22권 113, 114, 115.

빈궁(貧窮, 偸盜二報) 제17권 117, 174, 185, 255. 제18권 168. 제21권 335, 336. 제22권 493.

빈궁고(貧窮苦) 제17권 415.

ㅅ

사(事, 成殺有五因緣) 제18권 61, 62.

사(捨, 捨二乘) 제18권 151.

사가라용왕(娑伽羅龍王) 제22권 428.

사가행위(四加行位) 제16권 64, 242. 제17권 234. 제22권 192.

사견(邪見) 제16권 71, 566. 제17권 242, 300, 479, 485, 486, 492, 493, 501, 505, 525. 제18권 56, 115, 116, 117, 118, 174, 176, 185, 255.

사견연지장(邪見軟智障, 治四種障 원행지) 제21권 45.

사견중중(邪見中重, 十惡中重) 제18권 161.

사과(四過) 제17권 99, 102, 183, 532.

사구방편섭행(思求方便攝行) 제18권 338, 342.

사구백비(四句百非) 제20권 51.

사권귀실(捨權歸實) 제18권 230.

사근생어치(捨根生於癡, 煩惱染差別)
　제22권 128.

사내외재(捨內外財, 常勤求因分六)
　제18권 361.

사념처(四念處) 제16권 439. 제18권 188.
　제19권 75, 76, 77, 83, 108, 114, 117, 137,
　198, 252. 제20권 33, 34.

사념청정(捨念淸淨, 四禪) 제18권 425,
　429, 431.

사능립(似能立) 사능파(似能破) 제16권
　271, 272.

사다함과(斯陀含果, 난승지) 제19권 264.

사대(四大, 貪·瞋·嫉妬·衆生想)
　제22권 95.

사대괴위고(四大乖違苦) 제18권 232.

사대독사(四大毒蛇, 病苦) 제18권 231,
　235. 제19권 345.

사대종(四大種) 제18권 388, 502. 제20권
　281, 468. 제21권 327.

사대종소조색(四大種所造色, 謂四大種
　四大種所造色) 제21권 328.

사대하(四大河, 辛頭河 恒河 博叉河 私
　陀河) 제20권 379.

사득섭생방편(思得攝生方便) 제18권

338, 344, 366.

사류(史籍) 제16권 552.

사류(四流, 1. 欲流 2. 有流 3. 無明流 4. 見
　流) 제17권 509, 511. 제18권 214, 215,
　216, 256, 523. 제20권 152.

사리(舍利, 若云舍利羅) 제21권 312.

사리무애(事理無礙, 隨順無所有盡門)
　제17권 401. 제20권 476, 478, 522.

사리불진(舍利弗瞋, 羅漢餘習) 제22권
　186.

사리불착교이자(舍利弗錯敎二弟子)
　제22권 180.

사리쌍민(事理雙泯, 生滅繫縛門) 제20권
　522.

사리원융(事理圓融) 제18권 390, 391,
　392.

사마(四魔) 제21권 127. 제22권 433, 493.

사마(死魔, 四魔) 제20권 579. 제21권
　127.

사마타(奢摩他) 제16권 168. 제17권 218.
　제18권 373, 375, 437. 제19권 161. 제20
　권 576.

사망즉이현 이현칙혹망(邪亡則理顯 理顯
　則惑亡) 제20권 464.

사무량심(四無量心, 行方便果) 제18권

384. 제19권 394. 제22권 95.

사무색정(四無色定, 內明治五染) 제16권
127. 제17권 63. 제18권 274, 440. 제19
권 394. 제21권 103.

사무색정(四無色定, 三摩鉢底有五種 : 1.
四無色 2. 八勝處 3. 十徧處 4. 滅盡定 5.
無想定) 제21권 103.

사무생(事無生, 四無生) 제21권 181, 182,
187, 198.

사무생(四無生 : 1. 事無生 2. 自性無生 3.
數差別無生 4. 作業無生) 제21권 181,
184.

사무애변 미득자재무명(四無礙辯 未得自
在無明, 金光明經) 제22권 21.

사무애지(四無碍智) 제16권 398.

사무애지(辭無礙智) 제22권 226, 230,
231, 240, 245, 248, 252, 261, 267, 272,
277, 281, 284.

사무애해(四無礙解) 제22권 17, 22, 53.

사무애해(詞無礙解) 제22권 23.

사무외(四無畏) 제18권 150. 제19권 233.
제21권 173.

사미발심(沙彌發心) 제17권 342, 344.

사박(四縛, 四流) 제18권 523, 524.

사번뇌가(捨煩惱家, 四家 : 1. 般若家 2. 諦
家 3. 捨煩惱家 4. 苦淸淨家 원행지)
제21권 73

사범행구(邪梵行求, 愛見癡慢如箭深入
過患相 三分 : 1. 愛 2. 見 3. 癡) 제22권
89.

사변자재 성숙중생(四辯自在 成熟衆生
無邊總持 廣受法行, 대승장엄론) 제22권
25.

사변지력(四辯智力, 莊嚴論) 제22권 19.

사불상사(事不相似) 제17권 294.

사비량(似比量) 제16권 271.

사사무애(事事無礙) 제20권 476, 478,
523. 제21권 306.

사선(四禪) 제16권 106, 127, 302, 614,
617. 제17권 608. 제18권 371, 386, 393,
395, 405, 425, 431, 446, 509, 516. 제19
권 45, 454. 제20권 454.

사선근위(四善根位) 제22권 49, 192.

사선구사지(四禪具四支, 二四皆四 : 1. 捨
2. 念 3. 中受 4. 定) 제18권 395.

사섭법(四攝法) 제16권 161. 제17권 243,
572. 제18권 248. 제19권 367. 제22권
477, 479, 480.

사성(使性, 善煩惱斷三處 : 1. 正起 2. 習起
3. 使性) 제18권 527.

사성제여실성(四聖諦如實性, 七覺所緣 境) 제19권 79, 180, 190.

사속출가(捨俗出家) 제17권 605.

사수이물(思修利物) 제16권 235.

사승(四勝) 제16권 594, 601.

사신족(四神足, 引發神通道) 제19권 64.

사심(捨心, 對後顯劣有五) 제18권 135, 136.

사심미(四甚微, 1. 觀行 2. 依止 3. 淸淨 4. 功德) 제17권 60, 63.

사십팔분(四十八分) 제16권 103, 105.

사연섭육인설(四緣攝六因說) 제20권 346.

사연문(四緣門, 全同自業門) 제20권 348, 512, 513.

사연집(事緣集, 約心識論三 : 1. 事緣集 2. 妄緣集 3. 眞緣集) 제22권 393.

사오육칠지 기삼승법(四五六七地 寄三 乘法) 제21권 147.

사욕(事欲, 欲有二種 : 1. 煩惱欲 2. 事欲) 제18권 399, 400.

사용과(士用果) 제18권 164, 490, 491. 제20권 468.

사유삼종(思有三種 : 1. 審慮一種思 2. 決 定思 3. 發動思) 제22권 102, 104.

사유삼종(思有三種 : 1. 審慮一種思 2. 決 定思 3. 發動思) 제22권 102, 104.

사유(死有)와 생유(生有) 제20권 231. 제22권 183.

사외(死畏, 五怖畏 初地) 제17권 298, 305, 307, 309.

사왕(闍王) 아사세왕(阿闍世王) 제18권 163.

사요설(辭樂說) 제16권 562, 564.

사유약무문(似有若無門, 生滅繫縛門 현 전지) 제20권 488, 513.

사의(思議) 제22권 47, 48.

사의입(思義入) 제16권 175, 177, 201.

사의지(四依智) 제19권 103.

사재환(四災患, 유가사지론) 제21권 225.

사전도(四顚倒) 제18권 184. 제19권 92.

사전도행(四顚倒行) 제18권 231, 232.

사전리(捨轉離, 九種轉離) 제17권 292.

사정(四淨, 自力辯) 제16권 281.

사정근(四正勤), 사정단(四正斷) 제19권 73, 74, 77, 78, 82, 136, 137, 152, 158, 198. 제20권 36.

사정취(邪定聚) 제22권 47, 65, 190, 193.

사정행(四正行) 제19권 94.

사제문(四諦門, 攝三道門) 제20권 512,

513.

사제십육행상(四諦十六行相, 난승지)
제19권 319.

사제품(四諦品 중론) 제17권 241, 423.
제18권 307. 제19권 113. 제20권 297.

사제행(四諦行) 제16권 65.

사종도리(四種道理) 제16권 317.

사종성문(四種聲聞) 제18권 136.

사종연기(四種緣起, : 1. 刹那緣起 2. 連縛
緣起 3. 分位緣起 4. 遠續緣起 구사론)
제20권 314.

사종청정(四種淸淨) 제19권 15, 16.

사종풍륜(四種風輪) 제20권 578, 579.

사주(四住)번뇌 제18권 323. 제22권 81,
82.

사주현혹(四住現惑) 제19권 145.

사중승의(四重勝義) 제20권 193.

사중지음(四重之婬) 제18권 77.

사지(四持) 제21권 71, 74.

사지무행혜(四地無行慧, 方便有五)
제18권 345, 354, 366.

사체(事體, 體相復二 1. 事體 2. 理體)
제17권 70.

사출게(四出偈, 本有今無偈) 제19권 61,
62.

사취(四取) 제20권 156, 157, 169, 170,
178.

사통(四通 : 1. 如意通 2. 幻通 3. 法智通 4.
聖自在通) 제16권 341. 제17권 431.

사포외(死怖畏, 十怖畏) 제21권 335.

사하(四河, 恒河 辛頭河 博叉河 私陀河
십정품) 제16권 93, 95. 제22권 475, 478.

사하(四河 : 1. 願智河 2. 波羅蜜河 3. 三昧
河 4. 大悲河) 제22권 480.

사행수승(邪行殊勝, 十一殊勝事)
제20권 413.

사행장(邪行障, 十障) 제16권 74, 381,
382. 제17권 450. 제18권 19, 22.

사현(似現) 제20권 274.

사현관(思現觀) 제16권 513, 514, 517.
제19권 167.

사현관(事現觀, 俱舍論) 제22권 266, 267.

사현량(似現量, 善能答難始終) 제16권
271.

사혜(思慧) 제16권 177, 201, 202, 222,
223, 235, 238, 239, 474, 507, 509, 510,
572, 574. 제17권 52, 144, 147, 164, 166,
168, 172, 179, 180, 229, 231, 324, 327.
제18권 270, 275, 276, 354, 356, 359, 360,
364, 366, 374. 제19권 306, 307. 제20권

503. 제21권 320. 제22권 37, 147.

사흘수광(事訖收光) 제22권 374.

삭삭유입(數數游入) 제19권 37.

산괴풍(散壞風) 제20권 578, 580.

산사야비라지자(刪闍夜毘羅胝子)
　제20권 376.

산수법(算數法, 治第四障) 제21권 46.

산유상승공덕(山喩上勝功德, 법운지 四
　喩) 제22권 468, 480, 533.

살바다종(薩婆多宗) 제20권 223.

살유십악(殺有十惡) 제18권 54.

살중중(殺中重, 十惡中重) 제18권 161.

삼가오청(三家五請 : 1. 解脫月請 2. 大衆
　同請 3. 如來加請) 제16권 97, 415, 416,
　504.

삼계구지(三界九地) 제22권 147, 153.

삼계분별문(三界分別門, 唯識十七門)
　제20권 509, 513.

삼계분여고무량(三界焚如苦無量, 이구
　지) 제18권 255.

삼계소유 유시일심(三界所有 唯是一心,
　현전지 一心所攝門) 제19권 45, 90.
　제20권 267.

삼계유심(三界唯心, 현전지 一心所攝門)
　제19권 45. 제20권 269, 283.

삼계허망 단시일심작(三界虛妄 但是一心
　作, 십지경론) 제20권 269.

삼고문(三苦門, 全同三苦集成門 현전지)
　제20권 512.

삼고집성문(三苦集成門, 緣起十門)
　제20권 92, 95, 298, 299, 461, 513, 515,
　522.

삼고취집문(三苦聚集門= 三苦集成門)
　제20권 454.

삼공양(三供養 : 1. 利養供養 2. 恭敬供養
　3. 正行供養) 제17권 556.

삼관(三觀) 제16권 622. 제17권 469.
　제19권 42, 112, 113, 118. 제20권 104,
　105, 261, 277.

삼관위방편(三觀爲方便) 제17권 469.

삼근(三根, 1. 無貪 2. 無瞋 3. 無癡)
　제18권 416.

삼근분정(三近分定) 제18권 392, 436.

삼대(三大) 제16권 283. 제17권 367, 369,
　475, 476.

삼덕(三德) 제16권 68, 73, 74, 336.
　제17권 92, 114, 116, 129.

삼도부단문(三道不斷門, 緣起十門 현전
　지) 제20권 510, 589.

삼도장(三道障) 제17권 336, 477.

삼독맹화항치연(三毒猛火恒熾然, 발광지) 제18권 539.

삼등중천 사등대천(三等中千 四等大千) 제21권 286.

삼륜(三輪, 1.神通輪 2.敎誡輪(說法輪) 3.記心輪) 제16권 202, 327. 제17권 432, 602. 제21권 47, 344, 365. 제22권 32.

삼륜익물(三輪益物) 제21권 46.

삼륜화익(三輪化益) 제17권 466. 제21권 344. 제22권 32.

삼마발저(三摩鉢底= 三摩跋提) 제16권 127, 128, 623. 제18권 266, 268, 292, 515, 516. 제21권 103, 104, 105. 제22권 138, 485.

삼마발저 유오종(三摩鉢底 有五種 : 1.四無色 2.八勝處 3.十徧處 4.滅盡定 5.無想定) 제21권 103.

삼마사다(三摩呬多) 제18권 516.

삼마지(三摩地) 제18권 266, 268, 272, 405. 제19권 155, 156, 161.

삼매분(三昧分 初地八分) 제16권 89, 92, 93, 94, 101, 104, 136, 137, 157.

삼매소작승(三昧所作勝, 勝業有二) 제17권 606.

삼매승(三昧勝, 勝業有二) 제17권 606.

삼매승(三昧勝) 제20권 526, 527, 529. 제21권 106.

삼매승고심불괴(三昧勝故心不壞 心不壞 故得自在, 현전지) 제20권 526.

삼매신(三昧身) 제16권 330.

삼매체(三昧體) 제16권 140, 352.

삼매하(三昧河, 四河 십정품) 제22권 480.

삼명(三明) 제18권 273, 434.

삼무루근(三無漏根) 제22권 134, 135, 136.

삼밀화익(三密化益) 제22권 40.

삼백오십도(三百五十度) 제22권 91.

삼보(三報, 1.順現報 2.順生報 3.順後報) 제18권 490, 491.

삼보리(三菩提= 正遍知) 제21권 334.

삼보필경지(三寶畢竟智) 제19권 55.

삼복업사(三福業事) 제18권 262.

삼비(三悲, 總明心境 有三悲) 제20권 70, 86, 526, 528, 539.

삼선구오지(三禪具五支, 初三各五) 제18권 395.

삼성차별(三性差別, 根稠林) 제22권 127, 136.

삼성문(三性門, 攝有支門 十義門) 제20권 332, 509, 513.

삼세법장(三世法藏) 제22권 431, 432.

삼세양중인과(三世兩重因果) 제20권 127, 425, 426.

삼수(三受) 제17권 503.

삼수문(三受門, 攝三苦門) 제20권 512.

삼수분별문(三受分別門) 제20권 455, 458.

삼승유위(三乘有爲) 제22권 51.

삼신(三身) 제16권 369, 370. 제17권 126, 368. 제19권 288. 제21권 308.

삼심과만(三心果滿) 제17권 346.

삼심증지(三心證智) 제16권 632.

삼심진견도(三心眞見道) 제16권 248.

삼십칠보리분법(三十七菩提分法, 焰慧地得) 제18권 66.

삼십칠품(三十七品) 제19권 66, 67. 제21권 71, 73.

삼업경희(三業慶喜) 제18권 27.

삼업상응사(三業相應思) 제20권 141.

삼여(三餘) 제16권 303, 304. 제17권 128.

삼온(三蘊, 1. 想蘊 2. 行蘊 3. 識蘊) 제17권 534.

삼유(三有 1. 生有 2. 本有 3. 死有) 제20권 231.

삼전(三轉) 제17권 439, 623.

삼점차(三漸次) 제16권 471, 633. 제17권 168, 584.

삼정취(三定聚) 제22권 47.

삼제윤회문(三際輪廻門, 緣起十門 현전지) 제20권 94, 299, 516, 590.

삼종동지(三種同智) 제16권 322.

삼종성취(三種成就 : 1. 信心成就 2. 修行成就 3. 廻向成就 환희지) 제17권 317.

삼종순행(三種順行, 1. 依身順行 2. 生滅順行 3. 觀行取相順行) 제22권 130.

삼종정지(三種正智) 제16권 480.

삼중돈원(三重頓圓) 제16권 609.

삼지(三智 ; 1. 加行智 2. 根本智 3. 後得智) 제17권 64, 118.

삼지(三智, 總明心境有三智) 제20권 529.

삼지다문(三地多聞, 方便有五) 제18권 345, 354, 366.

삼지선정(三地禪定, 方便有五) 제18권 345, 354, 366, 522.

삼취계(三聚戒) 삼취정계(三聚淨戒) 제17권 230, 335. 제18권 32, 45, 49. 제22권 519.

삼취조림(三聚稠林, 十一林) 제22권 65, 191.

삼학(三學) 제16권 67, 389. 제17권 237, 335. 제18권 263, 332, 335. 제19권 354. 제21권 326.

삼해탈문(三解脫門) 제16권 127. 제21권 71, 74.

삼현 십지위 상호교섭(三賢・十地位 相互 交攝) 제22권 53.

삼현위(三賢位) 제16권 45, 64, 90. 제17권 172. 제19권 33. 제22권 192.

삼혜(三慧) 제18권 270, 274, 275, 277, 356. 제19권 306, 358. 제21권 318, 320.

삼희(三喜, 1. 心喜 2. 體喜 3. 根喜) 제17권 275.

상(想, 成殺有五因緣 : 1. 身 2. 事 3. 想 4. 行 5. 體) 제18권 61, 62.

상견(常見) 단견(斷見) 제16권 205, 206. 제17권 101. 제18권 231. 제19권 102, 286. 제20권 73. 제22권 232.

상견고자상(想堅固自相, 自相四種) 제22권 240, 242.

상견구존(相見俱存 相見俱存門, 一心十門 현전지) 제20권 277, 293.

상견도(相見道) 제16권 244, 245, 248, 249, 250, 512, 516, 520. 제19권 61, 194. 제21권 323. 제22권 261, 262.

상결정(上決定) 제16권 449, 450.

상과인(常果因) 제16권 367, 368, 372.

상구(常求) 제17권 336.

상구지지(上求地智, 九種不壞 : 1. 信理決定 2. 行堪調柔 3. 不怖甚深 4. 自乘不退 5. 勝進無息 6. 泯絶自他 7. 利生無邊 8. 上求地智 9. 巧化衆生 현전지) 제20권 565.

상근구인(常勤求因) 제18권 360.

상능구족십바라밀(常能具足十波羅蜜) 제21권 66.

상다현행우(相多現行愚, 현전지 二愚) 제16권 188. 제20권 22, 23.

상대가(相待假, 假有三種) 제19권 40, 42

상득현견무량제불(常得現見無量諸佛) 제21권 370.

상등제불승(上等諸佛勝) 제16권 346, 349.

상론(尙論, 種種論體有六) 제19권 377, 380.

상묘신(上妙身) 제17권 457.

상문악성(常聞惡聲, 惡口二報) 제18권 171.

상분(相分) 제16권 283, 486. 제20권 278, 280. 제22권 171.

상불능동(相不能動, 부동지) 제21권 149.

상비량(相比量) 제16권 262, 264.

상사반야(相似般若) 제21권 318, 319.

상사삼덕(相似三德) 제16권 130.

상상각혜(上上覺慧) 제22권 401.

상상대바라밀(上上大波羅密, 八地以上)
　제21권 70.

상상수승(相狀殊勝, 十一殊勝事)
　제20권 413.

상상승도(上上勝道) 제19권 200.

상상십선(上上十善) 제18권 149, 158.

상상청정(上上清淨) 제18권 126, 148.

상속가(相續假, 假有三種) 제19권 40.

상속상(相續常) 제17권 126. 제20권 392,
　394.

상속현기상(相續現起相, 隨眠稠林)
　제22권 138, 150.

상수범행(常修梵行) 제21권 125.

상수섭여행(上首攝餘行, 勝行有七)
　제21권 125, 128.

상수시위(常隨侍衛, 부동지) 제21권 362.

상수청(上首請) 제16권 430. 제18권 283.
　제19권 31.

상승과(上勝果) 제17권 597. 제18권 249,
　534. 제19권 249.

상승석(相承釋) 제16권 342, 343.

상실(相實, 治七種實) 제21권 191.

상실상대(相實相對) 제16권 224, 234.
　제17권 205. 제19권 320.

상심수선(相心修善, 集諦攝) 제22권 45.

상용부동(相用不動, 부동지) 제21권 61.

상용불염(相用不染) 제22권 507.

상원자존시고 불화중생시독(上遠慈尊是
　孤 不化衆生是獨, 발광지) 제18권 327.

상위인(相違因, 瑜伽十因) 제17권 41, 43.
　제20권 167, 364, 365, 366.

상응리(相應離) 제18권 399, 400.

상응박(相應縛) 제21권 317.

상응심(相應心, 心有二種) 제20권 269.

상인위(上忍位) 제16권 241, 243.

상인유(商人喩) 제17권 562.

상정(相淨, 淨土有三淨) 제17권 400, 402,
　405. 제19권 364.

상정과(相淨果, 淨佛國土分) 제21권 278.

상제차별문(相諦差別觀, 三觀) 제17권
　253. 제20권 84, 85, 91, 104, 106, 255,
　338, 403, 517.

상즉방편지(相卽方便智 得是根本 果卽
　後得) 제17권 583.

상카(僧佉= 數論派)와 위세(衛世)

제17권 530. 제20권 182, 373, 466.

상토자재소의진여(相土自在所依眞如,
無增減眞如) 제21권 157.

상품십선(上品十善) 제18권 131, 132,
139, 145.

상품인(上品忍, 治染淨慢) 제20권 55.

상피타인구기장단(常被他人求其長短,
瞋恚二報) 제18권 173.

상하행무애(上下行無礙, 作業自在有八)
제18권 500.

상행무애(上行無礙, 作業自在有八)
제18권 500.

상현진실(常現眞實, 현전지) 제19권 263.

색무상(色無常) 제16권 194.

색박(色縛, 四縛) 제18권 525.

색법(色法) 제16권 543, 544, 547. 제17권
241. 제18권 341, 452. 제20권 218.

색법(色法, 四大種 四大種所造色 : 1.靑黃
赤白 2.長短方圓 3.麤細 4.高下 5.若正
不正 6.光影明暗 7.雲烟塵霧 8.逈色 9.
表色 10.空一顯色 잡집론) 제21권 328.

색비색문(色非色門, 攝有支門) 제20권
509, 513.

색신상(色身相, 如來地相) 제22권 283.

색신승(色身勝) 제16권 310.

색애주지(色愛住地) 제17권 496, 497.

색온(色蘊, 眼等五根 色聲香味觸所攝一
分 及法處所攝色 : 잡집론) 제21권 327

생가승(生家勝) 제16권 600.

생공(生公, 道生法師) 제16권 641.
17권 126, 147. 제20권 21, 326.

생귀주(生貴住, 攝四地) 제19권 33, 48,
51.

생기인(生起因, 瑜伽十因) 제17권 43.
제20권 129, 365, 366, 367, 500.

생득(生得, 四禪有二) 제17권 144.
제18권 389, 454, 455.

생득정(生得淨) 제16권 508, 509.

생멸계박문(生滅繫縛門, 緣起十門)
제20권 89, 92, 95, 296, 299, 461, 483,
490, 508, 513, 522.

생멸순행(生滅順行, 三種順行) 제22권
130.

생멸인연 여이속로(生滅因果如二束蘆)
제20권 419.

생범천유(生梵天喩) 제21권 240.

생법자상(生法自相, 自相四種) 제22권
240, 241.

생사개유심소작(生死皆由心所作, 현전
지) 제20권 332, 586.

생사견가(生邪見家, 邪見二報) 제18권 174.

생삽명생(生澁名生, 원행지) 제20권 63.

생생전승(生生轉勝) 제16권 335.

생성공업(生成工業, 工巧明 有六) 제19권 388.

생수(生受) 제19권 132. 제22권 97, 119, 122.

생숙위노(生熟爲老) 제20권 312.

생신공덕(生信功德) 제22권 510.

생업불상사(生業不相似) 제16권 270. 제17권 295.

생여래가(生如來家, 염혜지) 제16권 516. 제17권 226, 260, 262, 294. 제19권 48, 253. 제21권 175, 177.

생원미만권(生願未滿勸, 勸辭有七) 제21권 253, 254.

생유(生有) 제20권 231, 319, 417. 제22권 183.

생이익심(生利益心, 對治離有二) 제18권 384. 제18권 69.

생인(生因) 제17권 404.

생인호통(生引互通, 生引互通說) 제20권 127, 128, 129.

생자념심(生慈念心, 對治離有二) 제18권 58.

생전리(生轉離, 九種轉離) 제17권 295.

생정려(生靜慮, 靜慮有二) 제18권 390, 391.

생지(生地, 부동지 이름) 제21권 356, 357.

생현행고 노현괴고 사현고고(生顯行苦 老顯壞苦 死顯苦苦, 성유식론) 제20권 237.

서(舒, 身自在有四) 제18권 501.

서광작업(舒光作業, 出處分四) 제22권 369.

서방칠수(西方七宿, 二十八宿 금성) 제19권 391.

서분(序分) 제16권 90, 91, 92, 101, 364. 제17권 203.

서산공업(書算工業, 工巧明有六) 제19권 385.

석명(釋名, 七門分別) 제16권 48, 54, 346, 580, 583. 제17권 84, 164, 205, 207, 631

석명분(釋名分) 제16권 105. 제17권 221, 273, 618. 제21권 166, 167, 346. 제22권 345, 422, 423, 530.

석복례(釋復禮) 제17권 489, 490.

석왕불립구어사(昔王不立廐於寺, 隨衆 生行) 제22권 178.

석종(釋種, 感報定) 제16권 554.

선결정(善決定) 제16권 74, 76, 345, 350, 353, 371, 377, 511, 513, 514. 제17권 370.

선관택삼매(善觀擇三昧, 원행지) 제21권 106.

선나(禪那) 제18권 385.

선능답난시종(能善答難始終 八義 : 1. 眞能立 2. 似能立 3. 眞能破 4. 似能破 5. 眞現量 6. 似現量 7. 眞比量 8. 似比量, 십지품 加分) 제16권 271.

선능수호여래법장(善能守護如來法藏, 선혜지) 제22권 211.

선득수도지(善得修道智) 제16권 475.

선바라밀편다(禪波羅蜜偏多, 난승지) 제19권 403.

선박(善膊, 離間) 제18권 87, 89.

선법행(善法行, 善慧地攝) 제22권 53, 198.

선불선무기(善不善無記, 習氣稠林) 제22권 43, 96, 164, 174, 180.

선불선무기상(善不善無記相, 業種種相) 제22권 99.

선사의삼매(善思義三昧=善觀擇三昧) 제21권 107.

선상지(善相地, 대지도론) 제22권 18.

선선교결정관찰지(禪善巧決定觀察智) 제18권 344, 366.

선수교회(善受敎誨) 제19권 219, 222, 225.

선수무상(善修無相) 제16권 393. 제21권 20.

선심소(善心所, 11가지) 제17권 356. 제18권 417. 제20권 330.

선아(善牙, 離間) 제18권 87, 89.

선업등훈차별(善業等熏差別, 習氣稠林 十熏差別) 제22권 181.

선연중생(善軟衆生)과 강강중생(剛强衆生) 제21권 313. 제22권 293.

선유금무(先有今無) 제21권 197, 198.

선유이금무시즉위단멸(先有而今無是則爲斷滅, 중론) 제21권 198.

선자타종(善自他宗) 제16권 256, 265, 269, 270.

선재(善財)동자 제21권 264.

선정감지(善淨堪智) 제16권 316.

선정경배잉퇴전(禪定境排仍退轉, 선혜지) 제22권 148, 309.

선제실(先際實, 治七種實) 제21권 193, 194.

선주견고근삼매(善住堅固根三昧, 원행지) 제21권 109.

선주(善住)비구 선지식 제18권 501.

선지법의(善知法義, 法師十德 선혜지) 제22권 222, 223, 225.

선청정(善淸淨) 제16권 179.

선취인(善趣人) 제16권 571.

선택의삼매(善擇義三昧, 원행지) 제21권 106, 108.

선해상(善解相, 九地勝進行) 제22권 351, 352.

선해세법(善解世法, 十行) 제17권 217, 456, 557.

선행(禪行) 제16권 65, 66.

선행(善行, 善法戒) 제16권 65, 66, 449. 제17권 227, 256. 제18권 31, 48, 50, 177, 179, 202, 205, 225, 417. 제19권 346, 360, 368. 제21권 101. 제22권 184, 192.

선현행(善現行, 現前地攝) 제20권 30, 525. 제22권 53.

선혜지(善慧地) 제16권 161, 380, 398, 406. 제18권 43. 제22권 42, 43, 146, 196, 211, 450, 488, 499, 524.

선호타심(善護他心) 제18권 530, 531.

설기차별(說器差別= 說法所授之器) 제22권 126, 127, 136.

설대(說大) 제16권 224, 421, 471. 제17권 21, 24, 25, 26, 27, 28, 37. 제22권 278.

설대용열(說大踊悅) 제17권 24.

설력(說力, 敎化衆生有五力) 제21권 364.

설무상무아(說無上無我, 無我慢相四) 제22권 271.

설미묘무아(說美妙無我, 無我慢相四 선혜지) 제22권 271.

설법단의(說法斷疑, 神通力有上無上分) 제22권 444, 455, 458.

설법무량 명구미무량 지혜분별무량(說法 無量 名句味無量 智慧分別無量 금광명 경) 제22권 21.

설법성취(說法成就, 善慧地四分) 제16권 398. 제22권 35, 196, 309, 312.

설법성취(說法成就 有三 : 1. 智成就 2. 口 業成就 3. 法師自在成就) 제16권 399, 400. 제22권 34, 200, 289, 291.

설법영희(說法令喜) 제22권 459.

설법자 유삼종과(說法者 有三種過 : 1. 着 利養 2. 取名聞 3. 爲他屬) 제17권 326.

설법자재(說法自在) 제22권 17.

설법주(說法主, 法主) 제16권 121. 제22권 31.

설분(說分) 제16권 82, 93, 95, 96, 97, 98,
101, 103, 190, 346, 347, 349, 353, 381,
416, 419, 420, 428, 564. 제17권 48, 170,
238.

설불괴(說不壞, 不壞九義 십지경론)
제21권 367.

설불능진(說不能盡) 제16권 129. 제21권
164. 제22권 447.

설상(說相, 菩薩地相) 제22권 236, 252,
279, 284, 288.

설상(說相, 如來地相四 : 1. 法身相 2. 色身
相 3. 正覺相 4. 說相) 제22권 284.

설성취(說成就, 說法成就) 제16권 105,
398. 제22권 34, 290, 310.

설성취(說成就, 善慧地 四分 : 1. 法師方便
成就 2. 智成就 3. 入行成就 4. 說成就)
제22권 34.

설성취(說成就, 法師自在成就 四種事 : 1.
持成就 2. 說成就 3. 問答成就 4. 受持成
就) 제16권 398. 제22권 199, 290, 291.

설시난지(說時難知) 제17권 54, 56, 57.

설실제업(說實諦業, 菩提作業) 제17권
421, 422, 423.

설유인래어보살 숙능투신대화취(設有人
來語菩薩 孰能投身大火聚 발광지)
제18권 542.

설이묵주(說已黙住) 제16권 415, 416.

설익생신(說益生信, 生信功德 分二 : 1. 說
益生信 2. 動地生信) 제22권 510.

설자무과(說者無過) 제16권 434, 445.

설차식지 통어능인(說此識支 通於能引)
제20권 148.

섭계승(攝戒勝, 攝功德勝有三) 제19권
359.

섭공덕대(攝功德大) 제17권 367, 369,
370. 제18권 319, 321.

섭공덕승(攝功德勝, 四勝果) 제16권 107.
제19권 300, 356, 357, 413.

섭과관(攝過觀, 本末門有六 현전지)
제20권 296, 297, 407, 517.

섭귀일심문(攝歸一心門= 一心所攝門, 緣
起十門) 제20권 83, 586.

섭대(攝大) 제17권 255.

섭대치(攝對治) 제16권 439.

섭락작의(攝樂作意, 七種作意) 제18권
372, 374.

섭령주선(攝令住善, 원행지) 제21권 44.

섭말귀본문(攝末歸本門) 제16권 193.
제19권 45. 제20권 81, 267, 500.

섭문승(攝聞勝, 攝功德勝 有三) 제19권

358.

섭법방편(攝法方便) 제17권 323, 379, 408.

섭보과(攝報果) 제16권 298, 300. 제17권 346, 563, 594, 598, 630.

섭복(攝伏) 제21권 313.

섭복업(攝伏業, 十處放光 有三業 법운지) 제22권 369.

섭사불실리(涉事不失理, 不住有爲) 제20권 545.

섭상귀견(攝相歸見, 一心十門) 제20권 278, 282, 293.

섭상귀성(攝相歸性, 一心十門) 제20권 290, 293.

섭생방편(攝生方便, 五種方便) 제18권 336, 338, 343, 344, 346, 366.

섭선법계(攝善法戒) 제18권 42, 43, 119, 124, 242, 515.

섭수결정(攝受決定) 제16권 448, 449, 450.

섭수귀왕(攝數歸王, 一心十門) 제20권 282, 287, 288, 293.

섭수불몰(涉水不沒, 作業自在 有八) 제18권 499, 500.

섭수인(攝受因, 瑜伽十因) 제17권 41, 43.

제20권 167, 364, 365, 366.

섭시종(攝始終) 제16권 235, 237.

섭심안주(攝心安住, 云何修) 제18권 366, 372.

섭율의계(攝律儀戒) 제18권 21, 32, 242.

섭입(攝入) 제16권 176, 201.

섭입중중(涉入重重) 제20권 523.

섭중생계(攝衆生戒) 제18권 32, 43, 45, 125, 256.

섭중생밀(攝衆生密) 제22권 409.

섭지승(攝智勝, 攝功德勝有三 1.攝聞勝 2.攝戒勝 3.攝智勝) 제19권 361.

섭지승(攝智勝有五 : 1.因緣集智 2.證智 3.知妄說智 4.神力起用智 5.化衆生智) 제19권 361.

성계(性戒) 제18권 18, 20, 32.

성광유오지(星光喩五地) 제19권 403.

성교량(聖敎量) 제20권 315.

성답상삼통 시유지상속(成答相三通 是 有支相續) 제20권 185.

성답상차별(成答相差別) 제20권 89, 91.

성덕과(成德果, 彼果分有二) 제19권 203, 204, 212, 228.

성덕과(成德果 有四, 1.於勝功德生增上 心欲果 2.彼說法尊中起報恩心果 3.彼

方便行中發勤精進果 4.彼增上欲本心
界滿足果) 제19권 211, 214, 219, 228,
234.
성론(聲論, 治第二障) 제19권 373.
　제21권 46.
성명(聲明, 五明) 제19권 262, 373, 374.
　제22권 519.
성무생(性無生, 四無生) 제21권 181, 184.
성문관제 연각관연(聲聞觀諦 緣覺觀緣)
　제18권 140.
성문보리(聲聞菩提) 제20권 75, 85.
성문성문(聲聞聲聞) 제18권 136, 137,
140.
성문신(聲聞身) 제16권 50. 제17권 368.
　제21권 295, 300, 310.
성문십선(聲聞十善) 제18권 127.
성문연각(聲聞緣覺) 제18권 140.
성문정차별(聲聞淨差別, 根稠林) 제22권
132.
성불망어(性不妄語) 제18권 79.
성불사음(性不邪婬) 제18권 71.
성사의문(成事義門, 攝三四五六七八門)
　제20권 522.
성살(成殺 有五因緣 : 1.身 2.事 3.想 4.行
5.體) 제18권 61, 62.

성상구융(性相俱融, 一心十門) 제20권
290, 293.
성소애계(聖所愛戒) 제19권 196.
성소작지(成所作智) 제21권 314, 315,
316.
성숙중생(成熟衆生) 제17권 271. 제22권
26.
성숙중생과(成熟衆生果, 善慧地果)
　제22권 26.
성숙중생원(成熟衆生願) 제17권 354,
357, 361, 385.
성실종(成實宗) 제17권 112.
성위신득(聖位新得) 제16권 383.
성자재통(聖自在通) 제16권 341. 제17권
432.
성정(性淨) 제16권 288, 379. 제17권 62,
73, 426.
성정각원(成正覺願) 제17권 354, 356,
357, 360, 361, 417, 434.
성정열반(性淨涅槃) 제17권 62, 71, 86,
140, 424, 425, 470, 471. 제22권 399.
성종성섭(性種性攝) 제16권 286.
성종인(性種人) 제16권 571.
성지(成地, 十地有三) 제22권 471, 501.
성지(成地, 八地名四 : 1.生地 2.成地 3.究

竟地 4. 無功用地) 제21권 348, 353, 356, 357.

성취불상사(成就不相似) 제17권 268, 296.

성취인력(成就忍力, 法師十德 선혜지) 제22권 222, 224, 225.

성행(成行, 七門分別) 제16권 572. 제17권 207, 209, 216. 제19권 273. 제21권 25, 107, 159. 제22권 25.

성행덕(成行德) 제17권 403.

세간수생 개유착아(世間受生 皆由着我) 제20권 116.

세간자재(世間自在, 三種自在) 제18권 500.

세간전(世間轉) 제17권 439, 440, 441.

세간지정(世間智淨, 業淸淨四) 제21권 101, 104.

세간출세간 유작정승(世間出世間 有作淨勝) 제21권 351.

세간팔선(世間八禪) 제17권 63.

세계무량(世界無量, 五無量界 원행지) 제17권 244, 443. 제21권 54, 55, 56.

세계성취품(世界成就品) 제17권 398. 제18권 391. 제22권 400.

세발행고(細拔行苦) 제17권 238.

세법진괴고위(世法盡壞故僞) 제19권 331.

세상습장(細相習障) 제16권 381.

세상현행우(細相現行愚, 遠行地二愚) 제16권 186, 188. 제21권 21.

세상현행장(細相現行障, 원행지) 제16권 74, 186, 188. 제21권 21, 32, 33.

세속수(世俗修) 제19권 97.

세용연생(勢用緣生, 三種緣生) 제20권 79, 403.

세제무아(世諦無我, 無我慢相) 제22권 236.

세제일위(世第一位, 四加行位) 제16권 64, 243. 제17권 232.

세조(世曹, 經部異師) 제20권 343.

세주묘엄품(世主妙嚴品) 제16권 616. 제21권 104, 128, 182. 제22권 357.

세지변총(世智辯聰, 八難) 제16권 609, 619, 620. 제17권 423.

소달리사나(蘇達梨舍那, 此云善見 十山) 제22권 483.

소락유(酥酪喩) 제20권 340.

소리야(蘇利耶) 제16권 131.

소미로(蘇迷盧) 제21권 286. 제22권 482, 484, 485.

소생과(所生果) 제17권 405.

소생지(所生支, 十二支攝爲四) 제20권 127, 149, 156, 237, 240, 357, 360, 424, 428, 429.

소설법분별지(所說法分別智) 제21권 173, 174.

소승무위(小乘無爲) 제22권 51.

소승일체지 보살도종지 여래일체종지(小乘一切智 菩薩道種智 如來一切種智) 제19권 109.

소시무상(少時無常= 念念無常, 無常有二) 제18권 302, 304.

소시현과(所示現果) 제17권 405.

소연(所緣, 菩提分法由五門建立) 제19권 87, 150, 151.

소연박(所緣縛) 제21권 317.

소연수승(所緣殊勝, 十一殊勝事 연기경) 제20권 413.

소연연(所緣緣, 俱舍四緣) 제20권 346, 347, 354. 제22권 50.

소연유대(所緣有對, 有對三種) 제18권 448, 449, 450, 452.

소연정(所練淨) 제19권 243. 제20권 576.

소욕(少欲) 제17권 326, 327, 328. 제18권 65.

소용사중망장(所用事中忘障, 四種障 : 1. 所用事中忘障 2. 邪見軟智障 3. 所取物中不守護障 4. 取與生疑障 원행지) 제19권 379. 제21권 45.

소이무부왈고(少而無父曰孤) 제18권 327.

소인지(所引支, 十二支攝爲四) 제20권 127, 146, 148, 150, 157, 169, 237, 424, 429.

소작자재(所作自在) 제18권 500, 501. 제19권 404. 제20권 581.

소장(所藏, 賴耶三位 : 1. 能藏 2. 所藏 3. 執藏) 제16권 135. 제20권 327, 329.

소전득(所轉得, 轉依有四) 제17권 124.

소전사(所轉捨, 轉依有四) 제17권 122.

소전의(所轉依, 轉依有四) 제17권 120, 121.

소주공덕대(所住功德大, 大勝分三大) 제21권 343, 345.

소증체(所證體) 제16권 75, 352.

소지부사의(所知不思議, 不思議有三) 제21권 338.

소지장(所知障) 제16권 65, 71, 138, 184, 187, 305, 516, 520, 523. 제18권 22, 274, 276. 제19권 23, 270. 제20권 21, 94, 339.

제22권 22.

소축괘(小畜卦, 周易) 제22권 333.

소취물중불수호장(所取物中不守護障, 四種障) 제21권 45.

소피기(所被機) 제16권 162, 164, 173.

소행원(所行願, 菩薩所修正願) 제17권 352.

속불위진(俗不違眞, 眞不違俗) 제16권 391. 제20권 520.

속전상(速轉相, 衆生心種種相) 제22권 67, 73, 76.

손력익능전(損力益能轉) 제16권 391. 제17권 131.

수감사지(受堪思持= 安受攝持) 제22권 427.

수고보과(受苦報過, 未得五欲追求時四過) 제18권 199.

수과(修果, 菩提分法由五門建立 염혜지) 제19권 87, 150, 151.

수광협욕(隨廣狹欲, 五種自在 부동지) 제21권 282, 285.

수궁삼세지(竪窮三世智) 제21권 56.

수기설법(隨機說法) 제21권 274.

수기소응(隨機所應) 제17권 550.

수기심요각부동 일체중중개현신(隨其心 樂各不同 一切衆中皆現身, 부동지) 제21권 382.

수기심요차별위설(隨其心樂差別爲說, 說成就) 제22권 296.

수기현화(隨機現化) 제21권 293.

수다원(須陀洹 須陀洹果, 염혜지) 제16권 71. 제18권 140. 제19권 207, 263.

수도(修道 修道位) 제16권 181, 235, 256, 513, 519. 제17권 240, 300. 제18권 18, 80. 제19권 81, 165, 167, 231. 제22권 133, 326.

수도소단번뇌(修道所斷煩惱, 修惑) 제19권 185, 186, 294. 제20권 513.

수도시종(修道始終) 제16권 237, 256.

수득(修得, 四禪有二) 제18권 389, 454, 455.

수라타(修羅吒)나라 제19권 392.

수력(受力, 敎化衆生有五力) 제21권 364.

수력수분(隨力隨分) 제17권 571, 572. 제18권 248, 533. 제19권 247, 404. 제20권 580. 제21권 134. 제22권 303.

수로나(輸盧那)나라 제19권 393.

수론파(數論派, 僧佉) 제17권 530, 531.

수루나(首樓那, 調琴) 제17권 553, 554.

수루나(守樓那) 제19권 231.

수류복업사(修類福業事) 제18권 262.

수류습 화취조(水流濕 火就燥, 周易乾卦) 제18권 174. 제22권 378.

수면(隨眠, 不定心所) 제16권 138, 179, 181, 185, 243, 252. 제18권 334. 제22권 58, 86, 144.

수면조림(隨眠稠林, 十一林) 제22권 54, 55, 61, 81, 204.

수무염족재(受無厭足財, 化欲求衆生) 제18권 189.

수물수생(隨物受生) 제21권 44.

수물현화(隨物現化) 제21권 293.

수미정상게찬품(須彌頂上偈讚品) 제17권 59. 제21권 195.

수방언음(隨方言音, 善字有二) 제17권 190.

수번뇌(隨煩惱) 제18권 504, 506. 제19권 57, 126, 150. 제21권 95. 제22권 220, 222.

수보살기비밀(授菩薩記秘密) 제16권 191. 제22권 408.

수불공재(受不共財, 化欲求衆生) 제18권 183, 189.

수상증감문(隨相增減門) 제20권 455, 456.

수상체(隨相體) 제16권 352.

수생무명(受生無明, 無明有四) 제20권 166.

수생원(受生願, 菩薩所修正願) 제16권 352.

수생인(受生因) 제18권 124, 127.

수생자재(受生自在, 三重自在) 제18권 517.

수생조림(受生稠林, 十一林) 제22권 54, 57, 156, 157.

수생지시자견기신명아(受生之時自見己身名我) 제20권 175.

수생차별(受生差別) 제17권 391.

수선다불(須扇多佛) 제17권 377.

수설인(隨說因, 瑜伽十因) 제17권 41, 43. 제20권 167, 364, 365, 366.

수성[辰星] 제19권 390.

수성상대(修成相對) 제16권 223, 234, 542. 제22권 467.

수성시행(修成施行, 修成十行) 제17권 216.

수소의지기(隨所依之器, 智成就) 제22권 199.

수소지지법(隨所知之法, 智成就) 제22권 199.

수순견고일체선근회향(隨順堅固一切善根廻向, 現前地攝) 제16권 250. 제20권 30, 522.

수순무소유진문(隨順無所有盡門, 緣起十門 현전지) 제19권 61. 제20권 91, 92, 95, 96, 492, 522.

수순설(隨順說, 具法師行) 제22권 214.

수순자리이타상(隨順自利利他相, 前七地差別相) 제22권 350.

수순진멸관(隨順盡滅觀, 隨順無所有盡門) 제20권 493.

수순대(隨順大) 제17권 258, 260.

수순법지(隨順法智) 제16권 482.

수습(修習, 菩提分法 由五門建立 : 1. 所緣 2. 自體 3. 助伴 4. 修習 5. 修果) 제16권 239. 제19권 87.

수습단(修習斷, 四正勤 : 1. 律儀斷 2. 斷斷 3. 修習斷 4. 防護斷) 제19권 143, 144, 145.

수습위(修習位) 제16권 522. 제17권 132, 133.

수습전(修習轉) 제17권 132.

수시설건립상(數施設建立相, 聲明六相) 제19권 375.

수시수속가명차별상(隨時隨俗假名差別相, 法身五相) 제21권 321.

수시욕(隨時欲, 五種自在 : 1. 隨心欲 2. 隨何欲 3. 隨時欲 4. 隨廣狹欲 5. 隨心幾許欲) 제21권 282.

수시익(修時益) 제16권 607, 608.

수식관(數息觀) 제22권 179, 180.

수식이행불수지(隨識而行不隨智, 請分) 제16권 537.

수심기허욕(隨心幾許欲, 隨心欲, 五種自在) 제21권 282, 291.

수요체(隨要體) 제16권 75, 352.

수용정(受用淨) 제17권 403, 406.

수용향반신제혹멸(受用香飯身諸惑滅) 제17권 403, 404.

수위행(受位行) 제16권 65, 66.

수인계과(修因契果) 제20권 74.

수일체지승직삼매(受一切智勝職三昧, 受職位) 제16권 297.

수일체지승직위(受一切智勝職位, 受職位) 제22권 360.

수입후유(隨入後有, 習氣稠林) 제22권 174, 182.

수자유십오리(修慈有十五利, 修慈經) 제18권 489.

수재색계광음천(雖在色界光音天)

제16권 613.

수저적재(受貯積財, 化欲求衆生) 제18권
189, 192.

수전수승(隨轉殊勝, 十一殊勝事)
제20권 413.

수제취생상(隨諸趣生相, 衆生心種種相
十相) 제22권 67, 68, 76, 78.

수주해수겁화중 감수차법필득문(雖住海
水劫火中 堪受此法必得聞, 십지품 서
분) 제16권 608.

수중생행(隨衆生行, 習氣稠林) 제22권
164, 174, 177.

수증(修證) 제16권 62. 제17권 350.
제22권 185.

수지(受持) 제16권 237, 510.

수지(修地, 十地有三) 제22권 470, 471,
501.

수지대(受持大) 제17권 259, 260.

수지성취(受持成就, 法師自在成就)
제16권 398. 제22권 290, 300.

수지원(受持願) 제17권 354, 357, 361,
371, 445.

수지정(受持淨) 제16권 509, 510.

수지행(修智行, 能練行有三) 제18권 520.

수직위(受職位) 제16권 297. 제22권 335,
346, 353, 360, 376.

수진(水塵) 제21권 288.

수차별무생(數差別無生, 四無生) 제21권
181, 183, 201.

수하욕(隨何欲, 五種自在 부동지)
제21권 282.

수행공경(修行恭敬) 제17권 367.

수행방편섭행(修行方便攝行) 제18권
295, 336.

수행선교과(修行善巧過, 過地有三 : 1. 修
行善巧過 2. 作業廣大過 3. 修行勝入過)
제21권 111.

수행성취(修行成就) 제16권 552. 제17권
317, 322, 338, 374, 453, 621.

수행승(修行勝, 彼果勝有四 四勝果)
제17권 350, 448. 제19권 302, 358, 363,
415. 제20권 524, 526, 539, 593, 594.

수행승입과(修行勝入過, 過地有三)
제21권 111, 116.

수행실제이부작증(雖行實際而不作證,
遠行地) 제21권 118.

수행심(修行深, 深行勝) 제21권 223.

수행이리원(修行二利願) 제17권 354,
357, 361, 380, 445.

수행점차(修行漸次) 제16권 629, 632.

제17권 169, 584, 585.

수행주(修行住) 제18권 295.

수행진지부사의(修行盡至不思議, 不思議有三) 제21권 338.

수행호번뇌행(修行護煩惱行) 제18권 295, 296.

수혜(修慧, 三慧) 제16권 178, 202, 221, 223, 238, 239, 241, 474, 475, 506, 573, 574. 제17권 164, 165, 168, 173, 229, 324. 제18권 270, 275, 351, 353, 356, 358, 366. 제19권 306, 307. 제20권 503. 제21권 320. 제22권 27, 147, 427.

수호(隨好) 제22권 92, 331.

수호공덕(守護功德, 五種功德) 제21권 363.

수호공덕품(隨好功德品) 제22권 91.

수호근문심(守護根門心, 十種深心) 제18권 39, 40.

수호단(隨護斷, 四正勤) 제19권 78, 137, 140, 144.

수혹(修惑) 제16권 71, 182, 185, 524. 제17권 129. 제18권 436, 441. 제19권 166, 186, 294.

수희타(隨喜他, 心壞二義) 제18권 91.

숙주통(宿住通, 五神通) 제18권 495, 497, 513.

숙혹위무명(宿惑位無明, 구사론) 제20권 130.

순결택분(順決擇分) 제16권 64. 제19권 81, 175. 제20권 32. 제22권 192.

순류배멸(順流背滅) 제18권 330.

순법관(循法觀, 四念處) 제19권 132.

순불(順佛, 五德) 제17권 161, 368.

순불보리(順佛菩提) 제20권 569, 570.

순생보(順生報, 三報) 제18권 491. 제20권 425, 438. 제22권 111, 112.

순생수업(順生受業, 三受業) 제22권 120, 121.

순선심(純善心, 離垢地 十種深心) 제16권 64, 585. 제18권 33, 40. 제20권 556, 563, 573.

순세(順世)외도 路迦耶陀 順世學派) 제19권 377. 제20권 202, 281.

순수관(循受觀, 四念處) 제19권 132.

순숙명불생 행수순숙명왈무생(純熟名不生, 行修純熟名曰無生; 부동지) 제20권 63.

순신관(循身觀, 四念處) 제19권 97, 119, 124, 125.

순인 수순인(順忍, 隨順忍, 仁王五忍)

제18권 348. 제19권 264. 제20권 54, 55, 61, 571. 제22권 49, 50, 52.

순인명리(順忍明利) 제20권 574.

순작의구무상우(純作意求無相愚, 遠行地二愚) 제16권 188. 제21권 21, 22.

순작의배생사우(純作意背生死愚, 五地二者 1. 純作意背生死愚 2. 純作意向涅槃愚) 제16권 187. 제19권 270, 271.

순작의향열반우(純作意向涅槃愚, 五地二者) 제16권 188. 제19권 270, 271.

순정론(順正論, 種種論體有六) 제16권 260, 262. 제19권 377.

순즉연생(順卽緣生) 제20권 83.

순지대(淳至大) 제17권 255, 260.

순행차별(順行差別, 根稠林) 제22권 130.

순현보(順現報, 三報) 제18권 491.

순현수업(順現受業, 三受業) 제22권 119, 120, 121.

순후보(順後報, 三報) 제18권 491. 제20권 425, 438. 제22권 111, 112.

순후수업(順後受業, 三受業) 제22권 119, 120, 121.

순후심(淳厚心) 제18권 517.

습(習, 緣覺五相 : 1. 種性 2. 道 3. 習 4. 住 5. 行) 제18권 143.

습기(習氣) 제18권 323.

습기(習起, 善煩惱斷三處) 제18권 527.

습기과차별(習氣果差別, 十不善中各有二果) 제18권 163.

습기유삼(習氣有三 : 1. 名言習氣 2. 我執習氣 3. 有支習氣) 제20권 81, 108, 109, 110, 113, 114. 제22권 100.

습기의처(習氣依處) 제20권 128.

습기조림(習氣稠林, 十一林) 제22권 165.

습기차별(習氣差別, 智有三相) 제18권 157.

습소성종성(習所成種性) 제21권 86, 190, 191. 제22권 48.

습위습학(習謂習學) 제22권 166.

습종성섭(習種性攝) 제16권 286.

습종인(習種人) 제16권 571.

승거(僧佉, 상카학파) 제17권 530. 제20권 183, 373, 466.

승계구급(乘戒俱急) 제16권 624, 625, 626.

승계구완(乘戒俱緩) 제16권 625, 626.

승계완급(乘戒緩急) 제16권 621.

승과자재(勝過自在) 제22권 458, 460, 461.

승급계완(乘急戒緩) 제16권 623, 624,

625, 626.

승력(承力) 제16권 348, 602. 제17권 183.

승론파(勝論派, 衛世) 제17권 530, 533.

승류법계(勝流法界, 三地) 제18권 277.

승류진여(勝流眞如, 三地) 제16권 70,
186. 제18권 277, 278.

승만대치(勝慢對治) 제16권 104. 제19권
268, 281, 299, 407. 제20권 30, 497, 584.

승불신력(承佛神力) 제16권 136, 277,
425, 530, 540, 580. 제17권 22, 191. 제
22권 288, 518.

승사원(承事願) 제17권 354, 357, 359,
361, 393.

승선결정(勝善決定) 제16권 76, 345.
제17권 370.

승열자신(勝熱炙身, 逆行) 제22권 404.

승완계급(乘緩戒急) 제16권 622, 626.

승의성(勝義性) 제16권 242.

승의수(勝義修) 제19권 97.

승의제(勝義諦) 제16권 487. 제17권 536,
537.

승익애어(勝益愛語, 愛語三種) 제19권
368.

승전육지(勝前六地, 前上地勝) 제21권
76.

승종(僧宗)법사 제18권 217, 218, 219.
제19권 106.

승진달보살(勝進達菩薩, 난승지) 제19권
263.

승진도(勝進道, 四道) 제16권 246, 520.
제17권 584. 제18권 43, 441. 제19권 33,
34, 280.

승진무식(勝進無息, 九種不壞 현전지)
제20권 565, 566.

승진행(勝進行) 제18권 535. 제19권 371.
제21권 63, 64.

승해계성(勝解界性, 增上欲本心) 제19권
236.

승해작의(勝解作意, 七種作意) 제18권
373, 374, 462, 481.

승해행주(勝解行住) 제17권 234. 제18권
42.

승후삼지(勝後三地, 前上地勝) 제21권
33, 76, 82.

승훈차별(乘熏差別, 習氣稠林 十熏差別)
제22권 188.

시경업(示敬業, 放光十業 법운지) 제22권
382.

시기승진(始起勝進, 信勝) 제21권 63.

시기시멸(示起示滅) 제16권 524, 525.

시기신심(始起信心) 제17권 318.

시기요기(始起要期) 제17권 364, 365.

시대(時大, 三大 : 1. 攝功德大 2. 因大 3. 時大) 제17권 369, 370.

시라(尸羅, 此云淸凉) 제16권 621. 제17권 230. 제18권 19. 제19권 196. 제21권 69.

시류복업사(施類福業事, 三福業事) 제18권 262.

시방국토쇄위진 가어일념지기수(十方國土碎爲塵 可於一念知其數, 법운지) 제22권 535.

시방불방광조차(十方佛放光照此) 제16권 591.

시비시비밀(時非時秘密) 제16권 191.

시설분제(示說分齊) 제16권 62, 82, 233, 418, 421. 제17권 163, 193, 194, 195, 201. 제21권 320.

시승(時勝) 제16권 113.

시시설건립상(時施設建立相, 聲明六相) 제19권 375.

시심(施心, 十心) 제17권 449.

시어(時語) 제18권 79, 81, 99.

시욕명구(始欲名求) 제18권 106.

시정각업(示正覺業, 菩提作業) 제17권 420, 423

시지도비(是智導悲) 제17권 316.

시차별(時差別, 智有三相) 제18권 156, 157.

시처와 비처(是處와 非處) 제19권 360.

시행(施行) 제17권 542.

시현업(示現業, 放光十業) 제16권 587, 589, 590. 제22권 380, 382.

식구삼온 총칭명색(識俱三蘊 總稱名色, 俱舍論) 제20권 309.

식등오종 어일찰나위행소집(識等五種 於一刹那爲行所集, 識支) 제20권 145.

식등오지 개통인과(識等五支 皆通因果) 제20권 146.

식무변처(識無邊處) 제18권 284, 434, 464. 제22권 163.

식수계실(息修契實) 제16권 61. 제17권 197.

식애(食愛, 涅槃經二愛) 제20권 226.

식연명색 명색연식(識緣名色 名色緣識, 성유식론) 제20권 212.

식위종(識爲種, 有支六緣) 제20권 152, 162, 163, 203, 254.

식위종자 명색아(識爲種子 名色芽, 선혜지) 제22권 156, 309.

식임지문(食任持門, 緣起門 有八)
　제20권 79, 80.

식지어수현재전(識至於受現在轉 현전지)
　제20권 590.

신(信, 勤行有四) 제17권 337.

신(信, 十行) 제17권 216.

신(身, 成殺 有五因緣) 제18권 61.

신가(身加) 제16권 274, 313, 340, 579,
　601.

신경통(神境通, 五神通) 제18권 496, 497.

신능문모(身能捫摸, 作業自在 有八)
　제18권 499, 500.

신능주수(身能注水, 作業自在 有八)
　제18권 499, 500.

신두하(辛頭河, 四大河) 제20권 380.
　제22권 256.

신락득증(信樂得證) 제16권 173.

신락행(信樂行) 제16권 66.

신력기용지(神力起用智, 攝智勝 有五)
　제19권 361.

신력섭공덕대(神力攝功德大, 攝功德大
　有五) 제18권 320.

신리결정(信理決定, 九種不壞) 제20권
　565.

신무심이보응(身無心而普應) 제22권 33.

신비밀(身秘密) 제16권 191.

신상구족(身相具足 五頂子七德 십지품
　請分) 제16권 453. 제22권 384.

신수락(身受樂) 제18권 419, 420.

신수명외(身受名外, 受有二種) 제18권
　421. 제19권 134.

신승(信勝) 제17권 342, 349, 462.

신승(信勝, 雙行勝差別四 : 1. 二行雙無間
　2. 信勝 3. 能作大義 4. 菩提分差別, 원행
　지) 제21권 63, 66, 105, 228.

신신생실(新新生實, 治七種實) 제21권
　190.

신심무권(身心無倦, 法師十德) 제22권
　222, 224, 225.

신심성취(信心成就) 제16권 317, 620.

신심집(信心集) 제17권 229, 236, 238.

신아(神我, 勝論派) 제17권 530, 531.
　제20권 183, 246. 제22권 271.

신의순행(身依順行= 依身順行) 제22권
　131.

신인(信忍, 仁王五忍) 제20권 31, 54, 60,
　571. 제20권 49.

신자(身子, 舍利弗) 제16권 346, 427.
　제17권 403. 제21권 261. 제22권 187.

신자삼청(身子三請) 제16권 346.

신자재(身自在, 三種自在) 제18권 498, 500, 501

신자재유사(身自在有四 : 1. 舒 2. 卷 3. 隱 4. 顯) 제18권 499, 501.

신전정(身轉淨) 제16권 332, 334, 335, 336, 338.

신정(身淨) 제16권 281, 283, 290, 307. 제19권 272, 283, 288. 제20권 344.

신정공경대(身正恭敬待, 恭敬有二) 제17권 185.

신정만(身淨慢) 제20권 32, 55. 제21권 213.

신정만장(身淨慢障) 제16권 381. 제19권 271. 제21권 213.

신정만치(身淨慢治, 난승지) 제20권 31.

신정아만장(身淨我慢障, 난승지) 제19권 270.

신족여추아(神足如抽芽) 제19권 198.

신족통(神足通) 제16권 340. 제17권 430. 제18권 496.

신증명욕(信增名欲) 제16권 174, 215.

신증성욕(信增成欲) 제17권 318, 319, 338.

신토자재지(身土自在地) 제21권 162.

신통(神通, 內明治五染) 제16권 600.

제19권 360, 394.

신통단의(神通斷疑, 법운지) 제22권 444.

신통력무상(神通力無上) 제22권 435.

신통력유상(神通力有上) 제22권 437, 530.

신통력유상무상분(神通力有上無上分, 法雲地 八分) 제22권 436, 437, 530.

신통력육상(神通力六相 : 1. 依內 2. 依外 3. 自相 4. 作住持相 5. 令歡喜相 6. 大勝) 제22권 436.

신통불괴(神通不壞) 제21권 367.

신해자재(信解自在, 六自在) 제21권 331, 332.

신행(信行) 제16권 163, 164. 제17권 447, 451, 452, 459.

신행지(信行地) 제16권 163.

신현관(信現觀) 제16권 513, 515, 517 제19권 167.

실교(實敎) 제17권 105, 113. 제18권 230. 제20권 294.

실념소작업(失念所作業, 不增長業有十) 제20권 439.

실담자모(悉談字母) 제16권 548.

실리변통문(實理偏通門) 제20권 455, 458.

실보신(實報身) 실보토(實報土) 제21권 273, 313.

실상관(實相觀) 제18권 135.

실상반야(實相般若) 제21권 319.

실상진여(實相眞如) 제21권 259.

실어(實語, 語四善) 제18권 80, 99, 101, 176.

실업과(失業過, 過有三種) 제20권 435.

실지(實智) 제16권 186, 483, 630. 제17권 64, 65. 제19권 87.

심계이사(深契理事) 제18권 31.

심계청정(心界淸淨) 제19권 234, 235, 237.

심관(深觀, 本末門有六觀 현전지) 제20권 296, 464.

심난득저(深難得底, 海有八德 열반경) 제22권 503.

심대(心大) 제17권 367, 368.

심려사(審慮思, 思有三種 : 1.審慮一種思 2.決定思 3.發動思) 제22권 102.

심부동(心不動, 十心) 제17권 449.

심불괴고득자재(心不壞故得自在, 展轉 而生) 제20권 526.

심불상응행법(心不相應行法) 제16권 544. 제19권 90.

심불지족(心不知足, 貪欲二報) 제18권 172.

심비밀(心秘密) 제16권 191, 195. 제22권 408.

심사(尋伺, 覺觀) 제16권 438. 제18권 401.

심생멸문(心生滅門, 기신론) 제20권 291.

심소(心所) 제17권 249. 제18권 449, 526. 제19권 72, 184. 제20권 278, 281. 제21권 230. 제22권 231.

심수명내(心受名內, 受有二種) 제18권 419. 제19권 134, 135.

심심(深心) 제16권 47, 333, 334. 제17권 226, 256, 343, 570. 제18권 245. 제19권 304. 제21권 102.

심심무애지(甚深無礙智) 제21권 260, 380.

심심법지(甚深法智) 제16권 482.

심심부동항적멸(甚深不動恒寂滅, 부동 지) 제21권 378.

심심성취(深心成就) 제17권 453.

심약멸자생사진(心若滅者生死盡, 현전 지) 제20권 586.

심왕(心王) 제17권 506. 제18권 417, 507. 제19권 76. 제20권 278, 281. 제21권

230. 제22권 214

심외구법고유공용(心外求法故 有功用)
　　제21권 212.

심외무법(心外無法) 제20권 93.

심외무여 여외무심(心外無如 如外無心)
　　제21권 212.

심의식사견(心意識邪見) 제17권 507.

심일경성(心一境性, 等持) 제18권 267,
　　268, 391, 392, 405, 408, 434, 464. 제19
　　권 155, 158, 163, 171.

심자재(心自在, 六自在 부동지) 제21권
　　331, 332.

심정(心淨) 제16권 445. 제17권 369, 454.

심정심(深淨心) 제19권 285, 303.

심정공경대(心正恭敬待, 恭敬有二)
　　제17권 185.

심조림(心稠林, 十一林) 제22권 204.

심조림종종상(心稠林種種相 十相 : 1. 雜
　　起相 2. 速轉相 3. 壞不壞相 4. 無形質相
　　5. 無邊際相 6. 淸淨相 7. 垢無垢相 8. 縛
　　不縛相 9. 幻所作相 10. 隨諸趣生相, 선
　　혜지) 제22권 69.

심조복정(心調伏淨) 제16권 332, 333,
　　335, 338.

심진여문(心眞如門)과 심생멸문(心生滅

門) 제20권 291.

심해탈(心解脫) 제16권 595, 596. 제17권
　　245.

심행승(深行勝, 得勝行分) 제21권 219,
　　378.

심행승(深行勝 有七, : 1. 難入深 2. 同行深
　　3. 境界深 4. 修行深 5. 不退深 6. 離障深
　　7. 對治現前深 부동지) 제21권 219, 223,
　　224, 225.

심행승삼(深行勝三 : 1. 難入深 2. 同行深
　　3. 境界深) 제21권 221.

심행처멸(心行處滅) 제16권 169. 제17권
　　55. 제21권 209.

심희(心喜) 제16권 463. 제17권 275, 276,
　　277, 279.

십공삼매(十空三昧) 제20권 565.

십군(十軍, 魔軍) 제21권 127.

십도행(十度行, 십바라밀행) 제21권 68.

십력(十力) 제16권 164, 278, 563, 564,
　　577, 597. 제17권 461. 제18권 151, 152.
　　제21권 173, 176, 256. 제22권 42, 352,
　　527.

십력무외(十力無畏) 제16권 596. 제17권
　　331.

십력불괴(十力不壞) 제16권 324.

십마(十魔, 智論說) 제21권 127.

십무진구(十無盡句) 제17권 349.

십무진장품(十無盡藏品) 제17권 451,
452, 508. 제20권 403. 제22권 52.

십문섭십칠문설(十門攝十七門說 현전지)
제20권 513.

십바라밀(十波羅密, 十度) 제22권 462.

십바라밀문(十波羅密門) 제16권 67.

십법계신(十法界身) 제19권 241.

십법명문(十法明門, 염혜지) 제19권 35,
37. 제21권 173, 174.

십법명입(十法明入) 제16권 106. 제19권
47.

십변처정(十徧處定, 三摩鉢底 有五種)
제21권 103.

십불괴심(十不壞心 攝十力:1.能伏他力
2.斷疑力 3.自乘不動力 4.密處決信力
5.諸魔不壞力 6.治惑堅固力 7.偏治力
8.化生力 9.智障淨力 10.常行不捨力 현
전지) 제20권 571, 573.

십불선업도(十不善業道) 제18권 124,
155, 176.

십선도(十善道) 제18권 19, 175, 249.

십선법(十善法) 제17권 27, 158, 173.

십선업도(十善業道) 제18권 127, 131,

139, 145, 149.

십성위(十聖位) 제16권 45.

십세격법이성문(十世隔法異成門, 십현
문) 제22권 412, 413.

십승행(十勝行) 제16권 381. 제17권 133.

십신(十身) 제16권 52, 113. 제17권 368.

십신상작(十身相作) 제16권 113. 제21권
300, 502.

십심(十心, 十種深心) 제16권 63. 제17권
233, 247, 447. 제18권 285, 286, 287,
517.

십십무진(十十無盡) 제16권 58, 128.

십악중중(十惡中重) 제18권 161.

십원제증(十願齊證) 제17권 356.

십육심(十六心:1. 苦諦 苦法智忍, 苦法
智, 苦類智忍, 苦類智 4가지 마음과, 2.
集諦 集法智忍, 集法智, 集類智忍, 集類
智 4가지 마음과, 3. 滅諦에 滅法智忍, 滅
法智, 滅類智忍, 滅類智 4가지 마음과,
4. 道諦 道法智忍, 道法智, 道類智忍, 道
類智:십지품 加分) 제16권 247, 250,
252, 512, 514, 516. 제22권 264, 265.

십육심상견도(十六心相見道) 제16권
516.

십육지보처(十六智寶處, 隨順堅固一切

善根廻向) 제22권 263.

십이두타(十二頭陀) 제16권 510.

십이지다섭위사(十二支多攝爲四, 1. 能引
支 2. 所引支 3. 能生支 4. 所生支)
제20권 127.

십이지생인호통설(十二支生引互通說 有
支相續門 현전지) 제20권 129.

십인(十因, 瑜伽論十因) 제17권 41, 43,
482. 제20권 128, 154, 159, 166, 167, 188,
347, 364, 368, 424, 426.

십인품(十忍品) 제20권 55, 475, 476, 552.

십일공(十一空, 열반경) 제20권 52, 554.

십일수승사(十一殊勝事 : 1. 所緣殊勝 2.
行相殊勝 3. 因緣殊勝 4. 等起殊勝 5. 轉
異殊勝 6. 邪行殊勝 7. 相狀殊勝 8. 作業
殊勝 9. 障礙殊勝 10. 隨轉殊勝 11. 對治
殊勝, 연기경) 제20권 411, 413.

십자재(十自在, 유가사지론) 제21권 79,
277, 330, 335, 384.

십장(十障, 1. 異生性障 2. 邪行障 3. 闇鈍
障 4. 細惑現行障 5. 於下乘涅槃障 6. 麤
相現行障 7. 細相現行障 8. 無相中作加
行障 9. 利他中不欲行障 10. 於諸法中未
得自在障) 제16권 74, 381, 400. 제17권
383, 448, 450.

십정품(十定品) 제16권 48, 81, 124.
제22권 479, 480.

십종관법(十種觀法分七 : 1. 爲根未熟衆
生 2. 爲根熟衆生 3. 爲疑惑衆生 4. 爲謬
解衆生 5. 爲離正念衆生 6. 爲正見衆生
7. 爲大乘衆生 난승지) 제19권 319, 321,
322, 323, 324, 326.

십종심심(十種深心, 1. 淸淨心 2. 安住心
3. 厭捨心 4. 離貪心 5. 不退心 6. 堅固心
7. 明盛心 8. 勇猛心 9. 廣心 10. 大心, 발
광지) 제18권 287.

십종심심(十種深心 : 1. 正直心 2. 柔軟心
3. 堪能心 4. 調伏心 5. 寂靜心 6. 純善心
7. 不雜心 8. 無顧戀心 9. 廣心 10. 大心 이
구지) 제18권 33.

십종염정평등법(十種染淨平等法)
제20권 36.

십종자재(十種自在 : 1. 命自在 2. 心自在
3. 財物自在 4. 業自在 5. 生自在 6. 欲樂
自在 7. 願自在 8. 通慧自在 9. 智自在 10.
法自在 攝大乘論) 제21권 272, 273, 332,
333, 334, 336.

십종직심 십종심심(十種直心, 十種深心)
제18권 29, 33, 287, 519.

십종평등심정심(十種平等深淨心)

제21권 177.

십주품(十住品) 제16권 140, 143, 157. 제17권 226, 344. 제20권 292, 477.

십주회(十住會) 제16권 142.

십중대계(十重大戒) 제18권 55, 96.

십중장(十重障) 제16권 70, 382, 524. 제17권 133.

십지(十持, 持成就) 제16권 396. 제22권 290, 292, 300.

십지친증(十地親證) 제16권 634.

십지학궁명지진(十地學窮名地盡, 법운지) 제22권 353.

십지회(十地會) 제16권 53, 54, 63.

십진구여중생공(十盡句與衆生共) 제17권 435.

십진여(十眞如) 제16권 70, 74, 188, 381. 제17권 132, 157, 215.

십처방광(十處放光 有三業 : 1. 利益業 2. 發覺業 3. 攝伏業) 제22권 369, 372.

십친증(十親證) 제16권 634, 635.

십칠문(十七門, 諸門分別 성유식론) 제20권 507, 508, 512, 513.

십통(十通, 離世間品) 제21권 367, 368.

십통품(十通品) 제18권 496. 제21권 120.

십팔변(十八變) 제18권 500.

십평등심(十平等心, 論經) 제16권 390. 제19권 400. 제20권 556.

십포외(十怖畏 十自在治十怖畏 : 1. 死怖畏 2. 煩惱垢怖畏 3. 貧窮 4. 惡業 5. 惡道 6. 求不得 7. 謗法罪業 8. 追求時縛不活 9. 云何云何疑 10. 大衆威德 부동지 십지 경론) 제21권 335, 336.

십행품(十行品) 제18권 533. 제19권 203.

십회향품(十廻向品) 제16권 155, 250. 제22권 137, 263.

쌍탄인법청(雙歎人法請 십지품 청분) 제16권 224, 432, 504, 538, 607.

쌍행과(雙行果) 제21권 33, 97, 98. 제21권 143.

쌍행승차별(雙行勝差別, 遠行地五種相 差別) 제21권 32, 33.

쌍행차별(雙行差別) 제16권 105.

ㅇ

아금설소분(我今說少分) 제17권 40, 192.

아기타케사캄발라(阿耆多阿耆多翅舍欽 婆羅) 제20권 378.

아나함과(阿那含果, 현전지) 제19권 264.

아뇩달지(阿耨達池, 아누달연못) 제22권

476, 479.

아단설일분(我但說一分) 제16권 61.
　제17권 193.

아라한선인(阿羅漢仙人, 알라라카라마
　선인) 제21권 129.

아라한위(阿羅漢位, 원행지) 제20권 332.

아만(我慢) 제16권 137, 566.　제17권 22.
　제18권 223.　제19권 206, 333.

아만개관(我慢漑灌, 有支六緣) 제20권
　153.

아만원부(我慢原阜) 제18권 221.

아비담종(阿毘曇宗) 제21권 330.

아사세왕(闍王, 열반경) 제22권 181.

아상(我想) 제18권 232.　제19권 103,
　106, 210, 331, 334.　제20권 175, 536,
　538.

아승지품(阿僧祇品) 제18권 538.

아신즉도(我身卽道, 檀提바라문) 제22권
　163.

아애집장(我愛執藏) 제20권 328, 332.

아어취(我語取, 四取) 제20권 157, 158,
　171, 179, 231.

아유다(阿庾多) 제18권 538, 539.

아주(鵝珠) 제18권 35, 36, 38.　제19권
　360.

아집습기(我執習氣, 習氣有三 : 1. 名言習
　氣 2. 我執習氣 3. 有支習氣) 제20권 81,
　108, 109, 113, 163.　제22권 100.

아타나(阿陀那) 아타나식(阿陀那識)
　제20권 93, 282, 324, 327, 328, 331, 518.
　제22권 70.

아함(阿含) 제16권 217, 220, 224, 225,
　232, 234, 409, 410, 484, 490, 507, 559.
　제17권 147, 151, 157, 604.　제22권 41,
　219, 349, 467.

아함결정(阿含決定) 제16권 449, 450,
　451, 452.

아함덕(阿含德) 제16권 68.

아함심심(阿含甚深) 제16권 483.　제17권
　147.

아함정(阿含淨, 敎淨) 제16권 506.

악구이간 다인진치(惡口離間 多因瞋癡)
　제18권 82.

악구중중(惡口中重, 十惡中重) 제18권
　162.

악도(惡道, 十怖畏) 제21권 335.

악도외(惡道畏, 五怖畏) 제17권 298, 304,
　306.

악명외(惡名畏, 五怖畏) 제17권 298, 304,
　306.

악업(惡業, 十怖畏 : 1. 死怖畏 2. 煩惱垢怖
　畏 3. 貧窮 4. 惡業 5. 惡道 6. 求不得 7. 謗
　法罪業 8. 追求時縛不活 9. 法自在 10. 智
　自在 부동지) 제21권 336, 337. 제22권
　193, 330, 381, 492.

악지(惡止, 律儀戒) 제18권 48.

악지선행(惡止善行) 제18권 48. 제19권
　219. 제19권 100.

악취잡염우(惡趣雜染愚) 제16권 188.
　제17권 212.

안국(安國)법사 이섭(利涉) 제17권 565.

안다발갈나(安多鉢竭邪) 나라 제19권
　393.

안락(安樂) 제16권 575. 제17권 414, 415.

안락행(安樂行) 제16권 575.

안립정법(安立正法) 제17권 400.

안립제(安立諦) 제16권 244, 250, 518,
　519, 520. 제17권 120. 제19권 320.

안수섭지(安受攝持) 제22권 427, 430.

안습박갈나(頞濕縛羯拏, 馬耳山 十山)
　제22권 483.

안주관(安住觀) 제17권 315.

안주분(安住分) 제17권 221.

안주인(安住因) 제17권 315.

안주지분(安住地分) 제16권 356. 제17권

222, 223, 315, 339, 341, 558, 620.

안주지행(安住地行, 부동지) 제21권 167.

안주행(安住行) 제17권 315.

안혜(安慧) 논사 제18권 418. 제20권 283.

알포담(頞部曇, 胎中五位 구사론)
　제16권 403. 제17권 522. 제20권 206.

암둔어문사수등제법망장(暗鈍於聞思修
　等諸法忘障) 제16권 381. 제21권 213.

암둔장(暗鈍障) 제18권 274, 524.

앙가마가다(鴦伽摩伽陀) 나라 제19권
　393.

앙찰(仰刹) 제17권 397.

앙추지(仰推智 仰推如來智) 제16권 481,
　482.

애견등자 설무상문(愛見等者 說無相門)
　제22권 536.

애견치만 여전심입과환상(愛見癡慢　如
　箭深入過患相 三分 : 1. 愛 2. 見 3. 癡)
　제22권 79.

애념사견(愛念邪見) 제17권 493, 496.

애다자 설무작문(愛多者 說無作門)
　제22권 536.

애리(愛離, 世獄有五過) 제18권 227.

애별리고(愛別離苦= 親難) 제18권 229,
　308, 313.

애비애연기(愛非愛緣起, 緣起法有二 섭대
　승론) 제18권 304.

애수위윤(愛水爲潤, 有支六緣) 제20권
　152, 168.

애 시욕구중추구현보 수욕행자(愛 是欲
　求中追求現報 受欲行者) 제22권 89.

애어삼종(愛語三種, 1.慰喩愛語 2.慶悅
　愛語 3.勝益愛語) 제19권 368.

애어섭(愛語攝, 四攝) 제17권 599.
　제19권 367.

애어편다(愛語偏多) 제18권 248.

애취유생미래고(愛取有生未來苦, 현전
　지) 제20권 590.

애하표전(愛河漂轉) 제18권 213. 제19권
　410.

애희(愛喜) 제17권 277, 279.

야마게찬품(夜摩偈讚品) 제20권 467.

약견무아삼고멸(若見無我三苦滅, 현전
　지) 제20권 590.

약견연생 즉탈연박(若見緣生 則脫緣縛)
　제20권 267.

약리차착 즉무생처(若離此着 則無生處)
　제20권 112.

약사십이원(藥師十二願) 제17권 435.

약설찬승분(略說讚勝分) 제16권 93.

약왕수(藥王樹) 제17권 414, 415.

약전취실상대(約詮就實相對) 제16권
　232, 233, 234.

어구원만(語具圓滿) 제16권 256, 265,
　269.

어락중생 민기방일(於樂衆生 愍其放逸)
　제18권 179.

어락중생 생화윤심(於樂衆生 生和潤心,
　六種衆生起六種治) 제18권 109.

어무량소설법무량명구자 후후혜변다라
　니자재우(於無量所說法無量名句字 後
　後慧辯陀羅尼自在愚 九地二愚)
　제16권 189. 제22권 20, 23.

어무상유가행장(於無相有加行障 十障)
　제16권 382. 제21권 213.

어무상작가행우(於無相作加行愚, 八地
　二愚) 제16권 186, 188, 190.

어무상작공용우(於無相作功用愚, 八地
　二愚) 제21권 154.

어발보리심인기섭수심(於發菩提心人 起
　攝受心, 六種衆生 起六種治) 제18권
　109.

어발업위무명력증(於發業位無明力增)
　제20권 410.

어법자재(於法自在) 제22권 463.

어불명료(語不明了, 綺語二報) 제18권 172.

어비밀(語秘密) 제16권 191. 제22권 408.

어빈급고 생애민환희이심(於貧及苦 生哀愍歡喜二心, 六種衆生 起六種治) 제18권 111.

어상망어강호(魚相忘於江湖, 莊子) 제16권 424.

어상자재우(於相自在愚, 不動地二愚) 제16권 188. 제21권 154, 155.

어승공덕 생증상심욕과(於勝功德 生增上心欲果, 成德果 有四) 제19권 214.

어악행자 생이익심(於惡行者 生利益心, 六種衆生起六種治) 제18권 109.

어양슬륜방광(於兩膝輪放光, 十度放光) 제22권 370.

어양족하방광(於兩足下放光, 十度放光) 제22권 370.

어원생자 치어원자욕가고고(於怨生慈, 治於怨者欲加苦故) 제18권 109.

어일불승 분별설삼(於一佛乘 分別說三, 法華經) 제22권 275.

어이생병 영멸선교(於已生病 永滅善巧, 醫方明有四 난승지) 제19권 382.

어일체소지경 극미세착우(於一切所知境 極微細着愚, 如來地二愚) 제16권 186, 188. 제18권 148.

어제륜중방광(於臍輪中放光, 十度放光) 제22권 370.

어제법중 미득자재장(於諸法中 未得自在障, 於諸法中 不得自在障) 제16권 74, 382. 제17권 450. 제22권 334.

어차표익(於此漂溺, 漂溺五相) 제18권 214.

어하승반열반장(於下乘般涅槃障, 難勝地) 제16권 382. 제19권 269

억겁설차불가진(億劫說此不可盡, 법운지) 제22권 535.

언다쟁송(言多諍訟, 惡口二報) 제18권 171.

언론(言論, 論體有六) 제16권 260. 제19권 377.

언무인수(言無人受, 綺語二報) 제18권 172.

언어도단(言語道斷 心行處滅) 제16권 169, 170. 제17권 55.

엄식이익희(嚴飾利益喜) 제17권 547.

업과(業過) 제17권 263, 268.

업대(業大, 大勝分三大 : 1. 智大 2. 業大 3. 彼二所住功德大) 제21권 339, 345.

업동신(業動身) 제16권 404.

업무생(業無生) 제21권 184.

업보신(業報身, 融三世間十身) 제16권 50. 제17권 368. 제21권 300, 301, 303.

업비량(業比量) 제16권 262, 264.

업상(業相) 제21권 207.

업소작비밀(業所作秘密) 제16권 191.

업여(業餘) 제16권 305.

업염생원리과(業染生遠離果, 離障果 有 二) 제19권 203.

업용자재(業用自在) 제21권 305.

업위전(業爲田, 有支六緣) 제20권 152, 161, 163. 제22권 156.

업자재(業自在, 十自在 섭대승론) 제21권 333, 334. 제22권 24.

업자재(業自在, 中邊論 四自在) 제21권 157. 제22권 24.

업자재등소의진여(業自在等所依眞如, 十眞如) 제16권 186, 제22권 335.

업자재수(業自在修) 제16권 227, 229.

업조림(業稠林, 十一林) 제22권 54, 97, 129.

업중장(業中障, 正敎量治三事 : 1. 事中障 2. 解中障 3. 業中障) 제19권 379, 380.

업청정(業淸淨, 七地有四果) 제21권 98,

105.

업청정(業淸淨四 : 1. 戒淸淨 2. 世間智淨 3. 得自身勝 4. 得勝力 원행지) 제21권 100.

여갈사감로(如渴思甘露) 제16권 458, 460, 504.

여공중조적(如空中鳥迹) 제16권 233. 제17권 197.

여과차제훈차별(與果次第熏差別, 習氣 稠林 十熏差別) 제22권 183.

여능훈공화합성(與能熏共和合性, 所熏 四義) 제22권 170.

여도행(如道行) 제19권 299, 303, 408.

여락(與樂) 제17권 448, 456. 제18권 429, 478, 479, 484. 제21권 343.

여래가청(如來加請) 제17권 219, 278, 416, 424, 430, 579, 580. 제17권 584, 585.

여래무위(如來無爲) 제17권 82. 제22권 51.

여래비밀장 대법명 대법조 대법우(如來秘 密藏 大法明 大法照 大法雨) 제22권 428.

여래소치자 필경불부발(如來所治者 畢竟 不復發, 열반경) 제19권 382.

여래승리삼매(如來勝利三昧, 遠行地)
　제21권 109.

여래신(如來身, 融三世間十身) 제16권
　50. 제17권 368. 제21권 300, 302.

여래십신상해품(如來十身相海品)
　제22권 417.

여래장성청정일심(如來藏性淸淨一心, 一
　心三義) 제20권 275.

여래지상(如來地相, 口業十相) 제22권
　236, 237, 281, 282.

여래청(如來請) 제16권 422. 제17권 50.

여래출현품(如來出現品) 제16권 139,
　577. 제17권 130, 419, 425. 제18권 459.
　제20권 579. 제21권 312. 제22권 434.

여래현상(如來現相) 제22권 27.

여래현상품(如來現相品) 제21권 47.

여몽도하각즉무 여생범천절하욕(如夢度
　河覺則無 如生梵天絶下欲, 부동지)
　제21권 378.

여무상승위덕신(與無上勝威德身 身有二
　種) 제16권 310.

여방편상(與方便相, 菩薩地相) 제22권
　280.

여변재무능영탈신(與辯才無能暎奪身 身
　有二種) 제16권 310.

여보심집(如寶心集) 제17권 325.

여봉탐호밀(如蜂貪好蜜) 제16권 570.

여분부단시고도(餘分不斷是苦道, 현전지
　삼도부단문) 제20권 406.

여생범천절하욕(如生梵天絶下欲, 부동
　지) 제21권 378.

여선인(與善因, 化行有六) 제18권 225.

여설능행구(如說能行求) 제17권 333.

여설수행(如說修行) 제18권 366. 제19권
　217. 제22권 511.

여소훈화합성(與所熏和合性, 能熏四義)
　제22권 171.

여수입중 개실본명(餘水入中 皆失本名,
　大海十相) 제22권 497.

여식공생사취온 위명색(與識共生四取蘊
　爲名色) 제20권 203.

여실각(如實覺) 제18권 336, 339.

여실관고(如實觀苦, 大悲觀有二) 제19권
　336.

여실분별의삼매(如實分別義三昧, 遠行
　地) 제21권 106, 108.

여실수(如實修, 地上菩薩 二修行)
　제22권 349.

여실제차별지(如實諦差別知, 比智)
　제22권 260.

여여지(如如智) 제16권 76, 77, 296.
제21권 204. 제22권 330.

여영여향(如影如響) 제21권 39. 제21권
38.

여의자재(如意自在) 제21권 332, 333.

여의통(如意通) 제16권 340, 341. 제17권
411. 제18권 496.

여인구양(如人驅羊, 莊子) 제19권 129.

여인우뇌 언불입심(如人憂惱 言不入心)
선혜지 제22권 214.

여중생동(與衆生同, 校量勝有二) 제17권
357.

여차표익(如此漂溺, 漂溺五相) 제18권
215, 216.

여처구해탈(餘處求解脫, 大悲觀分四)
제20권 91, 92, 299, 323.

여청정지공상인접(與淸淨地共相隣接, 遠
行地) 제21권 18, 19.

역관(逆觀, 有支相續門) 제17권 253.
제19권 341. 제20권 38, 445, 481, 499.

역용교철(力用交徹) 제20권 476.

역즉연멸(逆卽緣滅) 제20권 83.

역행(逆行) 제22권 404.

연각관연(緣覺觀緣) 제18권 140.

연각보리(緣覺菩提) 제20권 85.

연각성문(緣覺聲聞) 제18권 140.

연각신(緣覺身, 獨覺身) 제16권 53, 502.
제17권 368. 제21권 300, 301, 310.

연각십선(緣覺十善) 제18권 127, 139.

연각연각(緣覺緣覺) 제18권 140.

연금유(鍊金喩) 제16권 228.

연기상유(緣起相由) 제20권 79. 제21권
305.

연등기(緣等起= 緣刹那等起 等起二種)
제20권 164.

연박연기(連縛緣起, 구사론 四種緣起)
제20권 314, 315.

연생즉공(緣生卽空) 제19권 112.

연생행(緣生行) 제16권 65.

연수(緣修) 제17권 163, 173, 575, 577,
579, 589.

연육(軟肉) 제16권 403.

연지(緣智) 제16권 248. 제22권 50.

연찰나등기(緣刹那等起, 等起有二)
제20권 165. 제22권 108.

연촉무애(延促無礙) 제16권 340.

연현관(緣現觀, 俱舍論) 제22권 266, 267.

열미심(悅美心, 善護他心) 제18권 528,
531.

열반(涅槃, 彼岸有二 : 1.涅槃 2.窮行究

竟) 제16권 367. 제17권 87, 93. 제22권 51.

열반경 십일공(涅槃經 十一空) 제20권 52, 554.

열반상(涅槃相) 제17권 114, 424, 425, 444.

열반성(涅槃性) 제20권 523.

열반지(涅槃地, 不動地 이름) 제21권 354.

열의어(悅意語) 제18권 90, 96.

염고락구열반(厭苦樂求涅槃) 제22권 393.

염과분(厭果分, 發光地四分) 제16권 104. 제18권 284, 477.

염리(厭離) 제18권 55, 284, 294, 318.

염분(厭分, 發光地 四分) 제16권 104, 106. 제18권 56, 284, 359, 368.

염분의타(染分依他) 제19권 44.

염분칠상(厭分七相: 1.依何修 2.云何修 3.何處修 4.何故修 5.何時修 6.何所修 7.何爲修 발광지) 제18권 369.

염불교화(念佛教化) 제17권 284.

염불법(念佛法, 如佛所得 我亦當得故者 別有九種 1.念佛法 2.念佛菩薩 3.念佛行 4.念佛淨 5.念佛勝 6.念佛不壞 7.念佛教化 8.念佛利益 9.念佛入) 제17권

284.

염상(染相, 煩惱稠林) 제20권 34. 제22권 80, 82.

염생사고 락취열반(厭生死苦 樂趣涅槃, 염혜지) 제19권 270.

염생정멸(染生淨滅) 제20권 72.

염여불염문(染與不染門, 攝三道門) 제20권 509.

염의지관(染依止觀, 本末門 有六) 제20권 296, 297, 300.

염이불염(染而不染, 自性不染相) 제20권 290. 제22권 77, 87.

염인관(染因觀, 本末門 有六) 제20권 297.

염정교철(染淨交徹) 제20권 78.

염정분별관(染淨分別觀, 一切相智觀爲 九) 제20권 89, 95, 101, 259, 260.

염정상잡(染淨相雜, 遠行地) 제21권 87.

염지(焰地) 제16권 104, 231, 388. 제19권 19, 251.

염하고추장 흔상정묘리(厭下苦麤障 欣上淨妙離) 제18권 371, 458.

염행분(厭行分, 發光地四分) 제16권 106. 제18권 284, 294, 539.

염혜지(焰慧地) 제16권 380, 388, 406.

제19권 15, 19, 31, 46, 201, 240, 247, 255.
제22권 53, 328, 485, 498.

영농공업(營農工業, 工巧明有六) 제19권
387.

영득보리대지(令得菩提大智, 化行有六)
제18권 225.

영리집염(令離集染, 化行有六) 제18권
225.

영무고환(令無苦患, 化行有六) 제18권
225.

영물증멸행(令物證滅行, 修行勝有十一)
제19권 362.

영불토정(令佛土淨, 八地相) 제22권 350.

영사상즉(令事相卽, 一心十門) 제20권
292, 293.

영송공경(迎送恭敬) 제17권 367.

영조공업(營造工業, 工巧明有六, 난승지)
제19권 387.

영타신지(令他信支) 제19권 191, 192.

영환희상(令歡喜相, 神通力六相 법운지)
제22권 436.

예류과(預流果, 대지도론) 제20권 514,
515.

예토(穢土) 제18권 516.

오개(五蓋) 제18권 399, 400, 402. 제19권

131, 147.

오개탁(五蓋濁, 六濁) 제16권 455.

오과실(五過失, 1. 不正信 2. 退勇猛 3. 誑
他 4. 謗佛 5. 輕法) 제17권 158.

오근(五根, 現觀方便道) 제19권 77, 167.

오근소수 명신수(五根所受 名身受)
제19권 134.

오근여생근(五根如生根) 제19권 198.

오덕(五德 聲者具五德 : 1. 不鄙陋 2. 不輕
易 3. 雄朗 4. 相應 5. 義善) 제16권 265.
제17권 159, 161.

오둔사(五鈍使, 十使) 제16권 569.
제17권 300. 제19권 291. 제21권 129.

오력(五力, 親近現觀道) 제19권 77, 175.

오력(五力, 於中二 1. 不爲他伏 2. 能伏於
他) 제19권 177.

오력 여경엽증장(五力 如莖葉增長)
제19권 196.

오리사(五利使, 十使) 제21권 129.

오명(五明) 제19권 264, 273, 327.

오명처교화행(五明處敎化行, 難勝地 二
行) 제19권 273.

오무간업(五無間業) 제22권 120, 121.

오무량계(五無量界 1. 衆生無量 2. 世界無
量 3. 法界無量 4. 調伏衆生界無量 5. 調

伏方便界無量 원행지) 제17권 243, 442. 제21권 53.

오박(五縛, 五住煩惱) 제18권 523.

오복 위견문친근공양수행(五福, 謂見聞 親近供養修行) 제21권 47.

오분법신(五分法身) 제19권 263.

오범(誤犯) 제16권 385.

오신통(五神通, 行功用果) 제18권 279, 474. 제21권 104.

오실(五失) 제17권 159, 160.

오역(五逆) 제22권 49.

오역죄(五逆罪) 제18권 162.

오위(五位 大乘五位) 제16권 166, 168, 186, 518. 제17권 233.

오음성고(五陰盛苦) 제18권 311.

오음수축고(五陰隨逐苦) 제18권 233.

오인(五忍) 제22권 50.

오입미세비밀우(悟入微細秘密愚, 法雲地 二愚) 제16권 190, 193. 제22권 334.

오정거천(五淨居天) 제16권 614.

오정자(五頂子) 제16권 453.

오정자칠덕(五頂子七德 : 1. 生中國 2. 父 母俱是婆羅門姓 3. 有般涅槃性 4. 身相 具足 5. 聰明辯捷 6. 性行柔和 7. 有大悲 心) 제16권 453. 제22권 384.

오종자재(五種自在 : 1. 隨心欲 2. 隨何欲 3. 隨時欲 4. 隨廣狹欲 5. 隨心幾許欲 부 동지) 제21권 282, 285.

오종중생(五種衆生) 제18권 381, 384.

오포외(五怖畏 1. 不活畏 2. 惡名畏 3. 死 畏 4. 惡道畏 5. 大衆威德畏 初地) 제17권 300, 305. 제21권 336, 337, 338.

오포외과(五怖畏果) 제17권 304.

옥녀보소생(玉女寶所生) 제22권 385.

온마(蘊魔, 四魔) 제20권 579. 제21권 127.

왕왕약만경지파(汪汪若萬頃之陂, 蔡邕) 제16권 551, 552. 제18권 531.

외고(畏苦, 對後顯劣有五) 제18권 136.

외연성숙문(外緣成熟門, 緣起門有八) 제20권 79, 80.

외유보살미묘언사(外由菩薩美妙言辭, 而演法義 名四無礙辯) 제22권 227.

외즉수토곡아(外卽水土穀芽, 因緣有二) 제20권 77.

요기리(要期離, 離有三種) 제18권 53

요달삼계의심유 십이인연역부연(了達三 界依心有 十二因緣亦復然, 현전지) 제22권 332.

요법연집(了法緣集) 제22권 393.

요부사(澆部沙)나라 제19권 393.

요상작의(了相作意, 七種作意) 제18권 370, 371, 374, 375.

요설무애지(樂說無礙智) 제22권 226, 230, 231, 240, 245, 248, 252, 262.

요설변(樂說辯) 요설변재(樂說辯才) 제16권 279. 제22권 293, 294.

요세법(了世法) 제17권 449, 451, 452, 458.

요익(饒益, 語四善) 제18권 34, 176.

요익중생(饒益衆生) 제18권 44.

요익중생선(饒益衆生禪=利益衆生禪) 제21권 105, 106.

요익행(饒益行) 제18권 45.

요의경(了義經)과 불요의경(不了義經) 제21권 185.

요인(了因) 제16권 368, 370. 제19권 67.

요찰개공락엄토(了刹皆空樂嚴土, 원행지) 제21권 137.

요치중병실령유(療治衆病悉令愈, 난승지) 제19권 412.

욕(欲, 勤行有四 : 1.信 2.欲 3.精進 4.方便) 제17권 337, 338.

욕득방편지(欲得方便智, 依智相 有四) 제22권 261.

욕류·유류·무명류·견류(欲流·有流·無明流·見流, 四流) 제18권 213.

욕박(欲縛, 四縛 : 1.欲縛 2.色縛 3.有縛 4.無明縛 皆轉微薄) 제18권 524.

욕수습(欲修習, 雜集論 九修) 제19권 126.

욕 승해 념 정 혜(欲, 勝慧, 念, 定, 慧, 別境心所五) 제21권 210.

욕시종(欲始終) 제16권 235, 238.

욕애주지(欲愛住地) 제17권 496, 497.

욕정(欲淨) 제16권 506, 507.

욕정(欲定) 제19권 155, 157, 159.

욕취(欲取, 四取) 제20권 156, 157, 169, 170, 230.

욕탐우(欲貪愚, 발광지) 제16권 188. 제18권 274, 275.

용-(用, 菩薩十善 四相 1.因集 2.用 3.彼力 4.地) 제18권 145.

용맹(勇猛, 五德) 제17권 159.

용맹무외(勇猛無畏, 論多所作法有三) 제16권 257, 266, 270.

용맹수습(勇猛修習, 雜集論 九修) 제19권 126.

용맹정진(勇猛精進, 法師十德) 제21권 236. 제22권 222, 224, 225.

용맹희(勇猛喜, 九種歡喜 환희지) 제17권 277, 281.

용불가진(用不可盡) 제22권 429.

용수(龍樹)보살 제16권 392. 제17권 107, 475. 제20권 77.

용약희(踊躍喜, 九種歡喜) 제17권 277, 280.

용열(踊悅, 踊悅二種 1.義大踊悅 2.說大踊悅) 제16권 147, 150. 제17권 23, 24.

용이상적(用而常寂, 地智二能 1.寂而常用 2.用而常寂) 제16권 369. 제17권 61. 제20권 552.

용천어(庸賤語, 惡口) 제18권 90, 93, 94.

우고생어진(憂苦生於瞋, 煩惱染差別) 제22권 128.

우루가(優樓歌) 선인 제17권 531.

우치심과(愚痴心過, 未得五欲追求時四過) 제18권 196.

우치전도관(愚癡顚倒觀) 제20권 256.

우치탁(愚癡濁, 六濁 1.不欲濁 2.威儀濁 3.五蓋濁 4.異想濁 5.不足功德濁 6.愚癡濁 십지품 請分) 제16권 455, 456.

운유삼의(雲喩三義 : 1.含水義 2.覆空義 3.霆雨義) 제22권 321.

운종용 풍종호(雲從龍 風從虎, 周易) 제22권 378.

운타불식(運他不息) 제17권 418.

운하능초(云何能超) 제18권 463.

운하무상(云何無常) 제18권 299.

운하수(云依修, 厭分七相 : 1.依何修 2.云何修 3.何處修 4.何故修 5.何時修 6.何所修 7.何爲修) 제18권 369.

울두람선인(鬱頭藍弗仙人, 우드라카 라마푸트라 선인) 제21권 129.

원(願, 戒增上五義) 제18권 155.

원가점(圓家漸, 池喩) 제22권 474.

원공(遠公, 慧遠법사) 제16권 68, 84, 85, 169, 171, 193, 197, 220, 258, 402, 443, 534, 567, 571, 580, 585, 599, 629. 제17권 24, 26, 28, 41, 139, 166, 175, 469, 476, 481, 483, 559. 제18권 98, 186, 300, 303, 348, 383, 407, 410, 418, 421, 423, 446. 제19권 141, 142, 145, 302, 306, 313, 320, 344, 403. 제20권 31, 45, 52, 65, 136, 175, 199, 258, 320, 338, 370, 534, 551, 560, 565. 제21권 69, 98, 99, 200, 247, 252, 254, 298, 313, 331, 348, 352, 354, 361. 제22권 37, 40, 81, 85, 97, 144, 158, 183, 233, 387, 393, 402, 467, 514.

원공십칠과(遠公十七過) 제17권 347.

원교(圓敎) 제17권 113, 114, 129, 130.
제18권 392, 478, 493. 제19권 109. 제20
권 293, 294. 제22권 474, 475.

원교육즉(圓敎六卽 : 1.理卽三德 2.名字
三德 3.觀行三德 4.相似三德 5.分眞三
德 6.究竟三德) 제17권 130.

원달지(遠達地, 七地名) 제21권 19.

원락위(願樂位) 제16권 175.

원력수생(願力受生) 제21권 45.

원리겁약잡염(遠離怯弱雜染) 제16권
456.

원리삼계(遠離三界) 제21권 38, 44.

원리삼계이장엄 십이인연역부연(遠離三
界而莊嚴 十二因緣亦復然, 현전지)
제21권 137.

원리수(遠離修) 제17권 327.

원리염상(遠離染相, 眞解脫有四相 현전
지) 제20권 96, 460.

원리작의(遠離作意, 七種作意) 제18권
372, 374.

원만문지다라니우(圓滿聞持陀羅尼愚,
圓滿陀羅尼愚, 발광지) 제16권 186,
188. 제18권 274.

원바라밀증상(願波羅密增上, 八地得)
제21권 373.

원분대치(遠分對治) 제18권 446.

원선결정(願善決定) 제16권 349, 352.
제17권 247.

원성실성(圓成實性) 제20권 46.

원속연기(遠續緣起, 俱舍論四種緣起)
제20권 314, 315.

원수행성(願遂行成) 제17권 364.

원승(願勝) 제17권 342, 343, 344, 349,
350, 443.

원시수축(遠時隨逐, 隨逐有六) 제22권
149.

원원(圓圓, 海喩) 제22권 475.

원위분별설(願爲分別說) 제16권 437,
444..

원융문(圓融門) 제16권 60, 73, 406.

원입상(遠入相, 煩惱稠林 三種事 : 1.遠入
相 2.難知相 3.染相) 제22권 80.

원자재(願自在, 智自在 得二自在 : 1.得
願自在 2.得如意自在) 제21권 331, 333.

원전리(遠轉離, 九種轉離 환희지) 제17권
294.

원중점(圓中漸, 山喩) 제22권 474.

원증회고(怨憎會苦) 제18권 308, 313.

원지(遠地, 深遠地 ; 七地名) 제21권 19.
제22권 328.

원지과(願智果) 제17권 346, 561, 563,
566, 609, 631. 제18권 251. 제22권 460.

원지하(願智河, 四河) 제22권 480.

원취유행(願取有行, 修行勝有十一)
제19권 364. 제21권 125, 128.

원행(願行) 제16권 65. 제17권 364.
제21권 344.

원행지(遠行地) 제16권 380, 394, 396,
406. 제21권 34, 51, 130, 133, 144. 제22
권 487, 499.

월광유육지(月光喩六地) 제19권 403.

위근미숙중생(爲根未熟衆生, 十種觀法
分七) 제19권 319.

위근숙중생(爲根熟衆生, 十種觀法分七)
제19권 321.

위대승중생(爲大乘衆生, 十種觀法分七)
제19권 326.

위류해미혹중생(爲謬解迷惑深法衆生,
十種觀法分七) 제19권 322.

위리정념중생(爲離正念衆生, 十種觀法分
七) 제19권 323.

위리중생발대심(爲利衆生發大心, 十地
偈) 제22권 520, 522.

위세(衛世, 바이세시카학파) 제17권 530,
531. 제20권 183, 466.

위세문(威勢門, 緣起門有八) 제20권 79,
80.

위세신(威勢身, 知佛身自有十相 부동지)
제17권 368. 제21권 311, 313.

위유애어(慰喩愛語, 愛語三種) 제19권
368.

위의구족(威儀具足, 法師十德) 제22권
222, 224, 225.

위의적정최무비(威儀寂靜最無比, 원행지)
제21권 29.

위의탁(威儀濁, 六濁) 제16권 455.

위의혹중생(爲疑惑衆生, 十種觀法分七)
제19권 322, 367.

위인기난(爲因起難, 瀑水波浪有三相)
제18권 213, 226.

위정견중생(爲正見衆生, 十種觀法分七)
제19권 324.

위타소광(爲他所誑, 妄語二報) 제18권
170.

위타속(爲他屬, 三種過) 제17권 326

위하의(爲何義) 제17권 224, 239, 240,
271, 274, 614.

위화중생동피형(爲化衆生同彼形, 부동
지) 제21권 382.

유가십인(瑜伽十因 : 1.隨說因 2.觀待因

3. 牽引因 4. 生起因 5. 攝受因 6. 引發因 7. 定異因 8. 同事因 9. 相違因 10. 不相違因) 제17권 41, 43. 제20권 167, 364, 365, 366.

유건타(由乾陀 由乾陀羅) 제22권 482.

유나병중(維那秉衆) 제19권 129.

유대삼종(有對三種 : 1. 障礙有對 2. 境界有對 3. 所緣有對) 제18권 447, 449, 450, 453.

유대상(有對想) 제18권 439, 453.

유대촉(有對觸) 제20권 223, 224.

유덕불고(有德不高) 제19권 225.

유력능작(有力能作, 自力辯 因中有四義 1. 有力能作 2. 無力不作 3. 具二能引生 4. 泯攝前三) 제16권 281, 282.

유루무루문(有漏無漏門, 攝有支門) 제20권 140, 509, 510, 513.

유리야(喩梨耶, 空有四義 : 1. 喩眞如 2. 喩麤重 3. 喩法身 4. 喩梨耶) 제22권 322.

유리왕(琉璃王, 作業定) 제16권 554.

유리위정(琉璃爲淨) 제22권 366.

유박(有縛, 世獄有五過 : 1. 苦事 2. 財盡 3. 愛離 4. 有縛 5. 障礙) 제18권 228, 509, 523, 524.

유법신(喩法身, 空有四義) 제22권 322.

유병(愈病, 甘露四能 : 1. 除渴 2. 去飢 3. 愈病 4. 安樂) 제16권 575.

유부무기(有覆無記) 제20권 509, 510, 513.

유부종(有部宗=說一切有部) 제18권 164, 490. 제20권 280.

유상부동(有相不動) 제16권 395, 396.

유상천(有想天) 제17권 386, 387. 제22권 159.

유생멸(有生滅, 能熏四義) 제22권 166, 170, 171.

유선나(踰繕那) 제16권 299, 300.

유설유통분(喩說流通分, 或爲四分 : 1. 序分 2. 正宗分 3. 法說流通分 4. 喩說流通分) 제16권 91.

유승용(有勝用, 能熏四義 : 1. 有生滅 2. 有勝用 3. 有增減 4. 與所熏和合而轉) 제22권 170, 171.

유심상멸비심체멸(唯心相滅非心體滅, 기신론) 제20권 587.

유심유사정려(有尋有伺靜慮, 初禪) 제18권 386.

유심정(有心定) 제16권 127, 128.

유약승강강(柔弱勝剛强, 老子) 제18권 530.

유연심(柔軟心, 二地十心) 제16권 63. 제17권 247, 445, 447, 585. 제18권 33. 제19권 215.

유연어(柔軟語) 제18권 90.

유연직심(柔軟直心, 十種深心) 제18권 34.

유위무위문(有爲無爲門, 攝生滅門, 攝因緣門) 제20권 509, 513.

유위법(有爲法) 제16권 317, 318. 제17권 126. 164, 183, 297, 490. 제19권 99, 329. 제20권 547. 제22권 42, 246.

유위법동상(有爲法同相, 依同相有四) 제22권 246.

유유생사(有有生死)와 무유생사(無有生死), 有頂天) 제22권 146.

유유치고이장(由有治故離障, 展轉而生) 제20권 526.

유윤종자의처(有潤種子依處) 제20권 128, 129.

유인체(唯因體, 論體性 十種體 양섭론) 제16권 75, 352.

유작선법정(有作善法淨, 四淨 1. 有作善法淨 2. 無作法淨 3. 化衆生淨 4. 身淨) 제16권 281, 283, 287, 289, 308. 제20권 344. 제21권 352.

유재석(有財釋) 제16권 134.

유전삼세(流轉三世, 順觀) 제20권 430, 434.

유정세간생사문(有情世間生死門, 緣起門有八) 제20권 79.

유제보살유대방편신통원력(唯除菩薩有大方便神通願力, 원행지) 제21권 18, 84.

유종오상(儒宗五常, 三敎之宗) 제20권 74.

유종종보장(有種種寶藏, 海有八德 열반경) 제22권 503.

유죄자제(有罪者制) 제18권 102.

유중수승행(有中殊勝行, 원행지) 제21권 125, 177.

유지상속문(有支相續門 緣起十門) 제20권 89, 91, 92, 105, 261, 323, 352, 368, 420, 510, 512, 514.

유증감(有增減, 能熏四義) 제21권 157. 제22권 166, 169, 171, 516.

유지습기(有支習氣, 習氣有三 : 1. 名言習氣 2. 我執習氣 3. 有支習氣) 제20권 81, 108, 109, 110, 163. 제22권 100.

유지행미(類地行微) 제17권 47, 138.

유진여(喩眞如, 空有四義) 제22권 322.

유차일사실(唯此一事實, 法華經) 제22권

273.

유차표익(由此漂溺, 漂溺五相) 제18권
214, 251.

유추중(喩麤重, 空有四義) 제22권 322.

유치고삼매승(有治故三昧勝, 展轉而生)
제20권 526.

유표시무표시상(有表示無表示相, 業種
種相) 제22권 96, 103.

유하상(有何相) 제17권 224, 226, 260,
275, 292, 297, 616.

유행미구해미득 수식이행불수지(有行未
久解未得 隨識而行不隨智) 제16권
537.

유행유간발과(有行有間發過, 地持說)
제21권 225, 226, 228, 231.

유현지미(喩顯地微) 제17권 46, 149.

유화신증상(柔和信增上) 제17권 320.

유희신통(遊戲神通) 제16권 191.

육결정(六決定) 제16권 73, 76, 345, 352,
354, 377. 제17권 247, 326, 370.

육상원융(六相圓融) 제16권 193, 197,
377. 제17권 229, 239, 360, 383.

육성취(六成就) 제16권 94, 112.

육쇠(六衰) 제22권 92, 93, 94, 95, 96.

육식소수명심수(六識所受名心受)

제18권 134.

육십이견(六十二見) 제19권 206. 제20권
175, 325.

육자재(六自在 : 1. 命自在 2. 心自在 3. 業
自在 4. 信解自在 5. 法自在 6. 智自在 부
동지) 제21권 331.

육종십팔상동(六種十八相動) 제22권
513.

육종정견(六種正見 : 1. 眞實智正見 2. 行
正見 3. 敎正見 4. 離二邊正見 5. 不思議
正見 6. 根欲性正見 금강선론) 제16권
325.

육종청(六種聽 : 1. 應時聽 2. 殷重聽 3. 恭
敬聽 4. 不爲損惱聽 5. 不爲隨順聽 6. 不
求過失聽 유가론) 제16권 456, 457.

육친(六親) 제18권 76, 78.

육탁(六濁 : 1. 不欲濁 2. 威儀濁 3. 五蓋濁
4. 異想濁 5. 不足功德濁 6. 愚癡濁 십지
품 請分) 제16권 455, 456.

육폐(六蔽) 제22권 193.

육행(六行) 제17권 67, 118.

윤업수생 애취력승(潤業受生 愛取力勝)
제20권 410.

윤업위(潤業位) 제20권 166, 169, 410.

윤택어(潤澤語) 제18권 90.

율사(律師, 知有罪無罪 是名律師)
　제18권 103.

율의단(律儀斷, 四正勤) 제19권 78, 137,
　140, 143, 144, 145.

율의정(律儀淨, 自體淨) 제18권 43.

융사상입(融事相入, 融事相入門 一心十
　門) 제20권 291.

융통무애(融通無礙) 제20권 74, 79.

융회본말(融會本末) 제16권 192, 193.

은(隱, 身自在有四 : 卷 舒 隱 顯) 제18권
　500, 501.

은중청(殷重聽, 六種聽 유가론) 제16권
　456, 457.

은현상성(隱顯相成) 제18권 47.

음계입(陰界入) 제16권 197. 제17권 146.

음성인(音聲忍) 제18권 349.

음악공업(音樂工業, 工巧明有六) 제19권
　386.

음중중(婬中重, 十惡中重) 제18권 161.

응공(應供, 論莊嚴五種) 제16권 265.

응시청(應時聽, 聽法六種相) 제16권 456,
　457.

응화자신(應化自身) 제22권 441.

응화지대(應化智大, 智大有七智) 제22권
　391, 401.

의가(意加) 제16권 274, 277, 311, 313,
　321, 328.

의공멸색(疑空滅色, 三種空 중 斷滅空)
　제17권 75, 82.

의공시물(疑空是物, 三種空 중 取空爲有)
　제17권 75, 79, 82.

의공이색(疑空異色, 三種空 중 色外空)
　제17권 75, 79, 82.

의근본입(依根本入) 제16권 175, 194.

의념(疑念, 有二妄想 不堪得證 : 1. 邪見
　2. 疑念) 제16권 566.

의대(義大) 제16권 224, 234, 421, 471.
　제17권 21, 24, 27, 28, 30, 87, 107, 168,
　278. 제22권 280.

의대용열(義大踊悅) 제16권 233. 제17권
　24, 158.

의덕성위(依德成位, 勝進有三) 제21권
　348, 354.

의동법기보은심(依同法起報恩心)
　제19권 225.

의리분제(義理分齊) 제16권 195. 제17권
　384.

의무애지(義無礙智) 제22권 226, 230,
　231, 240, 245, 248, 251, 253, 259, 267,
　272, 277, 281, 284.

의무애해(義無礙解) 제22권 21, 22, 227

의방명(醫方明, 五明) 제19권 262, 374, 381. 제22권 519.

의법기행(依法起行) 제17권 408. 제19권 223, 225.

의보(依報)와 정보(正報) 제17권 369, 441. 제18권 208, 298. 제19권 41, 57. 제21권 46. 제22권 284.

의불법신기행(依佛法身起行, 修行勝有 十一) 제19권 364.

의불소작기행(依佛所作起行, 修行勝有 十一) 제19권 364.

의생신(意生身) 제17권 91, 368. 제18권 422. 제21권 311, 313, 314, 351.

의시설건립상(義施設建立相, 聲明六相) 제19권 374, 375.

의신기행(依信起行) 제17권 317. 제21권 64.

의신순행(依身順行, 三種順行 : 1. 依身順 行 2. 生滅順行 3. 觀行取相順行) 제22권 130.

의아유무(疑我有無, 前際三疑 : 1. 疑我有 無 2. 疑我體性 3. 疑我差別) 제20권 450.

의아차별(疑我差別, 前際三疑) 제20권 450.

의아체성(疑我體性, 前際三疑) 제20권 450.

의업구오연(意業具五緣) 제18권 107

의오세설십이지(依五世說十二支) 제20권 318.

의왕연수유(醫王延壽喩) 제21권 312.

의요(意樂, 增上心欲果 瑜伽論) 제18권 20, 286. 제19권 236. 제22권 20.

의요청정(意樂淸淨) 제17권 454. 제19권 17.

의원기행(依願起行) 제18권 177.

의원조수(依願造修) 제17권 349.

의인(依因, 淨因有二 : 1. 生因 2. 依因) 제17권 404.

의일명이(義一名異) 제18권 30, 91.

의장성취(義藏成就, 歎法藏有二種 : 1. 義 藏成就 2. 字藏成就) 제16권 218, 603.

의정(義定) 제17권 473.

의존기보은심(依尊起報恩心) 제19권 225.

의주(義住) 제16권 471.

의주석(依主釋) 제16권 58. 제18권 60, 448. 제20권 224.

의지(依止, 對後顯劣有五) 제18권 135.

의지(義持, 聞持通四 : 1. 法持 2. 義持 3. 呪

持 4. 能得忍持) 제18권 275, 276.
제19권 400. 제22권 293.

의지공덕(依止功德, 五種功德) 제21권
363.

의지관(依止觀, 一切相智觀爲九) 제20권
95, 96, 100, 260, 333, 517.

의지심미(依止甚微, 四甚微) 제17권 63.

의지인행(依止因行, 修行勝有十一)
제19권 362, 363.

의지전리(依止轉離, 九種轉離) 제17권
295.

의차별자상(義差別自相, 自相四種)
제22권 241.

의차표익(依此漂溺, 漂溺五相) 제18권
214, 217.

의타기(依他起) 제16권 242. 제17권 121,
476. 제21권 316.

의타성(依他性) 제16권 351. 제19권 43.
제20권 46.

의하수(依何修, 厭分七相) 제18권 369,
370, 371.

의하신(依何身) 제17권 224, 271, 275,
614.

의행득증위지입(依行得證爲至入)
제22권 353.

이간(離間, 狎密成疎曰離間) 제18권 86.

이계과(離繫果, 五果) 제18권 490, 491.

이계정(離戒淨, 律儀淨) 제18권 43.

이고수축(離苦隨逐, 隨逐有六) 제22권
153, 155.

이과(離過) 제16권 441, 478. 제21권 41,
71.

이과단덕(離過斷德) 제17권 403.

이구(離求, 能求之行 九種 환희지)
제17권 333, 334.

이구삼매(離垢三昧) 제16권 297.

이구지(離垢地) 제16권 106, 380, 381,
383, 406. 제18권 585.

이구진여(離垢眞如) 제16권 62.

이구청정(離垢淸淨, 淸淨有二種 : 1. 自性
淸淨 2. 離垢淸淨, 寶性論) 제17권 89.

이기탐인(離起貪因) 제18권 58.

이념난득(離念難得) 제16권 474.

이단병불부갱생선교(已斷病不復更生善
巧, 醫方明有四) 제19권 382.

이단분별문(二斷分別門, 攝有支門逆觀)
제20권 512, 513.

이도구해탈(異道求解脫, 大悲隨順觀分
四) 제20권 92, 299, 323, 371, 420.

이둔이사(利鈍二使, 十使) 제21권 129.

이라발(伊羅鉢)·용왕 제18권 37, 38.

이세락계(二世樂戒 九戒 유가사지론)
　제10권 332.

이락정려(離樂靜慮, 四禪) 제18권 386.

이리창성(二利創成, 名歡喜地 此有二義 :
　1. 二利創成 2. 聖位新得) 제16권 383.

이리행(二利行) 제16권 128, 158, 358,
　360, 372. 제17권 171, 209, 357, 360, 372,
　455, 552, 607, 608. 제18권 123, 320,
　518. 제19권 213. 제20권 72, 99, 568.
　제21권 255, 344. 제22권 39, 40, 359.

이말귀본(以末歸本, 一心十門) 제20권
　281, 289.

이방섭(離謗攝) 제17권 76.

이법아착(離法我着, 治有四慢) 제20권
　33.

이사(李斯) 제16권 551, 552.

이사견(離邪見, 十善業道) 제18권 127.

이사의지(理事依持, 一心門) 제20권 522.

이사타라(伊沙陀羅, 此云持軸 十山)
　제22권 482, 483.

이삼칠각정동세(二三七各定同世, 一重
　因果) 제17권 483. 제20권 424, 483.

이상심수(離相心修, 道諦攝) 제22권 45.

이상탁(異想濁, 六濁) 제16권 455, 465,

457.

이생(離生) 제16권 478.

이생성장(異生性障, 十障) 제16권 74,
　382. 제17권 211, 450.

이생영광(已生令廣, 四正勤) 제19권 152.

이생지악 단령불속(已生之惡斷令不續)
　제19권 140.

이생행(利生行) 제17권 570.

이생희락(離生喜樂) 제18권 398, 404.

이선구사지(二禪具四支, 1. 內淨 2. 喜 3.
　樂 4. 定) 제18권 395.

이선천(二禪天) 제17권 276. 제21권 92.

이세간선(離世間禪) 제22권 184.

이세간선 인훈차별(離世間禪 因熏差別,
　習氣稠林 十熏差別) 제22권 184.

이세간품(離世間品) 제17권 376, 377,
　421. 제18권 478, 493. 제19권 67, 197.
　제21권 292, 315, 337, 368. 제22권 129.

이세간품 십불(離世間品 十佛 : 1. 成正覺
　佛 2. 願佛 3. 業報佛 4. 住持佛 5. 涅槃佛
　6. 法界佛 7. 心佛 8. 三昧佛 9. 本性佛 10.
　隨樂佛) 제21권 315.

이세일중인과(二世一重因果) 제20권
　127.

이소승행(離小乘行, 修行勝 有十一)

이수과 364.

이수과미수과차별(已受果未受果差別,
業稠林 九差別) 제22권 111.

이수축인(離受畜因, 因離有二) 제18권
56, 65, 72, 73.

이숙과(異熟果, 五果) 제18권 164, 166,
167, 490, 491, 493. 제20권 147, 157, 169,
202, 209, 211, 273, 449. 제21권 208.

이숙뢰야(異熟賴耶, 一心三義) 제20권
275.

이숙무기(異熟無記) 제20권 330.

이숙습기(異熟習氣, 因能變二因) 제20권
81, 271, 272.

이숙식(異熟識) 제16권 475, 486. 제17권
517, 518, 519. 제21권 207, 234, 236.

이숙인(異熟因) 제18권 164, 490. 제20권
467, 468.

이승(離勝, 五勝 : 1. 對治勝 2. 不思議神通
力上勝 3. 不雜染勝 4. 一切種智勝 5. 離
勝) 제17권 461.

이승부동진(二乘不同盡) 제16권 289,
290, 291, 303, 304.

이신칠업(二身七業) 제16권 586.

이십상이무해(離十相而無海) 제22권
499.

이십이우(二十二愚 十地各二愚)
제16권 186.

이십지이무불지(離十地而無佛智)
제22권 499.

이십팔수(二十八宿) 제19권 388, 389.

이아만사견(離我慢邪見) 제16권 565,
568.

이악(離惡) 제18권 399.

이애상(離礙相) 제17권 92.

이양공양(利養供養, 三供養 : 1. 利養供養
2. 恭敬供養 3. 正行供養) 제17권 556.

이언체(離言體, 論其體性 十種體)
제16권 75, 76, 352.

이엄(二嚴, 智嚴과 福嚴) 제17권 360.

이염성각달지보살(爾焰聖覺達地菩薩,
四地) 제19권 262.

이욕(離欲) 제18권 399. 제19권 164.

이이변정견(離二邊正見) 제16권 325.

이이섭(離異攝) 제17권 76, 79.

이이장종현(離二障種現) 제16권 64.

이익공덕(利益功德, 攝十爲八 : 1. 易入功
德 2. 淨功德 3. 平等功德 4. 護功德 5. 利
益功德 6. 不竭功德 7. 住處功德 8. 護世
間功德) 제22권 502.

이익불공(利益不空) 제17권 416, 458.

이익심(利益心, 十心) 제17권 446. 제18권 108, 111, 179.

이익업(利益業, 十處放光有三業: 1. 利益業 2. 發覺業 3. 攝伏業) 제22권 369.

이익원(利益願, 환희지十願 양섭론) 제17권 354, 356, 357, 361, 412.

이익중생계(利益衆生戒= 攝衆生戒) 제18권 155.

이익중생과 근방편승(利益衆生, 勤方便勝; 勤方便勝) 제19권 300, 308, 328.

이익중생사(利益衆生事) 제17권 61, 412.

이익중생선(利益衆生禪) 제21권 108.

이익희(利益喜, 二種喜: 1. 藏攝喜 2. 利益喜) 제17권 546, 547.

이인견불(二因見佛, 1. 願 2. 力) 제17권 567.

이일체고상(離一切苦相, 眞解脫 有四相: 1. 離一切苦相 2. 無爲相 3. 遠離染相 4. 出世間相) 제20권 94, 460.

이입공덕(易入功德, 初地) 제22권 501.

이장고행승(離障故行勝, 展轉而生) 제20권 526.

이장과(離障果 有二, 1. 煩惱染生遠離果 2. 業染生遠離果) 제19권 204, 210.

이장성덕(離障成德) 제19권 203.

이장심(離障深, 深行勝) 제21권 223, 225.

이장청정(離障淸淨) 제17권 136, 589.

이장해탈(離障解脫) 제18권 348.

이정수만(離正受慢, 治有四慢) 제20권 33.

이제과(離諸過, 二勝能: 1. 攝對治 2. 離諸過) 제16권 439.

이제중도(二諦中道, 卽事顯理) 제21권 200.

이중생아착(離衆生我着, 治有四慢) 제20권 33.

이즉삼덕(理卽三德) 제17권 130.

이지평등명수위(二智平等名受位, 법운지 得受位分) 제22권 360.

이진멸섭(離盡滅攝) 제17권 76, 79.

이진에(離瞋恚, 十善業道) 제18권 127.

이집미집차별(已集未集差別, 業稠林九差別) 제22권 117.

이차십심입이지(以此十心入二地, 이구지) 제18권 252.

이체(理體, 體相復二: 1. 事體 2. 理體) 제17권 70.

이취습기(二取習氣) 제20권 108, 109, 304.

이치란행(離癡亂行, 難勝地攝) 제19권

300.

이타인(利他因) 제16권 338.

이타자(利他慈, 起行心有二) 제19권 305.

이타중불욕행장(利他中不欲行障, 선혜지) 제22권 20, 230.

이판명각(已辦名覺) 제19권 78.

이하수축(以何隨逐, 隨眠稠林) 제22권 141, 149.

이하인(以何因) 제17권 224, 226, 251, 271, 274, 616.

이해법만(離解法慢, 治有四慢) 제20권 33.

이행섭(利行攝, 四攝) 제19권 368.

이행쌍무간(二行雙無間, 雙行勝) 제21권 63, 65, 105, 226.

이행쌍행(二行雙行, 無間義) 제21권 63, 65, 98.

이행편다(利行偏多, 발광지) 제19권 535.

이현즉혹망(理顯則惑亡) 제20권 464.

이희(離喜, 離喜妙樂) 제18권 416, 417, 423, 428.

이희정려(離喜靜慮, 三禪) 제18권 386.

익업(益業, 放光十業) 제22권 369.

인견(忍見) 제18권 84.

인과비량(因果比量, 比量有五 : 1. 相比量 2. 體比量 3. 業比量 4. 法比量 5. 因果比量) 제16권 262.

인과호의(因果互依) 제20권 420.

인관(因觀有二 : 1. 他因觀 2. 自因觀) 제20권 336, 338, 345, 383, 385, 386, 479, 480, 518.

인근석(隣近釋) 제19권 75,

인능변(因能變, 能變有二) 제20권 270, 271.

인다라망(因多羅網) 제16권 197.

인등기(因等起, 等起二種) 제20권 164, 165. 제22권 108.

인대(因大) 제17권 367, 370.

인론과 성론(因論과 聲論, 治第二障) 제21권 46.

인리(因離, 離有三義 : 1. 因離 2. 果行離 3. 對治離) 제18권 65.

인리(因離, 律儀有三離) 제21권 69.

인멸과생(因滅果生) 제21권 110.

인명(因明, 五明) 제19권 260, 262, 374, 377. 제22권 519.

인무아(人無我) 제17권 242. 제18권 136, 138. 제19권 56.

인바라밀편다(忍波羅蜜偏多, 三地)

제18권 533.

인발신통도(引發神通道, 四神足) 제19권 153.

인발인(引發因, 地持等十因 : 1.隨說因 2. 觀待因 3.牽引因 4.攝受因 5.生起因 6. 引發因 7.定異因 8.同事因 9.相違因 10. 不相違因) 제17권 41, 43. 제20권 167, 364, 365, 366.

인방생구사(人傍生具四 地獄及諸天 中 有唯化生 鬼通胎化二, 俱舍論) 제17권 391.

인법지지법천(人法地地法天, 老子) 제20권 74.

인보장엄(人寶莊嚴) 제17권 405.

인부단(因不斷) 제20권 391.

인분(因分) 제16권 62. 제17권 194, 195, 196, 199, 203, 204. 제21권 175.

인불상(因不常) 제20권 391, 392.

인상(因相, 自相三種 : 1.自相 2.因相 3.果 相) 제17권 516, 518, 519, 520.

인상망어도술(人相忘於道術 魚相忘於 江湖 莊子) 제16권 425.

인생공덕(引生功德) 제18권 262.

인생공덕선(引生功德禪) 제21권 105, 106.

인선결정(因善決定) 제16권 76, 345, 367. 제17권 370.

인성가(因成假, 假有三種) 제19권 40.

인성취대(因成就大, 三成就) 제17권 163, 164, 166, 170, 171.

인수결정(忍受決定) 제17권 337.

인수성덕(因修成德, 勝進有三) 제20권 553. 제21권 348, 352.

인순정(印順定) 제16권 139. 제17권 230. 제19권 169.

인아만(人我慢, 我人等四) 제19권 206.

인업(因業) 제16권 587, 588. 제22권 380.

인연(因緣, 俱舍四緣 : 1.等無間緣 2.所緣 緣 3.增上緣 4.能作因) 제20권 315, 346.

인연상관(因緣相觀, 一切相智觀爲九) 제20권 95, 96, 101, 402.

인연생멸문(因緣生滅門) 제20권 91, 92, 296, 299, 461, 513.

인연소생법 아설즉시공(因緣所生法 我說 卽是空, 중론) 제19권 111. 제20권 250.

인연수승(因緣殊勝, 十一殊勝事) 제20권 413.

인연이유(因緣而有, 俗諦觀) 제18권 520, 521.

인연집지(因緣集智, 攝智勝 有五) 제19권

361.

인욕유화승(忍辱柔和勝, 攝戒勝 有二)
　제19권 359.

인원(因圓) 제16권 608. 제17권 176.

인위궁종(因位窮終) 제16권 291.

인인성(因因性) 제21권 523.

인장(印章, 治三障) 제21권 46.

인점성취대(因漸成就大, 三成就) 제17권
　163, 164, 166, 167, 170, 172.

인정(因淨, 八淨 : 1. 因淨 2. 智淨 3. 身轉淨
　4. 心調伏淨 5. 聞攝淨 6. 通淨 7. 辯才淨
　8. 離慢淨) 제16권 332, 333, 338. 제17
　권 404, 405, 406.

인지(忍持, 聞持通四) 제16권 386.
　제18권 276.

인집(因集, 對後顯劣有五 : 1. 因集 2. 畏苦
　3. 捨心 4. 依止 5. 觀) 제18권 135, 136,
　137, 145, 147.

인집(因集, 菩薩四相 : 1. 因集 2. 用 3. 彼力
　4. 地) 제18권 147.

인천승(人天乘) 제16권 71.

인천십선(人天十善) 제18권 127, 128.

인천칠반(人天七返) 제18권 140.

인행(因行, 行有二義 : 1. 因行 2. 果行)
　제16권 577.

일념구수(一念具修) 제17권 573.

일념돈구십도지행(一念頓具十度之行)
　제21권 67.

일념분신변시방(一念分身偏十方, 부동
　지) 제21권 380.

일념성정각(一念成正覺, 如來地相)
　제22권 282.

일다무애(一多無礙) 제16권 340.

일다상섭(一多相攝) 제17권 573.

일다상용부동문(一多相容不同門)
　제22권 364.

일다연기(一多緣起) 제16권 208.

일대사인연(一大事因緣) 제16권 484,
　485. 제22권 276,

일모단처 유불가설세계미진수제불중회
　(一毛端處 有不可說微塵數諸佛衆會,
　受持成就) 제22권 299.

일모단처유육취(一毛端處有六趣, 부동
　지) 제21권 163.

일미(一味) 제16권 357, 358, 375, 469,
　634.

일미상(一味相) 제16권 357, 358. 제18권
　437.

일백팔십중(一百八十重)연기 제20권 180.

일분삼세 명위일왕(一分三世 名爲一往)

제20권 433.

일비일사문(一非一事門, 攝有支門)
　제20권 509, 513.

일승별교(一乘別教) 제18권 512.

일신생수축(一身生隨逐, 隨逐有六)
　제22권 151.

일심소섭문(一心所攝門) 제19권 45.
　제20권 89, 90, 91, 92, 93, 96, 97, 261,
　368, 513.

일심진견도(一心眞見道) 제16권 248.

일왕삼세(一往三世, 順觀) 제20권 430.

일월오성(日月五星) 제19권 389.

일찰나구십이지(一刹那具十二支)
　제20권 316.

일체공경무여(一切恭敬無餘, 無餘有三)
　제17권 367.

일체공양무여(一切供養無餘, 無餘有三)
　제17권 367.

일체근섭차별(一切根攝差別, 根稠林)
　제22권 134.

일체만류대우투지부증불감(一切萬流大
　雨投之不增不減, 海有八德 열반경)
　제22권 503.

일체법가명동상(一切法假名同相, 依同
　相有四) 제22권 248.

일체법동상(一切法同相, 依同相有四)
　제22권 246.

일체법여실각(一切法如實覺) 제18권
　344.

일체부동(一體不動, 不動有二) 제21권
　358, 359, 366.

일체불무여(一切佛無餘, 無餘有三 : 1. 一
　切佛無餘 2. 一切供養無餘 3. 一切恭敬
　無餘, 환희지) 제17권 367.

일체불법개득성취(一切佛法皆得成就, 上
　上四義) 제18권 150. 제19권 237.

일체삼계 유심전고(一切三界 唯心轉故,
　論經) 제20권 268.

일체상(一切相, 三種相 : 1. 一切相 2. 眞實
　義相 3. 無量相) 제17권 395, 397.

일체상지관(一切相智觀, 三觀) 제17권
　253. 제20권 84, 85, 89, 95, 104, 107, 259,
　333, 382, 402, 403, 482, 492, 497, 517,
　519, 520.

일체신일시생과(一切身一時生過, 過有三
　種) 제20권 435.

일체종수(一切種修) 제19권 111.

일체종지(一切種智= 如來智) 제16권
　306. 제19권 109, 110, 111. 제20권 529.
　제22권 419, 442, 518.

일체종지승(一切種智勝, 五勝 : 1. 對治勝 2. 不思議神通力上勝 3. 不雜染勝 4. 一切種智勝 5. 離勝) 제16권 461.

일체종청정(一切種淸淨, 上上四義) 제18권 150.

일체중생근행비밀(一切衆生根行秘密) 제16권 191.

일체지(一切智=聲聞智) 제16권 306. 제18권 152, 209, 295, 343. 제19권 102. 제21권 321, 368. 제22권 177, 283, 314, 381, 392, 458, 469, 494.

일체지지(一切智智) 제16권 306. 제17권 236, 599. 제18권 249, 534. 제19권 248, 404, 581. 제21권 134, 374. 제22권 303, 463.

일체함공경(一切咸恭敬) 제16권 437.

일향부동(一向不動, 不動有二) 제21권 358, 359.

임기시현(臨機示現) 제17권 405.

임방변재(任放辯才) 제16권 321.

임운무공(任運無功) 제21권 61, 226.

임운이기(任運而起, 任運起) 제16권 183.

입겁지대(入劫智大, 智大有七智) 제22권 391, 411.

입공삼매(入空三昧, 十空 현전지) 제20권 549, 556, 565.

입국토신정각지(入國土身正覺智) 제22권 413, 416.

입대승불괴(入大乘不壞, 不壞九義) 제21권 366.

입대진분(入大盡分, 十地八分) 제16권 105, 190. 제22권 345, 389.

입도지대(入道智大, 智大有七智) 제22권 391, 414.

입무량문상(入無量門相, 菩薩地相) 제22권 281.

입무량지도(入無量智道) 제21권 172, 177.

입미세지대(入微細智大, 智大有七智) 제22권 391, 406.

입미진지(入微塵智) 제22권 413, 415, 416.

입밀무구(入密無垢) 제22권 356, 357.

입법계품(入法界品) 제17권 404. 제18권 371, 501. 제21권 231. 제22권 79.

입불경계(入佛境界, 入頂成益) 제21권 358, 381. 제22권 300, 352, 376, 381.

입선(入禪, 內明治五染) 제18권 381. 제19권 394.

입심(入心, 三心) 제18권 222, 223.

제19권 33. 제20권 20. 제21권 32, 52, 167. 제22권 35, 347.

입심(入心, 六地) 제20권 20, 30, 66.

입위과(入位過, 八種過 : 1. 入位過 2. 家過 3. 種姓過 4. 道過 5. 法體過 6. 處過 7. 業 過 8. 畢定過) 제17권 263, 293.

입전리(入轉離, 九種轉離) 제17권 294.

입정성익(入頂成益) 제22권 381.

입정자재(入定自在, 三重自在) 제18권 517.

입정현통(入定現通) 제22권 446.

입제관(入諦觀, 一切相智觀有九) 제20권 95, 100, 101, 515.

입지심(入地心) 제16권 631, 632.

입진여부동자연행(入眞如不動自然行, 治 義三種勝) 제21권 215.

입출자재(入出自在, 三重自在) 제18권 517.

입행성취(入行成就, 善慧地四分) 제16권 105. 제22권 34, 35, 55, 196, 305, 309.

ㅈ

자(慈, 初地十行) 제17권 237, 238, 319, 447, 458, 468, 480.

자각(自覺, 緣覺三相) 제18권 141, 144.

자거마형(硨磲磨瑩, 난승지) 제19권 401.

자견정취(自見正取) 제18권 357.

자과불부(自過不覆, 無稠林行) 제19권 224.

자구방편(資具方便, 二方便 : 1. 不迷方便 . 資具方便) 제17권 593.

자구원만(字句圓滿, 善字有二 : 1. 隨方言 音 2. 字句圓滿) 제17권 190.

자능치진(慈能治瞋) 제18권 190.

자나본원(遮那本願, 毘盧遮那本願) 제16권 580.

자단(子斷, 解脫有二種) 제20권 399.

자덕미성권(自德未成勸, 勸辭有七) 제21권 253, 254.

자락대법락(自樂大法樂) 제16권 114.

자력변(自力辯) 제16권 281.

자리원(自利願, 起行心有二) 제19권 305.

자리인(自利因) 제16권 331, 337.

자리이타대(自利利他對, 二行四對) 제19권 64.

자리행(自利行) 제16권 159, 160, 288, 338, 383, 405. 제17권 202, 246, 277, 281, 288, 318, 357, 409, 419, 456, 594, 599, 607. 제18권 136, 146, 292, 320. 제19권

213, 214, 217, 219, 232, 309. 제21권 72,
223, 227, 255, 344. 제22권 39, 42, 351,
355, 358, 389.

자모구경(字母究竟) 제16권 542, 547.

자모위본(字母爲本) 제16권 542, 547.

자부무심(慈覆無心) 제16권 118.

자분승진상대(自分勝進相對) 제16권
231, 234.

자분행(自分行) 제18권 534.

자비이행(慈悲二行) 제17권 451.

자상(自相, 三同智 : 1. 自相 2. 同相 3. 不
二相) 제16권 318, 320, 323. 제17권 36,
37, 253, 513, 515, 516, 517, 518, 519, 520,
525. 제18권 320. 제19권 323. 제20권
76, 531.

자상(自相, 口業十相) 제21권 286, 287,
311. 제22권 76, 237, 239, 241.

자상(自相, 依自相有四種 : 1. 生法自相
2. 差別自相 3. 想堅固自相 4. 彼想差別
自相) 제22권 236.

자생난(資生難, 三界獄五難) 제18권
228.

자성무기업(自性無記業, 不增長業有十
현전지) 제20권 440.

자성무루과(自成無漏過, 四過) 제17권

99, 102.

자성무생(自性無生, 四無生) 제21권 181,
186, 196, 198.

자성불성실무상(自性不成實無常, 無常
有二) 제18권 304.

자성불염상(自性不染相) 제22권 77.

자성연기(自性緣起, 緣起法有二 : 섭대승
론) 제20권 304.

자성주종성(自性住種性) 제21권 189.

자성차별(自性差別, 業稠林九差別)
제22권 101.

자성청정(自性清淨) 제17권 88, 89, 124,
496.

자성청정심(自性清淨心) 제17권 89, 496.
제20권 269, 290. 제22권 77, 87.

자소작업증상세력문(自所作業增上勢力
門, 緣起門有八) 제20권 79.

자수용토(自受用土) 제17권 400. 제22권
358.

자승부동력(自乘不動力, 十不壞心)
제20권 571.

자승불퇴(自乘不退, 九種不壞) 제20권
565, 566.

자승해탈(自乘解脫) 제22권 211.

자시(子時, 無明有二 : 1. 子時 2. 果時)

제20권 396.

자시종자(子是種子) 제20권 396.

자신불상사(自身不相似) 제17권 294.

자신작중생신(自身作衆生身, 十身相作) 제21권 303.

자심(慈心, 十心) 제17권 238, 449, 629.

자심락(自心樂, 心壞二義 : 1. 隨喜他 2. 自心樂) 제18권 89.

자아서교(自我西郊, 周易) 제22권 333.

자업무수보과(自業無受報過, 過有三種) 제20권 435.

자업조성문(自業助成門, 緣起十門) 제20권 92, 93, 94, 97, 226, 299, 336, 345, 479, 513, 515, 522.

자업차별(自業差別, 六種差別) 제17권 390.

자연지(自然智, 法華經) 제20권 74.

자운이원(自運已圓) 제17권 418.

자인관(自因觀, 因觀有二 : 1. 他因觀 2. 自因觀) 제20권 336, 338, 383, 385, 386, 479, 517.

자장성취(字藏成就) 제16권 218, 603.

자재력승(自在力勝) 제20권 527, 570.

자재승(自在勝) 제16권 594, 595, 599. 제17권 448.

자재업(自在業, 菩提作業) 제17권 431.

자재왕래(自在往來, 作業自在有八) 제18권 500.

자재이익희(自在利益喜) 제17권 547.

자재인(自在因, 顚倒因有四) 제20권 93.

자재정(自在淨) 제17권 402, 406.

자재정과(自在淨果, 淨佛國土分) 제21권 278.

자족처색(自足妻色) 제18권 72.

자주처필경지(自住處畢竟智) 제19권 54, 55.

자증분(自證分) 제16권 249. 제20권 274, 280, 283.

자찬훼타계(自讚毁他之戒) 제18권 96.

자처지족(自妻知足) 제18권 73.

자체(自體, 菩提分法 由五門建立 염혜지) 제19권 87, 150.

자체리(自體離, 離有三種) 제18권 53.

자체무연(自體無緣, 無緣有二 : 1. 自體無緣 2. 偏至無緣) 제18권 492.

자체정(自體淨) 제16권 104. 제18권 29, 44.

자체표류(自體漂流, 瀑水波浪 有三相) 제18권 213, 226.

자타상속무염정과(自他相續無染淨果,

現前地果) 제20권 24.

자행(慈行) 제17권 452, 469, 541. 제18권 486.

작갈라(斫迦羅, 此曰輪圍 十山) 제22권 482.

작구연(作救緣, 化行有六) 제18권 225.

작선행(作善行, 四正勤) 제19권 140.

작업광대과(作業廣大過, 過地有三) 제21권 111, 113.

작업광대권(化業廣大勸) 제21권 253.

작업무생(作業無生, 四無生) 제21권 181.

작업수승(作業殊勝, 十一殊勝事) 제20권 413.

작업자재(作業自在, 三種自在) 제18권 498, 500.

작업정(作業定, 二種定 : 1.感報定 2.作業定) 제16권 554.

작업필정불공(作業必定不空) 제17권 413.

작용공(作用空, 空門有三) 제20권 535.

작용도리(作用道理, 雜集論 1.觀待道理 2.作用道理 3.證成道理 4.法爾道理 십지품 加分) 제16권 318.

작이무회적집증장(作已無悔積集增長, 結成行支 현전지) 제20권 144.

작주지상(作住持相, 口業十相) 제22권 236, 237, 285, 436, 443.

잔보인왕(殘報人王) 제18권 489, 490, 491.

잡각(雜覺, 所治有二 : 1.雜覺 2.雜覺因) 제16권 437, 439.

잡각인(雜覺因) 제16권 439, 440.

잡기상(雜起相, 心稠林種種相 선혜지) 제22권 67, 76.

잡란과(雜亂過) 제20권 119, 121, 124.

잡염성(雜染性, 智成就三性 : 1.淸淨性 2.雜染性 3.不二性 선혜지) 제22권 44.

잡염실(雜染實, 治七種實) 제21권 196.

장부지수행(丈夫志修行, 修行有二) 제20권 542.

장섭희(藏攝喜, 二種喜 : 1.藏攝喜 2.利益喜) 제17권 546, 547.

장수천난(長壽天難, 八難) 제16권 119, 610, 614, 620.

장식(藏識) 제20권 289, 327, 328, 329. 제22권 58, 140, 149, 395.

장식해상주(藏識海常住, 楞伽經) 제20권 289.

장애(障礙, 世獄有五過) 제18권 227.

장애수승(障礙殊勝, 十一殊勝事) 제20권

413.

장애애(障礙礙, 礙有二種) 제18권 447.

장애유대(障礙有對, 有對三種 : 1.障礙有
對 2.境界有對 3.所緣有對) 제18권 447,
449, 450, 453.

장애전(障礙轉, 轉凡惑有三) 제21권 128,
129.

장엄불토(莊嚴佛土) 제21권 39.

장엄삼계(莊嚴三界) 제21권 38.

장엄정(莊嚴淨) 제17권 400, 402, 403,
406.

장여래가(長如來家, 瑜伽論) 제19권 52.

장지정법(障地淨法) 제17권 453, 559.

장진증견(障盡證堅) 제22권 469, 470.

장해탈(障解脫) 제22권 90.

재가과(在家果, 初地攝報果 : 1.在家果 2.
出家果 환희지) 제17권 596.

재가유부(在家由父, 女有三從) 제18권
77.

재수불위수소익(在水不爲水所溺, 원행
지) 제21권 143.

재진(財盡, 世獄有五過) 제18권 227.

쟁론(諍論, 論體有六 난승지) 제16권 258,
260. 제19권 377.

적멸무상동허공(寂滅無相同虛空, 법운
지) 제22권 341.

적멸심심(寂滅甚深, 九種甚深) 제17권
473.

적멸인(寂滅忍, 仁王五忍) 제16권 122.
제20권 54, 61, 571. 제22권 49.

적멸현전(寂滅現前) 제21권 220, 224.
제22권 38.

적용무애(寂用無礙) 제17권 61. 제21권
29, 30.

적이상용(寂而常用) 제16권 368. 제17권
61.

적정심(寂靜心, 十種深心) 제17권 445,
585. 제18권 33, 34, 39.

적정심심(寂靜甚深) 제17권 473, 474.

적조(寂照, 妙覺) 제16권 292, 295.
제19권 244. 제21권 211.

적처지공(迹處之空) 제16권 233. 제17권
150, 153, 156, 199.

전갱명정(轉更明淨) 제16권 227. 제18권
523, 528. 제19권 243, 399, 401, 402. 제
20권 576, 577. 제21권 132, 372. 제22권
300.

전념인가 즉시신의(專念忍可 卽是信義)
제21권 66.

전단위락(栴檀爲樂) 제22권 366.

전도상(顚倒相) 제17권 513, 515, 529.

전도인(顚倒因 有四 : 1. 冥性因 2. 自在因 3. 苦行因 4. 無因) 제20권 93.

전리(轉離) 제17권 290.

전범혹유삼(轉凡惑有三 : 1. 見貪轉 2. 障礙轉 3. 貪轉, 원행지) 제21권 128, 129.

전법륜불지(轉法輪佛智) 제17권 244, 423.

전법륜원(轉法輪願) 제17권 354, 357, 361, 376, 445.

전법리인(轉法理因) 제16권 339.

전변(轉變) 제18권 496. 제20권 217, 268, 271.

전변외사(轉變外事 有三 : 1. 同類略廣轉 2. 垢淨異事轉 3. 塵界自在轉, 법운지) 제16권 341. 제17권 431. 제22권 440.

전상(轉相) 제21권 207, 208.

전상지승차별(前上地勝差別, 遠行地四科) 제16권 105. 제21권 32, 75, 76.

전생시익(轉生時益) 제16권 607, 608.

전의(轉依) 제16권 184. 제17권 93, 119, 129, 135. 제21권 316.

전의상(轉依相, 三德 : 1. 觀行相 2. 轉依相 3. 解脫相) 제17권 92, 116, 118.

전의위(轉依位, 六種, 1. 損力益能轉 2. 通達轉 3. 修習轉 4. 果圓滿轉 5. 下劣轉 6. 廣大轉) 제17권 133.

전의유사(轉依有四 : 1. 能轉道 2. 所轉依 3. 所轉捨 4. 所轉得 성유식론) 제17권 118, 119.

전이수승(轉異殊勝, 十一殊勝事) 제20권 413.

전전인연(展轉因緣) 제20권 342.

전제무지(前際無知, 緣起差別 유가사지론) 제20권 447, 449.

전제삼지(前際三支) 제17권 480, 510, 513.

전환(轉還, 起難有四 : 1. 執 2. 轉還 3. 中着 4. 增慢) 제18권 220, 224.

점기제행(漸起諸行, 六地已前) 제20권 61.

점비일체지지덕(漸備一切智之德) 제16권 58.

점상공업(占相工業= 察三才工業 난승지) 제19권 388.

점원(漸圓, 珠喩) 제22권 475

점점전심(漸漸轉深, 海有八德 열반경) 제22권 503.

점증점단(漸證漸斷) 제16권 245, 246.

정각(淨覺, 淨覺人) 제16권 435, 437, 459.

정각무구(正覺無垢) 제22권 356, 358.

정각불괴(正覺不壞, 不壞九義) 제21권 367, 368.

정각상(正覺相, 如來地相) 제22권 284.

정감지수(淨鑒止水) 제18권 413.

정견(正見, 六種正見 : 1. 眞實智正見 2. 行正見 3. 敎正見 4. 離二邊正見 5. 不思議正見 6. 根欲性正見, 金剛仙論) 제16권 325, 566, 568.

정공계(定共戒)와 도공계(道共戒) 제18권 21, 389. 제19권 195.

정공덕(淨功德, 二地 ; 攝十爲八 海喩 법운지) 제22권 501.

정관집(正觀集, 別有八集 前七敎行 後一證行) 제17권 324.

정교량(正敎量) 제16권 257, 263, 265, 269. 제19권 378. 제19권 378.

정근위종식 신족여추아(正勤爲種植 神足如抽芽 염혜지) 제19권 198.

정기(正起, 善煩惱斷三處) 제18권 527.

정념수습(正念修習, 雜集論九修) 제19권 126.

정능단혹(定能斷惑) 제16권 351.

정능증입(定能證入) 제22권 46.

정대(停待, 待有二義 : 1. 停待 2. 當待)

제17권 186.

정량부(正量部) 제20권 508.

정묘리(淨妙離) 제18권 371, 458.

정번뇌장지(淨煩惱障支) 제19권 192.

정별인(定別因, 瑜伽十因) 제20권 364, 366.

정보(正報) 제17권 269. 제18권 70, 164, 208, 298, 490. 제21권 41, 46. 제22권 284.

정보범세(正報梵世) 제18권 489, 490, 491.

정부동세(定不同世, 一重因果) 제20권 424.

정부정차별(定不定差別, 業稠林 九差別 십지품 선혜지) 제22권 118, 128.

정분의타(淨分依他) 제20권 43. 제21권 301.

정불국토분(淨佛國土分, 不動地七科) 제16권 105. 제21권 166, 167, 168, 382.

정불지(淨佛智) 제17권 243, 423.

정상해탈(淨相解脫) 제17권 89.

정생신(定生身) 제18권 389.

정생왕(頂生王) 제17권 389.

정생희락(定生喜樂) 제18권 406, 412, 430.

정설(正說, 正說分 或爲二分 : 1. 正說 2. 顯實證成) 제16권 89, 120. 제17권 160. 제19권 29, 281. 제20권 30. 제21권 167. 제22권 345.

정성이생(正性離生) 제17권 261. 제19권 180. 제22권 193.

정수번뇌장지(淨隨煩惱障支) 제19권 192.

정수정(正受淨, 律儀淨) 제18권 43.

정수현전(正受現前, 等至) 제18권 267.

정신(正信, 五德 : 1. 正信 2. 勇猛 3. 正說 4. 順佛 5. 重法) 제17권 159, 160.

정신증상(淨信增上) 제17권 318.

정심(正心) 제16권 565, 566, 569. 제17권 256.

정심주(正心住, 現前地攝) 제20권 30, 525.

정심지(淨心地) 제16권 164. 제17권 271.

정심집(淨心集) 제17권 229, 234, 235, 238.

정악등류과(正惡等流果) 제18권 166.

정애(定愛) 제19권 17, 23, 27.

정외유법(情外有法) 제20권 558.

정원(正願, 菩薩所修正願) 제17권 352, 353, 567, 609.

정위(頂位) 제16권 241, 243. 제17권 231, 232. 제19권 154.

정유이무(情有理無) 제19권 320, 321.

정이인(定異因) 제17권 41, 43.

정자지력(定者智力) 제16권 151.

정정려(定靜慮, 靜慮有二 발광지) 제18권 390, 391.

정정취(正定聚) 제18권 241. 제22권 47, 65, 190, 373.

정제지법(淨諸地法) 제17권 558.

정종분(正宗分) 제16권 91, 346. 제17권 204.

정지(正知) 제18권 394, 398, 408, 410, 414, 415, 418, 419. 제19권 126, 128, 186.

정지근방편과(淨地勤方便過, 地持論) 제21권 225, 226, 233.

정지수습(正知修習, 雜集論九修) 제19권 126.

정직심(正直心) 제16권 63, 247, 585.

정진(精進, 勤行有四 : 1. 信 2. 欲 3. 精進 4. 方便) 제17권 337.

정진인(精進因) 제16권 337.

정진편다(精進偏多, 염혜지) 제19권 254.

정집(定集) 제17권 229, 230, 234, 238.

정치지법(淨治地法) 제17권 217, 338, 339, 450.

정토덕업(淨土德業) 제21권 278.

정토(淨土)와 예토(穢土) 제18권 516.

정토원(淨土願) 제17권 354, 356, 360, 400, 434.

정토자재(淨土自在, 中邊論四自在) 제21권 157. 제22권 24.

정토행(淨土行) 제16권 65. 제21권 367.

정토행업(淨土行業) 제21권 278.

정행(定行, 禪行) 제16권 66.

정행공양(正行供養, 三供養) 제17권 556.

정행품(淨行品) 제17권 346. 제19권 370, 371.

정혜쌍행(定慧雙行) 제21권 98.

제가(諦家, 四家) 제21권 73.

제갈(除渴, 甘露四能 : 1.除渴 2.去飢 3. 愈病 4.安樂) 제16권 575.

제마불괴력(諸魔不壞力, 十不壞心) 제20권 571, 573.

제망무애(帝網無礙, 一心十門) 제20권 292.

제불혹설아(諸佛或說我, 中論) 제19권 99.

제산수미지 거해일월량(諸山須彌地 巨海 日月量, 능가경) 제21권 290.

제일의제관(第一義諦觀) 제20권 267.

제일의제무아(第一義諦無我, 無我慢相) 제22권 268, 269.

제일의지방편(第一義智方便) 제22권 262.

제장부사의(除障不思議, 不思議有三 : 1. 修行盡至不思議 2.所知不思議 3.除障 不思議 부동지) 제21권 338.

제체상응혜(諸諦相應慧, 難勝地) 제19권 262. 제20권 17.

제체증상혜행(諸諦增上慧行, 難勝地二 行) 제19권 273.

제팔이거 기현일승(第八已去 寄顯一乘) 제21권 147.

제행무상(諸行無常) 제19권 101.

조공(肇公) 승조법사 제16권 495.

조기무유(照機無遺) 제16권 115.

조도법(助道法) 제16권 219, 339, 409, 606. 제17권 231, 249. 제21권 110. 제22권 344, 350, 462.

조력(助力) 제16권 573.

조련유숙(調練柔熟) 제17권 561.

조반(助伴, 菩提分法 由五門建立) 제19권 87, 151. 제20권 209.

조복계무량(調伏界無量, 五無量界) 제21권 54, 57.

조복방편계무량(調伏方便界無量, 五無量界) 제17권 243, 442. 제21권 54.

조복심(調伏心) 제16권 64. 제17권 445, 585. 제18권 33, 39.

조불과한(潮不過限, 大海十德) 제22권 502, 503.

조유과(調柔果) 제16권 228. 제17권 218, 220, 346, 576, 628. 제18권 352. 제19권 33, 398. 제22권 248, 455, 458.

조유심(調柔心) 제17권 457.

조유희(調柔喜) 제17권 277, 279, 280.

조이장락(彫而將落, 華有三時 : 1. 華而未 敷 2. 處中盛時 3. 彫而將落) 제22권 365.

조적(照寂, 等覺) 제16권 292, 295. 제21권 211, 212.

족성각(族姓覺) 제18권 218, 402.

존중행(尊重行, 不動地攝) 제21권 246. 제22권 53.

종기탈상(終起奪想 爲貪) 제18권 106.

종기항배방광(從其項背放光, 十度放光) 제22권 370.

종미간출청정광명(從眉間出清淨光明) 제16권 585, 591. 제22권 379.

종사사혹생 유지리유차(從事事惑生 有 支理唯此, 十二因緣論) 제20권 417.

종사생사(從事生事, 十二因緣論) 제20권 416.

종사생혹(從事生惑, 十二因緣論) 제20권 417.

종성(種性, 緣覺五相) 제18권 143.

종성과(種姓過) 제17권 263, 265, 293.

종성불상사(種性不相似) 제17권 270.

종성승(種姓勝) 제16권 594, 595, 600, 602.

종성지(種性地) 제16권 354. 제17권 272. 제21권 86, 190. 제22권 48.

종양견상발광(從兩肩上放光, 十度放光) 제22권 370.

종양수중방광(從兩手中放光) 제22권 370.

종업생사(從業生事, 十二因緣論) 제20권 417.

종연무성(從緣無性) 제16권 495. 제20권 463.

종자불괴(種子不壞) 제17권 271.

종자생현행(種子生現行, 因習氣) 제20권 271.

종자식(種子識) 제17권 518, 524. 제20권

328. 제22권 72.

종자와 현행(種子와 現行) 제16권 64,
65, 181, 381, 520, 522. 제17권 43, 214,
508.

종종관(種種觀, 一切相智觀爲九)
제20권 95, 100, 102, 520.

종종론(種種論有六 : 1. 言論 2. 尙論 3. 諍
論 4. 毁謗論 5. 順正論 6. 敎道論, 난승
지) 제19권 377.

종종법무별법계(種種法無別法界, 法無
別眞如) 제21권 26.

종종설법업(種種說法業, 菩提作業)
제17권 421, 426, 427.

종종승비밀(種種乘秘密) 제16권 191.
제22권 408.

종종업취우(種種業趣愚) 제16권 188.
제18권 21, 22, 23.

종종의장생사열반문삼매(種種義藏生死
涅槃門三昧, 원행지) 제21권 109, 110.

종종제고(種種諸苦, 拔苦) 제17권 414.

종좌우협방광(從左右脇放光, 十度放光)
제22권 370.

종혹생업(從惑生業, 十二因緣論) 제20권
417.

종혹생혹업 종업생어사(從惑生惑業 從業
生於事, 구사론) 제20권 417.

좌도량불괴(坐道場不壞, 不壞九義)
제21권 368.

좌어법좌이설어법(坐於法座而說於法, 說
成就) 제22권 296.

죄행(罪行) 제18권 197. 제20권 134, 141.

주(住, 緣覺五相 : 1. 種性 2. 道 3. 習 4. 住
5. 行) 제18권 143.

주감로우멸번뇌(霔甘露雨滅煩惱, 법운
지) 제22권 529.

주감로우충대해(霔甘露雨充大海, 선혜
지) 제22권 310.

주문왕(周文王) 제22권 333.

주변상(周徧相, 虛空身六相) 제21권
326.

주분(住分) 제17권 221, 224. 제18권 352.

주불본원(主佛本願) 제16권 155.

주불현위(主佛現威) 제16권 151.

주승(主勝) 제16권 117, 118.

주심(住心, 三心) 제17권 222, 223.
제18권 284. 제19권 33, 299. 제21권 33,
168, 252. 제22권 35, 348.

주어법계무소동(住於法界無所動, 부동
지) 제21권 382.

주우멸혹(注雨滅惑) 제22권 433.

주우생선(注雨生善, 法雲義) 제22권 434.

주우의(霆雨義, 雲喩四義) 제22권 321, 323.

주유견고공덕(珠喩堅固功德, 法雲地 四喩) 제22권 505.

주유전진견고공덕(珠喩轉盡堅固功德, 法雲地 四喩) 제22권 469.

주지(呪持, 聞持通四) 제18권 275.

주지심(住地心, 住心) 제16권 632, 633. 제17권 219.

주지십종정심(住地十種淨心) 제18권 265.

주진대(住盡大) 제17권 259, 260.

주차다작삼계왕(住此多作三界王, 법운지) 제22권 532.

주처공덕(住處功德, 부동지) 제22권 502.

주처중생정(住處衆生淨, 淨土有三淨) 제17권 400, 404.

준거형(蹲踞形) 제16권 543.

중간정(中間定) 제18권 481.

중근성(中根性, 緣覺三相 : 1.薄塵性 2.薄悲性 3.中根性) 제18권 144.

중도관(中道觀, 三觀) 제17권 36. 제19권 42, 264.

중법(重法, 五德 : 1.正信 2.勇猛 3.正說

4.順佛 5.重法) 제16권 417, 584, 585. 제17권 160.

중상입신(衆像入身, 十八變) 제18권 500, 501.

중생계무량(衆生界無量, 五無量界) 제17권 243, 442. 제21권 54.

중생계진아원내진(衆生界盡我願乃盡, 十無盡) 제17권 350, 442.

중생공(衆生空, 空門有三) 제20권 535.

중생병즉보살병(衆生病卽菩薩病) 제21권 239.

중생비중생법차별상(衆生非衆生法差別相, 法身五相) 제21권 321, 324.

중생세간자재행(衆生世間自在行) 제21권 280, 295, 356.

중생세간자재화(衆生世間自在化) 제22권 401.

중생신(衆生身, 不動地十身相作) 제16권 50. 제17권 368. 제21권 289, 303.

중생신작자신(衆生身作自身, 十身相作) 제21권 303.

중생심조림(衆生心稠林, 十一林) 제22권 55.

중생아만해법만치(衆生我慢解法慢治, 염혜지) 제20권 31.

중생연(衆生緣) 제18권 484.

중생연자(衆生緣慈, 慈總有三) 제18권 483.

중생유고 법불입심(衆生有苦 法不入心 선혜지) 제22권 214.

중생처처착 인지영득출(衆生處處着 引之 令得出, 법화경) 제22권 273.

중성함지(衆聖咸知, 出處分四) 제22권 369, 376, 377.

중송분(重頌分, 地重頌分) 제16권 99, 101, 102. 제18권 26, 279. 제19권 251, 407. 제20권 191. 제21권 376. 제22권 517.

중승(衆勝) 제16권 121, 123.

중승무위(中乘無爲) 제22권 51.

중유(中有, 未至當有 於二中間說爲中有) 제17권 388, 389. 제22권 182, 183, 270.

중음신(中陰身) 제18권 310. 제22권 184.

중음훈차별(中陰熏差別, 習氣稠林 十熏 差別) 제22권 182.

중인연생법(衆因緣生法, 중론) 제20권 386, 390.

중착(中着, 起難有四) 제18권 222, 224.

중품인(中品忍, 治身淨慢) 제20권 55.

중하인위(中下忍位) 제16권 243.

중후구지(中後九支) 제17권 480, 511, 513.

즉속이진(卽俗而眞) 제21권 300. 제22권 233.

즉입중중(卽入重重) 제17권 360, 361.

즉적지조(卽寂之照) 제16권 369, 370.

즉조지적(卽照之寂) 제16권 137, 369, 370.

증결정(證決定) 제16권 351, 449, 450.

증과(證過) 제17권 347, 348.

증교화업(證敎化業, 菩提作業) 제17권 421, 424.

증도법(證道法) 제21권 110.

증덕(證德) 제16권 68, 103.

증득견(證得堅) 제16권 480.

증리(證理, 七門分別 : 1. 來意 2. 釋名 3. 斷障 4. 證理 5. 成行 6. 得果 7. 釋文) 제17권 207.

증만(增慢= 洲, 起難有四) 제18권 222.

증멸수도(證滅修道) 제17권 240. 제19권 324.

증멸위(證滅位) 제21권 74.

증상계주(增上戒住) 제18권 19, 20, 21, 33, 42, 43, 288.

증상과(增上果, 五果) 제18권 164, 166,

490, 491. 제20권 211.

증상대(增上大) 제17권 252, 259.

증상만(增上慢) 제18권 329. 제20권 100, 462.

증상만관(增上慢觀) 제20권 100, 102.

증상만비증상만신입관(增上慢非增上慢 信入觀, 一切相智觀爲九) 제20권 95, 462.

증상방편(增上方便) 제17권 588, 589, 591.

증상심주(增上心住) 제18권 265, 293. 제19권 17, 47.

증상심학(增上心學) 제16권 261. 제19권 173.

증상연(增上緣, 俱舍論 四緣) 제17권 511. 제20권 111, 159, 161, 203, 232, 271, 273, 346, 349, 354, 365, 472, 480. 제22 권 50, 166.

증상의요(增上意樂, 起報恩心果) 제19권 17, 146, 151, 220, 236.

증상의요원만(增上意樂圓滿) 제19권 146, 149.

증상혜주(增上慧住) 제18권 43. 제19권 15, 47.

증상혜학(增上慧學) 제16권 258, 261.

제19권 156, 172, 173.

증성도리(證成道理) 제16권 318.

증시난지(證時難知) 제17권 54, 57.

증시종(證始終) 제16권 236, 243, 244. 제22권 264.

증실사상(證實捨相) 제21권 181, 183.

증십력사무외(證十力四無畏, 上上四義) 제18권 150.

증악원선과(增惡遠善過, 未得五欲追求 時 四過) 제18권 197.

증어촉(增語觸) 제20권 223, 224.

증열반적정(證涅槃寂靜, 化行有六) 제18권 225.

증입(證入) 제16권 45, 225, 271, 331.

증입승(證入勝) 제17권 342, 349.

증입체(證入體) 제16권 75, 77.

증장인행(增長因行, 修行勝 有十一) 제19권 362.

증점차(證漸次) 제16권 629, 631. 제17권 169, 585.

증정(證淨) 제16권 221, 506, 511.

증정지(證淨智) 제17권 318, 319.

증지(證智, 攝智勝有五) 제19권 361.

증지명동과해(證智冥同果海) 제16권 61.

증필경진(證畢竟盡) 제18권 345, 347.

증행집(證行集) 제17권 325.

지(地, 菩薩四相) 제18권 148.

지(智, 戒增上五義 : 1. 智 2. 願 3. 行 4. 集 5. 集果) 제18권 155.

지각만(智覺滿, 법운지) 제22권 319, 320.

지경론(知經論) 제17권 217, 449.

지경론심(知經論心, 十心) 제17권 448, 449.

지계(持戒, 內明治五染 : 1. 持戒 2. 入禪 3. 神通 4. 無量 5. 四無色定) 제19권 394.

지계편다(持戒偏多) 제18권 248.

지고단집(知苦斷集) 제17권 240. 제19권 324, 325.

지과(地果) 제16권 576. 제17권 219. 제18권 29, 243, 284, 518. 제19권 32, 407. 제20권 30, 574. 제21권 166, 370. 제22권 300.

지관쌍행(止觀雙行) 제21권 226.

지관제균(智觀齊均) 제16권 408, 409.

지단증수(知斷證修) 제17권 249.

지대(智大, 大勝分 三大) 제21권 338. 제22권 389, 391.

지대유칠지(智大有七智 : 1. 集智大 2. 應 化智大 3. 加持智大 4. 入微細智大 5. 密 處智大 6. 入劫智大 7入道智大) 제22권 391, 401.

지대치(持對治, 治有四種) 제18권 446.

지망설지(知妄說智, 攝智勝 有五) 제18권 361.

지바라밀 최위증상(智波羅蜜 最爲增上, 十地行相) 제22권 462.

지불괴(智不壞, 不壞九義) 제21권 367.

지상(地相) 제16권 378. 제17권 154, 156. 제18권 30, 535. 제19권 31, 241, 248, 400. 제22권 365

지상(智相, 口業十相 선혜지) 제22권 253.

지상(智相, 菩薩地相) 제22권 236.

지상원융(地上圓融) 제16권 80.

지석명분(地釋名分) 제16권 105.

지성취(持成就, 法師自在成就) 제16권 398. 제22권 290.

지성취(智成就, 說法成就 有三 : 1. 智成就 2. 口業成就 3. 法師自在成就) 제16권 105. 제22권 34, 35, 43, 196, 305, 307, 310.

지세법(知世法) 제16권 314. 제17권 549.

지소행경(智所行境, 器世間自在行) 제21권 281.

지수화풍고락수명(地水火風苦樂壽命, 身有七分) 제20권 379.

지신(智身) 제16권 50, 292, 293, 296, 404. 제17권 368. 제18권 537. 제21권 300, 302. 제22권 401.

지심여금강(持心如金剛 深信佛勝智, 십지품 請分) 제16권 479.

지악업(止惡業, 放光十業 법운지) 제22권 380, 382.

지악행(止惡行, 四正勤) 제19권 140.

지엄(智嚴) 제17권 360, 361.

지업(止業) 제16권 587, 588, 590.

지업석(持業釋) 제16권 134, 135, 136, 351. 제18권 60, 447.

지영상분(地影像分, 十地品八分) 제16권 82, 99, 105, 427. 제17권 202. 제22권 345, 348, 467, 533.

지용불측(智用不測) 제18권 320.

지위(智位, 四位) 제21권 74.

지유수행공덕(池喩修行功德) 제22권 477.

지이익분(地利益分) 제16권 84, 89, 98, 100, 105. 제22권 348, 508.

지일체처회향(至一切處廻向, 焰慧地攝) 제19권 33, 64.

지자재(智自在, 十怖畏) 제21권 335.

지자재(智自在, 中邊論四自在) 제21권 157. 제22권 24.

지자재분(智自在分, 十身爲八 : 1. 知衆生身 2. 知國土身 3. 知業報身 4. 知聲聞等三身 5. 知佛身 6. 知智身 7. 知法身 8. 知虛空身 부동지) 제21권 307.

지자재소의진여(智自在所依眞如, 善慧地得) 제16권 70. 제17권 215. 제22권 24.

지자재수(智自在修) 제16권 227, 229.

지작(止作) 제18권 47.

지장정력(智障淨力) 제20권 571.

지전(智轉) 제17권 438, 440, 441.

지전지상상대(地前地上相對) 제16권 46, 219, 220, 234.

지전항포(地前行布) 제16권 80.

지정(智淨) 제16권 322, 334, 336, 338.

지정각세간자재행(智正覺世間自在行) 제21권 280, 331.

지정각세간자재화(智正覺世間自在化) 제22권 401.

지제경론(知諸經論, 十行) 제17권 456, 557.

지제법생멸(知諸法生滅, 義無礙智) 제21권 245.

지제법자성(知諸法自性, 法無礙智)

제22권 245.

지족(知足) 제17권 326, 327. 제18권 71, 74.

지중송분(地重頌分, 十地品 八分)
제22권 516.

지지(地智) 제16권 57, 221, 364, 365, 379, 474, 475, 499, 631. 제17권 49, 63, 86, 139, 144, 153, 174, 199, 592.

지지(智地) 제16권 158, 173. 제17권 48, 485. 제21권 112.

지지미묘(地智微妙) 제17권 48, 49.

지지이언(地智離言) 제16권 221. 제17권 139.

지지전입(地地轉入) 제16권 175, 187.

지진지입상(地盡至入相, 十地相) 제22권 352.

지청법심(持聽法心) 제16권 480.

지청정승(智淸淨勝) 제19권 308.

지체(地體) 제16권 75, 76, 345, 348, 349, 352, 378, 418, 419, 604. 제17권 55, 141, 165.

지행(智行, 菩薩地相) 제21권 258.
제22권 277, 278, 506.

지혜관(智慧觀) 제18권 134, 352.

지혜광대등허공(智慧廣大等虛空, 부동

지) 제21권 377.

지혜명달(智慧明達) 제22권 437.

지혜신통문삼매(智慧神通門三昧)
제21권 109, 110.

지호번뇌(智護煩惱) 제20권 71.

직심(直心, 十種深心) 제16권 47. 제17권 226, 343. 제18권 31, 33. 제21권 278.

진견도(眞見道) 제16권 182, 183, 243, 244, 245, 249, 251, 512, 513, 514, 519. 제17권 100. 제19권 167, 193.

진계자재전(塵界自在轉) 제22권 439.

진나(陳那)보살 제20권 284, 285, 286.

진능립(眞能立) 제16권 271.

진능파(眞能破) 제16권 271.

진동업(震動業, 放光十業) 제22권 380, 382.

진락본유(眞樂本有) 제17권 470, 471.

진망송(眞妄頌, 釋復禮법사) 제17권 489, 490.

진망화합식(眞妄和合識) 제19권 43.

진무생지(盡無生智) 제16권 515. 제19권 66.

진무생지제(盡無生智諦) 제18권 316, 318.

진불위속(眞不違俗) 제16권 391. 제20권

520.

진비량(眞比量) 제16권 271.

진속무차별도(眞俗無差別道, 難勝地)
　제19권 270.

진속쌍융경(眞俗雙融境) 제16권 124.

진수(眞修) 제16권 475. 제17권 163, 172,
　173, 575.

진수위극(眞修位極) 제17권 174, 175.

진실(盡實, 治七種實) 제21권 203.

진실법신(眞實法身) 제17권 568.

진실선결정(眞實善決定) 제16권 76, 345,
　359. 제17권 370.

진실의상(眞實義相, 別有三種相 : 1. 一切
　相 2. 眞實義相 3. 無量相) 제17권 395,
　396, 397, 398, 399. 제21권 308.

진실증지(眞實證智) 제16권 61. 제17권
　197.

진실지(眞實智) 제16권 218, 560, 564.
　제20권 254, 255, 502, 503.

진실지정견(眞實智正見) 제16권 325.

진어(眞語) 제18권 81, 84.

진에중중(瞋恚中重, 十惡中重) 제18권
　161.

진여상회향(眞如相廻向, 八地攝) 제21권
　347. 제22권 53.

진여훈습(眞如熏習) 제20권 269.

진연집(眞緣集) 제22권 393.

진위상대(眞僞相對) 제16권 221, 222,
　234.

진제중도(眞諦中道) 제21권 200.

진제지일(眞諦之一, 一心三義) 제20권
　275.

진중집(陳衆集) 제16권 505.

진지(盡智, 十智) 제16권 513, 515, 518,
　519. 제19권 167, 263, 324. 제21권 320.

진지방편(盡至方便) 제17권 588, 590,
　591.

진지출언위증(眞智出言爲證) 제16권
　221.

진집과차별(盡集果差別, 業稠林九差別)
　제22권 109.

진청정(盡淸淨) 제16권 334.

진해탈(眞解脫有四相 : 1. 離一切苦相 2.
　無爲相 3. 遠離染相 4. 出世間相)
　제20권 94, 460.

진현량(眞現量, 總有八義 : 1. 眞能立 2. 似
　能立 3. 眞能破 4. 似能破 5. 眞現量 6. 似
　現量 7. 眞比量 8. 似比量) 제16권 271.

질공동사(迭共同事) 제22권 85.

질공상의(迭共相依) 제22권 85.

질상의지불상사(迭相依止不相似)
　제17권 295.

질직유연(質直柔軟) 제18권 252. 제19권
　223, 226.

집(執, 起難有四) 제18권 219.

집(集, 戒增上五義) 제18권 155.

집경자(集經者, 經家) 제16권 310.

집공덕방편(集功德方便, 攝法方便 : 1. 集
　功德方便 2. 集智慧方便) 제17권 379.

집과(集果, 戒增上五義) 제18권 155, 182.

집구치장집구(集求) 제17권 336.

집기심(集起心) 제16권 295. 제21권 191.
　제22권 151.

집상자재난가득도무명(執相自在難可得
　度無明, 不動地二愚 금광명경) 제21권
　155.

집상징실난(執相徵實難) 제20권 125.

집업사견(集業邪見) 제17권 501.

집인십심(集因十心 : 1. 慈心 2. 利益心 3.
　哀愍心 4. 歡喜心 5. 利潤心 6. 攝受心 7.
　憐愍心 8. 與樂心 9. 師心 10. 大師心)
　제18권 124, 181. 제19권 346. 제20권
　40, 569.

집장(執藏, 賴耶三位) 제20권 329, 331.

집정징리난(執情徵理難) 제20권 125.

집지대(集智大, 智大 有七智) 제22권 391,
　396.

집지혜방편(集智慧方便, 攝法方便)
　제17권 379.

집착아법우(執着我法愚) 제16권 188,
　193. 제17권 212, 213.

ㅊ

차불광조시방(此佛光照十方) 제16권
　586.

차실사유십(此實事唯十, 三十七品)
　제19권 73.

차전문(遮詮門 遮詮) 제17권 32, 33.

차제점심(次第漸深, 大海十相) 제16권
　56. 제22권 497.

찬청분(讚請分) 제18권 26, 279. 제19권
　275. 제20권 25.

착이양(着利養) 제17권 326.

찰나십이인연(刹那十二因緣, 구사론)
　제20권 303.

찰나연기(刹那緣起, 四種緣起 : 1. 刹那緣
　起 2. 連縛緣起 3. 分位緣起 4. 遠續緣起,
　구사론) 제20권 314.

찰삼재공업(察三才工業, 工巧明 有六)

제19권 388.

찰제리(利利) 제19권 393.

참괴복(慚愧服) 제17권 321, 552.

참괴신증상(慚愧信增上) 제17권 320.

참괴심(慚愧心, 十心) 제17권 449, 455, 457, 458.

참괴위의각분만(慚愧爲衣覺分鬘 淨戒爲香禪塗香, 난승지) 제19권 407.

참괴장엄(慚愧莊嚴, 初地十行) 제17권 217, 316, 320, 338, 451, 452, 551.

참괴행(慚愧行) 제17권 552.

참회불수계(懺悔不受戒) 제18권 96.

창기무과(彰己無過) 제16권 233. 제17권 163, 181.

창자근행(彰自勤行) 제17권 363, 434.

창힐편(蒼頡篇, 詩經) 제18권 535.

채옹(蔡邕) 제16권 551, 552. 제18권 531.

책수습(策修習, 雜集論九修) 제19권 126.

처과(處過, 八種過 환희지) 제17권 263, 267, 294.

처불상사(處不相似) 제17권 295.

처불정양(妻不貞良, 邪婬二報) 제18권 169.

처소근재시설건립상(處所根栽施設建立相, 聲明六相) 제19권 374, 375.

처승(處勝) 제16권 118, 122.

처어법좌여사자(處於法座如師子, 선혜지) 제22권 310.

처중무외(處衆無畏, 法師十德 선혜지) 제22권 222, 223, 224.

처중성시(處中盛時, 華有三時) 제22권 365.

천안통(天眼通, 五神通) 제18권 496, 514. 제21권 368.

천이통(天耳通, 五神通) 제18권 497, 502. 제21권 368.

천착(穿鑿) 제17권 24. 제21권 332.

천태대사(天台大師, 智顗 天台智者) 제16권 428. 제17권 130. 제18권 378. 제20권 422. 제22권 475.

천하지지유(天下之至柔, 老子) 제18권 96, 530.

철륜왕(鐵輪王) 제17권 597.

철위산(鐵圍山) 제20권 580. 제22권 484, 485.

청법혜행(聽法慧行, 能練行三) 제19권 241.

청변(淸辨)논사 제20권 281.

청분(請分, 初地八分) 제16권 93, 95, 98, 101, 103, 109, 164, 346, 347, 348, 416,

420, 581. 제17권 48, 50, 158, 235. 제22권 278.

청설이지(請說二地) 제18권 26, 28.

청자무과(聽者無過) 제16권 435, 444, 504.

청정(清淨, 四甚微 : 1. 觀行 2. 依止 3. 清淨 4. 功德) 제17권 60.

청정보리(清淨菩提) 제21권 82.

청정불토무구(清淨佛土無垢) 제22권 356, 358.

청정대치수행증장인분(清淨對治修行增長因分) 제16권 104, 106. 제19권 32, 37.

청정문(清淨門, 緣起門有八) 제20권 79, 80.

청정분(清淨分, 焰慧地四分 : 1. 清淨對治修行增長因分 2. 清淨分 3. 對治修行增長分 4. 彼果分) 제16권 104. 제19권 32, 33, 47, 252. 제21권 174, 175.

청정사(清淨捨, 離世間品) 제22권 128, 129, 130.

청정상(清淨相, 衆生心種種相) 제22권 67, 76.

청정설(清淨說, 具法師行) 제22권 214, 220.

청정성(清淨性, 智成就 三性 : 1. 清淨性 2. 雜染性 3. 不二性) 제22권 44.

청정심미(清淨甚微) 제17권 62.

청정자토(清淨自土) 제17권 400.

청정지법(清淨地法) 제16권 226. 제17권 559, 574, 580.

체(體, 成殺有五因緣) 제18권 61.

체덕상대(體德相對) 제16권 226, 234.

체문(體文) 제16권 548, 551.

체비량(體比量) 제16권 252, 264.

체속위진(滯俗違眞) 제16권 390, 391.

체용상대(體用相對) 제16권 230, 234.

체진위속(滯眞違俗) 제16권 390, 391.

체희(體喜) 제17권 275, 276, 278, 279.

초계(草繫)비구 제18권 35, 38.

초과일체이승행(超過一切二乘行, 원행지) 제21권 142.

초발심공덕품(初發心功德品) 제18권 188. 제22권 138, 413.

초발심승(初發心勝) 제17권 342.

초발심주(初發心住) 제17권 131, 206. 제19권 51.

초선구오지(初禪具五支, 初三各五) 제18권 393, 396.

초선량등사주 이선량등소천(初禪量等四

洲 二禪量等小千) 제21권 286.

초심지난득(超心地難得) 제16권 475.

초주지행(初住地行, 부동지) 제21권 167.
　제22권 345.

초지삼지 기동세간(初之三地 寄同世間)
　제21권 147.

초지소섭팔분(初地所攝八分 : 1. 序分 2.
　三昧分 3. 加分 4. 起分 5. 本分 6. 請分 7.
　說分 8. 校量勝分) 제16권 104.

초지십행(初地十行, 1. 信行 2. 悲行 3. 慈
　行 4. 施行 5. 無疲厭 6. 知經論 7. 知世法
　8. 慚愧 9. 堅固力 10. 供養佛) 제17권
　449, 459, 468, 542, 549, 550, 551, 554,
　556.

초심지난득(超心地難得) 제16권 475.

촉(觸, 根境識三事和合) 제20권 227.

촉대생고 고운고고(觸對生苦 故云苦苦,
　順觀) 제20권 455.

촉수증장시고고(觸受增長是苦苦, 현전
　지) 제20권 590.

촉작의수상사(觸作意受想思, 偏行心所
　五) 제21권 207.

총결십명(總結十名＝結成觀名, 不住道行
　勝分三) 제20권 497, 499, 592. 제21권
　320.

총기비관(總起悲觀, 勤方便勝有二)
　제19권 328.

총명방편집작지분(總明方便集作地分,
　不動地中 有七種相) 제16권 105.
　제21권 166, 167.

총섭체(總攝體 論體性十種 서분) 제16권
　75, 352.

총지법의과(總持法義果, 善慧地果)
　제22권 26.

총함체(總含體 論體性十種 서분) 제16권
　76.

총현심경(總顯心境, 不住道行勝分三)
　제20권 65.

최묘대(最妙大) 제17권 259, 260.

최승사(最勝捨) 제18권 467.

최승자(最勝子) 제21권 290.

최청정법계(最淸淨法界) 제16권 47.

최후삼매명수직(最後三昧名受職, 법운
　지) 제22권 525.

추광어(麤獷語, 惡口) 제18권 90, 92.

추구시과(追求時過) 제17권 492, 497.

추구시박불활(追求時縛不活, 十怖畏)
　제21권 335.

추발이고(麤拔二苦, 慈心) 제17권 238.

추상현행장(麤相現行障, 十障 현전지)

제16권 74, 186, 382. 제17권 450.
　제20권 21.
추왈량풍(秋日凉風= 金風) 제20권 579.
추장견도(麤障見道) 제18권 526.
추중(麤重, 果離亦二 : 1. 微細 2. 麤重)
　제18권 61.
추중성살 유오인연(麤中成殺 有五因緣)
　제18권 61.
춘왈화풍(春日和風) 제20권 578.
출가과(出家果) 제17권 596, 605.
출가유부(出嫁由夫, 女有三從 : 1. 在家由
父 2. 出嫁由夫 3. 夫亡由子) 제18권 77.
출고도(出苦道) 제19권 233.
출세간도품(出世間道品) 제16권 166,
　187. 제17권 201.
출세간상(出世間相, 眞解脫 有四相)
　제20권 94, 460.
출세성도방능리(出世聖道方能離)
　제22권 155.
출심(出心, 三心 : 入心, 住心, 出心)
　제17권 219, 220, 223, 564. 제21권 32,
　33. 제22권 347.
출요도(出要道) 제18권 193, 206.
출지심(出地心) 제16권 632, 633. 제22권
　458.

출현품(出現品 여래출현품) 제20권 578,
　580. 제21권 312. 제22권 433.
출희소인(出喜所因) 제17권 274.
취덕체(就德體 論其體性 十種體) 제16권
　75, 352.
취명문(取名聞, 說法者有三種過 初地說
　分) 제17권 326.
취사대해수관태자정(取四大海水灌太子
　頂, 受王職位) 제22권 385.
취소기유루업위유(取所起有漏業爲有,
　有支) 제20권 158.
취식상론(就息想論, 化有三種 : 1. 據始起
　2. 就息想論 3. 就眞實說) 제22권 402.
취여생의장(取與生疑障, 四種障 : 1. 所用
　事中忘障 2. 邪見軟智障 3. 所取物中不
　守護障 4. 取與生疑障) 제21권 45.
취염정만치(取染淨相慢, 현전지) 제20권
　36.
취용분별(就用分別, 住不住四種) 제21권
　247.
취적분별(就寂分別, 住不住四種) 제21권
　247, 248.
취적성문(趣寂聲聞) 제18권 137.
취지방편(趣地方便, 부동지) 제21권 32,
　167.

취진실설(就眞實說, 化有三種) 제22권 402.

취집(聚集 八集 初地說分) 제17권 229, 231, 234, 238. 제20권 225.

치망분별장(治妄分別障) 제17권 476.

치반야삼구(治般若三垢) 제17권 336.

치사종장(治四種障 : 1. 忘障 2. 邪見軟智 障 3. 不守護障 4. 取與生疑障) 제21권 45.

치 시욕구중추구현보 습악행자(癡 是欲 求中追求現報 習惡行者, 愛見癡慢如箭 深入過患相 三分 : 1. 愛 2. 見 3. 癡) 제22권 90.

치유상장(治有相障) 제17권 476.

치의삼종승(治義三種勝 : 1. 無功自然行 2. 偏一切法想 3. 入眞如不動自然行 부 동지) 제21권 215, 216.

치자지만(治自地慢, 난승지) 제19권 286, 300.

치지육처시행고(癡至六處是行苦 觸受增 長是苦苦, 현전지) 제20권 589.

치지주(治地住) 제18권 46.

치차운무괴(治此云無壞, 先際實) 제21권 194.

치차운무기(治此云無起, 新新生實)

제21권 191.

치차운무상(治此云無相, 相實) 제21권 192.

치차운무성(治此云無成, 後際實) 제21권 193.

치차운무전(治此云無轉, 雜染實) 제21권 197.

치차운무진(治此云無盡, 盡實) 제21권 196.

치차운본래무생(治此云本來無生, 本有 實) 제21권 189.

치취진사망장(治取眞捨妄障) 제17권 476.

치칠종사견(治七種邪見) 제18권 116.

치칠종실(治七種實 : 1. 本有實 2. 新新生 實 3. 相實 4. 後際實 5. 先際實 6. 盡實 7. 雜染實 부동지) 제21권 188, 190, 196.

치혹견고력(治惑堅固力) 제20권 570, 572.

친근중생훈차별(親近衆生熏差別, 習氣 稠林 十熏差別) 제22권 178.

친근집(親近集 九集 初地說分) 제17권 229, 231, 234, 238, 324.

친근현관도(親近現觀道, 五力) 제19권 77, 175.

친난(親難, 三界獄五難 : 1. 無病難 2. 資生
難 3. 親難 4. 戒難 5. 見難) 제18권 228.

친리각(親里覺, 八覺) 제18권 218, 401,
402.

친인연(親因緣) 제17권 511. 제20권 110,
146, 342. 제22권 70.

친족폐악(親族弊惡, 兩舌二報) 제18권
170.

칠각분(七覺分, 現觀自體道) 제19권 71,
77, 78, 80, 179, 182, 184, 303. 제20권
36.

칠덕(七德, 五頂子) 제16권 453.

칭리성덕(稱理成德) 제16권 281, 282,
283.

칠반생사(七返生死) 제18권 140.

칠변(七辯, 樂說無礙) 제22권 235.

칠선지(七善知, 涅槃經) 제22권 223, 224.

칠식역여시(七識亦如是, 楞伽經) 제20권
550.

칠식파랑(七識波浪) 제18권 212, 213.

칠정동세(七定同世, 一重因果) 제20권
428.

칠종작의(七種作意 : 1. 了相作意 2. 勝解
作意 3. 遠離作意 4. 攝樂作意 5. 觀察作
意 6. 加行究竟作意 7. 加行究竟果作意

발광지) 제18권 374.

칠지유사과(七地有四果 : 1. 彼障對治果
2. 雙行果 3. 前上地勝果 4. 樂無作行對
治果, 遠公) 제21권 98.

칭기부도(稱機不倒, 無差別二意) 제22권
281.

청량불감(秤兩不減) 제18권 528.

칭사선설(稱思宣說) 제16권 237, 238.

칭의이익희(稱意利益喜) 제17권 547,
548.

ㅋ

쾌설차법(快說此法) 제22권 515.

ㅌ

타개연(惰開演) 제16권 442.

타라바(陀羅婆) 제16권 402, 403.

타력변(他力辯) 제16권 280.

타력불상사(他力不相似) 제17권 295.

타방래증(他方來證) 제22권 508, 515.

타비량(他比量) 제20권 123.

타수용신(他受用身) 제16권 50, 52.
제17권 410, 607.

타심통(他心通, 五神通) 제18권 497, 503, 511. 제21권 368.

타인관(他因觀, 因觀有二 : 1. 他因觀 2. 自因觀) 제20권 336, 345, 479, 480, 517.

타재불수(墮在佛數, 墮佛數, 受職位) 제22권 381, 384, 387, 504.

타화자재천궁회(他化自在天宮會) 제16권 48, 49.

탄중감문청(歎衆堪聞請) 제16권 220, 425, 432, 502, 504. 제21권 320.

탐사성행(貪事成行) 제20권 308.

탐사성혹(貪事成惑) 제20권 310.

탐사의식(貪事依識) 제20권 308.

탐중중(貪中重, 十惡中重) 제18권 161.

태장(胎藏) 제16권 134, 135. 제17권 390.

탐전(貪轉, 轉凡惑有三) 제21권 128.

태백(太白, 금성) 제19권 389, 390.

태중오위(胎中五位) 제17권 522. 제20권 204.

택멸무위(擇滅無爲) 제22권 397.

택법각지(擇法覺支, 七覺分) 제19권 73, 79, 183

토모진(兔毛塵) 제21권 288.

토성[鎭星] 제19권 389, 390.

통관사제(通觀四諦) 제19권 313.

통달위(通達位) 제16권 180, 358, 522. 제17권 133.

통달전(通達轉) 제17권 132.

퇴용맹(退勇猛) 제17권 159.

투금진(透金塵) 제21권 288.

투신입화(投身入火, 舍利弗瞋) 제22권 186.

ㅍ

파계(破戒, 破戒垢 二種垢) 제16권 228, 517. 제18권 24, 32, 246, 247, 249. 제22권 193.

파상입여(破相入如) 제21권 181, 183.

파타(把吒) 장자 제22권 287.

팔각(八覺) 제17권 328. 제18권 218, 402.

팔계(八戒, 尼八敬戒) 제18권 75.

팔고(八苦) 제18권 310.

팔금강신(八金剛神) 제21권 364.

팔난(八難) 제16권 609, 611, 619, 620. 제17권 423. 제18권 329. 제22권 215, 216.

팔단행(八斷行) 제19권 162, 166.

팔도(八倒) 제19권 99, 100, 115.

팔만사천도문(八萬四千度門) 제22권

123.

팔만사천삼매(八萬四千三昧) 제22권 123.

팔만사천해탈(八萬四千解脫) 제22권 123.

팔배(八輩) 제22권 505, 506.

팔사(八邪, 八邪支, 八邪行) 제19권 193. 제22권 189, 193.

팔선(八禪, 八定) 제17권 63. 제18권 229, 284, 291, 382. 제20권 141, 143.

팔승처정(八勝處定, 三摩鉢底有五種 원행지) 제21권 103.

팔십팔사(八十八使) 제19권 294.

팔재환(八災患) 제18권 431, 432.

팔정(八定) 제16권 71. 제17권 63. 제18권 284, 374, 377, 382, 390, 474. 제19권 17, 23.

팔정도(八正道, 現觀後起道) 제18권 232, 238. 제19권 74, 77, 79, 198. 제20권 36. 제22권 193

팔종과(八種過 : 1. 入位過 2. 家過 3. 種姓過 4. 道過 5. 法體過 6. 處過 7. 業過 8. 畢定過 환희지) 제17권 261, 267, 296.

팔종범향(八種梵響) 제17권 188.

팔종정(八種淨) 제16권 331.

팔지만행(八地滿行, 부동지) 제21권 167.

팔지무생(八地無生) 제21권 113, 212.

팔지여실각(八地如實覺, 方便有五) 제18권 345, 354, 366.

팔지임운무공(八地任運無功) 제21권 60, 228.

팔해탈(八解脫) 제16권 127. 제21권 104.

편가소이(偏加所以) 제16권 328.

평등공덕(平等功德, 발광지) 제22권 502.

평등무애여허공(平等無礙如虛空, 법운지) 제22권 519.

평등불지(平等佛智) 제17권 242, 423.

평등상(平等相, 法身五相) 제21권 321, 322.

평등성지(平等性智) 제16권 519. 제17권 121. 제21권 315, 316.

평등전리(平等轉離, 九種轉離) 제17권 295.

평등평등(平等平等) 제16권 179, 181, 243, 251. 제17권 97.

폐시(閉尸, 此云軟肉) 제16권 403. 제20권 206.

표업 무표업(表業 無表業) 제20권 440. 제22권 102.

표의명언(表義名言, 名言有二) 제20권

80, 108. 제22권 100, 101.

폐의사견(蔽意邪見, 三邪見 : 1. 蔽意邪見 2. 憍慢邪見 3. 愛念邪見) 제17권 493, 494.

표익시(漂溺時, 漂溺五相) 제18권 215, 216.

표전문(表詮門) 표전(表詮) 제17권 32, 33. 제21권 197.

피과분(彼果分) 제16권 104. 제19권 32, 33. 제21권 174.

피과승(彼果勝) 제16권 104. 제19권 279, 356, 413. 제20권 30, 497, 524, 584, 593.

피과차별(彼果差別 遠行地 五種相差別) 제16권 105. 제21권 32.

피과차제상(彼果次第相, 自相三種) 제17권 517.

피력(彼力, 菩薩四相 : 1. 因集 2. 用 3. 彼力 4. 地) 제18권 145.

피방편행중발근정진과(彼方便行中發勤 精進果, 成德果有四) 제19권 212, 228.

피상차별자상(彼想差別自相, 自相四種) 제22권 241, 244.

피설법존중기보은심과(彼說法尊中起報 恩心果, 成德果有四) 제19권 212.

피이전도관(彼二顚倒觀) 제17권 469,

513, 514, 540.

피장대치(彼障對治) 제16권 107. 제21권 53.

피장대치차별(彼障對治差別, 遠行地 五種相差別) 제21권 32, 52.

피증상욕본심계만족과(彼增上欲本心界 滿足果, 成德果有四) 제19권 212, 234.

필경해탈(畢竟解脫= 究竟解脫) 제20권 531, 533, 534.

필릉가매항하녀(畢陵伽罵恒河女, 餘習) 제22권 185.

필릉가바차(畢陵伽婆蹉) 제22권 185, 186.

필정과(畢定過, 於如來種中 決定當得無 上菩提) 제17권 296, 297.

ㅎ

하고수(何故修, 厭分七相) 제18권 369.

하고지(何故知= 何所知, 明觀三意) 제18권 122.

하류분풍(下類奔風, 出處分四) 제22권 369, 376.

하상발심(何相發心, 菩薩發心 因四行相, 加分) 제16권 226.

하상자성(何狀自性 菩薩發心 因四行相, 加分) 제16권 226.

하소수(何所修, 厭分七相 발광지) 제18권 369.

하소증(何所證) 제18권 381, 463.

하소초(何所超) 제18권 463.

하시수(何時修, 厭分七相) 제18권 369.

하연발심(何緣發心) 제16권 226.

하열전(下劣轉) 제17권 132, 134.

하왈염풍(夏日炎風) 제20권 579.

하위수(何爲修, 厭分七相) 제18권 369.

하인지(何因知, 明觀三意) 제18권 122.

하자시무상(何者是無常) 제18권 299, 302.

하처수(何處修, 厭分七相) 제18권 369.

하처수축(何處隨逐, 隨眠稠林) 제22권 141.

하품인(下品忍, 治衆生我慢解法慢) 제20권 55.

학등분별문(學等分別門, 攝有支門) 제20권 139, 511, 513.

학삼매행(學三昧行) 제18권 507, 508.

함수의(含水義, 雲喩四義) 제22권 321.

항마업(降魔業, 放光十業) 제22권 380, 382.

항복업(降伏業) 제16권 587, 588, 589.

항사성덕(恒沙性德) 제17권 178. 제22권 393.

항포문(行布門) 제16권 60, 73, 80, 406.

항피어타지소뇌해(恒被於他之所惱害, 瞋恚二報) 제18권 173.

해경십불(解境十佛) 제21권 315.

해도행원(解導行願) 제16권 45.

해법만(解法慢) 제21권 213.

해법만장(解法慢障) 제16권 381. 제19권 26.

해세법심(解世法心, 十心) 제17권 449.

해순심(諧順心, 善護他心) 제18권 528, 531.

해승(解勝) 제17권 342, 343, 349.

해유난도능도대과공덕(海喩難度能度大果功德, 法雲地四喩) 제22권 469.

해유대과공덕(海喩大果功德) 제22권 497.

해유팔덕(海有八德:1.漸漸轉深 2.深難得底 3.同一鹹味 4.潮不過限 5.有種種寶藏 6.大身衆生所居 7.不宿死屍 8.不增不減, 열반경) 제22권 503.

해인철과(該因徹果) 제16권 428, 429.

해중감문(海中堪聞) 제16권 612.

해중장(解中障, 正敎量治三事) 제19권 378, 379, 380.

해탈도(解脫道, 四道) 제16권 65, 246, 249, 520, 522, 524. 제17권 93. 제18권 441. 제19권 33, 34, 280.

해탈불괴(解脫不壞, 不壞九義) 제20권 566. 제21권 367.

해탈상(解脫相, 三德 : 1. 觀行相 2. 轉依相 3. 解脫相) 제17권 116. 제22권 273.

해탈월청(解脫月請 分五 : 1. 怪黙騰疑請 2. 法深難受止 3. 歎衆堪聞請 4. 不堪有損止 5. 雙歎人法請) 제16권 422. 제17권 50.

해판(海板) 비구 제18권 37, 39.

해행인(解行人, 攝以爲四) 제16권 571. 제17권 228.

해행지(解行地) 제16권 354. 제21권 86, 189.

행(行, 戒增上 五義) 제18권 178.

행(行, 成殺有五因緣) 제18권 61.

행(行, 緣覺五相) 제18권 144.

행감조유(行堪調柔, 九種不壞) 제20권 565.

행경십불(行境十佛) 제17권 368. 제21권 315.

행고(行苦, 三苦) 제17권 237, 238, 253. 제19권 89. 제20권 102, 237, 453, 454, 455, 457, 458.

행공용과(行功用果, 발광지) 제18권 475, 494.

행교량(行校量) 제17권 446, 627.

행교량승(行校量勝) 제17권 446, 454, 559.

행구무명위인(行俱無明 爲因) 제20권 136, 398.

행무량행(行無量行, 校量勝有二 : 1. 行無量行 2. 與衆生同) 제17권 357.

행방편과(行方便果, 發光地) 제18권 475.

행방편정(行方便淨) 제17권 454, 455.

행사(行捨) 제18권 396, 397, 415, 416, 417, 418, 423, 424, 430, 481.

행사청정(行捨淸淨) 제18권 396, 397, 430.

행상(行相, 口業十相) 제22권 248.

행상수승(行相殊勝, 十一殊勝事) 제20권 413.

행성각인명보리분(行成覺因名菩提分) 제21권 64.

행성부동(行成不動, 遠行地) 제21권 61.

행수구족(行修具足) 제16권 125.

행수미숙명생(行修未熟名生) 제20권 63.

행수순숙명무생(行修純熟名無生)
　제20권 63.

행승(行勝 修行勝) 제17권 342, 343, 349,
　445, 446, 596.

행시종(行始終) 제16권 235, 239, 240.

행유부단시업도(行有不斷是業道, 현전지
　삼도부단문) 제20권 406.

행의지초심시식(行依止初心是識, 順觀)
　제20권 201.

행정(行淨) 제16권 510. 제19권 293.
　제21권 90, 91, 351. 제22권 535.

행정견(行正見) 제16권 325.

행집(行集) 제17권 229, 230, 234, 238.

행해법계(行該法界) 제16권 236.

향보리최상도(向菩提最上道) 제16권
　225, 408, 409, 427.

허공무위(虛空無爲) 제22권 398.

허공신(虛空身 六相 : 1.無量相 2.周徧相
　3.無形相 4.無異相 5.無邊相 6.顯現色
　身相) 제21권 326.

허설분제(許說分齊) 제16권 223, 233,
　415, 416. 제17권 21, 596.

허유세이(許由洗耳) 제16권 447.

험피(險詖, 毛詩) 제18권 532, 533.

현(顯, 身自在有四 : 1.舒 2.卷 3.隱 4.顯)
　제18권 499, 501.

현가(顯加, 顯成加被) 제16권 154, 157.

현겁천불(賢劫千佛) 제16권 612.

현견지(現見智, 智相有五) 제22권 253,
　258, 263.

현경명언(顯境名言, 名言有二 : 1.表義名
　言 2.顯境名言) 제20권 80, 108. 제22권
　100, 101.

현관(現觀, 六現觀) 제16권 512, 513, 517.
　제19권 83, 189, 190, 267.

현관방편도(現觀方便道, 五根) 제19권
　77, 167.

현관변지제현관(現觀邊智諦現觀, 六現
　觀) 제16권 512, 514, 515, 518.

현관유삼(現觀有三 : 1.見現觀 2.緣現觀
　3.事現觀 구사론) 제22권 266.

현관자체도(現觀自體道, 七覺分) 제19권
　77, 179.

현관지제현관(現觀智諦現觀, 六現觀)
　제16권 512, 513, 514, 515, 518. 제19권
　167.

현관찰행유전우(現觀察行流轉愚, 現前
　地 二愚) 제16권 186, 189. 제20권 22,
　23.

현관후기도(現觀後起道, 八正道) 제19권 77, 189.

현달보살(玄達菩薩, 遠行地) 제19권 263.

현담(玄談) 제17권 537. 제18권 137. 제19권 320. 제20권 289, 374, 478. 제21권 306.

현법락주선(現法樂住禪) 제21권 103, 105, 107.

현보과(現報果, 五果) 제18권 490, 491.

현보익(現報益) 제16권 292, 297.

현상(現相) 제21권 207, 208.

현서증명(現瑞證明) 제16권 100.

현수(現受) 제22권 119, 122.

현수(賢首)대사 제16권 86, 168, 169, 195, 197, 204, 207, 369, 636, 639. 제17권 26, 202, 384. 제18권 224. 제19권 263. 제20권 287, 484.

현수품(賢首品) 제16권 301, 302. 제19권 398. 제21권 336, 337.

현장(玄奘) 삼장 제20권 283.

현재명유(現在名有) 제18권 105.

현전(顯詮= 表詮) 제21권 197.

현전입소물(現前立少物 謂是唯識性, 성유식론) 제16권 240, 358. 제17권 292.

현전지(現前地) 제16권 380, 383. 제18권 43. 제20권 17. 제22권 498.

현지(現智) 제16권 511, 512, 513, 514, 516. 제22권 217, 219, 263, 265.

현집(現集, 九集 환희지) 제17권 229, 236, 238.

현행(現行) 제16권 64, 65. 제17권 43, 119, 212, 214. 제18권 23.

현현색신상(顯現色身相, 虛空身六相) 제21권 326, 329.

협세계작광세계 광세계작협세계(狹世界作廣世界 廣世界作狹世界 법운지) 제22권 439.

형혹 주화(熒惑 主火) 제19권 390.

혜광즉문사혜(慧光卽聞思慧) 제18권 353.

혜광지(慧光地, 仁王經) 제22권 19, 328.

혜요즉수소성혜(慧耀卽修所成慧) 제18권 353.

혜원(惠苑) 법사 제16권 636. 제17권 49, 202.

혜자(惠子) 제18권 132, 133.

혜해탈(慧解脫) 제16권 595, 596. 제17권 245.

혜행(慧行) 제16권 66.

호공덕(護功德, 염혜지) 제22권 502.

호과관(護過觀, 本末門有六觀 현전지) 제20권 296, 297, 424, 519.

호구(護求 能求之行 九種 환희지) 제17권 333.

호령주선(護令住善) 제17권 455.

호말탁공가지량(毫末度空可知量, 법운지) 제22권 535.

호번뇌행(護煩惱行) 제17권 229. 제18권 296, 325, 339. 제19권 65, 227, 252, 308.

호범호소대(護凡護小對, 二行四對) 제19권 64.

호법(護法)논사 제20권 280. 제21권 156.

호법원(護法願) 제17권 371.

호상즉입(互相卽入) 제17권 401. 제22권 412.

호세간공덕(護世間功德, 九十地) 제22권 502.

호소승행(護小乘行) 제18권 295, 318, 321, 541. 제19권 64, 200, 227, 229, 253, 308.

호소심(護小心) 제17권 229, 236.

호이승행(護二乘行) 제17권 229.

호집(護集 九集 환희지) 제17권 229, 231, 234, 238.

호지정법(護持正法) 제21권 131.

호협심(護狹心) 제17권 229.

혹고상섭문(惑苦相攝門, 攝三道門) 제20권 407, 512, 513.

혹자선멸과(惑自先滅過, 四過) 제17권 102.

혹현출가수세도(或現出家修世道, 법운지) 제22권 340.

화동물신(化同物身, 衆生世間自在行) 제21권 296.

화동법소승(化同法小乘, 化梵行求衆生) 제18권 230, 241.

화락천(化樂天) 제16권 49, 614.

화령이장(化令離障) 제21권 44.

화범행구중생(化梵行求衆生) 제18권 183, 230.

화사구중생(化邪求衆生, 化梵行求衆生) 제18권 230.

화생과(化生過) 제21권 226.

화생권지(化生權智) 제16권 480, 483.

화생근방편과(化生勤方便過, 地持論) 제21권 225, 226, 237.

화생력(化生力, 十不壞心攝十力 현전지) 제20권 571, 573.

화생무구(化生無垢) 제22권 355, 358.

화생불피행(化生不疲行, 修行勝有十一)
　제19권 362.

화생원(化生願, 別起悲觀有二) 제19권
　335.

화수무염재(化受無厭財, 化欲求衆生 이
　구지) 제18권 195.

화수불공재(化受不共財, 化欲求衆生 이
　구지) 제18권 195.

화수저적재(化受貯積財, 化欲求衆生 이
　구지) 제18권 195.

화욕구중생(化欲求衆生) 화유구중생(化
　有求衆生) 제18권 183, 189, 210.

화유삼시(華有三時 : 1. 華而未敷 2. 處中
　盛時 3. 彫而將落 법운지) 제22권 365.

화이미부(華而未敷, 華有三時) 제22권
　365.

화이무화(化而無化) 제16권 340, 340.

화장세계품(華藏世界品) 제16권 620.

화장찰해(華藏刹海) 제17권 568.

화중문경(火中聞經) 제16권 612.

화중생지(化衆生智, 攝智勝有五) 제19권
　361.

화중생해태대치시종(化衆生懈怠對治始
　終) 제16권 236, 273.

화지부(化地部) 제18권 386, 388.

화타심(化他心, 別起悲觀有二) 제19권
　336.

화합(和合, 語四善 : 1. 實語 2. 軟語 3. 和
　合 4. 饒益 이구지) 제18권 176.

환소작상(幻所作相, 衆生心種種相)
　제22권 68, 76, 78.

환통(幻通) 제17권 430, 431.

환희지(歡喜地) 제16권 111, 380, 384,
　406. 제17권 167, 208, 271, 273, 283, 298,
　337, 362, 364, 433, 567. 제19권 51.

환희지십원(歡喜地十願 : 1. 供養願 2. 受
　持願 3. 轉法輪願 4. 修行二利願 5. 成熟
　衆生願 6. 承事願 7. 淨土願 8. 不離願 9.
　利益願 10. 成正覺願, 양섭론) 제17권
　354, 357, 358, 361, 412, 417.

환희행(歡喜行) 제17권 223.

황사외재(況捨外財, 常勤求因分六)
　제18권 362.

회귀중도(會歸中道) 제21권 199.

회말귀본(會末歸本) 제16권 193.

회문미진(廻文未盡) 제16권 354.
　제21권 247.

회상귀성(會相歸性) 제18권 390.

회소손업(悔所損業, 不增長業有十)
　제20권 439.

회시타지(誨示他支) 제19권 192.

회행성덕(廻行成德) 제17권 317.

회향대행(廻向大行, 能練行三)
　제18권 241.

회향보리(廻向菩提, 二因故淨 遠行地)
　제17권 329, 367. 제21권 89.

회향성취(廻向成就, 三種成就 환희지)
　제17권 317, 329, 338, 621, 622.

회향행(廻向行) 제17권 569, 570.

회향행(廻向行, 能練行有三) 제18권 520.

횡궁제법지(橫窮諸法智) 제21권 56.

후득지(後得智, 三智) 제16권 49, 131,
　138, 167, 185, 224, 244, 253, 255, 358,
　392, 410, 476, 512, 629, 632. 제17권 36,
　64, 142, 170, 585, 589. 제18권 21, 276,
　478. 제19권 169.

후보과(後報果, 五果) 제18권 490.

후보익(後報益) 제16권 298, 299.

후수(後受) 제22권 119, 122.

후제실(後際實, 治七種實) 제21권 188,
　191.

후지통혜(後智通慧) 제17권 404, 405.

훈위훈작(熏謂熏灼) 제22권 168.

훼방론(毀謗論, 論體有六) 제16권 260.
　제19권 377.

흑백업(黑白業, 三種業 : 1. 黑業 2. 白業 3.
黑白業) 제22권 113, 114, 115.

흔상정묘리(欣上淨妙離) 제18권 371,
　458.

흥선사(興善寺) 제16권 546. 제17권 489.

희구불지(希求佛智, 發光地攝餘七)
　제18권 147.

희득속기(希得屬己 爲貪) 제18권 106.

희락생어탐(喜樂生於貪, 煩惱染差別)
　제22권 128.

희락이익희(戲樂利益喜) 제17권 547.

희목관찰야신(喜目觀察夜神) 제18권
　371.

희심부동(喜心浮動) 제18권 419.

『화엄경청량소』

제7 재회보광명전법회

[제23권 - 제26권]

1. 인용된 경론 이름

ㄱ

『간정기(刊定記)』제24권 301.

『결정비니경(決定毘尼經)』제25권 382, 384.

『관무량수경(觀無量壽經)』제25권 198.

『관보현보살행법경(觀普賢菩薩行法經)』

『보현관경(普賢觀經)』제25권 324, 374.

『관불삼매해경(觀佛三昧海經)』『관불삼매경』제24권 427, 429. 제25권 194, 207, 228.

『구사론』『아비달마구사론』제24권 290, 299, 369. 제25권 197, 381. 제26권 69, 70, 97, 98, 191.

『금강경』『금강반야경』제24권 60. 제25권 236.

『금광명경』『금광명최승왕경』제24권 113. 제26권 245, 508.

『금강반야론』제24권 47, 48.

『금강정경(金剛頂經)』제24권 371.

제25권 350.

『금릉탑사기(金陵塔寺記)』제24권 419.

『기세경(起世經)』제26권 284.

『기신론』『대승기신론』제23권 31, 56, 293. 제24권 159. 제26권 217, 218, 257, 402, 410, 412.

『기신론소』제24권 127.

ㄴ

『남본 열반경』제26권 576.

『남산감통전(南山感通傳)』『감통전(感通傳)』제24권 383, 384, 386.

『논어(論語)』제24권 366.

『능가경』제24권 55, 96, 125, 158. 제26권 341, 524, 525.

『능단금강반야론』『능단금강론』제24권 60, 61.

ㄷ

『대당서역기』『서역기』제24권 396, 398,

401, 403, 406, 410, 412, 413, 419, 420, 424, 425.

『대반야경』 제25권 383. 제26권 265.

『대비바사론』『비바사론』 제24권 410. 제26권 69, 284.

『대승장엄론』『대장엄경론』 제26권 196.

『대지도론』智論 智度論 제23권 391. 제24권 54, 55, 86, 137, 144, 147, 209, 390. 제25권 49, 114, 189, 200, 203, 228, 235. 제26권 385, 386, 387, 388.

『대집경』 제24권 381, 408, 424.

『대품반야경』 제23권 121. 제24권 31, 54, 55, 85, 165, 197. 제26권 387.

『대회향경』 제26권 262.

『등목보살소문삼매경(等目菩薩所問三昧經)』(십정품의 별행본) 제23권 34.

■ ㅁ

『무량의경(無量義經)』 제24권 160.

『무변불토경(無邊佛土經)』 제24권 354.

『무성섭론(無性攝論)』 제26권 592, 593.

『무착보살론』 제24권 60, 61.

『문선(文選)』 제24권 185.

『문수반니원경』 제24권 381.

『문수반야경』 제25권 70. 제26권 264.

『미륵대성불경』 제24권 159.

■ ㅂ

『반야론』『금강반야경무착론』『무착보살론』 제24권 60. 제26권 586, 587.

『방등경(方等經)』 제25권 312. 제26권 143.

『백론(百論)』 제23권 460, 461.

『법구경』 제23권 465.

『법집경(法集經)』 제26권 584.

『법화경』 제23권 292. 제24권 355. 제25권 235, 288, 374. 제26권 136, 138, 220, 221, 278, 279, 304, 306, 307, 310, 326, 327, 489, 544, 545, 571, 572, 573, 577.

『법화경론』『법화경우바제사』 제26권 220.

『법화경소』 제26권 319.

『보살본업경』『보살영락경』『영락경(瓔珞經)』 제23권 40, 55, 373, 391. 제24권 23. 제25권 346, 347, 348, 650. 제26권 33.

『보살본행경』 제25권 306.

『보살선계경』 제25권 382.

『보성론(寶性論)』제26권 570.

『보은경(報恩經)』제25권 159.

『보장다라니경(寶藏陀羅尼經)』제24권 373.

『보협경(寶篋經)』제25권 114.

『부증불감경(不增不減經)』제24권 117.

『불명경(佛名經)』제26권 306.

『불설입세아비담론(佛說立世阿毘曇論)』제26권 68.

『불성론(佛性論)』제24권 22. 제26권 340.

『불지경론(佛地經論)』제24권 371.

『불지론』제23권 278. 제24권 206, 210. 제26권 245.

ㅅ

『사권 능가경』제24권 113, 115, 117, 128, 153, 154. 제26권 378.

『사익경(思益經)』제24권 22.

『산해경(山海經)』제26권 285.

『선생경(善生經)』제25권 209.

『섭대승론』섭론 제23권 278. 제24권 31, 35, 37, 38, 39, 40, 42, 48, 176, 181. 제26권 242, 250, 289, 385, 386, 395, 535, 544.

『성유식론』유식론 제26권 67, 68, 239, 274, 291, 510, 511, 538, 558.

『속전(俗典)』제26권 284.

『승만경』제25권 314. 제26권 334, 340.

『십주비바사론(十住毘婆沙論)』제26권 592, 593.

『십지경론』論經 제26권 387.

ㅇ

『아미타경』제25권 235.

『아비달마잡집론』『잡집론』『대법론』제25권 380, 381.

『양섭론(梁攝論)』제26권 30, 245, 289.

『여래공덕장엄경(如來功德莊嚴經)』제26권 239.

『여래비밀장경(如來秘密藏經)』『대방광여래비밀장경(大方廣如來秘密藏經)』제26권 573, 574.

『여래장경(如來藏經)』제26권 334, 340.

『역지지(域地誌)』제24권 419.

『열반경』제24권 229. 제25권 200, 203, 288, 295, 304, 315. 제26권 143, 144, 219, 226, 247, 278, 304, 305, 310, 321, 322, 340, 341, 377, 378, 387, 437, 478, 487, 490, 500, 512, 524, 538, 541, 549, 550,

559, 573.

『열자(列子)』 제24권 146.

『오권대비경』 제26권 86, 87.

『유가사지론』유가론 제23권 41, 45.
　　제24권 63, 64, 371.　제25권 113, 115,
　　172, 200, 201, 219, 282.

『유마경』 제23권 472.　제24권 31, 119,
　　181, 229.　제25권 84, 304, 328.　제26권
　　70, 100, 101, 138, 176, 181, 263, 306, 387,
　　388, 393, 396, 397, 398, 420, 423, 440,
　　474, 486, 556.

『육권 니원경』 제26권 525.

『육십권 화엄경』晉經, 晉本 진역화엄경
　　제23권 391, 392, 412.　제24권 31, 54, 65,
　　165, 392, 395, 407, 412.　제25권 262, 263,
　　271, 344, 345, 347, 348, 379, 382.　제26
　　권 28, 126, 253, 296, 385, 393, 394, 403,
　　404, 581.

『음의(音義)』 제24권 420.

『이십권유식론』 제23권 403.

『인왕경(仁王經)』『인왕반야경』 제23권
　　40, 43, 329.　제24권 23, 193.　제26권 223.

ㅈ

『잡화경(雜華經)』 제25권 194, 195.

『장자(莊子)』 제24권 146.　제26권 285.

『조론』『열반무명론』 제26권 294, 417,
　　449, 485, 487, 493, 513, 519, 529, 542,
　　545, 550, 553.

『주례(周禮)』 제24권 146.

『주역(周易)』易經　제26권 579.

『중관론(中觀論)』 제25권 236.

『중론(中論)』 제23권 457, 460.　제24권 89.
　　제25권 295, 326, 328, 329, 330, 440.

『중변론』 제24권 206.

『제법무행경(諸法無行經)』無行經
　　제24권 101.

『지지론(地持論)』 제24권 22, 27, 28.

ㅊ

『천친보살론』 제24권 60, 61.

『천태지관(天台止觀)』 제25권 308, 315.

『칠권 능가경』 제23권 29.

ㅋ

『캐시미르기(迦濕彌羅記)』『가습미라기
(迦濕彌羅記)』제24권 421.

ㅌ

『탐현기(探玄記)』제25권 193.

ㅍ

『팔자다라니경(八字陀羅尼經)』제24권
375.

ㅎ

『해심밀경』제23권 41. 제26권 306.
『현겁경(賢劫經)』제25권 341.
『화엄경전기』상전(相傳) 제24권 366,
383, 411, 419, 424, 428.

2. 인용된 어구, 사람 이름

ㄱ

가관(假觀) 공관(空觀) 중도관(中道觀)
제25권 437.
가라라(歌羅邏 此云薄酪) 제23권 155.
가분(加分, 佛不思議法品 分四：1. 請分
2. 加分 3. 證分 4. 說分) 제25권 38, 46.
가분(加分 分二, 1. 毫光加請主 2. 口光加
說主 여래출현품) 제26권 36, 44.
가습미라국(迦濕彌羅國) 제24권 420.
가타(伽陀) 제25권 411.
가필시국(迦畢試國) 제24권 429.
가행위(加行位) 제24권 28.
각심초기 심무초상 원리미세념고 즉무찰
나(覺心初起 心無初相 遠離微細念故
卽無刹那, 기신론) 제23권 54. 제26권
217, 401.
갈자람(羯刺藍 此云雜穢=歌羅邏)
제23권 155.
갈앙욕견보현보살 역불능도(渴仰欲見普
賢菩薩 亦不能覩 십정품) 제23권 74.
감보차국(甘菩遮國) 제24권 408.
강우무종유(降雨無從喩, 여래출현품 答

出現境界) 제26권 361.

강우자영유(降雨滋榮喩, 여래출현품 答
語業) 제26권 200.

강주난사유(降霆難思喩, 여래출현품 答
語業) 제26권 204.

거마사라향(渠摩娑羅香) 혜정(惠頂) 대
덕굴(大德窟) 선현(善現) 부처님
제24권 431.

거수변상 유십구(擧數辨相 有十句, 從此
三昧起 於如來所 1. 受十種不可思議灌
頂法 2. 亦得 3. 亦淸淨 4. 亦成就 5. 亦入
6. 亦證 7. 亦滿 8. 亦持 9. 平等了知 10. 三
輪淸淨 : 선정에서 나와 얻는 이익)
제23권 153.

거약현광(擧略顯廣 十句 : 1. 以金剛慧 達
差別法界俱空故 2. 世界無住處 3. 衆生
無可化 4. 寂無去來 5. 竪無斷盡 6. 橫泯
差別 7. 體非體故 不礙現通 8. 用非用故
無依無作 9. 不離如如故無動轉 10. 理事
圓故 窮法界邊) 제23권 77. 제24권 358.

거어오정산 방억중광명 인천함실도 죄구
개소멸(居於五頂山 放億衆光明 人天咸
悉覩 罪垢皆消滅, 八字陀羅尼經)
제24권 374.

건타라국(乾陀羅國, 持地國) 제24권 424,
425.

겁진창성유(劫盡唱聲喩, 여래출현품 答
語業) 제26권 190.

겁풍지괴유(劫風持壞喩, 여래출현품 答
意業) 제26권 313.

겁화소진유(劫火燒盡喩, 여래출현품 答
意業) 제26권 312.

격창운무생의상 권만산천입경중(隔牕雲
霧生衣上 卷幔山泉入鏡中, 王維詩)
제24권 175.

견문공양제여래 소득공덕불가량(見聞供
養諸如來 所得功德不可量, 여래출현품)
제26권 596.

견문익심(見聞益深) 제25권 291, 334.

견불생희 여어득윤고(見佛生喜 如魚得潤
故 大千饒益喩) 제26권 103.

견어과거세 일체인사자(見於過去世 一切
人師子, 보현행품) 제25권 413.

견어불신 이여래신 부증불감(見於佛身
而如來身 不增不減, 십정품 空無增減
喩) 제23권 182.

견유오상(肩有五相) 제25권 247.

견중회체상 명견분량 견불작용(見衆會體
相 明見分量 見佛作用, 別顯嚴相)
제23권 171, 173.

견혹(見惑)과 수혹(修惑) 제26권 507.

경래부진(經來不盡, 經來未盡 斷經未盡) 제24권 432. 제25권 52, 190, 204, 205, 361, 366.

경상체허유(鏡像體虛喩, 수호공덕품) 제25권 332.

경유일상(頸有一相) 제25권 245.

계경(契經) 응송(應頌) 기별(記別) 제24권 65.

계빈(罽賓)국 제24권 420.

계족산(雞足山) 제24권 380.

계주(繫珠)의 비유, 법화경 제26권 325.

계합지관(契合止觀, 四重止觀 십인품) 제24권 69.

고기송(孤起頌) 기야(祇夜, 重頌) 제25권 411.

고무생멸유(鼓無生滅喩, 수호공덕품) 제25권 327.

고십현(古十玄) 제26권 590.

고원유성문자 불생불법연화고(高原喩聲 聞者 不生佛法蓮華故) 제26권 138.

고출무애(高出無礙) 제25권 408.

곡향유(谷響喩) 제24권 40.

공덕지혜 이엄기심 색상광명 이엄신야(功 德智慧 以嚴其心 色相光明 以嚴身也, 십정품 了知一切世界佛莊嚴三昧) 제23권 170.

공무분별유(空無分別喩, 여래출현품 答 身業) 제26권 132.

공무증감유(空無增減喩, 廣莊嚴 비유) 제23권 182.

공번불인 공번불출 공번불현 공번불배 (恐繁不引 恐繁不出 恐繁不顯 恐繁不 配) 제23권 48. 제24권 100. 제25권 34, 65.

공양자리행(供養自利行) 문연이타행(聞 演利他行) 제23권 148.

과거중미래 미래중현재 삼세호상견 일일 개명료(過去中未來 未來中現在 三世互 相見 一一皆明了, 三世攝化行 보현행 품) 제25권 455.

과거청정장삼매 = 지과거장엄장대삼매 (過去淸淨藏三昧= 知過去莊嚴藏大三 昧, 십정품) 제23권 98, 149.

과시과중지과(果是果中之果) 제23권 30.

과어동방무수세계 부과이소세계미진수 세계 어피제세계중 입차삼매(過於東方 無數世界 復過爾所世界微塵數世界 於 彼諸世界中 入此三昧, 십정품 次第徧往 諸佛國土大三昧) 제23권 138.

관정보살 즉십지수직위(灌頂菩薩 卽十地
受職位) 제26권 222.

관초절(觀超絶, 普光明大三昧 分五)
제23권 100, 101, 109.

광명각품(光明覺品) 제25권 70. 제26권
264, 298.

광명산(光明山) 제24권 394.

광소성익(光所成益 有二 : 1. 令離苦淨宿
善益 2. 轉報生天得聞法益 수호공덕품)
제25권 285.

광수십도행(廣修十度行) 제24권 334.

광영유(光影喩) 제24권 36, 40.

광익악취 육단(光益惡趣 六段 : 1. 拔苦與
樂 2. 因起邪見 3. 慈音示正 4. 廻邪報恩
5. 佛與授記 6. 結光利益 여래출현품)
제26권 150.

광조분제 광소성익(光照分齊 光所成益,
수호공덕품) 제25권 284.

광조불해운 보등운 법계무차별운 안주일
체세계해보조운(光照佛海雲 寶燈雲 法
界無差別雲 安住一切世界海普照雲)
제25권 225.

광조일체방(光照一切方) 제25권 211.

광중유십(光中有十, 1. 光出處 2. 光名體
3. 光業 4. 舒業 5. 敬業 6. 覺業 7. 止業 8.

降伏業 9. 示現業 10. 卷業 여래출현품)
제26권 36, 37.

광통(光統) 율사 제24권 31, 46.

교견불의(敎見佛儀) 제25권 302, 303.

교기견방(敎起見方, 示說者分有六)
제23권 68, 79, 80.

교살라국(憍薩羅國) 제24권 398.

구경각(究竟覺) 제23권 32, 54. 제26권
217, 218, 402.

구광가설주(口光加說主, 加分分二 여래
출현품) 제26권 44.

구대위덕 즉신항충만일체세간(具大威德
卽身恒充滿一切世間) 제23권 51, 58.

구로수달륵(佉路數怛勒 소록국) 제24권
411.

구분유식(具分唯識) 제23권 405.

구살단나국(瞿薩旦那國) 제24권 415.

구소마보라(拘蘇摩補羅, 唐言香華宮城)
제24권 401.

구실릉가산(瞿室䔖伽山, 唐言牛角)
제24권 418.

구여아양장(口如癭羊障) 제25권 387.

구진나국(俱珍那國 俱珍那城) 제24권
405.

구파라(瞿波羅 용, 石津壁) 제24권 428.

궁생사지본제(窮生死之本際) 제23권 56.

귀경미증(歸敬彌增) 제23권 79.

귀력지인유(鬼力持人喩, 一切衆生差別
　身大三昧 십정품) 제23권 209.

근본지(根本智)와 후득지(後得智)
　제26권 386.

금강밀적주(金剛密跡主) 보살 제24권
　375.

금강불괴유(金剛不壞喩, 上攝佛果益十)
　제23권 357.

금강산(金剛山, 海中有處 名金剛山)
　제24권 391.

금강승보살(金剛勝菩薩 제보살주처품)
　제24권 365.

금강염산(金剛焰山, 西海之濱山) 제24권
　367.

금강유정(金剛喩定) 제23권 44, 45.

금강종(金剛種, 수호공덕품) 제25권 286.

금시벽해유(金翅闢海喩) 제26권 378,
　380, 383.

금시재공관대해 벽수박취용남녀(金翅在
　空觀大海 闢水搏取龍男女, 여래출현품
　金翅闢海喩) 제26권 383.

기위분오(寄位分五 : 1.障十信行 2.障十
　住行 3.障十行之行 4.障十向行 5.障十

地行) 제25권 390.

기일진심 일체돈장(起一瞋心 一切頓障,
　진심의 장애) 제25권 382, 390.

기일진심 일체악중 무과차악(起一瞋心
　一切惡中 無過此惡, 晉經) 제25권 382.

기중유백억사천하 일일사천하 현백억신
　(其中有百億四天下 一一四天下 現百
　億身, 智巧現) 제23권 105.

기화광대 양등백만삼천대천세계고(其華
　廣大 量等百萬三千大千世界故, 十地蓮
　花 십정품) 제23권 285, 286.

ㄴ

나게라국(那揭羅國)성 제24권 428.

나라연(那羅延) 제24권 410.

나라연굴(那羅延窟) 제24권 409, 431.

나락가(捺落迦) 제26권 284, 285.

나무일체제불 나무보현보살(南無一切諸
　佛 南無普賢菩薩) 제23권 78.

나한현통유(羅漢現通喩, 一身入定多身
　起 多身入定一身起 십정품) 제23권 210,
　211.

낙건나(諾健那=露形神) 제26권 97.

낙차시만 구지시억(洛叉是萬 俱胝是億,

洛叉 이승지품) 제24권 298, 299, 300. 제26권 97, 98.

남대 보생여래소거(南臺, 寶生如來所居. 제보살주처품) 제24권 372.

내외연기(內外緣起) 제24권 323.

내외호입(內外互入) 제23권 121.

농부하종유(農夫下種喩, 一切衆生差別 身大三昧 십정품) 제23권 222.

누각산 즉바시라소거(樓閣山 卽婆施羅 所居. 제보살주처품) 제24권 367.

능전(能詮)과 소전(所詮) 能所詮 제23권 176.

능지과거제불출현 소위겁차제중제찰차 제 찰차제중제(能知過去諸佛出現 所謂 劫次第中諸刹次第 刹次第中諸劫次第, 知過去莊嚴藏大三昧 십정품) 제23권 149.

ㄷ

단경미진(斷經未盡) 제24권 432.

달차시라국(呾叉始羅國, 無憂王태자 제 보살주처품) 제24권 415.

담무갈(曇無竭, 제보살주처품) 제24권 392.

답소성과문(答所成果問, 불부사의법품 십신상해품 수호공덕품 보현행품 여래출 현품) 제25권 23.

답어업 출현어업(答語業 出現語業) 제26권 52.

답의업 출현의업(答意業 出現意業) 제26권 236.

답출현경계(答出現境界 出現境界) 제26권 354.

답출현성정각(答出現成正覺 출현성정각) 제26권 384.

답출현열반(答出現涅槃, 여래출현열반) 제26권 484.

답출현지법(答出現之法, 別答十問 : 1. 答 出現之法 2. 答身業 3. 答語業 4. 答意業 5. 答出現境界 6. 答所出現之行 7. 答出 現成正覺 8. 答出現轉法輪 9. 答出現涅 槃 10. 答出現見聞親近所生善根) 제26 권 58, 59.

답출현지행(答出現之行, 여래출현품) 제26권 58, 371.

답출현견문친근소생선근(答出現見聞親 近所生善根, 여래출현품) 제26권 58, 563.

대보리(大菩提, 所生得 謂大菩提)

제26권 538.

대보출생유(大寶出生喩, 答意業 여래출
현품) 제26권 270.

대부영축사(大孚靈鷲寺) 제24권 385.

대수석(帶數釋, 육합석) 제23권 34.

대승시교(大乘始教) 대승종교(大乘終
教) 제24권 23. 제25권 197.

대열반(大涅槃, 所顯得 謂大涅槃)
제26권 538.

대열반 분사(大涅槃 分四 : 1. 自性淸淨涅
槃 2. 有餘依 3. 無餘依 4. 無住處)
제26권 505.

대열반 삼문(大涅槃 三門 : 1. 餘無餘 2. 性
淨方便淨 3. 眞與應) 제26권 505.

대용무애(大用無涯) 제23권 30. 제25권
72. 제26권 515, 548, 549, 561.

대우난지유(大雨難知喩) 제26권 78.

대우성패유(大雨成敗喩) 제26권 79.

대원경지(大圓鏡智) 제24권 372. 제26권
146, 273, 274.

대유별합십(對喩別合十, 1. 合流沙入海
喩 2. 合遶池入海喩 3. 合池間寶華喩 4.
合寶樹遶池喩 5. 合大池淸淨喩 6. 合栴
檀香岸喩 7. 合底布金寶喩 8. 合龍王無
惱喩 9. 合四河潤澤喩 10. 合四河無盡喩

11. 合入海無障喩 12. 合入海無厭喩 13.
合衆寶交影喩, 法界自在大三昧 십정
품) 제23권 251, 253, 254, 255, 256, 257,
258, 260, 261, 262.

대자 인만지정 칭법계고(大者 因滿之定
稱法界故) 제23권 88.

대지일종 통함삼취(大地一種 通含三聚,
取決定能生處 喩正定聚 得緣方生 喩不
定聚 砂鹵等地 喩邪定聚) 제26권 137,
138.

대진나국(大振那國)과 오정산(五頂山)
제24권 374, 375, 385.

대천요익유정유(大千饒益有情喩)
제26권 102, 103.

대천흥조유(大千興造喩, 여래출현품 答
語業) 제26권 63, 64, 76.

대해잠류유(大海潛流喩, 여래출현품 答
意業) 제26권 268.

덕업자재와 일방업용((德業自在와 一方
業用, 無礙淸淨天耳智神通 십통품)
제23권 427.

덕주법계위보 지순조선왈현 의성조수왈
행(德周法界爲普 至順調善曰賢 依性造
修曰行, 普賢行 釋名) 제25권 370.

도구경지(到究竟地) 제23권 46.

도사방차대광명 진동시방제세계 이현무
　량신통력 이부환래입아신(導師放此大
　光明 震動十方諸世界, 여래출현품)
　제26권 42.

도생(道生)법사 제26권 303, 489, 577.

도회외도(塗灰外道) 제24권 416.

독두(獨頭)와 상응(相應) 제25권 380.

돈교(頓敎)와 원교(圓敎) 제25권 136,
　197.

동교일승(同敎一乘)과 별교일승(別敎一
　乘) 제24권 356. 제26권 387.

동대(東臺, 阿閦佛所居 제보살주처품)
　제24권 372.

득명부동유(得名不同喩) 제23권 114.

등각(等覺)과 묘각(妙覺) 제23권 26, 28,
　29, 38, 39, 40, 41, 43, 46, 48, 49, 54, 56,
　276, 286, 368, 373, 393. 제24권 21, 83,
　282, 286. 제25권 199. 제26권 221, 222.

등각조적 묘각적조(等覺照寂 妙覺寂照,
　보살영락경) 제23권 373.

등묘이위 전동여래보광명지(等妙二位 全
　同如來普光明智) 제23권 27.

ㄹ

라집(羅什) 법사 제24권 48, 413. 제25권
　237.

라후아수라왕 본신장칠백유순 화형장십
　육만팔천유순(羅睺阿修羅王 本身長七
　百由旬 化形長十六萬八千由旬, 십정품
　智巧現) 제23권 106.

래의자 위답보광 십정문고(來意者 爲答
　普光 十頂問故, 十忍品來意) 제24권
　20.

ㅁ

마가다국(摩伽陀國) 제24권 397. 제26권
　549, 551.

마갈제국아란야법보리장(摩竭提國阿蘭
　若法菩提場) 제23권 50.

마니이물유(摩尼利物喩, 여래출현품 答
　身業) 제26권 158.

마도라성(摩度羅城, 有一住處 名滿足窟)
　제24권 403.

마란타국(摩蘭陀國) 제24권 407.

마투라(摩偸羅, 此云孔雀 亦云密蓋)
　제24권 403, 404.

마하반열반나(摩訶般涅槃那) 대원적입
　(大圓寂入) 제26권 489.
마하지나(摩訶支那) 제24권 410.
막불정례보현보살 심생존중 여견시방일
　체제불(莫不頂禮普賢菩薩 心生尊重 如
　見十方一切諸佛) 제23권 82.
말전지(末田地) 말전저가(末田底迦)
　제24권 420, 421.
망념무자유(妄念無知喩) 제23권 145.
망실보리심 수제선근 시위마업고(忘失菩
　提心 修諸善根 是爲魔業故, 이세간품)
　제25권 317.
명자반야(名字般若) 제26권 500.
명정공용 어중사(明定功用 於中四, 1. 了
　三世間 2. 多劫修行 3. 入出無礙 4. 結成
　自在 십정품) 제23권 232.
명정성익 변십중익(明定成益 辨十重益:
　1. 生多功德益 2. 具無盡德益 3. 諸佛攝
　受益 4. 諸佛護念益 5. 十海深廣益 6. 殊
　勝超絶益 7. 諸力幹能益 8. 結能圓滿益
　9. 他不能說益 10. 自無不了益 십정품 法
　界自在大三昧) 제23권 229, 235, 236,
　238, 240, 241, 242, 243, 246, 247.
명정업용(明定業用 分六, 1. 總知諸佛 2.
　知多名號 3. 知當所作 4. 知現所圓 5. 知

現所作 6. 知時分齊 : 십정품 智光明藏大
　三昧) 제23권 157, 158, 160.
모공출화(毛孔出華) 제25권 338.
목지인타(目支隣陀) 용왕 제24권 406.
목진인타굴(目眞隣陀窟, 淸淨彼岸)
　제24권 406.
몽부재세간 부재비세간 차이불분별 득입
　어인지(夢不在世間 不在非世間 此二不
　分別 得入於忍地, 십인품 如夢忍)
　제24권 254.
몽유오종(夢有五種 : 1. 夢見火 見黃見赤
　2. 若冷氣多 見水見白 3. 若風氣多 則見
　飛見黑 4. 又復所聞見事 多思惟念故 5.
　或天與夢 欲令知未來事故 是五種夢 皆
　無實事而妄見, 대지도론) 제24권 144.
몽자재법문(夢自在法門) 제24권 151.
묘관찰지(妙觀察智) 제26권 146, 275,
　276.
묘광명대삼매(妙光明大三昧, 妙光者 身
　智偏照爲光 勝用交暎爲妙 십정품)
　제23권 110, 116.
묘색담연상안은 불위시절겁수천(妙色湛
　然常安隱 不爲時節劫數遷,『육권 니원
　경』) 제26권 525.
묘오개만 시불(妙悟皆滿 是佛) 제23권

276.

무간도(無間道)와 해탈도(解脫道)
　제23권 31.

무구지(無垢地, 等覺) 제23권 40.

무능혹란 무능영탈(無能惑亂 無能暎奪)
　제23권 108.

무량광색 무량형상 원만성취 평등청정(無
　量光色 無量形相 圓滿成就 平等淸淨,
　廣莊嚴分四) 제23권 177, 178, 181.

무량무수겁 해지즉일념 지념역무념 여시
　견세간(無量無數劫 解之卽一念 知念亦
　無念 如是見世間, 三世間自在行)
　제25권 434.

무량제국토 일념실초월(無量諸國土 一念
　悉超越 經於無量劫 不動於本處, 三世
　間自在行) 제25권 434.

무멸인(無滅忍, 四法忍 : 1. 無生忍 2. 無滅
　忍 3. 因緣忍 4. 無住忍) 제24권 22, 23,
　74, 77.

무명업상(無明業相) 시각(始覺)과 본각
　(本覺) 제26권 217.

무상종(無相宗) 제23권 329. 제26권 246.

무생법인(無生法忍) 제24권 25, 26, 70,
　76, 83, 331. 제26권 301, 388.

무생인(無生忍, 十忍, 십인품) 제24권 22,

23, 27, 70, 77, 80, 81.

무성(無性)보살 제23권 278. 제24권 38,
　42.

무소염착 즉지항명달일체제법(無所染着
　卽智恒明達一切諸法) 제23권 58.

무신중생불견불 이불역위흥의리(無信衆
　生不見佛 而佛亦爲興義利, 여래출현품
　答身業 日益生盲喩) 제26권 165.

무애륜대삼매(無礙輪大三昧, 십정품)
　제23권 48, 88, 270, 386.

무애청정천이지신통(無礙淸淨天耳智神
　通 십통품) 제23권 394, 426, 431.

무여열반(無餘涅槃) 제24권 421, 422

무우왕(無憂王) 제24권 399, 415.

무이어이작 유여어여작(無異語異作 有如
　語如作) 제23권 356.

무주인(無住忍, 思益經四忍) 제24권 22,
　23.

무주주(無住住, 無住而住) 제23권 120.

무진(無盡)다라니 제26권 75.

무착(無着)보살 제23권 278. 제24권 48.

무체성무동작왕일체불찰지신통(無體性
　無動作往一切佛刹智神通 십통품)
　제23권 431, 435.

문수대보살 불사대비원 변신위동진 혹관

혹로체(文殊大菩薩 不捨大悲願 變身爲
童眞 或冠或露體, 八字陀羅尼經)
제24권 374.

문제불소설지법 불경불포불외 심신오해
애락취향 전심억념 수습안주(聞諸佛所
說之法 不驚不怖不畏 深信悟解 愛樂趣
向 專心憶念 修習安住, 십인품 音聲忍)
제24권 57.

문혜(聞慧) 사혜(思慧) 수혜(修慧)
제24권 61, 62. 제26권 146, 465, 471.

미간방광(眉間放光, 從眉間白毫相中 放
大光明 名如來出現, 여래출현품)
제26권 34.

미간유일상 변법계광명운(眉間有一相,
偏法界光明雲 如來眉間有大人相 名偏
法界光明雲 십신상해품) 제25권 229.

미래세제겁 국토불가설 일념실요지 어피
무분별(未來世諸劫 國土不可說 一念悉
了知 於彼無分別, 보현행품) 제25권
418.

미묘광대지 심입여래경 입이불퇴전 설명
보현혜(微妙廣大智 深入如來境 入已不
退轉 說名普賢慧, 法輪深入行 보현행
품) 제25권 448.

미불개입관정지위(靡不皆入灌頂之位)

제23권 60.

미세상용안립문(微細相容安立門 십현
문) 제24권 104.

ㅂ

바라참(跋羅擥) 제24권 290.

발심보리 복심보리 명심보리 출도보리 무
상보리(發心菩提 伏心菩提 明心菩提
出到菩提 無上菩提 대지도론) 제26권
388.

방보광명운(放寶光明雲, 頂有三十二相)
제25권 214.

백사십불공불법(百四十不共佛法)
제23권 44. 제25권 26.

백호 오슬니사(白毫 烏瑟膩沙, 肉髻)
제25권 281.

번뇌장(煩惱障) 소지장(所知障)
제26권 386.

범궁보현유(梵宮普現喩) 제23권 225,
226.

범왕보현유(梵王普現喩, 여래출현품 答
身業) 제26권 153.

범음급중유(梵音及衆喩, 여래출현품 答
語業) 제26권 197.

법계담연유(法界湛然喩, 여래출현품 答
　意業) 제26권 267.

법계신운 즉무재부재(法界身雲 則無在不
　在. 제보살주처품) 제24권 432.

법계자재대삼매(法界自在大三昧, 십정
　품) 제23권 88, 228, 267.

법상종(法相宗) 법성종(法性宗) 제23권
　329, 403, 470. 제24권 144, 150. 제26권
　244, 246, 309, 437, 467, 491.

법성신(法性身) 제24권 189, 190. 제26권
　427, 494.

법수법행(法隨法行) 제24권 62, 64.

법신(法身) 보신(報身) 화신(化身)
　제26권 33, 402, 498.

법신덕(法身德) 반야덕(般若德) 해탈덕
　(解脫德) 제26권 495, 496.

법신유전오도 명위중생(法身流轉五道 名
　爲衆生, 부증불감경) 제24권 116.

법이력(法爾力, 生色界有三因 : 1. 因力 2.
　業力 3. 法爾力) 제26권 191.

변강종종유(偏降種種喩, 여래출현품 答
　語業) 제26권 205.

변계성(偏計性) 의타성(依他性) 원성성
　(圓成性) 제24권 58, 113.

변당기익(辨當機益, 一重益 見佛益 見聞

益深) 제25권 292, 333, 335.

변찰입정(偏刹入定, 次第偏往諸佛國土
　大三昧 法中五 : 1. 偏刹入定 2. 入時次
　第 3. 總結多聞 4. 心契定體 5. 不廢起通,
　십정품) 제23권 138, 139.

변행(偏行)심소 별경(別境)심소 선(善)심
　소 제26권 240.

변화신(變化身)과 변화토(變化土)
　제23권 297, 303, 309. 제26권 277.

보견삼세(普見三世, 住奢摩他最極寂靜
　卽普見三世) 제23권 58.

보광대삼매(普光大三昧 십정품) 제23권
　88.

보광명대삼매(普光明大三昧 分五, 1. 智
　無盡 2. 心無邊 3. 定自在 4. 智巧現 5. 觀
　超絶, 십정품) 제23권 100, 102, 103, 104,
　108.

보광명지(普光明智) 제23권 28, 29, 33.

보광법당(普光法堂) 제24권 407.

보광조요운(普光照耀雲, 頂有三十二相)
　제25권 216, 217.

보다락가산(補怛洛伽山) 제24권 396.

보당자재(普幢自在) 제25권 408. 제26권
　607.

보산광영유(寶山光影喩) 제23권 112.

보살문명품 제23권 413, 448. 제24권 181, 227.

보살영기백천탐심 불기일진 이위해대비 막과차고(菩薩寧起百千貪心 不起一瞋 以違害大悲 莫過此故, 결정비니경) 제25권 382.

보살지진 유유과루무상(菩薩地盡 唯有 果累無常) 제23권 54, 55.

보승(普勝)세계 제25권 408.

보안보살(普眼菩薩, 십정품 청법보살) 제23권 63, 65, 66, 71, 74, 75, 82, 84, 368, 369.

보왕만원유(寶王滿願喩, 여래출현품 答 身業) 제26권 158, 159.

보조일체보살행장광명운(普照一切菩薩 行藏光明雲 頂有三十二相) 제25권 216.

보조제불광대운(普照諸佛廣大雲 頂有 三十二相) 제25권 215.

보현덕광설부진(普賢德廣說不盡) 제24권 301.

보현보살 급주보현소유행원제보살중 성 취기하삼매해탈(普賢菩薩 及住普賢所 有行願諸菩薩衆 成就幾何三昧解脫, 십 정품 전체 질문) 제23권 66.

보현보살 주처심심 불가설고(普賢菩薩 住處甚深 不可說故) 제23권 72.

보현보살 즉이해탈신통지력 여기소응 위 현색신(普賢菩薩 卽以解脫神通之力 如 其所應 爲現色身, 보현보살이 몸을 나타 내는 이유) 제23권 81.

보현보살 획무변지혜문 입사자분신정 득 무상자재용(普賢菩薩 獲無邊智慧門 入 師子奮迅定 得無上自在用, 십정품) 제23권 72.

보현삼매품 제25권 371.

보현일체장엄운 출일체법계음성운 보조 제불변화륜운(普現一切莊嚴雲 出一切 法界音聲雲 普照諸佛變化輪雲, 십신상 해품) 제25권 224.

보현행십대삼매륜(普賢行十大三昧輪 십 정품 無礙輪大三昧) 제23권 386.

보현행품(普賢行品) 제25권 364.

복인(伏忍) 제24권 23.

본불애말과 말불애본(本不礙末과 末不 礙本) 제24권 121.

본유와 수기(本有와 修起) 제23권 30.

본유와 수생(本有와 修生) 제25권 32.

본유(本有)와 수성(修成) 제26권 490.

본유여진금 수생여엄구(本有如眞金 修生

如嚴具) 제25권 29.

본적과 말적(本寂과 末寂) 제24권 124.

본탈말 말성본 말탈어본(本奪末 末成本
末奪於本) 제24권 123.

부동지불(不動智佛) 제24권 371.

부사소미라(富闍蘇彌羅) 제24권 397,
398.

부사의승(不思議乘) 제26권 583.

부주어세간 불리어세간 어세무소의 의처
불가득(不住於世間 不離於世間 於世
無所依 依處不可得, 십인품 如影忍)
제24권 263.

부주어실제 불입어열반 여시변세간 개오
제군생(不住於實際 不入於涅槃 如是徧
世間 開悟諸群生, 即智大悲行 보현행
품) 제25권 444.

부진중중 일승중중(不盡重重 一乘重重)
제23권 397.

부현감허랑 출호수역지표(夫玄鑒虛朗
出乎數域之表, 여래수량품 來意)
제24권 352.

북대(北臺, 不空成就如來所居 제보살주
처품) 제24권 372.

분단생사(分段生死) 변역생사(變易生死)
제26권 507.

분양산(汾陽山) 제24권 379.

불가언설모단처 개유정찰불가설 종종장
엄불가설 종종기묘불가설(不可言說毛
端處 皆有淨刹不可說 種種莊嚴不可說
種種奇妙不可說, 아승지품) 제24권
308.

불가언설불가설 충만일체불가설 불가언
설제겁중 설불가설불가진(不可言說不
可說 充滿一切不可說 不可言說諸劫中
說不可說不可盡, 아승지품) 제24권
301.

불가언설일체겁 찬불가설제공덕 불가설
겁유가진 불가설덕불가진(不可言說一
切劫 讚不可說諸功德 不可說劫猶可盡
不可說德不可盡, 結德無盡行 아승지
품) 제24권 342.

불가언설제불찰 개실쇄말위미진 일진중
찰불가설 여일일체개여시(不可言說諸
佛刹 皆悉碎末爲微塵 一塵中刹不可說
如一一切皆如是, 아승지품) 제24권
302.

불관관과 관달관(不觀觀과 觀達觀)
제24권 67, 69.

불괴(不壞, 定不壞相 慧不壞諸故 不壞)
제23권 119.

불괴과이현인(不壞果而現因) 제23권 386.

불괴본이변현유(不壞本而變現喩) 제23권 376.

불괴인이현과(不壞因而現果) 제23권 382.

불덕무량 약현삼십이문(佛德無量 略顯 三十二門：門皆具十 有三百二十德 以 顯無盡, 불부사의법품) 제25권 52.

불변여체공불이(不變與體空不異) 24권 118.

불부사의법품(佛不思議法品 分四：1. 請 分 2. 加分 3. 證分 4. 說分) 제25권 38.

불부사의법품 초십문(佛不思議法品 初 十問) 제25권 45.

불사도중생원 부단전법륜사 불폐교화중 생업(不捨度衆生願 不斷轉法輪事 不廢 敎化衆生業, 십통품 一切法滅盡三昧智 神通) 제23권 473.

불사대자대비심 수습바라밀 미상휴식(不 捨大慈大悲心 修習波羅蜜 未嘗休息, 십통품 入一切法滅盡三昧智神通) 제23권 473.

불사와 불취(不捨와 不取) 제23권 152.

불사인이현과(不捨因而現果 不壞果而現 因) 제23권 386.

불설중생설 급이국토설 삼세여시설 종종 실요지(佛說衆生說 及以國土說 三世如 是說 種種悉了知, 知四種說法行 보현행 품) 제25권 454.

불수자재(佛壽自在) 제24권 356.

불신무수등법계 유복중생소능견 여시무 수일일신 수명장엄개구족(佛身無數等 法界 有福衆生所能見 如是無數一一身 壽命莊嚴皆具足, 여래출현품 大用無涯) 제26권 561.

불안광명운(佛眼光明雲, 頂有三十二相) 제25권 212.

불이법위신 청정여허공 소현중색형 영입 차법중(佛以法爲身 淸淨如虛空 所現衆 色形 令入此法中, 세주묘엄품) 제24권 353. 제26권 130.

불이시현경년세고 괴기근본일일일시 불이 본시극단촉고 괴기소현일월연세(不以 示現經年歲故 壞其根本一日一時 不以 本時極短促故 壞其所現日月年歲, 幻師 善巧喩 십정품 妙光明大三昧) 제23권 122.

불이일묘음 주문시방국 중음실구족 법우 개충변(佛以一妙音 周聞十方國 衆音悉

具足 法雨皆充偏, 여래현상품) 제26권
178.

불이일음연설법 중생수류각득해(佛以一
音演說法 衆生隨類各得解, 유마경)
제26권 175, 180, 181.

불종부단(佛種不斷) 제26권 105.

불지보성유(佛智普成喻) 제23권 284.

불타발타라(佛陀跋陀羅, 此云覺賢)
제25권 237.

비로절나(毘盧折那, 唐言偏照) 아라한
제24권 418.

비사리(毘舍離, 卽毗耶離 此云廣嚴城)
제24권 396.

비신시신행(非身示身行) 제25권 441.

비여고원육지 불생연화 비습어니 내생차
화(譬如高原陸地 不生蓮華 卑濕淤泥
乃生此花, 유마경) 제26권 138.

비여공환사 보현제색상 도령중탐락 필경
무소득(譬如工幻師 普現諸色像 徒令
衆貪樂 畢竟無所得, 십인품 如幻忍)
제24권 246.

비여마나사용왕 홍운칠일미선우 대제중
생작무경 연후시강성이익(譬如摩那斯
龍王 興雲七日未先雨 待諸衆生作務竟
然後始降成利益, 여래출현품 漸降成熟

喻) 제26권 234.

비여몽중견 종종제이상(譬如夢中見 種種
諸異相) 제24권 255.

비여법계변일체 불가견취위일체 제불경계
역부연 변어일체비일체(譬如法界偏一切
不可見取爲一切 諸佛境界亦復然 偏於
一切非一切, 여래출현품 答出現之法)
제25권 305. 제26권 110.

비여세계초안립 비일인연이가성 무량방편
제인연 성차삼천대천계(譬如世界初安
立 非一因緣而可成 無量方便諸因緣 成
此三千大千界, 大千興照喻) 제26권
116.

비여수림의지유 지의어수득불괴 수륜의
풍풍의공 이기허공무소의(譬如樹林依
地有 地依於水得不壞 水輪依風風依空
而其虛空無所依, 여래출현품 答出現之
法) 제26권 122.

비여여의마니보 수기소구개만족 소복중
생불능현 비시보왕유분별(譬如如意摩
尼寶 隨其所求皆滿足 少福衆生不能見
非是寶王有分別, 여래출현품 答身業 寶
王滿願喻) 제26권 168.

비여열시염 세견위위수 수실무소유 지자
불응구(譬如熱時焰 世見謂爲水 水實

無所有 智者不應求, 십인품 如焰忍)
제24권 252.

비여일광출현시 선조산왕차여산(譬如日
光出現時 先照山王次餘山 後照高原及
大地 而日未始有分別, 여래출현품 答身
業 日光等照喩) 제26권 164.

비여정월재허공 능폐중성시영결(譬如淨
月在虛空 能蔽衆星示盈缺, 여래출현품
答身業 月光奇特喩) 제24권 164.

비여중수동일성 팔공덕미무차별(譬如衆
水同一性 八功德味無差別 因地在器各
不同 是故令其種種異, 여래출현품 答語
業 衆水一味喩) 제26권 233.

비여천고발종종성 해태제천 유문무상각
오지음(譬如天鼓發種種聲 懈怠諸天 唯
聞無常覺悟之音, 여래출현품 答語業)
제26권 179.

비여환사선술법 능현종종무량색(譬如幻
師善術法 能現種種無量色 示現晝夜須
臾頃 或現須臾作百年, 晉經 현수품) 제
24권 102.

비유비무(非有非無)와 정유정무(定有定
無) 제23권 292.

비이비불이 비종종비불종종 비이비불이
(非異非不異 非種種非不種種 非二非

不二, 십통품 知一切法智神通) 제23권
454.

비인탄복소금강 종경불소요당출 공양십
력제공덕 멸혹필지금강지(譬人吞服少
金剛 終竟不消要當出 供養十力諸功德
滅惑必至金剛智, 여래출현품 少服金剛
喩) 제26권 597.

ㅅ

사구융통(四句融通, 1.唯修生 2.唯本有
3.本有修生 本隱今顯 4.修生本有, 불부
사의법품) 제25권 28.

사라려불국(娑羅黎弗國) 제24권 398.

사라쌍수(娑羅雙樹) 제26권 534.

사량식(思量識) 제26권 242.

사륜상의유(四輪相依喩) 제26권 97.

사리쌍유 고불괴부주(事理雙遊 故不壞
不住) 제23권 119.

사무생(四無生 1.事無生 2.自性無生 3.
數差別無生 4.作業無生) 제24권 22.

사바세계 석가모니불찰일겁 어극락세계
아미타불찰 위일일일야(娑婆世界 釋迦
牟尼佛刹一劫 於極樂世界 阿彌陀佛刹
爲一日一夜, 여래수량품) 제24권 356.

사법인(四法忍, 1.無生忍 2.無滅忍 3.因緣忍 4.無住忍) 제24권 22.

사별유인유(事別由因喩 여래출현품 答出現之法) 제26권 86.

사실단(四悉檀) 제26권 259.

사아이수행 입어심법성 심상주정법 이시시군생(捨我而修行 入於深法性 心常住淨法 以是施群生, 십인품 顯深難測) 제24권 278.

사자분신정(師子奮迅定) 제23권 72.

사자수생(師子受生, 不畏生死苦故) 제23권 162.

사종대지풍륜(四種大智風輪) 제26권 72, 99.

사종풍륜(四種風輪 : 1.能持 2.能消 3.建立 4.莊嚴) 제26권 65.

사중지관(四重止觀 : 1.創修止觀 2.漸次止觀 3.純熟止觀 4.契合止觀) 제24권 66, 67, 68, 69.

사지(舍支, 帝釋夫人阿修羅女 名曰舍支) 제24권 166. 제26권 176.

살바야(薩婆若) 제23권 309. 제26권 388.

살바야승(薩婆若乘) 제26권 25.

살바야행(薩婆若行) 제23권 40.

삼념처행(三念處行)과 삼념주(三念住) 제25권 86.

삼매경계자재(三昧境界自在, 십정품 一切衆生差別身大三昧) 제23권 310.

삼명(三明)과 육통(六通) 제24권 425.

삼불과 십신(三佛과 十身) 제26권 27.

삼불원융 십신무애(三佛圓融 十身無礙) 제26권 25, 27.

삼십삼천중 소유제천자 공동일기식 소식각부동(三十三天中 所有諸天子 共同一器食 所食各不同, 십인품 無生忍) 제24권 242.

삼십이대인상(三十二大人相, 頂有三十二相 십신상해품) 제25권 208, 211, 212, 213, 214, 215, 216, 218, 219, 220, 222, 223, 225, 227.

삼업심정행(三業深淨行) 제24권 338.

삼정취(三定聚, 1.正定聚 2.不定聚 3.邪定聚) 제26권 138.

상섭불과익(上攝佛果益 有十 : 1.金剛不壞喩 2.眞金妙色喩 3.日輪光明喩 4.須彌四峰喩 5.大地能持喩 6.大海含水喩 7.將軍明戰喩 8.輪王護世喩 9.植種生長喩 10.時雨生種喩 십정품 無礙輪大三昧) 제23권 345, 354.

상성문(相成門)과 상탈문(相奪門)

제26권 30.

상악유일상(上齶有一相) 제25권 239.

상왕신변자재유(象王神變自在喩)
제23권 374.

상왕의정승엄유(象王依正勝嚴喩)
제23권 373.

상위방(相違謗)과 희론방(戲論謗)
제24권 95.

상적광토(常寂光土) 제26권 607.

생무색계 유이종인(生無色界 有二種因 :
1. 因力 2. 業力, 구사론) 제26권 190.

생상미적(生相未寂, 기신론) 제23권 54.

생해인과와 평등인과(生解因果와 平等因
果) 제23권 36.

서대, 아미타소거(西臺, 阿彌陀如來所居.
제보살주처품) 제24권 372.

석가엄실어마갈 정명두구어비야(釋迦掩
室於摩竭 淨名杜口於毘耶) 제26권
259.

선교방편 즉어법자재(善巧方便 卽於法自
在, 불부사의법품) 제25권 108.

선분별일체언사지신통(善分別一切言辭
智神通) 제23권 438.

선서보왕역여시 실만소구제욕락 무신중
생불견불 비시선서심기사(善逝寶王亦

如是 悉滿所求諸欲樂 無信衆生不見佛
非是善逝心棄捨, 답신업 寶王滿願喩)
제26권 168.

선인산자 상전시동해봉래산(仙人山者 相
傳是東海蓬萊山. 제보살주처품)
제24권 365.

선입제망행(善入帝網行) 제25권 421.

선정광명풍륜(善淨光明風輪) 정장엄풍
륜(淨莊嚴風輪) 제26권 91.

설분(說分, 十定品五分 : 1. 序分 2. 請分 3.
示說者分 4. 本分 5. 說分) 제23권 50.

설분(說分, 佛不思議法品 分四 : 1. 請分
2. 加分 3. 證分 4. 說分) 제25권 38.

설분 별답십문(說分 別答十問 : 1. 答出現
之法 2. 答身業 3. 答語業 4. 答意業 5. 答
出現境界 6. 答所出現之行 7. 答出現成
正覺 8. 答出現轉法輪 9. 答出現涅槃 10.
答出現見聞親近所生善根 여래출현품)
제26권 58, 59.

설유사상(舌有四相 : 1. 廣長舌相 2. 舌掌
之相 3. 舌端之左右相) 제25권 234.

설지륜의수륜 수륜의풍륜 풍륜의허공 허
공무소의(說地輪依水輪 水輪依風輪 風
輪依虛空 虛空無所依, 四輪相依喩)
제26권 96.

섬파리(睒婆梨) 현성(賢城) 수질다라(須
　質多羅) 수광(水光) 향훈(香熏) 선건립
　(善建立) 부처님 제24권 431.

섭보과(攝報果) 제25권 349.

섭입중중(涉入重重) 제25권 373.

섭화전익(攝化轉益 中二 : 1. 得位益 2. 成
　德益) 제25권 351.

성기(性起) 제26권 30, 31, 32, 38, 108.

성기보살(性起菩薩) 성기묘덕(性起妙德)
보살 如來性起妙德菩薩 제26권 29, 37,
　39, 46, 48, 52, 445, 578.

성무거래유(聲無去來喩, 수호공덕품)
　제25권 329.

성상문(性相門) 제24권 155, 156.

성상상위고비일 성상상해고비일(性相相
　違故非一 性相相害故非一) 제24권
　127.

성소작지(成所作智) 제26권 146, 277.

성실종(成實宗) 제26권 471, 507.

성자필쇠 실자개허 중생준준 도여환거(盛
　者必衰 實者皆虛 衆生蠢蠢 都如幻居,
　인왕경) 제24권 193.

성정열반(性淨涅槃) 제26권 439, 473.

세우(世友) 아라한 제24권 426.

세주묘엄품 제24권 354, 424. 제25권 284.

세친(世親)보살 제26권 592.

소륵국, 우두산(疎勒國, 牛頭山) 제24권
　411.

소복금강유(少服金剛喩, 여래출현품 答
　出現見聞親近所生善根) 제26권 567

소전득(所轉得) 소현득(所顯得) 제26권
　538.

소화소다유(少火燒多喩, 여래출현품 答
　出現見聞親近所生善根) 제26권 568.

수공역부단 수유이불상 죄복역불실 시명
　불소설(雖空亦不斷 雖有而不常 罪福亦
　不失 是名佛所說, 중론) 제25권 330.

수기응감방소위종 사물귀빙급오무방위
　취(隨機應感方所爲宗 使物歸憑及悟無
　方爲趣. 제보살주처품 宗趣) 제24권
　364.

수대오불지관 정분오방지계(首戴五佛之
　冠 頂分五方之髻 청량산 釋名) 제24권
　370, 371

수라찬익유(修羅竄匿喩) 제23권 221.

수생과 수현(修生과 修顯) 제25권 364.

수심현경유(隨心現境喩, 십정품 了知一
　切世界佛莊嚴大三昧) 제23권 183, 184.

수연여차별불이(隨緣與差別不異)
　제24권 115.

수용신(受用身)과 수용토(受用土)
제26권 275, 498, 523.

수유십삼상(手有十三相, 初九直語手相
前五明右 後四明左 次二左右指 後二左
右掌) 제25권 254.

수증위(修證位) 제24권 28.

수차중정광지혜 심심명리능결택 기심부
동여산왕 불가경복유대해(雖此衆淨廣
智慧 甚深明利能決擇 其心不動如山王
不可傾覆逾大海, 십지품) 제25권 287.

수태생장유(受胎生長喩) 제23권 224.

수호 약유삼인 설위무량(隨好 略由三因
說爲無量 : 1.時無量 三僧祇修故 2.意
樂無量 緣無量衆生 利益安樂故 3.品類
無量 無量善業差別故, 수호공덕품)
제25권 283.

숙명 단지팔만겁사 천안 단견삼천세계(宿
命 但知八萬劫事 天眼 但見三千世界,
小乘智用有分) 제23권 297.

숙주(宿住) 제23권 419, 420.

순숙지관(純熟止觀, 四重止觀) 제24권
68.

순유일상(唇有一相) 제25권 244.

순인(順忍) 제24권 22, 26, 27, 70, 238.

순행방시전 구걸의재보 영인발일시 여만

일체원(巡行坊市廛 求乞衣財寶 令人發
一施 與滿一切願, 八字陀羅尼經)
제24권 374.

습폐다보라(濕吠多補羅) 제24권 399.

승도솔천궁품(昇兜率天宮品) 제23권 52,
59, 310.

승봉 즉덕운소재(勝峰 卽德雲所在. 제보
살주처품, 입법계품) 제24권 367.

승예(僧叡)법사 제24권 55, 138, 159, 160,
168, 178, 179, 201, 219.

승조(僧肇) 법사 肇公 제26권 293, 417,
449, 485, 509.

승처선성유(勝處先成喩, 여래출현품 答
出現之法) 제26권 83.

승해행지와 증상의락지(勝解行地와 增上
意樂地) 제25권 202.

시멸묘존(示滅妙存, 여래출현품 答出現
涅槃) 제26권 515, 542.

시방국토쇄위진 혹유산계지기수 여래일
모공덕량 천만억겁무능설(十方國土碎
爲塵 或有算計知其數 如來一毛功德量
千萬億劫無能說, 答出現之法) 제26권
108.

시방소유제세계 실능진동무유여 미증공
포일중생 선서위신력여시(十方所有諸

世界 悉能震動無有餘 未曾恐怖一衆生 善逝威神力如是, 여래출현품) 제26권 40.

시설자분(示說者分, 십정품五分 : 1.序分 2.請分 3.示說者分 4.本分 5.說分) 제23권 50, 67.

시성정각(始成正覺) 제23권 51. 제26권 470.

시우생종유(時雨生種喩, 上攝佛果益有 十) 제23권 361, 362.

시제천자 이천안관견보살신 처재인간정 반왕가 범천욕천승사공양(時諸天子 以 天眼觀見菩薩身 處在人間淨飯王家 梵 天欲天承事供養, 수호공덕품 觀見下 生) 제25권 321.

시현보조운(示現普照雲, 頂有三十二相) 제25권 213.

시현여래변법계대자재운(示現如來偏法 界大自在雲, 頂有三十二相) 제25권 215.

식장(識藏) 제23권 54, 56.

신념처지 수념처지 심념처지(身念處智 受 念處智 心念處智) 제24권 76.

신섭육근 지섭불경불지 급최승삼문(身攝 六根 智攝佛境佛地 及最勝三問, 所成

果問 불부사의법품) 제25권 41.

신수(信手, 보수(寶手)보살) 제25권 279.

신운전입 신지구입 전권무애(身雲展入 身 智俱入 展卷無礙) 제23권 111.

신지주변(身智周徧) 제23권 93.

신통(神通, 妙用難測曰神 自在無擁曰通 : 십통품 釋名) 제23권 390.

실리흘율다저(室利訖栗多底, 疏勒) 제24권 413.

심기와 심멸(心起와 心滅, 妄念無知喩) 제23권 145.

심무변(心無邊, 普光明大三昧 分五) 제23권 100, 101, 103.

심왕(心王)과 심소(心所) 제23권 400. 제26권 261.

심왕보살(心王菩薩) 제23권 63. 제24권 284, 287, 288, 291, 301, 356, 364, 417.

심진여자 즉시일법계대총상법문체(心眞 如者 卽是一法界大總相法門體, 기신 론) 제23권 293.

심행처멸(心行處滅) 담연불천(湛然不遷) 제26권 398, 595.

십대삼매명칭(十大三昧名稱 : 1.普光大 三昧 2.妙光大三昧 3.次第徧往諸佛國 土大三昧 4.淸淨深心行大三昧 5.知過

去莊嚴藏大三昧 6. 智光明藏大三昧 7. 了知一切世界佛莊嚴大三昧 8. 一切衆生差別身大三昧 9. 法界自在大三昧 10. 無礙輪大三昧, 십정품) 제23권 97, 98.

십불찰미진수(十佛刹微塵數) 제23권 60, 64.

십신무애(十身無礙, 八相 該於法界 丈六 偏於十方) 제25권 29. 제26권 26.

십십법문 시본종고(十十法門 是本宗故) 제23권 397.

십십위백 십백위천(十十爲百 十百爲千) 제24권 290.

십연구절(十演九折, 조론『열반무명론』) 제26권 485.

십연화장미진수상(十蓮華藏微塵數相, 十蓮華藏) 제25권 193, 272.

심왕(心王)과 심수(心數) 제26권 255.

십용건법(十勇健法) 제25권 155.

십이처(十二處, 城邑雜居. 제보살주처품) 제24권 365.

십인(十忍 : 1. 音聲忍 2. 順忍 3. 無生忍 4. 如幻忍 5. 如熖忍 6. 如夢忍 7. 如響忍 8. 如影忍 9. 如化忍 10. 如空忍. 십인품) 제24권 22, 25, 55, 58, 66, 70, 83, 135, 142, 161, 169, 190, 205.

십정의 석명(十定의 釋名, 定謂心一境性 十是數之圓極) 제23권 34.

십정의 십문(十定의 十門 : 1. 諸菩薩法相門 2. 諸菩薩智覺門 3. 一切種智無勝幢門 4. 普賢菩薩諸行願門 5. 猛利神通誓願門 6. 一切總持辯才門 7. 三世諸法差別門 8. 一切諸佛示現門 9. 安立一切衆生門 10. 嚴淨一切世界門 십정품 直就法歎) 제23권 94.

십정품 오분(十定品 五分 : 1. 序分 2. 請分 3. 示說者分 4. 本分 5. 說分) 제23권 51.

십제 즉시십종관찰사제(十諦 卽是十種 觀察四諦, 여래수호공덕품) 제25권 341.

십종광대력(十種廣大力 : 1. 身命不可壞力 2. 毛孔容持力 3. 毛持大山力 4. 定用自在力 5. 常徧演法力 6. 德相降魔力 7. 圓音徧徹力 8. 心無障礙力 9. 法身微密力 10. 具足行智力 불부사의법품) 제25권 153, 157, 159, 160, 162, 163, 167, 168, 169, 172, 174.

십종광대불사(十種廣大佛事, 불부사의법품 答自在問) 제25권 122, 123, 124, 127, 131, 132, 134, 136, 140, 143, 145.

십종광대지(十種廣大智, 보현행품 辨能治深妙) 제25권 392.

십종광대지장(十種廣大智藏, 智德包含
益 십정품 了知一切世界佛莊嚴大三昧)
제23권 189.

십종광명조요(十種光明照耀, 身智光照
益 십정품 一切衆生差別身大三昧)
제23권 214.

십종구경청정(十種究竟清淨) 제25권 75.

십종난신수광대법(十種難信受廣大法)
제25권 70.

십종념념출생지(十種念念出生智, 불부사
의법품) 제25권 60.

십종대공덕이과청정(十種大功德離過清
淨, 불부사의법품) 제25권 72.

십종무량불가사의불삼매(十種無量不可
思議佛三昧, 불부사의법품) 제25권 185.

십종무량부사의원만불법(十種無量不思
議圓滿佛法, 불부사의법품) 제25권 105.

십종무비부사의경계(十種無比不思議境
界, 불부사의법품) 제25권 64.

십종무상장엄(十種無上莊嚴, 불부사의법
품) 제25권 91.

십종무소작(十種無所作, 業用無作益 십
정품 一切衆生差別身大三昧) 제23권
215.

십종무소착(十種無所着, 십정품 一切衆

生差別身大三昧) 제23권 198.

십종무애해탈(十種無礙解脫) 제25권
187.

십종무장애주(十種無障礙住) 제25권 87.

십종무진지해법(十種無盡智海法)
제25권 78.

십종법 동거래금일체제불(十種法 同去來
今一切諸佛, 십정품 正同佛果益)
제23권 48, 185, 366.

십종법인 인일체법(十種法印 印一切法,
십정품 法印同佛益) 제23권 185.

십종보입(十種普入, 보현행품 辨能治深
妙) 제25권 399.

십종보입법(十種普入法 불부사의법품)
제25권 68.

십종불법선교지(十種佛法善巧智, 보현행
품 辨能治深妙) 제25권 402.

십종불사(十種佛事, 십정품 轉作佛事益
了知一切世界佛莊嚴大三昧) 제23권
194. 제25권 77.

십종불실시(十種不失時, 불부사의법품)
제25권 62.

십종삼매입출지상(十種三昧入出之相, 1.
諸類正報相對明入出 2.六趣依報明入
出 3.一多正報相對 4.四洲大海相對 5.

272.

쌍운자재행(雙運自在行) 제24권 172.

쌍조성상(雙照性相) 제24권 170.

쌍존과 호탈(雙存과 互奪) 제24권 155.

쌍차(雙遮)와 쌍조(雙照) 제24권 171.

쌍차현성(雙遮顯性) 제24권 170.

ㅇ

아미타불 유팔만사천상 일일상 유팔만사
천수호(阿彌陀佛有八萬四千相 一一相
有八萬四千隨好, 관무량수경) 제25권
197.

아불견일법 위대과실 여제보살 어타보살
기진심자(我不見一法 爲大過失 如諸菩
薩 於他菩薩 起瞋心者, 보현행품)
제25권 381, 392.

아비(阿鼻)지옥 제25권 159, 290. 제26권
284, 573.

아유사상(牙有四相 右輔 左輔) 제25권
240, 241.

아지언무 승지왈수(阿之言無 僧祇曰數,
이승지 釋名) 제24권 284.

안립진여(安立眞如, 離言眞如) 제23권
293.

안유일상 비유일상(眼有一相 鼻有一相)
제25권 232.

안혜(安慧)논사 제23권 400, 401, 403.

암부리마국(菴浮梨摩國. 제보살주처품)
제24권 423.

애견대비(愛見大悲) 제23권 285.

약법소인출 시법불이인(若法所因出 是法
不異因, 중론) 제23권 457.

약법종연생 시즉무정성 약무정성자 운하
유시법(若法從緣生 是卽無定性 若無定
性者 云何有是法, 중론) 제25권 294.

약시보살 좌도량좌 주최후신 어보살도
보리자량 극선원만(若時菩薩 坐道場座
住最後身 於菩薩道 菩提資糧 極善圓
滿, 유가사지론) 제23권 44.

약왕변익유(藥王徧益喩, 여래출현품 答
出現見聞親近所生善根) 제26권 569.

약왕생장유(藥王生長喩, 여래출현품 答
意業) 제26권 295.

약유문차법 공경신락자 영리삼악도 일체
제고난(若有聞此法 恭敬信樂者 永離三
惡道 一切諸苦難, 야마게찬품) 제25권
288.

약인각지전념기악 능지후념 영기불기 수
부명각 즉시불각(若人覺知前念起惡 能

止後念 令其不起 雖復名覺 卽是不覺,
기신론) 제24권 158.

**약주일체법 부주반야바라밀 부주일체법
즉주반야바라밀**(若住一切法 不住般若
波羅密 不住一切法 則住般若波羅密,
대품반야경) 제23권 120.

약초유품 삼초이목(藥草喩品 三草二木,
법화경) 제26권 135.

약현십의 이표무진(略顯十義 以表無盡:
1.所求普 2.所化普 3.所斷普 4.所行事
行普 5.所行理行普 6.無礙行普 7.融通
行普 8.所起用普 9.所行處普 10.所行時
普, 보현행품) 제25권 371.

양염사수유(陽炎似水喩, 십정품 淸淨深
心行大三昧) 제23권 146.

양염유(陽燄喩) 제24권 39.

양영교현유(兩影交現喩, 십정품 妙光明
大三昧) 제23권 110.

어대해중 출기반신 여수미산 이정제등(於
大海中 出其半身 與須彌山而正齊等,
아수라왕 신장의 크기) 제23권 106.

어보현보살 심생갈앙 원득첨근(於普賢菩
薩 心生渴仰 願得瞻覲, 십정품 示說者
分) 제23권 78.

어일념중 능입백겁 능입천겁 능입백천겁
(於一念中 能入百劫 能入千劫 能入百
千劫, 십정품 所知時分) 제23권 151.

**어일미세모단처 유불가설제보현 일체모
단실역이 여시내지변법계**(於一微細毛
端處 有不可說諸普賢 一切毛端悉亦爾
如是 乃至偏法界, 이승지품) 제24권
306.

**어일미진중 실견제세계 중생약문자 미란
심발광**(於一微塵中 悉見諸世界 衆生若
聞者 迷亂心發狂, 善入帝網行 보현행
품) 제25권 420.

**어일현겁중 천불출우세 피소유보안 아당
차제설**(於一賢劫中 千佛出于世 彼所有
普眼 我當次第說, 보현행품) 제25권
415.

**어피일일법문중 우설제법불가설 어피일일
제법중 조복중생불가설**(於彼一一法門
中 又說諸法不可說 於彼一一諸法中 調
伏衆生不可說, 이승지품) 제24권 316.

**어피일일제여래소 이일체종종묘향 이작
공양**(於彼一一諸如來所 以一切種種妙
香 而作供養, 外事供養行 십정품)
제23권 143.

어하부사의(於何不思議, 此有四位 1.過
世間 2.越權小 3.超因位 4.顯法自體)

제25권 34.

억념과거제불명호(憶念過去諸佛名號)
제23권 425.

억념과거제불사(憶念過去諸佛事)
제23권 416.

언설법신(言說法身) 제26권 587.

업용광대(業用廣大, 십정품 십통품)
제23권 50, 390. 제25권 34.

여건초적등수미 투개자화필소진(如乾草
積等須彌 投芥子火必燒盡 供養諸佛少
功德 必斷煩惱至涅槃, 여래출현품)
제25권 288. 제26권 597.

여공인(如空忍) 제24권 25, 205, 272.

여래과법 형초언려 고이위명(如來果法 逈
超言慮 故以爲名) 제25권 25.

여래광대신 구경어법계 불리어차좌 이변
일체처(如來廣大身 究竟於法界 不離於
此座 而徧一切處, 야마게찬품) 제25권
288.

여래명호품이십문(如來名號品二十問, 1.
國土 2.本願 3.種性 4.出現 5.佛身 6.音
聲 7.智慧 8.自在 9.無礙 10.解脫 11.眼
12.耳 13.鼻 14.舌 15.身 16.意 17.辯才
18.智慧 19.最勝 20.光明 : 불부사의법
품) 제25권 45.

여래무구식 시정무루계 해탈일체장 원경
지상응(如來無垢識 是淨無漏界 解脫一
切障 圓鏡智相應, 성유식론) 제26권
239.

여래법륜무소전 삼세무기역무득 비여문
자무진시 십력법륜역여시(如來法輪無
所轉 三世無起亦無得 譬如文字無盡時
十力法輪亦如是, 여래출현품) 제26권
482.

여래법신장 보입세간중 수재어세간 어세
무소착(如來法身藏 普入世間中 雖在
於世間 於世無所着, 非身示身行 보현행
품) 제25권 440.

여래보등운(如來普燈雲) 제25권 215.

여래수호광명공덕품(如來隨好光明功德
品) 제25권 276.

여래 시유법지인 즉삼신십신지통칭(如來
是有法之人 卽三身十身之通稱)
제26권 24.

여래신업의 십유(如來身業의 十喩 : 1.虛
空周徧喩 2.空無分別喩 3.日光饒益喩
4.日光等照喩 5.日益生盲喩 6.月光奇
特喩 7.梵王普現喩 8.醫王延壽喩 9.摩
尼利物喩 10.寶主滿願喩) 제26권 127.

여래십삼매품(如來十三昧品, 십정품의 梵

本명칭) 제23권 34.

여래십신상해품(如來十身相海品)
　제25권 192.

**여래유삼십이대인상 팔십수형호금색광명
일일광명 무량화불**(如來有三十二大人
相 八十隨形好金色光明 一一光明 無量
化佛, 觀佛三昧海經) 제25권 194.

여래이십일종수승공덕(如來二十一種殊
勝功德, 십정품) 제23권 274.

여래인술(如來印述 述中十一句 別有十
德：1. 二嚴德 2. 圓明德 3. 深廣德 4. 色相
德 5. 慈覆德 6. 超勝德 7. 知法德 8. 絶言
德 9. 同佛德 10. 讚無盡德, 십정품)
　제23권 85.

여래장경 구유구유(如來藏經 具有九喩,
1. 연꽃의 비유 2. 꿀벌의 비유 3. 곡식과 껍
질의 비유 4. 순금의 비유 5. 보배창고의 비
유 6. 암마라 열매의 비유 7. 순금상의 비유
8. 빈녀 잉태의 비유 9. 진금상(眞金像)의
비유 10. 금광(金鑛)의 비유) 제26권 333,
334, 339.

여래정상유여시삼십이종대인상 이위엄호
(如來頂上有如是三十二種大人相 以爲
嚴好, 頂有三十二相) 제25권 229.

여래진신본무이 응물수기변시방(如來眞

身本無二 應物隨機偏十方, 세주묘엄품)
　제24권 353.

여래출현품(如來出現品) 제23권 292.
　제24권 178, 196, 222.　제25권 43, 53, 74.

여래출현법의 열 가지 비유(喩明深廣雙酬
因喩, 1. 大千興造喩 2. 洪霔大千喩 3. 雲
雨無從喩 4. 大雨難知喩 5. 大雨成敗喩
6. 一雨隨別喩 7. 勝處先成喩 8. 事別由
因喩 9. 四輪相依喩 10. 大千饒益有情
喩, 여래출현품) 제26권 63.

여래출현 답신업 유십종신(如來出現 答
身業 有十種身：1. 周偏十方身 2. 無着
無礙身 3. 普入成益身 4. 平等隨應身 5.
無生潛益身 6. 圓廻等住身 7. 無心普應
身 8. 窮盡後際身 9. 嚴刹益生身 10. 嚴好
滿願身 여래출현품) 제26권 127.

여래출현품 칠분(如來出現品 七分：1. 加
分 2. 本分 3. 請分 4. 說分 5. 顯名受持分
6. 表瑞證成分 7. 偈頌總攝分) 제26권
35.

여량지(如量智)**와 여리지**(如理智)
　제23권 395.　제24권 79, 80.

**여룡불리어본처 이심위력주대우 우수수
무래거처 수룡심고실충흡**(如龍不離於
本處 以心威力澍大雨 雨水雖無來去處

隨龍心故悉充洽, 여래출현품) 제26권
370.

여룡유사주 출생일체보 치지심밀처 범인
막능견(如龍有四珠 出生一切寶 置之深
密處 凡人莫能見, 大寶出生喩 여래출현
품 答意業) 제26권 347.

여몽인(如夢忍) 제24권 25, 113, 142.

여보살지진 일념상응 각심초기 심무초상
(如菩薩地盡 一念相應 覺心初起 心無
初相, 기신론) 제26권 217.

여여지(如如智) 제26권 251, 252.

여염인 별개오의(如焰忍 別開五義 : 1.空
地 2.陽氣 3.氣與空地 合而有焰 4.焰似
水卽無水 5.令渴鹿謂有) 제24권 137,
139, 250.

여영인(如影忍) 제24권 25, 169, 189, 262.

여유대경권 량등삼천계 재어일진내 일체
진실연(如有大經卷 量等三千界 在於一
塵內 一切塵悉然, 여래출현품 塵含經卷
喩) 제26권 351.

여유대복인 획득진금장 수신소응복 조작
장엄구(如有大福人 獲得眞金藏 隨身所
應服 造作莊嚴具, 십인품 順忍) 제24권
238.

여유대우명홍주 무유처소능용수 유제세

계장성시 청정허공대풍력(如有大雨名
洪澍 無有處所能容受 唯除世界將成時
淸淨虛空大風力, 여래출현품 大千興造
喩) 제26권 118.

여유환사 수어일처 작제환술 불이환지고
(如有幻師 隨於一處 作諸幻術 不以幻
地故, 幻不壞本喩) 제23권 130.

여인지척량허공 부유수행계기수 허공변
제불가득 여래경계역여시(如人持尺量
虛空 復有隨行計其數 虛空邊際不可得
如來境界亦如是, 여래출현품) 제26권
109.

여인파건초 치지어겁소 금강유통연 차무
불소리(如人把乾草 置之於劫燒 金剛猶
洞然 此無不燒理, 여래출현품 劫火燒盡
喩) 제26권 350.

여일서광조법계 기괴수루영수멸 최승지일
역여시 중생무신견열반(如日舒光照法
界 器壞水漏影隨滅 最勝智日亦如是 衆
生無信見涅槃, 여래출현품) 제26권 559.

여일중양염 부종운생 부종지생 불처어육
부주어수(如日中陽焰 不從雲生 不從池
生 不處於陸 不住於水, 陽炎似水喩 십
정품) 제23권 146.

여조비행억천세 전후허공등무별 중겁연

설여래행 이설미설불가량(如鳥飛行億
千歲 前後虛空等無別 衆劫演說如來行
已說未說不可量, 여래출현품 出現之行)
제26권 382.

여천유고명능각 상어공중진법음 계피방
일제천자 영기문이득이착(如天有鼓名
能覺 常於空中震法音 誡彼放逸諸天子
令其聞已得離着, 여래출현품 天鼓開覺
喩) 제26권 231.

여피환사 작제환사 수불여피환사동주 이
어환사 역무미혹(如彼幻師 作諸幻事 雖
不與彼幻事同住 而於幻事 亦無迷惑,
幻師不迷喩 십정품) 제23권 135.

여해유사보 능음일체수 영해불류일 역부
무증감(如海有四寶 能飮一切水 令海
不流溢 亦復無增減, 여래출현품 珠消海
水喩) 제26권 348.

여향무래처 소문성역연 이능분별법 여법
무괴류(如響無來處 所聞聲亦然 而能分
別法 與法無乖謬, 십인품 如響忍)
제24권 260.

여향인(如響忍) 제24권 25, 161, 162, 168,
258.

여화인(如化忍) 제24권 25, 190, 203, 269

여환인(如幻忍) 제24권 25, 83, 84, 134,

154, 220, 247.

연기상유력(緣起相由力) 제24권 102.

연기유이(緣起有二 : 1. 염법(染法)연기 2.
정법(淨法)연기) 제26권 30.

연(衍) 법사와 영(英) 법사 제26권 272.

연생환유위속 무성공리위진(緣生幻有爲
俗 無性空理爲眞, 중론의 뜻) 제25권
326.

열반보멸유(涅槃普滅喩, 십정품 無礙輪
大三昧) 제23권 284.

열반본유 사지수생(涅槃本有 四智修生,
修生有爲 修顯無爲 故二不雜, 불부사의
법품) 제25권 30.

열반천제삼죄 무신단선즉일천제 무해훼
견 즉방방등(涅槃闡提三罪 無信斷善卽
一闡提 無解毁見卽謗方等, 여래출현품
答身業) 제26권 142.

염겁원융(念劫圓融) 제25권 396.

염분의타성(染分依他性) 정분의타성(淨
分依他性) 제26권 246.

염오비염오 학심무학심 불가설제심 념념
중실지(染汙非染汙 學心無學心 不可說
諸心 念念中悉知, 了知根器行, 보현행
품) 제25권 450.

영공(影公) 법사 제23권 464.

영기파입화취자 입옥문죄(令耆婆入火取
　子 入獄問罪, 보은경) 제25권 158.

영략(影略) 제23권 148, 223, 267. 제24권
　309, 323, 324. 제25권 326, 369. 제26권
　94, 208, 300.

영물증입위취(令物證入爲趣) 제23권 35.

영변(靈辨) 법사 제26권 288.

영상유(影像喩) 제24권 39.

영심입지익 득불호익 총지변재익 득선교
　익 득불공익 시왕경양익(令心入持益 得
　佛護益 總持辨才益 得善巧益 得不空
　益, 十王敬養益, 십정품) 제23권 162.

예경보현 은근구청(禮敬普賢 慇懃求請
　십정품) 제23권 79.

예토(穢土)와 정토(淨土) 제24권 354.
　제26권 70.

오계섭지(五界攝之 : 1. 世界無量 2. 調伏
　無量 3. 調伏加行界無量 4. 衆生無量 5.
　法界無量) 제26권 357.

오대산(五臺山, 五峰聳出 頂無林木 有如
　壘土之臺 故曰五臺. 제보살주처품)
　제24권 369.

오부(五部, 1. 佛部 2. 金剛部 3. 寶部 4. 蓮
　華部 5. 羯磨部) 제24권 371.

오쇄국(烏鎩國) 제24권 413.

오위(五位, 卽三賢 十聖等妙二覺) 제25권
　196.

오장나국(烏仗那國) 제24권 421.

오파국다(烏波毱多), 근호(近護) 존자
　제24권 403, 405.

옥초석(沃焦石)과 미려학(尾廬壑)
　제26권 284, 285.

왕석 개여비로자나여래 동수보살제선근
　행(往昔 皆與毘盧遮那如來 同修菩薩諸
　善根行, 십정품) 제23권 64.

왕우승(王右丞, 王維) 제24권 175.

요불심비밀행(了佛心秘密行) 제25권
　427.

요삼세불섭화행(了三世佛攝化行)
　제25권 431.

요지미래제불명호(了知未來諸佛名號,
　知盡未來際劫智神通) 제23권 425.

요지일체세계불장엄대삼매(了知一切世
　界佛莊嚴大三昧, 現在諸佛 作用衆會身
　相益物 皆曰莊嚴, 십정품) 제23권 89,
　168, 195.

요지제세간 여염여광영 여향역여몽 여환
　여변화(了知諸世間 如焰如光影 如響亦
　如夢 如幻如變化, 智正覺自在行 보현행
　품) 제25권 438.

욕질만족제보살행 응근수십종법(欲疾滿
　足諸菩薩行 應勤修十種法, 보현행품)
　제25권 392.

용수(龍樹)보살 제24권 209.

용하운상유(龍下雲上喩, 십정품 一切衆
　生差別身大三昧) 제23권 225.

우법소승(愚法小乘) 제24권 174, 186.

우두산(牛頭山) 제24권 411, 417.

우두전단실(牛頭栴檀室) 부처님 제24권
　431.

우요십잡(右遶十帀) 제26권 34, 44.

운우무종유(雲雨無從喩, 여래출현품 答
　出現之法) 제26권 77.

운하부사의(云何不思議, 四種 : 1. 非聞 2.
　思 3. 修 4. 報智境) 제25권 34.

원교(圓教) 돈교(頓教) 제24권 23.
　제25권 26, 28, 136, 197. 제26권 424,
　425, 432, 433, 612.

원교(圓教)의 종지 제26권 320.

원만광명운(圓滿光明雲) 제25권 216.

원음(圓音)과 일음(一音) 제26권 174,
　176, 177, 180, 181, 184, 185, 609.

원지자재행(願智自在行, 이승지품)
　제24권 341.

월광기특유(月光奇特喩, 여래출현품 答

身業) 제26권 152.

월무증감유(月無增減喩, 십정품 了知一
　切世界佛莊嚴大三昧) 제23권 183.

위구설덕고 문유팔구(爲具說德故 文有
　八句 : 1. 外制無畏 2. 內證深寂 3. 威德內
　充 4. 神用外徹 5. 具四無礙 6. 偏觀機教
　7. 智性無差 8. 授記善巧 皆說德 불부사
　의법품) 제25권 48.

위극성과 불리본지지인(位極成果 不離本
　智之因, 십정품) 제23권 30.

위의불특(威儀不忒, 십통품) 제23권 477.

위해부동고비일 존민부동고비일(違害不
　同故非一 存泯不同故非一) 제24권
　129, 130.

위후덕용 불리보문(位後德用 不離普門)
　제23권 27.

위후보현(位後普賢) 위전보현(位前普賢)

위중보현(位中普賢) 제23권 373. 제24권
　286. 제25권 373, 374.

유마(維摩)거사 제24권 396.

유명심광중 십유(喩明深廣中 十喩, 1. 大
　千興造喩 2. 洪霔大千喩 3. 雲雨無從喩
　4. 大雨難知喩 5. 大雨成敗喩 6. 一雨隨
　別喩 7. 勝處先成喩 8. 事別由因喩 9. 四
　輪相依喩 10. 大千饒益有情喩, 여래출현

의 十喩) 제26권 64.

유부종(有部宗) 제26권 506, 507.

유삼문답무애문(有三門答無礙問) 제25권 178.

유삼문답지혜문(有三門答智慧問) 제25권 84.

유삼문답해탈문(有三門答解脫問, 1. 智障解脫 2. 定障解脫 3. 業用解脫, 불부사의법품) 제25권 183.

유여의(有餘依) 무여의(無餘依) 제26권 487, 505.

유오문답불신문(有五門答佛身問) 제25권 72.

유이문답국토문(有二門答國土問) 제25권 55.

유이문답본원문(有二門答本願問) 제25권 60.

유이문답음성문(有二門答音聲問) 제25권 81.

유이문답종성문(有二門答種性問) 제25권 64.

유이문답출현문(有二門答出現問) 제25권 68.

유이일방편 보입중세간 위지삼세법 실등허공성(唯以一方便 普入衆世間 謂知三世法 悉等虛空性, 십인품 如空忍) 제24권 275.

유재석(有財釋) 제23권 438.

유찰자재행(遊刹自在行) 제24권 334.

유팔문답자재문(有八門答自在問) 제25권 96.

유행미구해미득 수식이행불수지 문차생의타오도 아민시등고불설(有行未久解未得 隨識而行不隨智 聞此生疑墮惡道 我愍是等故不說, 십지품) 제25권 288.

육견(六堅 : 1. 信堅 2. 法堅 3. 修堅 4. 德堅 5. 頂堅 6. 覺堅, 인왕경) 제23권 41.

육근호용(六根互用) 제23권 230. 제25권 102.

육몽(六夢, 1. 正夢 2. 噩夢 3. 思夢 4. 寤夢 5. 喜夢 6. 懼夢 : 周禮 列子) 제24권 145.

육인(六忍 : 1. 信忍 2. 法忍 3. 修忍 4. 正忍 5. 無垢忍 6. 一切智忍) 제23권 43.

육정(六定, 1. 智定 2. 相定 3. 性定 4. 道慧定 5. 道種慧定 6. 大覺正觀慧定, 십정품) 제23권 42.

육종성(六種性, 1. 習種性 2. 性種性 3. 道種性 4. 聖種性 5. 等覺性 6. 妙覺性 인왕경, 보살영락경) 제23권 42.

육종진동(六種震動) 제23권 83. 제25권

97, 405. 제26권 598.

육중사구(六重四句)와 사중사구(四重四句) 양중사구(兩重四句) 제24권 100.

융통무애(融通無礙) 제26권 499.

음성인(音聲忍) 제24권 25, 57, 65, 233.

음장유일상(陰藏有一相) 제25권 258.

의보자재(依報自在) 제24권 308.

의왕연수유(醫王延壽喩, 여래출현품 答身業) 제26권 155.

의정유삼십이상(依頂有三十二相) 제25권 207.

의주석(依主釋)과 의사석(依士釋) 지업석(持業釋) 육합석 제23권 34, 400, 436. 제24권 29, 284. 제25권 196. 제26권 34.

이라발나상왕(伊羅鉢那象王) 제23권 48, 373, 376, 384.

이보현인과 덕용원비위종(以普賢因果 德用圓備爲宗, 십정품 宗趣) 제23권 35.

이본원고 불기사일중생계 불조복소중생계(以本願故 不棄捨一衆生界 不調伏少衆生界, 如化忍) 제24권 202.

이삼천대천세계 위일연화 신중 부현삼천대천세계(以三千大千世界 爲一蓮華 身中 復現三千大千世界, 智巧現 십정품) 제23권 105.

이세간품(離世間品) 제26권 387.

이어보살불가사의광대삼매 선입출고 능어일체삼매자재 신통변화무유휴식(以於菩薩不可思議廣大三昧 善入出故 能於一切三昧自在 神通變化無有休息, 십정품 전체 질문) 제23권 66.

이언진여(離言眞如) 제23권 293.

이이불이 불이이이(二而不二 不二而二) 제23권 315.

이인이유이 이리이무이(異因異有異 異離異無異, 중론) 제23권 457.

이일찰토말위진 일진색상불가설 중찰위진진유상 불가언설불가설(以一刹土末爲塵 一塵色相不可說 衆刹爲塵塵有相不可言說不可說, 아승지품) 제24권 314.

이(伊)자 삼점(三點) 제26권 500.

이즉불심지중생심 비즉중생심지불심 위소연(以卽佛心之衆生心 非卽衆生心之佛心 爲所緣, 法性他心之相, 십통품 他心智神通) 제23권 402.

이즉중생심지불심 비즉불심지중생심 위능연(以卽衆生心之佛心 非卽佛心之衆生心 爲能緣, 法性他心之相, 십통품) 제23권 402.

이지법성 무간탐고 수순수행단바라밀(以知法性 無慳貪故 隨順修行檀波羅密, 기신론) 제23권 30.

이지자입 불유타오(以智自入 不由他悟) 제23권 291.

이하의고불명위불 내지불능사보살도(以何義故不名爲佛 乃至不能捨菩薩道) 제23권 369.

익찬티카(一闡提人) 제26권 143, 304, 577.

인연인(因緣忍, 思益經四忍) 제24권 22, 23.

인원과 과만(因圓과 果滿) 제23권 36.

인위선궁(因位善窮) 제24권 307, 308, 320.

인위인해인가 지조관달 기원현십(忍謂忍解印可 智照觀達 寄圓顯十, 십인품 釋名) 제24권 20.

인자요산 지자요수(仁者樂山 智者樂水, 논어) 제24권 366.

일광등조유(日光等照喩, 여래출현품 答身業) 제26권 137.

일광영현유(日光影現喩) 제23권 112.

일광요익유(日光饒益喩, 여래출현품 答身業) 제26권 134.

일념지소지 출현제여래 경어무량겁 칭양불가진(一念之所知 出現諸如來 經於無量劫 稱揚不可盡, 非身現身行 보현행품) 제25권 446.

일다상용부동(一多相容不同) 제23권 125.

일모단처소유찰 기수무량불가설 진허공량제모단 일일처찰실여시(一毛端處所有刹 其數無量不可說 盡虛空量諸毛端 一一處刹悉如是, 아승지품) 제24권 307.

일백락차위일구지 구지구지위일아유다(一百洛叉爲一俱胝 俱胝俱胝爲一阿庾多, 아승지품 숫자) 제24권 291.

일백보살 초유삼십 동명혜자 표순덕고(一百菩薩 初有三十 同名慧者 表純德故) 제23권 62.

일용·자재(一用自在 中二 : 1. 依果殊勝 2. 正報自在) 제23권 285, 286.

일우수별유(一雨隨別喩, 여래출현품 答出現之法) 제26권 81, 82.

일이문(一異門, 하나와 다름의 문 : 십인품 如夢忍) 제24권 156.

일익생맹유(日益生盲喩, 여래출현품 答身業) 제26권 142.

일일보살수행 생백억백억결정해 일일결정
해 영백억백억근성원만(一一菩薩修行
生百億百億決定解 一一決定解 令百億
百億根性圓滿, 智巧現 십정품) 제23권
105.

일일신 입백억백억삼천대천세계 어피세계
일일사천하 현백억백억보살수행(一一
身 入百億百億三千大千世界 於彼世界
一一四天下 現百億百億菩薩修行, 智巧
現 십정품) 제23권 105.

일일원융 언사사절(一一圓融 言思斯絶)
제24권 355.

일월무사유(日月無思喩, 여래출현품 出
現之行) 제26권 381.

일조(日照)삼장 제24권 413.

일진법계(一眞法界) 제24권 97, 214, 215,
370, 371. 제26권 245, 428.

일처일시작불사 총섭시처작불사(一處一
時作佛事 總攝時處作佛事) 제25권
125.

일체보살무애인지(一切菩薩無礙忍地)
제24권 24.

일체보살종종행원 입지경계즉명위불 어여
래소수보살행 무유휴식설명보살(一切
菩薩種種行願 入智境界則名爲佛 於如

來所修菩薩行 無有休息說名菩薩, 보현
보살을 부처라 하지 않는 이유) 제23권
370.

일체보청정광염운 보조일체법계장엄운
(一切寶淸淨光焰雲 普照一切法界莊嚴
雲 십신상해품) 제25권 227.

일체삼세무애지신통(一切三世無礙智神
通, 십통품) 제23권 480.

일체제국토 상망지소현 환망방편고 일념
실능입(一切諸國土 想網之所現 幻網方
便故 一念悉能入, 了世業惑行 보현행
품) 제25권 452.

일체중생차별신대삼매(一切衆生差別身
大三昧) 제23권 198.

일품시말 등불의다(一品始末 等佛義多)
제23권 92.

일행능구일체행고 질득보리(一行能具一
切行故 疾得菩提, 보현행품 결론)
제25권 405.

입부사의(立不思議, 無所依止無有攀緣
卽立不思議) 제23권 57.

입시방편(入時方便, 因用無礙 住果圓滿)
제23권 271.

입이지용(入已智用 中四 : 1. 攝佛功德 2.
證入諸法 3. 普德無盡 4. 結示勸修)

제23권 274.

입일체법멸진삼매지신통(入一切法滅盡
三昧智神通, 滅定智通 십통품) 제23권
469, 470.

입정시분자재(入定時分自在) 제23권
475.

입차묘광광대삼매 현아승기세계 입일세
계 기아승기세계(入此妙光廣大三昧 現
阿僧祇世界 入一世界 其阿僧祇世界,
一多相容不同 십정품) 제23권 124.

ㅈ

자량위(資糧位) 제24권 27, 28.

자분인원(自分因圓)과 승진과만(勝進果
滿) 제24권 24.

자수용신(自受用身) 제23권 309. 제26권
496, 498, 509.

자씨(慈氏) 보살 제26권 589.

자연이우십천종운(自然而雨十千種雲, 십
정품) 제23권 83.

자재섭오(自在攝五 : 1. 神力 2. 神通 3. 十
力 4. 無畏 5. 三昧) 제25권 41.

자재천왕유보녀 구중선주제음악 일성능
출백천음 일일음중부백천(自在天王有寶

女 口中善奏諸音樂 一聲能出百千音 一
一音中復百千, 여래출현품 天女妙聲喻)
제26권 232.

작구가국(斫句迦國) 제24권 413.

작제공구불가설 종종무량불가설 청정중
보불가설 상묘련화불가설(作諸供具不
可說 種種無量不可說 淸淨衆寶不可說
上妙蓮華不可說, 遊方供佛行 아승지
품) 제24권 329.

잡화(雜華) 제25권 194.

장엄굴(莊嚴窟. 제보살주처품) 제24권
395.

장주몽위호접 자유적지여 부지주야(莊周
夢爲蝴蝶 自喩適志與 不知周也, 莊子)
제24권 145.

적멸인(寂滅忍, 인왕경 五忍) 제23권 40.
제24권 27.

적성산(赤城山)과 삼학산(三學山)
제24권 393, 394.

적용무애(寂用無礙 於中三 : 1. 寂不礙用
2. 用不礙寂 3. 寂用無二) 제23권 469.

전의과 유이(轉依果 有二, 1. 所生得 卽是
四智 2. 所顯得 卽是涅槃) 제25권 30.

전전익(展轉益, 1. 聞香益 2. 見蓋益 수호
공덕품) 제25권 339, 343.

점강성숙유(漸降成熟喩, 여래출현품 答語業) 제26권 202.

점교(漸敎)와 원교(圓敎) 제25권 32.

점바라(苫婆羅), 점말라(苫末羅) 제24권 424, 426.

점차지관(漸次止觀, 四重止觀 : 1. 創修止觀 2. 漸次止觀 3. 純熟止觀 4. 契合止觀) 제24권 67.

정각공덕대지출 보달경계도피안 등어삼세제여래 시고아금공경례(正覺功德大智出 普達境界到彼岸 等於三世諸如來 是故我今恭敬禮, 여래출현품) 제26권 40.

정각운 광명조요운 장엄보조운(正覺雲 光明照耀雲 莊嚴普照雲, 頂有三十二相) 제25권 218.

정계두타(淨戒頭陀) 제26권 300.

정내심심행(定內深心行)과 정기심심행(定起深心行) 제23권 143, 147.

정만성익(定滿成益, 於中四 : 1. 外感佛加益 2. 內德圓滿益 3. 上攝佛果益 4. 正同佛果益) 제23권 344, 345, 349, 353, 366.

정무분별 이불괴상 혜관일상 이불괴제(定無分別 而不壞相 慧觀一相 而不壞諸, 십정품) 제23권 118.

정성(定性)성문 제26권 306, 307, 308.

정위심일경성 십시수지원극(定謂心一境性 十是數之圓極, 十定의 釋名) 제23권 34.

정유즉착상 정무즉착단 시고유지자 불응착유무(定有則着常 定無則着斷 是故有智者 不應着有無, 중론) 제25권 329.

정자재(定自在, 普光明大三昧 分五) 제23권 100, 101, 103.

제망신토(帝網身土) 제24권 323.

제망중중(帝網重重) 제25권 390.

제보살주처품(諸菩薩住處品) 제24권 362.

제불설공법 위리어유견 약부견유공 제불소불화(諸佛說空法 爲離於有見 若復見有空 諸佛所不化, 중론) 제25권 328.

제불여래신 여허공무상 위제승지자 작육근경계(諸佛如來身 如虛空無相 爲諸勝智者 作六根境界, 實性論) 제26권 570.

제십법운 십일설명불지(第十法雲 十一說名佛地) 제23권 41.

제이회초 이십구문(第二會初 二十句問 : 1. 如來地 2. 如來境界 3. 如來神力 4. 如來所行 5. 如來十力 6. 如來無畏 7. 如來三昧 8. 如來神通 9. 如來自在 10. 如來無

礙 11.如來眼 12.如來耳 13.如來鼻 14.
如來舌 15.如來身 16.如來意 17.如來辯
才 18.如來智慧 19.如來最勝 20.欠光明
불부사의법품 請分) 제25권 40.

제장벽와석 개유불성(除牆壁瓦石 皆有佛
性, 열반경) 제26권 315.

조복중생행(調伏衆生行) 제24권 336.

조슬니사(鳥瑟尼沙) 제25권 229.

족유십삼상(足有十三相, 십신상해품)
제25권 263.

존망호현(存亡互現, 여래출현품 答出現
涅槃) 제26권 515.

졸도파(窣堵波) 제24권 398.

종정지족 명위순관 종족륜지정 명역관(從
頂至足 名爲順觀 從足輪至頂 名逆觀,
관불삼매해경) 제25권 207.

좌처유이상(坐處有二相, 볼기의 두 가지
모양) 제23권 259.

주기사시유(呪起死屍喩, 십정품 一切衆
生差別身大三昧) 제23권 210.

주사마타 최극적정(住奢摩他 最極寂靜,
십정품 서분) 제23권 51.

주소해수유(珠消海水喩, 여래출현품 答
意業) 제26권 283.

주어여시십종신통 일체천인불능사의(住

於如是十種神通 一切天人不能思議, 십
통품) 제23권 478.

주차삼매 능지미래일체세계 일체겁중소
유제불(住此三昧 能知未來一切世界 一
切劫中所有諸佛, 십정품 智光明藏大三
昧) 제23권 156.

주차삼매 능차제입동방세계 능차제입남
방세계(住此三昧 能次第入東方世界 能
次第入南方世界, 십정품 了知一切世界
佛莊嚴大三昧) 제23권 169.

중대(中臺 毗盧遮那佛所居. 제보살주처
품) 제24권 372.

중도희경(衆覩喜敬) 제23권 83.

중생번뇌근본 유십(衆生煩惱根本 有十)
제25권 340.

중생수류각득해(衆生隨類各得解, 세주
묘엄품 유마경) 제26권 175, 179.

중생차별신대삼매(衆生差別身大三昧, 십
정품) 제23권 88.

중선소흥(衆仙所興) 부처님 덕적(德積)
제24권 430.

중수일미유(衆水一味喩, 여래출현품 答
語業) 제26권 199.

중즉불승 동보살승 남연각승 서성문승
북인천승(中卽佛乘 東菩薩乘 南緣覺乘

西聲聞乘 北人天乘. 제보살주처품)
제24권 372.

중현무진유(重現無盡喩, 십정품 妙光明
大三昧) 제23권 114.

중회운집 중회청정 중회광대 중회일상(衆
會雲集 衆會淸淨 衆會廣大 衆會一相,
십정품 了知一切世界佛莊嚴大三昧) 제
23권 171.

즉비대지행(卽悲大智行) 제25권 420,
421.

즉적이용(卽寂而用)과 즉용이적(卽用而
寂) 제23권 267.

즉적지조위반야 즉조지적위해탈 적조지
체위법신(卽寂之照爲般若 卽照之寂爲
解脫 寂照之體爲法身) 제26권 498.

즉지대비행(卽智大悲行) 제25권 421,
444.

증익방(增益謗)과 손감방(損減謗)
제24권 95.

증장환희성(增長歡喜城 有一住處 名尊
者窟. 제보살주처품) 제24권 423.

지과거장엄장대삼매(知過去莊嚴藏大三
昧, 십정품) 제23권 88, 156.

지과거제겁숙주지신통(知過去際劫宿住
智神通, 십통품) 제23권 420.

지관쌍운(止觀雙運) 제25권 437. 제26권
80.

지광명장대삼매(智光明藏大三昧, 십정
품) 제23권 88, 156.

지교현(智巧現, 십정품 普光明大三昧)
제23권 100, 101, 104, 105.

지달나(枳怛那) 지달(枳怛) 닐지다(昵枳
多) 제24권 392.

지덕(智德)과 단덕(斷德) 은덕(恩德)
제26권 284, 494, 566, 567.

지덕자재(智德自在) 제23권 96, 97.

지라바이(祇羅波夷) 기름을 먹는 벌레[食
油蟲] 제26권 487.

지락상견고 엄정불보리 부동여수미 일심
구정각(志樂常堅固 嚴淨佛菩提 不動如
須彌 一心求正覺, 십인품 順忍) 제24권
240.

지리지(地理誌) 제24권 377, 378.

지무수색신지신통(知無數色身智神通, 십
통품) 제23권 438.

지무진(智無盡, 普光明大三昧 分五)
제23권 100, 101.

지법상무성 불종종연기(知法常無性 佛種
從緣起, 법화경) 제23권 292.

지부득유무 이흥대비심(智不得有無 而興

大悲心, 능가경) 제24권 112.

지불가설불가설불찰미진수세계중중생종
종언사(知不可說不可說佛刹微塵數世
界中衆生種種言辭, 십통품 善分別一切
言辭智神通) 제23권 436.

지일묘다유(地一苗多喩, 십정품 一切衆
生差別身大三昧) 제23권 211, 212.

지일체법개실여환 종인연기 어일법중해다
법 어다법중해일법(知一切法皆悉如幻
從因緣起 於一法中解多法 於多法中解
一法, 십인품 如幻忍) 제24권 84.

지일체법지신통(知一切法智神通 一切法
智通, 십통품) 제23권 453.

지자(智者)대사 제26권 501.

지정각자재행(智正覺自在行) 제25권
438.

지제산(支提山. 제보살주처품) 제24권
393.

지진미래제겁지신통(知盡未來際劫智神
通 십통품) 제23권 426.

지혜심현(智慧深玄, 십인품) 제23권 50.

직지과거숙명지사위통 약지과거인연행업
위명(直知過去宿命之事爲通 若知過去
因緣行業爲明, 대지도론) 제23권 391.

진공(眞空)과 묘유(妙有) 제23권 442.

진공절상관 명공즉색관 색공무애관 민절
무기관 회색귀공관(眞空絶相觀 明空卽
色觀 色空無礙觀 泯絶無寄觀 會色歸空
觀, 십통품) 제23권 442, 443.

진단국(震旦國) 진단(眞丹) 지나(支那)
제24권 409.

진법과 망심의 문[眞妄門] 제24권 155.

진시황(秦始皇) 제24권 411.

진에심 백만장문(瞋恚心 百萬障門, 보현
행품) 제25권 385.

진일체시(盡一切時, 如來壽量品) 제24권
285, 352, 362.

진제(眞諦) 삼장 제24권 409, 410.

진함경권유(塵含經卷喩, 여래출현품 答
意業) 제26권 314, 351.

집기심(集起心) 제26권 243, 244.

ᄎ

차만억조경해 재양구간정재(次萬億兆京
垓 秭壤溝澗正載, 아승지품) 제24권
290.

차별인과(差別因果, 1. 불부사의법품 2. 여
래십신상해품 3. 수호광명공덕품) 제25권
23, 361, 377

차보살마하살 불견유소법생 역불견유소
　법멸(此菩薩摩訶薩 不見有少法生 亦不
　見有少法滅, 십인품 無生忍) 제24권 70.
차십대삼매 제대보살 명불 명여래(此十大
　三昧 諸大菩薩 1. 名佛 2. 名如來, 3. 名爲
　得十力人 4. 名導師 5. 名大導師 6. 名一
　切智 7. 名一切見 8. 名住無礙 9. 名達諸
　境 10. 名一切法自在, 십정품) 제23권
　91.
차십지지 개인불지 이유차별(此十地智
　皆因佛智 而有差別, 십지품) 제26권
　260.
차인최위상 요법무유진 입어진법계 실역
　무소입(此忍最爲上 了法無有盡 入於眞
　法界 實亦無所入, 십인품 順忍) 제24권
　244.
차전(遮詮) 표전(表詮) 제26권 237, 238,
　253.
차제변왕제불국토대삼매(次第徧往諸佛
　國土大三昧, 徧往 次第 神通 : 십정품)
　제23권 88, 138, 142.
차조무애(遮照無礙) 제24권 172.
차조일시(遮照一時) 제24권 172.
차파라(遮波羅) 금등(金燈) 낙주(樂住)
　모진린타(牟眞鄰陀) 금강지(金剛地) 자

굴(慈窟) 부처님 제24권 431.
찰나(刹那, 時之極促 名曰刹那) 제23권
　53.
찰나제(刹那際, 窮彼刹那 時相都寂 無際
　之際 名刹那際) 제23권 53.
찰나제제불삼매(刹那際諸佛三昧 십정
　품) 제23권 51.
찰해평등(刹海平等) 제24권 359.
창수지관(創修止觀, 四重止觀) 제24권
　66.
처(處, yatana) 제26권 67.
처진도이불경 행비도이불괴(處眞道而不
　傾 行非道而不壞) 제24권 198.
천고개각유(天鼓開覺喻, 여래출현품 答
　語業) 제26권 193.
천고설법(天鼓說法) 제25권 334.
천녀묘성유(天女妙聲喻, 여래출현품 答
　語業) 제26권 197.
천마견제보살호상시비 과상대희(天魔見
　諸菩薩互相是非 過常大喜, 대반야경)
　제25권 382.
천복(薦福) 천복(薦福)법사 제26권 324,
　497, 500, 504.
천복사(薦福寺) 제26권 309.
천안 견진중지찰 찰중지진 진찰지불(天

眼 見塵中之刹 刹中之塵 塵刹之佛, 십
통품) 제23권 397.

천안지신통(天眼智神通) 제23권 412.

천유삼상(腨有三相, 장딴지에 있는 세 가
지 상호) 제25권 262.

천이타심신족 개국삼천지내(天耳他心神
足 皆局三千之內, 십통품) 제23권 397.

천지 여아동근 만물 여아일체(天地 與我
同根 萬物 與我一體, 열반무명론)
제26권 521.

천착(穿鑿) 제26권 138, 268, 269.

천친(天親) 보살 제24권 48, 50.

천폭륜상(千輻輪相) 제25권 202.

청량산(淸凉山, 卽代州鴈門郡五臺山也.
제보살주처품) 제24권 369.

청울무(靑鬱茂) 허공자(虛空子)부처님
제24권 431.

청정금망전륜왕위(淸淨金網轉輪王位, 수
호공덕품) 제25권 352, 354, 355, 356.

청정무애 무소의지(淸淨無礙 無所依止,
刹那際諸佛三昧의 경계) 제23권 51.

청정섭이구(淸淨攝二句, 1.攝到無障處 2.
攝不可轉法) 제23권 57.

청정심심행(淸淨深心行, 菩薩摩訶薩 於
此三昧 入已而起 起已不失) 제23권
147.

청정심심행대삼매(淸淨深心行大三昧, 십
정품) 제23권 88, 149.

청정피안(淸淨彼岸, 淸淨彼岸城 有日住
處 名目眞隣陀窟. 제보살주처품)
제24권 406.

체리이변유(體離二邊喩, 십정품 妙光明
大三昧) 제23권 115.

체진지 정지지 지식지 불지지(體眞止 停
止止 止息止 不止止) 제24권 68.

초지칠보 이지팔보(初地七寶 二地八寶
三地九寶 四地十寶 五地十一寶 六地十
二寶 七地十三寶 八地已上 不增寶數
수호공덕품) 제25권 346.

총결다문(總結多聞)과 심계정체(心契定
體)와 불폐기통(不廢起通) 제23권 140.

총령(蔥嶺) 제24권 390.

최승용왕사갈라 흥운보부사천하 어일체
처우각별 이피용심무이념(最勝龍王娑
竭羅 興雲普覆四天下 於一切處雨各別
而彼龍心無二念, 여래출현품 偏降種種
喩) 제26권 236.

추구불견중 유삼추구(推求不見中 有三
推求: 1.渴仰推求不見 2.重觀察不見 3.
以三昧力 推求不見, 십정품) 제23권 70.

출몰상담(出沒常湛, 여래출현품 答出現涅槃) 제26권 515, 526, 527, 542.

출전법신(出纏法身) 제26권 499, 500.

출토라국(林菟羅國) 제24권 398, 404.

출현 시의인지법 과용화용지총명(出現是依人之法 果用化用之總名, 여래출현품 釋名) 제26권 24.

출현의 의미(出現의 의미, 過去積因 多法圓滿 令二利果 一時出現) 제26권 63.

출현의업 십유(出現意業 十喩, 1. 虛空無依爲依喩 2. 法界湛然喩 3. 大海潛流喩 4. 大寶出生喩 5. 珠消海水喩 6. 虛空含受喩 7. 藥王生長喩 8. 劫火燒盡喩 9. 劫風持壞喩 10. 塵含經卷喩 여래출현품 答意業) 제26권 259, 266, 268, 270, 282, 292, 294, 311, 313, 314, 346, 347, 348, 349, 350, 351.

충만법계운(充滿法界雲, 頂有三十二相) 제25권 213.

차유일상(齒有一相) 제25권 243.

친광(親光) 보살 제23권 278.

친근아주 초무동이(親近我住 初無動移) 제23권 71.

칠금산 칠보산 칠향해(七金山 七寶山 七香海) 제23권 113.

칠지(七地 : 1. 種性地 2. 勝解行地 3. 淨勝意樂地 卽是初地 4. 行正行地 從二地至七地 5. 決定地(八地) 6. 決定行地(九地) 7. 到究竟地(從十地至如來地), 수호공덕품) 제25권 279.

ㅋ

카니시카왕(伽膩色迦王) 제24권 425.

커사국(佉沙國) 제24권 412, 413.

ㅌ

타리자(吒釐子)성 제24권 403.

타심지신통(他心智神通) 제23권 399, 411.

타수용·보신(他受用報身) 자수용·보신(自受用報身) 제25권 199.

택멸무위(擇滅無爲) 비택멸(非擇滅) 제26권 507.

ㅍ

파다(婆哆 상성) 제23권 393.

파지가(頗胝迦) 제24권 41, 216.

파타리자(波吒釐子)성 타리자(吒釐子)성
　제24권 401, 403.

파타보달라(波吒補怛囉) 제24권 397.

팔방산해 성읍잡거(八方山海 城邑雜居.
　제보살주처품) 제24권 365.

팔상성도(八相成道) 제26권 28, 29.

팔재환(八災患) 제25권 339.

팔지십신(八地十身 : 1. 法身 2. 智身 3. 威
　勢身 4. 菩提身 5. 莊嚴身 6. 意生身 7. 化
　身 8. 力持身 9. 福德身 10. 願身, 여래출
　현품 答身業) 제26권 128.

평등성지(平等性智) 제26권 146, 274,
　275.

평등인과(平等因果) 제23권 37, 38.
　제25권 24, 36, 364.

평등인과 유차별성(平等因果 由差別成)
　제23권 37.

평등출현위종 융차별과위취(平等出現爲
　宗 融差別果爲趣, 여래출현품 宗趣)
　제26권 34.

폐유이상(脓有二相) 제25권 260.

표색(表色)과 무표색(無表色) 제26권
　244.

표서증성분(表瑞證成分) 제26권 35, 598.

풍륜(風輪) 수륜(水輪) 금륜(金輪)

제24권 300.

피불가설제색내 부현중엽불가설 엽중광
　명불가설 광중색상불가설(彼不可說諸
　色內 復現衆葉不可說 葉中光明不可說
　光中色相不可說, 아승지품) 제24권
　311.

ㅎ

하고불능구경법계 사보살도(何故不能究
　竟法界 捨菩薩道) 제23권 368.

하고불명불 하고불명십력(何故不名佛 何
　故不名十力) 제23권 48, 368.

하고수행보현행원 유미휴식(何故修行普
　賢行願 猶未休息) 제23권 368.

하등위백만장(何等爲百萬障, 瞋恚心으
　로 인한 백만 가지 장애) 제25권 385,
　390.

하용불사의(何用不思議 四種 : 1. 令信向
　故 2. 起行求故 3. 隨分證故 4. 圓滿得故)
　제25권 34.

하이득지무생멸야(何以得知無生滅耶,
　無生忍 徵意有二) 제24권 71.

하이부언불견법멸(何以復言不見法滅, 無
　生忍 徵意有二) 제24권 71.

하자부사의(何者不思議 十種 : 1. 智超世表 2. 悲越常情 3. 無思成事 4. 同染恒淨 5. 所作秘密 6. 業用廣大 7. 多少卽入 8. 分圓自在 9. 依正無礙 10. 理事一味, 불부사의법품) 제25권 33, 34.

해중판유 즉십행품(海中板喩 卽十行品) 제26권 268.

한나(漢那) 우둔(于遁) 활단(豁旦) 굴단(屈丹) 제24권 415.

합상제문명역비일 합상제문역비일(合上諸門明亦非一 合上諸門明亦非異) 제24권 132.

항불사리(恒不捨離) 제23권 116, 120.

향당운(香幢雲 卽九地善根, 수호공덕품) 제25권 343.

향상유(香象喩) 제23권 373.

향성수연유(響聲隨緣喩, 여래출현품 答語業) 제26권 191, 192, 229, 230.

향적산(香積山) 제24권 368.

향풍산(香風山. 제보살주처품) 제24권 395.

허공무의위의유(虛空無依爲依喩, 여래출현품 答意業) 제26권 259, 346.

허공주변유(虛空周徧喩, 여래출현품 答身業) 제26권 130.

허공지찰유(虛空持刹喩, 십정품 無礙輪大三昧) 제23권 283.

허공함수유(虛空含受喩, 여래출현품 答意業) 제26권 293, 348.

현담(玄談) 제23권 294. 제26권 305, 307.

현명수지분(顯名受持分) 제26권 580, 581.

현부사의의(顯不思議義四, 1. 何者不思議 2. 於何不思議 3. 云何不思議 4. 何用不思議, 불부사의법품) 제25권 33.

현불삼매해행운(現佛三昧海行雲 變化海普照雲 一切如來解脫雲 自在方便普照雲 覺佛種性雲, 십신상해품 頂有三十二相) 제25권 220.

현서성익(現瑞成益) 제23권 83, 84.

현수(賢首)대사 제24권 32, 33. 제25권 36. 제26권 289.

현수삼매(賢守삼매 賢守定) 제26권 289.

현수품(賢首品) 제23권 208, 218, 230, 376. 제24권 102.

현여래신 즉섭득불평등(現如來身 卽攝得佛平等 십정품) 제23권 57.

현일체여래상자재운(現一切如來相自在雲 徧照一切法界雲 毘盧遮那如來相雲 普照一切佛光明雲, 頂有三十二相 십신

상해품) 제25권 222.

현장(玄奘) 법사 제24권 426. 제26권 309, 489.

현재세소섭 일체제불토 심입차제찰 통달
어법계(現在世所攝 一切諸佛土 深入此
諸刹 通達於法界, 보현행품) 제25권
430.

현호삼매(賢護三昧)와 수능엄삼매(首楞
嚴三昧) 제26권 288, 289.

협(脇)존자 제24권 426.

혜원(慧遠)법사 遠公 제24권 31, 44, 45.
제26권 317, 378, 489, 491, 495, 507, 524.

혜원(惠苑)법사 苑公 제25권 371.

호광가청주(毫光加請主, 加分分二 여래
출현품) 제26권 36.

호법(護法)논사 제23권 401, 402, 407.

호용자재(互用自在) 제23권 229.

혹부어일모단처 불가설겁상안주 여일모
단여실연 소주겁수개여시(或復於一毛
端處 不可說劫常安住 如一毛端餘悉然
所住劫數皆如是, 아승지품) 제24권
316.

혹처소아총 총유희읍취락 혹작빈궁인 쇠
형위노장 역현기한고(或處小兒叢 叢遊
戲邑聚落 或作貧窮人 衰形爲老狀 亦現
饑寒苦, 八字陀羅尼經) 제24권 374.

홍색광(紅色光) 족행신 제24권 426.

홍주대천유(洪霔大千喩, 여래출현품 答
出現之法) 제26권 75.

화엄종(華嚴宗) 제23권 470.

화장세계품(華藏世界品) 제26권 74.

환불괴본유(幻不壞本喩, 십정품 妙光明
大三昧) 제23권 130.

환사불미유(幻師不迷喩, 십정품 妙光明
大三昧) 제23권 135.

환사선교유(幻師善巧喩, 십정품 妙光明
大三昧) 제23권 123.

환사선교유 합중오(幻師善巧喩 合中五:
1.一多相容不同 2.智鑑不昧 3.不壞本
末 4.同體大悲 5.多入於一 不壞性相 明
鑑不昧 십정품 妙光明大三昧) 제23권
123, 125, 128, 129.

환사혹안유(幻師惑眼喩, 수호공덕품)
제25권 331, 332.

환상명현 본일불감(幻相明現 本日不減,
십정품 幻師善巧喩) 제23권 122.

환필의처유(幻必依處喩, 십정품 妙光明
大三昧) 제23권 130, 132.

환현육경유(幻現六境喩, 십정품 一切衆
生差別身大三昧) 제23권 219, 220.

황제산법(黃帝算法) 제24권 289.

횡변시방(橫偏十方) **체무생멸**(體無生滅)
제26권 399.

훼계사명 즉범사중금 작오역죄(毁戒邪命
卽犯四重禁 作五逆罪, 여래출현품 答身
業) 제26권 142.

휴영불천(虧盈不遷, 여래출현품 答出現
涅槃) 제26권 515, 532, 533, 545, 559.

흉유십일상(胸有十一相 십신상해품)
제25권 247, 251.

흑산유연각(黑山喩緣覺, 여래출현품 答
身業) 제26권 137.

흘리다(訖利多) 제24권 422.

흘표지(吃嘌地 평성) 제23권 393.

『화엄경청량소』

제8 삼회보광명전법회

[제27권 - 제28권]

1. 인용된 경론 이름

ㄱ

『관불삼매경』『관불삼매해경(觀佛三昧海經)』 제27권 279.

『구사론』 제27권 218. 제28권 105, 174, 175, 187, 190, 192, 193, 199, 200, 203, 204, 211, 262, 265, 266, 273, 307.

『구사론대소(大疏)』보소(寶疏) 제28권 194.

『구사론대소초(大疏鈔)』 제28권 194.

『구사론소소(小疏)』 제28권 194, 196.

『금강경』『아비달마구사론』 제28권 206.

『금광명경소(金光明經疏)』 제28권 305.

ㄴ

『남본열반경』南經 제27권 217.

『논어(論語)』 제28권 258.

ㄷ

『대반야경』 제27권 92.

『대비바사론』『비바사론』 제28권 32, 194, 214.

『대승방편경(大乘方便經)』 제28권 293, 332, 343, 345, 346, 347.

『대승장엄론』『대장엄경론』 제27권 221. 제28권 38.

『대지도론』智度論 智論 제27권 232. 제28권 88, 89, 99, 171, 192, 193, 197, 200, 203, 218, 305, 357.

『대품반야경』 제27권 375. 제28권 100, 188.

『도경(道經)』노자 제28권 228.

『도세경(度世經)』 제27권 31, 61, 62, 72, 107, 122, 180, 355, 409. 제28권 272.

ㅁ

『마하반야경』 제28권 89.

『문수문경(文殊問經)』 제28권 275.

『문수반야경』 제27권 400.

ㅂ

『법신경(法身經)』 제27권 38.
『법집경(法集經)』 제28권 233.
『법화경』 제27권 91, 275. 제28권 275.
『법화문구』 제28권 277.
『보살본업경』『보살영락경』『영락본업경』
    제27권 73. 제28권 170, 171
『보현보살답난이천경(普賢菩薩答難二千
    經)』『답난이천경(答難二千經)』 제27권
    31, 32.
『부사의경(不思議經)』 제28권 88.
『불본행집경』 제28권 348.
『불성론』 제28권 164.
『불지경』 제27권 44, 48.
『불지론』 제27권 175.

ㅅ

『사익경』 제27권 91.
『살자니건자경(薩遮尼揵子經)』 제28권
    216.
『상주천자경(商主天子經)』 제28권 38.

『서응경(瑞應經)』 제28권 308, 309, 318.
『선계경(善戒經)』 제27권 105.
『섭대승론』『섭론(攝論)』 제27권 47, 218,
    283. 제28권 152, 355.
『성실론』 제28권 275.
『성유식론』 제28권 218.
『승만경』 제27권 34.
『십지경론』『십지경』論經 地論 제27권 34,
    409, 410, 420. 제28권 32, 46, 48.

ㅇ

『아비달마발지론』 제28권 273.
『아비달마잡집론』『대법론』『잡집론』
    제27권 215, 221. 제28권 204, 266, 273.
『양섭론』 제28권 305.
『열반경』 제27권 91, 163, 164, 218, 387,
    389, 395. 제28권 76, 94, 101, 174, 180,
    203, 275, 321, 344, 348, 359, 362, 364,
    365, 366, 367.
『유가사지론』유가론 제27권 104, 105.
    제28권 38, 52, 105, 134, 138, 152, 154,
    255, 266, 273, 307.
『유마경』『정명경』 제27권 38, 193. 제28권
    162, 174, 256, 344.

『육십권화엄경』晉經 晉本 제27권 57, 122, 128, 199, 270, 343, 365, 419, 423, 424, 425. 제28권 25, 220, 243, 272, 338, 362, 365, 380, 389, 408, 429, 446.

ㅈ

『주역』 제28권 185.
『중관론』 제27권 115.
『중론』 제27권 115, 116, 118.
『지지경(地持經)』 제28권 100.
『진서(晉書)』 제28권 144.

ㅊ

『천태사교의(天台四敎儀)』 제28권 192.

ㅌ

『탐현기』 제28권 194, 233.

ㅎ

『현담(玄談)』 제28권 238.
『현양성교론』 제28권 38.

2. 인용된 어구, 사람 이름

ㄱ

가타(伽陀)와 기야(祇夜) 제28권 374.
각오광명(覺悟光明, 이세간품 答因圓果滿問) 제28권 294.
거래급현재 일체시방불 미불어신중 분명이현현(去來及現在 一切十方佛 靡不於身中 分明而顯現, 三世間自在行 이세간품) 제28권 442.
거수저두 개이성불(擧手低頭 皆已成佛, 법화경) 제27권 90.
견도위(見道位)와 수도위(修道位) 제28권 187, 188, 203, 274.
견도혹(見道惑)과 수도혹(修道惑) 제28권 193.
견전세통(見前世通, 도세경) 제27권 355.
견지(見地, 보는 지위) 제28권 188.
결권학분(結勸學分 結勸分 結勸修學分, 離世間品 長科十分) 제27권 41. 제28권 368, 369, 425.
고하구일체 집멸이삼견 도제어이견 상계불행에(苦下具一切 集滅離三見 道除於二見 上界不行恚, 잡집론) 제28권 203.

공번불회(恐繁不會) 제27권 137, 138, 152. 제28권 37.

공자 소위생사 불공자 위대열반 무상자 소위생사 상자 위대열반(空者 所謂生死 不空者 謂大涅槃 無常者 所謂生死 常者 謂大涅槃, 열반경) 제28권 364.

과거일체겁 안치미래금 미래현재겁 회치 과거세(過去一切劫 安置未來今 未來現在劫 廻置過去世, 三世自在 이세간품) 제28권 442.

과만(過慢, 구사론 七慢) 제28권 264.

과불이인(果不異因, 서까래와 집의 비유) 제27권 117.

관중(關中) 법사 제27권 390.

광명장엄(光明莊嚴 三昧, 이세간품 妙覺 之果) 제28권 287.

구구세 연기상유석(具九世 緣起相由釋) 제27권 115.

구만(九慢, 1. 我勝慢類 2. 我等慢類 3. 我劣慢類 4. 有勝我慢類 5. 有等我慢類 6. 有劣我慢類 7. 無勝我慢類 8. 無等我慢類 9. 無劣我慢類, 아비달마발지론) 제28권 272.

구선지식 시무상보리최초인연(求善知識 是無上菩提最初因緣) 제27권 87.

구세(九世)와 삼세(三世)와 십세(十世) 제27권 113.

구수혹단일 지오향초과 단차삼향이 이팔지삼향(具修惑斷一 至五向初果 斷次三向二 離八地三向, 구사론) 제28권 199.

구시(九施, 1. 自性施 2. 一切施 3. 難行施 4. 一切門施 5. 善士施 6. 一切種施 7. 遂求施 8. 二世樂施 9. 清淨施 이세간품 答因圓果滿問) 제28권 133.

구족여래평등해탈 증무중변불평등지(具足如來平等解脫 證無中邊佛平等地, 이세간품 智正覺世間圓滿) 제27권 41.

구족여시행 유희제신통 모단치중찰 경어억천겁(具足如是行 遊戲諸神通 毛端置衆刹 經於億千劫, 於刹自在 이세간품) 제28권 438.

구차제정(九次第定) 제28권 45, 46.

구파(瞿波, 입법계품 선지식) 제28권 326.

궁어무수겁 설피행무진 아금설소분 여대지일진(窮於無數劫 說彼行無盡 我今說少分 如大地一塵, 이세간품) 제28권 423.

극정살타(極淨薩埵) 제28권 39.

극희견삼천 여래견일체(極喜見三千 如來見一切, 대품반야경) 제28권 100.

금강십팔주처(金剛十八住處) 제28권 205.

기부재차회 여당위선설(其不在此會 汝當 爲宣說, 법화경) 제27권 324.

ㄴ

난법(煖法)과 정법(頂法)과 인법(忍法)과 세제일법(世第一法) 제28권 186.

내무색상관외색해탈(內無色想觀外色解 脫) 제28권 213.

내원해인(耐冤害忍) 제27권 197.

내유색상관외색해탈(內有色想觀外色解 脫) 제28권 213.

노자(老子) 제28권 228.

누루교철 비여수성(縷縷交徹 非如繡成) 제27권 81.

ㄷ

다문시도량 여문행고(多聞是道場 如聞 行故, 유마경) 제28권 162.

단욕삼사품 삼이생가가 단지오이향 단육 일래과(斷欲三四品 三二生家家 斷至五 二向 斷六一來果, 구사론) 제28권 199.

달무상법 주어불주(達無相法 住於佛住, 이세간품 지정각세간원만) 제27권 41, 43

당기중(當機衆, 근기 맞는 대중) 제27권 62.

도고탈집 안도증멸(度苦脫集 安道證滅, 이세간품 答因圓果滿問) 제28권 129.

도생(道生) 법사 제27권 394.

도종지(道種智) 제28권 191.

돈창육위리사이리위종 영체성리 돈성진리 구경위취(頓彰六位理事二離爲宗 令體 性離 頓成眞離究竟 爲趣, 이세간품 宗 趣) 제27권 40.

득불평등 도무장처(得佛平等 到無障處, 이세간품 지정각세간원만) 제27권 41.

등각지위 유기삼의(等覺之位 有其三義, 1. 十地勝進 2. 或攝屬後 卽名佛 3. 或別 開位 無垢地 이세간품) 제27권 73.

ㅁ

만(慢者 謂於他劣 謂己勝 於他等 謂己 等, 구사론 七慢) 제28권 264.

만과만(慢過慢, 구사론 七慢) 제28권 264.

명수신법행 유근이둔별(名隨信法行 由根

利鈍別, 구사론) 제28권 187.

명행족(明行足) 각족(脚足) 제28권 180.

몽형(蒙亨, 蒙山下有險 險而止蒙 蒙亨 以
亨行時中也, 주역) 제28권 185.

묘각위(妙覺位) 제27권 73.

묘각지과(妙覺之果, 答因圓果滿問)
제28권 284.

묘오개만 이행영절(妙悟皆滿 二行永絶,
이세간품 지정각세간원만) 제27권 41,
42.

무간도(無間道)와 해탈도(解脫道)와 방
편도(方便道) 제28권 351.

무능승당광명(無能勝幢光明, 現十種事
答因圓果滿問 묘각지과) 제28권 297.

무사자오(無師自悟) 제27권 395.

무생기생지명(無生起生智明) 제27권
233.

무설지설 무성지성 선교지명(無說之說 無
成之成 善巧智明) 제27권 232, 233.

무주열반(無住涅槃)과 성정열반(性淨涅
槃) 제28권 239.

무작사제(無作四諦) 제28권 260.

무진과 속기법(無盡과 續起法, 이세간품
答十信問) 제27권 113.

문십신행(問十信行, 二十句 問十信行)

제27권 61.

문십주행(問十住行, 二十句 問十住行)
제27권 63.

문십지행(問十地行, 五十句 問十地行)
제27권 68.

문십행지행(問十行之行, 三十句 問十行
之行) 제27권 65.

문십회향행(問十廻向行, 二十九句 問十
廻向行) 제27권 66.

문인원과만행(問因圓果滿行, 五十一句
問因圓果滿行) 제27권 71.

문찬불훼불 어불법중심정부동(聞讚佛毁
佛 於佛法中心定不動, 십주품) 제27권
159.

미가(彌伽) 선지식 제27권 346.

미래미래 명위무진(未來未來 名爲無盡
過去已起故 過去過去 不名無盡, 十世隔
法異成門 십현문) 제27권 113.

ㅂ

반야덕 해탈덕 법신덕 제27권 395. 제28권
310.

반야바라밀 실법부전도 염상관이제 언어
법역멸(般若波羅蜜 實法不顚倒 念想觀

已除 言語法亦滅, 대지도론) 제27권 232.

발기분(發起分, 離世間品 長科十分) 제27권 41.

방편력교화중생 현작마왕(方便力教化衆生 現作魔王, 유마경) 제28권 344.

범부천안 견일사천하 이소성문 견소천계 대성문 견중천계 아나율 견삼천계(凡夫天眼 見一四天下 以小聲聞 見小千界 大聲聞 見中千界 阿那律 見三千界, 대지도론) 제28권 99.

법가(法家) 제28권 162.

법계불(法界佛)은 법신(法身) 제27권 129.

법계해혜(法界海慧) 보살 제27권 226.

법문당재석 법우갱방류 현하이백문 병사이천수(法門當再席 法雨更滂流 懸河二百問 瓶瀉二千酬, 영(英)법사) 제27권 78.

법보(法寶) 스님 제28권 194.

법상종(法相宗)과 무상종(無相宗)과 대승(大乘) 제27권 121.

법상종(法相宗)과 법성종(法性宗) 제28권 101.

변등각위(辨等覺位, 有五十一門答因圓果滿問) 제28권 122.

보리살타(菩提薩埵) 마하살타(摩訶薩埵) 제28권 38.

보리심 만행지본(菩提心 萬行之本 故貫二千之首) 제27권 87.

보리심 십문(菩提心 十門, 이세간품 答十住問) 제27권 130, 137.

보살가루라 여의위견족 방편용맹시 자비명정안(菩薩迦樓羅 如意爲堅足 方便勇猛翅 慈悲明淨眼, 이세간품) 제28권 387.

보살발의구보리 비시무인무유연(菩薩發意求菩提 非是無因無有緣, 현수품) 제27권 74, 88.

보살선지십종법(菩薩善知十種法 1. 善知諸衆生受生 2. 諸煩惱現起 3. 習氣相續 4. 所行方便 5. 無量法 6. 諸威儀 7. 世界差別 8. 前際後際事 9. 演說世諦 10. 演說第一義諦, 십주품 法王子住) 제27권 169.

보살신족마 등보초제유 보살설법용 보우중생심(菩薩神足馬 騰步超諸有 菩薩說法龍 普雨衆生心, 이세간품) 제28권 396.

보살우담화 세간난치우 보살대용장 중마

실항복(菩薩優曇華 世間難値遇 菩薩大勇將 衆魔悉降伏, 이세간품) 제28권 396.

보살응권학십법(菩薩應勸學十法 : 1. 知衆生無邊 2. 無量 3. 無數 4. 不思議 5. 無量色 6. 不可量 7. 空 8. 無所作 9. 無所有 10. 無自性, 십주품 具足方便住) 제27권 156.

보살응권학십법(菩薩應勸學十法 : 1. 一切法無相 2. 無體 3. 不可修 4. 無所有 5. 無眞實 6. 空 7. 無性 8. 如幻 9. 如夢 10. 無分別, 십주품 정심주) 제27권 156.

보살응권학십법(菩薩應勸學十法 : 1. 知一切佛刹 2. 動 3. 持 4. 觀 5. 詣 6. 遊 7. 遊行無數世界 8. 領受無數佛法 9. 現變化自在身 出廣大徧滿音 10. 一刹那中奉事供養無數諸佛, 십주품 童眞住) 제27권 161.

보살 이일체세계 위천안경(菩薩 以一切世界 爲天眼境, 地持經) 제28권 99.

보살정법륜 당지역여시 현세간심수 불위세소잡(菩薩淨法輪 當知亦如是 現世間心水 不爲世所雜, 悲不失智行 이세간품) 제28권 416.

보살청량월 유어필경공 수광조삼계 심법

무불현(菩薩淸凉月 遊於畢竟空 垂光照三界 心法無不現, 진경) 제28권 392.

보수제취이현신(普隨諸趣而現身, 若以智慧爲先導 身語意業恒無失 則其願力得自在 普隨諸趣而現身, 현수품) 제27권 110.

보혜보현 문답지회(普慧普賢問答之會) 제27권 27.

보화(普化)보살과 보혜(普慧)보살 제27권 53.

본성불(本性佛)은 지신(智身) 제27권 128.

봄못의 비유(春池喩, 열반경) 제27권 387.

부단보살행(不斷菩薩行) 제27권 79, 321, 361, 377, 381. 제28권 34, 81, 118.

부단생사(不斷生死) 제28권 110.

부이일모공 보납일체해 대해무증감 중생불요해(復以一毛孔 普納一切海 大海無增減 衆生不嬈害, 於刹自在 이세간품) 제28권 439.

분단생사(分段生死)와 변역생사(變易生死) 제27권 34. 제28권 363.

분별중생광명(分別衆生光明 現十種事, 이세간품 答因圓果滿問) 제28권 297.

불가견유대색(不可見有對色) 제28권 90.

불가전법 소행무애(不可轉法 所行無礙, 이세간품 지정각세간원만) 제27권 41.

불덕자장엄(佛德自莊嚴, 若了神通深密 用 則爲諸佛所憶念 若爲諸佛所憶念 則 以佛德自莊嚴, 현수품) 제27권 108.

불부사의법품 제28권 242, 244, 246, 249, 250, 252, 253.

불상재세간 이불염세법(佛常在世間 而不 染世法, 법신경(法身經)) 제27권 37.

불화장엄삼매(佛華莊嚴三昧) 제27권 56, 57.

비로자나품 제28권 96.

비만(卑慢, 구사론 七慢) 제28권 265, 269, 272.

비목저(毗木底, 此云解脱) 제27권 242.

비목차(毗木叉, 此云勝解脱) 제27권 227.

비여정일월 교경재허공 영현어중수 불위 수소잡(譬如淨日月 皎鏡在虛空 影現 於衆水 不爲水所雜, 悲不失智行 이세간 품) 제28권 416.

비호중생심(悲護衆生心) 제27권 134.

사마(四魔)와 십마(十魔) 제28권 223.

사만(邪慢, 구사론 七慢) 제28권 265, 268.

사무색정(四無色定)과 멸수상정(滅受想 定) 제28권 211.

사법인(四法印) 제28권 284.

사선근(四善根) 제28권 184.

사섭(四攝 : 1. 布施 2. 愛語 3. 利行 4. 同事) 제28권 72, 102, 118, 133.

사실단(四悉壇, 1. 爲人悉檀 2. 第一義悉 檀 3. 對治悉檀 4. 世界悉檀) 제28권 356.

사영과 사고(四榮과 四枯, 沙羅雙樹 四 榮四枯樹) 제28권 365.

사전도법(四顚倒法) 제28권 360.

사폭류(四暴流) 제28권 70, 205.

사홍서원 관리발심(四弘誓願 觀理發心) 제27권 135.

삼계식심내 수시유증감 이승성숙중 일체 무주필(三界識心內 隨時有增減 二乘星 宿中 一切無儔匹, 이세간품) 제28권 389.

삼매불(三昧佛)은 복덕신(福德身) 제27권 129.

삼세연기상유석(三世緣起相由釋) 제27권 115.

삼세오온법 설명위세간 피멸비세간 여시

단가명(三世五蘊法 說名爲世間 彼滅非
世間 如是但假名, 야마게찬품) 제27권
34.

삼세와 구세(三世와 九世, 三世各三 故成
九世, 九世十世互相卽 答十信問)
제27권 113, 114.

삼시(三施, 1. 財 2. 法 3. 無畏) 제28권 133.

삼시무란(三時無亂, 入胎 住胎 出胎 : 輪
王唯入無亂 緣覺兼住 唯佛三時無亂 以
福智俱勝故 구사론) 제28권 307.

삼십칠품(三十七品) 제28권 45.

삼여(三餘, 1. 無明住地惑 2. 無漏業 3. 變
易苦) 제28권 164.

삼취계(三聚戒) 섭선법계 섭율의계
제27권 423, 424.

상견(常見)과 단견(斷見) 제28권 328.

상무자성성(相無自性性)과 생무자성성
(生無自性性)과 승의무자성성(勝義無
自性性) 제28권 60.

상불경(常不輕)보살 제27권 105.

선인불선인지사 불선인선인지자(善人不
善人之師 不善人善人之資, 不貴其師
不愛其資 雖知大迷 是爲要妙, 道經의
章句) 제28권 227.

선재운 일체제불 종신심기(善財云 一切諸

佛 從信心起, 입법계품) 제28권 237.

선주관찰광명(善住觀察光明, 現十種事
이세간품 答因圓果滿問 묘각지과)
제28권 293.

선주광명(善住光明, 現十種事 이세간품
答因圓果滿問) 제28권 298.

선타사실(仙陀四實) 제27권 216.

선학일체계(善學一切戒) 제27권 93.

선행무철적 선언무하적(1. 善行無轍迹 2.
善言無瑕謫 3. 善計不用籌策 4. 善閉無
關鍵而不可開 5. 善結無繩約而不可解,
道經) 제28권 227.

설법보시 개즉시복 비복연고(說法布施
皆卽是福 非福緣故) 제28권 167.

설분(說分, 이세간품 長科十分) 제27권
41, 78. 제28권 368.

성문지혜력약 여소화소목(聲聞智慧力弱
如小火燒木, 대지도론) 제28권 191.

성일체지 이부단보살행(成一切智 而不斷
菩薩行, 이세간품) 제28권 118.

성정각불(成正覺佛)은 보리신(菩提身)
제27권 129.

성정열반(性淨涅槃) 제28권 239, 365,
366.

성판십종대사(成辦十種大事, 이세간품

答十地間) 제27권 410.

성행인과주(成行因果周) 제27권 24.

세좌와 법좌(世坐以攝物 法坐以成德)
　제28권 114.

세친(世親)보살 제27권 44, 45, 48, 219,
　220.

소승교와 권교대승(小乘敎와 權敎大乘)
　제28권 307.

수기소응 종종교화 미증망실보살소행(隨
　其所應 種種敎化 未曾忘失菩薩所行,
　이세간품 答十行間) 제27권 234.

수념념중시성정각 이부단보살행(雖念念
　中示成正覺 而不斷菩薩行, 菩薩十種不
　共法 이세간품 答十廻向問) 제27권
　381.

수득성불 부단보살행(雖得成佛 不斷菩
　薩行, 이세간품) 제27권 79.

수락불(隨樂佛)은 의생신(意生身)
　제27권 128.

수법행(隨法行, 十種明了法 이세간품 答
　因圓果滿問) 제28권 186, 187, 188.

수승가락(殊勝可樂) 제28권 291.

수신행(隨信行, 十種明了法 이세간품 答
　因圓果滿問) 제28권 184, 187, 188.

수용신 변화신 변화토 제27권 45, 48.

수인계과생해분(修因契果生解分) 수인
　계과분 제27권 24, 27.

수제(樹提, 바라문의 아들) 제28권 331,
　333.

수학처(修學處) 제27권 93.

수행제도승해탈(修行諸度勝解脫, 若獲
　功德法性身 以法威力現世間 則獲十地
　十自在 修行諸度勝解脫, 현수품)
　제27권 127.

수호광명공덕품 제28권 256.

순타시식 유이과보무차(純陀施食 有二
　果報無差, 1.受已得阿耨多羅三藐三菩
　提 2.受已入於涅槃, 열반경) 제28권
　343.

승만대치(勝慢對治) 제28권 49, 54.

시현여시등 광대제신변 여시제경계 거세
　막능지(示現如是等 廣大諸神變 如是諸
　境界 擧世莫能知, 이세간품) 제28권
　444.

시현처태 유십종사(示現處胎 有十種事,
　答因圓果滿問 묘각지과) 제28권 304.

신견(信堅)과 법견(法堅) 제28권 170.

신항충변일체국토 지항명달일체제법(身

恒充徧一切國土 智恒明達一切諸法, 이세간품 智正覺世間圓滿) 제27권 41.

실단 실단다(悉檀 悉檀多) 제28권 356.

심불(心佛)은 위세신(威勢身) 제27권 128.

심불중생 개무차별(心佛衆生 皆無差別, 야마게찬품 覺林보살) 제27권 209.

십기장(十器仗, 이세간품 答十地問) 제28권 82.

십무진장품 제28권 246.

십법명문(十法明門, 焰慧地) 제28권 32.

십불(十佛, 1.成正覺佛 2.願佛 3.業報佛 4.住持佛 5.涅槃佛 6.法界佛 7.心佛 8. 三昧佛 9.本性佛 10.隨樂佛, 현담) 제28권 242.

십시(十施, 이세간품 答因圓果滿問) 제28권 134, 135.

십신만심변득불(十信滿心便得佛 答十信問) 제27권 128.

십안(十眼, 이세간품 法雲地行) 제28권 86.

십자재(十自在, 이세간품 答十廻向問) 제27권 297, 335.

십종견불(十種見佛, 見佛成行 이세간품

答因圓果滿問) 제28권 231.

십종결정법(十種決定法, 이세간품 答十地問) 제28권 32.

십종결정해(十種決定解, 이세간품 答十地問) 제27권 424.

십종결정해 지중생계(十種決定解 知衆生界, 이세간품 答十地問) 제27권 425.

십종경계(十種境界, 이세간품 答十廻向問) 제27권 363.

십종경계무애용(十種境界無礙用, 이세간품 答十廻向問) 제27권 349.

십종계(十種戒, 이세간품 答十信問) 제27권 101.

십종관중생이기대비(十種觀衆生而起大悲, 이세간품 答十住問) 제27권 139.

십종관찰(十種觀察, 이세간품 答因圓果滿問 辨等覺位) 제28권 120.

십종교분별지(十種巧分別智, 이세간품 答十行問) 제27권 221.

십종구경대사(十種究竟大事, 이세간품 答十廻向問) 제27권 321.

십종구법(十種求法, 이세간품 答因圓果滿問) 제28권 181.

십종국토무애용(十種國土無礙用, 이세간품 答十廻向問) 제27권 342.

십종궁전(十種宮殿, 이세간품 答十行間)
제27권 244.

십종근(十種根, 이세간품 答十地間)
제27권 416.

십종근수(十種勤修, 이세간품 答十地間)
제27권 422.

십종근정진(十種勤精進, 이세간품 答十
信間) 제27권 95.

십종기장(十種器仗, 이세간품 答十地間)
제28권 81.

십종다라니(十種陀羅尼, 이세간품 答十
信間) 제27권 126.

십종대발기(十種大發起, 이세간품 答十
廻向問) 제27권 316, 327.

십종대장부명호(十種大丈夫名號, 이세간
품 答十地間) 제28권 36.

십종대흔위(十種大欣慰 五對 : 1. 事佛供
佛對 2. 聞法近友對 3. 二利行成對 4. 嚴
土化生對 5. 難見能見難成能成對, 이세
간품 答十行間) 제27권 183, 189.

십종도(十種道, 이세간품 答十地間)
제28권 40.

십종득수기(十種得授記, 이세간품 答十
廻向問) 제27권 323.

십종득지혜(十種得智慧, 이세간품 答十

廻向問) 제27권 328.

십종력(十種力, 이세간품 答十住間)
제27권 155.

십종력(十種力, 이세간품 무박무착해탈회
향) 제27권 365.

십종력무애용(十種力無礙用, 이세간품 答
十廻向問) 제27권 358.

십종마(十種魔, 이세간품 答因圓果滿問
辨等覺位) 제28권 221.

십종마소섭지(十種魔所攝持, 이세간품
答因圓果滿問 辨等覺位) 제28권 279.

십종마업(十種魔業, 이세간품 答因圓果
滿問 辨等覺位) 제28권 224.

십종만업(十種慢業, 離障加持) 제28권
262.

십종명(十種明, 이세간품 答十行間)
제27권 230.

십종명료법(十種明了法, 이세간품 答因
圓果滿問 辨等覺位) 제28권 182.

십종명족(十種明足, 이세간품 答因圓果
滿問) 제28권 178.

십종무등주(十種無等住, 이세간품 答十
行間) 제27권 265.

십종무량도(十種無量道, 이세간품 答十
地間) 제28권 50.

십종무량불가사의불삼매(十種無量不可思議佛三昧, 불부사의법품) 제28권 250.

십종무량수도(十種無量修道, 이세간품 六地行 答十地問) 제28권 56.

십종무량조도(十種無量助道, 이세간품 答十地問) 제28권 52.

십종무애용(十種無礙用, 이세간품 答十廻向問) 제27권 338.

십종무외(十種無畏, 이세간품 答十廻向問) 제27권 367, 378.

십종무의심(十種無疑心, 이세간품 答十行問) 제27권 197.

십종무착(十種無着, 이세간품 答十住問) 제27권 168.

십종무피염심(十種無疲厭心, 이세간품 答十信問) 제27권 123.

십종무하열심(十種無下劣心 五對 : 1. 降魔制外對 2. 喜他自滿對 3. 積福成智對 4. 下化上成對 5. 悲智究竟對) 제27권 270, 277.

십종바라밀(十種波羅蜜, 이세간품 答十住問) 제27권 148.

십종발무외심(十種發無畏心, 이세간품 答十行問) 제27권 195.

십종발보리심인연(十種發菩提心因緣, 이세간품 答十住問) 제27권 140.

십종발심(十種發心, 이세간품 答十地問) 제27권 413.

십종법(十種法, 이세간품 答因圓果滿問) 제28권 163.

십종법무애용(十種法無礙用, 이세간품 진여상회향 答十廻向問) 제27권 344.

십종법소섭지(十種法所攝持, 이세간품 答因圓果滿問) 제28권 282.

십종변입(十種徧入, 이세간품 答十行問) 제27권 224.

십종보관찰(十種普觀察, 이세간품 答因圓果滿問) 제28권 122.

십종보현심(十種普賢心, 이세간품 答十住問) 제27권 133.

십종보현행법(十種普賢行法, 이세간품 答十住問) 제27권 136.

십종복(十種腹, 이세간품 答十地問) 제28권 72.

십종복덕조도구(十種福德助道具, 이세간품 答因圓果滿問) 제28권 165.

십종복장(十種伏藏, 이세간품 答十廻向問) 제27권 331.

십종부동심(十種不動心, 이세간품 答十行問) 제27권 249.

십종분신(十種奮迅, 身業自在 이세간품
答因圓果滿問) 제28권 124.

십종불(十種佛, 1. 成正覺佛 2. 願佛 3. 業
報佛 4. 住持佛 5. 涅槃佛 6. 法界佛 7. 心
佛 8. 三昧佛 9. 本性佛 10. 隨樂佛, 이세
간품 答因圓果滿問 辨等覺位) 제27권
128.

십종불공법(十種不共法, 이세간품 答十
迴向問) 제27권 378.

십종불괴신(十種不壞信, 이세간품 答十
迴向問) 제27권 322.

십종불법실의구(十種佛法實義句, 이세간
품 答十住問) 제27권 160.

십종불사(十種佛事, 불부사의법품)
제28권 252.

십종불사심대심(十種不捨深大心, 이세간
품 答十行問) 제27권 251.

십종불소섭지(十種佛所攝持, 이세간품
答因圓果滿問) 제27권 280.

십종불업(十種佛業 五對, 1. 覺導夢化對
2. 開纏淨戒對 3. 現相說法對 4. 降魔護
小對 5. 悲攝雙行對 이세간품 答因圓果
滿問 辨等覺位) 제28권 253, 254, 259.

십종비(十種鼻, 이세간품 答十地問)
제28권 103.

십종사리마업(十種捨離魔業, 이세간품
答因圓果滿問) 제28권 229.

십종사자후(十種師子吼, 이세간품 答因
圓果滿問) 제28권 127.

십종생(十種生, 이세간품 答因圓果滿問)
제28권 314.

십종선근회향(十種善根廻向, 이세간품
答十廻向問) 제27권 325.

십종선지식(十種善知識, 이세간품 答十
信問) 제27권 94.

십종설(十種舌, 이세간품 법운지행 答十
地問) 제28권 106.

십종설법(十種說法, 이세간품 答十行問)
제27권 131, 255.

십종성여래력(十種成如來力, 이세간품 答
因圓果滿問) 제28권 350.

십종성취불법(十種成就佛法, 이세간품 答
十地問) 제28권 26.

십종성취중생(十種成就衆生, 이세간품 答
十信問) 제27권 98.

십종소락(十種所樂, 이세간품 答十行問)
제27권 246.

십종소작업(十種所作業, 이세간품 答因
圓果滿問 妙覺之果) 제28권 284, 293.

십종소주처(十種所住處, 이세간품 答十

地問) 제28권 116.

십종소행처(十種所行處, 이세간품 答十
地問) 제28권 118.

십종수(十種修, 이세간품 答十地問)
제28권 25.

십종수(十種手, 이세간품 答十地問)
제28권 70.

십종수(十種首, 이세간품 法雲地行 答十
地問) 제28권 83.

십종수기법(十種受記法, 이세간품 答十
信問) 제27권 102.

십종수호(十種守護, 이세간품 答十地問)
제27권 408.

십종설삼세(十種說三世, 十世隔法異成
門의 증거문 이세간품 答十信問)
제27권 112.

십종습기(十種習氣, 이세간품 答十地問)
제28권 22.

십종신(十種身, 이세간품 答十廻向問)
제27권 398.

십종신(十種身 : 1. 人身 2. 非人身 3. 天身
4. 學身 5. 無學身 6. 獨覺身 7. 菩薩身 8.
如來身 9. 意生身 10. 無漏法身, 이세간
품 法雲地行 答十地問) 제28권 108.

십종신력무애용(十種神力無礙用, 이세간

품 答十廻向問) 제27권 356.

십종신무애용(十種身無礙用, 이세간품
答十廻向問) 제27권 346.

십종신업(十種身業, 이세간품 答十地問)
제27권 400, 402.

십종신통(十種神通, 이세간품 答十行問)
제27권 228.

십종신통무애용(十種神通無礙用, 이세간
품 答十廻向問) 제27권 353.

십종심(十種心, 이세간품 答十地問)
제27권 411.

십종심(十種心, 이세간품 答十地問)
제28권 77.

십종심득안은(十種心得安隱, 이세간품
答十信問) 제27권 96.

십종심미세취(十種甚微細趣, 이세간품 答
因圓果滿問) 제28권 313.

십종심심(十種深心, 이세간품 答十地問)
제27권 418.

십종심입불법(十種深入佛法, 이세간품 答
十行問) 제27권 189.

십종안(十種眼, 이세간품 법운지행 答十
地問) 제28권 85.

십종어(十種語, 이세간품 答十地問)
제27권 405.

십종업(十種業, 이세간품 答十廻向問)
제27권 396.

십종여금강대승서원심(十種如金剛大乘
誓願心, 이세간품 答十廻向問) 제27권
305, 315.

십종여보주(十種如寶住, 이세간품 答廻
向問) 제27권 296, 304.

십종여산증상심(十種如山增上心, 이세간
품 答十行問) 제27권 278, 287.

십종와(十種臥, 이세간품 答十地問)
제28권 114.

십종원림(十種園林, 이세간품 答十行問)
제27권 179, 242.

십종원무애용(十種願無礙用, 이세간품
答十廻向問) 제27권 347.

십종유희(十種遊戲, 이세간품 答十廻向
問) 제27권 360.

십종율의(十種律儀, 이세간품 答十廻向
問) 제27권 332.

십종의(十種意, 이세간품 答十地問)
제28권 109.

십종의지(十種依止, 이세간품 答十行問)
제27권 193.

십종이(十種耳, 이세간품 答十地問)
제28권 101.

십종이생도(十種離生道, 이세간품 答十
地問) 제28권 28.

십종인(十種印, 卽審決智, 이세간품 答十
行問) 제27권 257.

십종입(十種入, 이세간품 答十信問)
제27권 105.

십종입겁(十種入劫, 이세간품 答十信問)
제27권 111.

십종입삼매(十種入三昧, 이세간품 答十
行問) 제27권 222.

십종입세계(十種入世界, 이세간품 答十信
問) 제27권 110.

십종입아누다라삼막삼보디여해지(十種
入阿耨多羅三藐三菩提如海智, 이세간
품 答十行問) 제27권 287.

십종입중생행(十種入衆生行, 이세간품 答
十信問) 제27권 108.

십종자재(十種自在, 이세간품 答十住問)
제27권 131, 167.

십종자재(十種自在, 이세간품 答十廻向
問) 제27권 334.

십종장(十種藏, 이세간품 不動地行 答十
地問) 제28권 74.

십종장엄(十種莊嚴, 이세간품 答十行問)
제27권 248.

십종장엄도(十種莊嚴道, 이세간품 答十
  地問) 제28권 62.

십종정수어업(十種淨修語業, 이세간품
  答十地問) 제27권 407.

십종족(十種足, 이세간품 答十地問)
  제28권 68.

십종좌(十種坐, 이세간품 答十地問)
  제28권 113.

십종주(十種住, 이세간품 答十地問)
  제28권 112.

십종주변심(十種周偏心, 이세간품 答十
  地問) 제27권 414.

십종중생무애용(十種衆生無礙用, 이세간
  품 答十廻向問) 제27권 340.

십종증상심심(十種增上深心, 이세간품
  答十地問) 제27권 420.

십종증지(十種證知, 이세간품 答十住問)
  제27권 152.

십종지광조(十種智光照 卽照徹智, 이세
  간품 答十行問) 제27권 263.

십종지무애용(十種智無礙用, 이세간품
  答十廻向問) 제27권 351.

십종지삼세(十種知三世, 이세간품 答十
  信問) 제27권 121.

십종지수각(十種智隨覺, 이세간품 答十

住問) 제27권 150.

십종지업(十種智業, 이세간품 答因圓果
  滿問) 제28권 276, 278.

십종지일체법 진무유여(十種知一切法 盡
  無有餘, 불부사의법품) 제28권 251.

십종지혜관찰(十種智慧觀察, 이세간품
  答十行問) 제27권 253.

십종지혜조도구(十種智慧助道具 이세간
  품 答因圓果滿問) 제28권 168, 177.

십종차별지(十種差別智, 이세간품 答十
  信問) 제27권 125.

십종청정(十種清淨, 이세간품 答十住問)
  제27권 146.

십종청정(十種清淨, 卽離障智 이세간품
  答十行問) 제27권 256, 257.

십종청정계(十種清淨戒, 이세간품 答因圓
  果滿問) 제28권 139.

십종청정비(十種清淨悲, 이세간품 答因圓
  果滿問) 제28권 154.

십종청정사(十種清淨捨, 이세간품 答因
  圓果滿問) 제28권 158.

십종청정선(十種清淨禪, 이세간품 答因圓
  果滿問) 제28권 147.

십종청정시(十種清淨施, 이세간품 答因圓
  果滿問) 제28권 132.

십종청정인(十種淸淨忍, 이세간품 答因圓
果滿問) 제28권 141.

십종청정자(十種淸淨慈, 이세간품 答因
圓果滿問) 제28권 152.

십종청정정진(十種淸淨精進, 이세간품 答
因圓果滿問) 제28권 144.

십종청정혜(十種淸淨慧, 이세간품 答因圓
果滿問) 제28권 149.

십종청정희(十種淸淨喜, 이세간품 答因圓
果滿問) 제28권 156.

십종출생불법도(十種出生佛法道, 이세간
품 答十地問) 제28권 34.

십종취(十種取 以此不斷諸菩薩行, 이세
간품 答十地問) 제28권 24.

십종퇴실불법응당원리(十種退失佛法, 이
세간품 答十地問) 제28권 27.

십종피갑(十種被甲, 이세간품 答十地問)
제28권 81.

십종해탈(十種解脫, 이세간품 答十行問)
제27권 241.

십종해탈문(十種解脫門, 이세간품 答十
行問) 제27권 226.

십종행(十種行, 이세간품 答十信問)
제27권 92, 93, 150.

십종행(十種行, 이세간품 法雲地行 答十

地問) 제28권 110.

십종행 구십위오대(十種行, 具十爲五對 :
1. 下化上求 2. 止惡進善 3. 妙止深觀 4.
修因嚴刹 5. 敬友事師) 제27권 92, 93.

십지열명(十地列名, 1. 乾慧地 2. 性地 3.
八人地 4. 見地 5. 薄地 6. 離欲地 7. 已辦
地 8. 辟支佛地 9. 菩薩地 10. 佛性地, 대
품반야경) 제28권 187.

십평등언(十平等言) 제28권 59.

ㅇ

아금설소분 여대지일진(我今說少分 如大
地一塵) 제27권 83. 제28권 423.

안락장엄(安樂莊嚴, : 於兜率天將下生時
現十種事, 이세간품 答因圓果滿問) 제
28권 294.

아만(我慢, 구사론 七慢) 제28권 208.

안수고인(安受苦忍) 제27권 258.

안주세간고 불착열반 성정각고 불착생사
(安住世間故 不着涅槃 成正覺故 不着
生死) 제28권 234.

안장엄광명(眼莊嚴光明, 이세간품 答因
圓果滿問) 제28권 398.

야마궁중게찬품(夜摩宮中偈讚品)

제27권 35.

약득무생심법인(若得無生深法忍, 若得
至於不退地 則得無生深法忍 若得無生
深法忍 則爲諸佛所授記, 현수품) 제27
권 103.

약행사구(約行四句 : 1. 隨 2. 離 3. 俱 4. 泯)
제27권 39.

어도솔천장하생시 현십종사(於兜率天將
下生時 現十種事) 제28권 293.

어무량겁수고행 종무량불정법생 영무량
중주보리 피무등행청아설(於無量劫修
苦行 從無量佛正法生 令無量衆住菩提
彼無等行聽我說, 이세간품) 제28권
374.

어선지식소 청문정법(於善知識所 聽聞正
法, 십행품 이치란행) 제27권 222.

어일미진중 보견일체불 시방일체처 무처
이불유(於一微塵中 普見一切佛 十方一
切處 無處而不有, 時處圓融行 이세간
품) 제28권 411.

업보불(業報佛)은 상호장엄신(相好莊嚴
身) 제27권 129.

여래무상대지소의처(如來無上大智所依
處, 이세간품 答十信門) 제27권 89.

여래출현품(如來出現品) 제27권 25, 215.

제28권 248, 354.

여사자후왕 분신위세(如師子吼王 奮迅
威勢, 입법계품) 제28권 126.

여설수행 방득불법(如說修行 方得佛法,
辨等覺位) 제28권 220.

연각지력강 여대화소목(緣覺智力强 如大
火燒木, 대지도론) 제28권 191.

연불십력발심(緣佛十力發心) 제27권
134.

염행(厭行, 發光地行) 제28권 22, 25.

영략(影略) 제27권 141, 143, 147, 152,
405. 제28권 47, 226, 235.

영(英)법사 제27권 78.

오교(五敎, 1. 圓敎 2. 頓敎 3. 大乘始敎 4.
大乘終敎 5. 同敎一乘) 제27권 121.

오무량계(五無量界) 제28권 52.

오안(五眼, 1. 肉眼 2. 天眼 3. 慧眼 4. 法眼
5. 佛眼, 이세간품 答十地問) 제28권 87.

오장(五藏, 1. 脾 2. 腎 3. 心 4. 肺 5. 肝)
제28권 77.

오정심관(五停心觀) 별상념관(別相念
觀) 총상념관(總相念觀) 제28권 189.

오파제(烏波提, 此云有苦 卽二乘涅槃)
제28권 164.

와사(瓦師)와 독두도인(禿頭道人)

제28권 332.

왕예도량 유십종사(往詣道場 有十種事,
이세간품 成道相 答因圓果滿問)
제28권 335.

요익유정선(饒益有情禪) 제27권 212,
213.

요일체행 진일체의 무능측신(了一切行 盡
一切疑 無能測身, 이세간품 지정각세간
원만) 제27권 41.

욕령신어의 실여제불등 응발금강심 학차
공덕행(欲令身語意, 悉與諸佛等 應發金
剛心 學此功德行, 結勸修行 이세간품)
제28권 450.

욕지여래대열반자 당응요지근본자성(欲
知如來大涅槃者 當應了知根本自性, 여
래출현품) 제28권 247.

운흥이백문 병사이천수(雲興二百問 甁瀉
二千酬, 영(英)법사) 제27권 78.

원융문(圓融門)과 항포문(行布門)
제27권 132

위백의거사설법 부당여인자소설(爲白衣
居士說法 不當如仁者所說, 유마경)
제27권 192.

유불구경위소의처(唯佛究竟爲所依處, 부
처님은 마지막 의지처, 答十信問)

제28권 334.

유불구경위소의처(唯佛究竟爲所依處, 부
처님은 마지막 의지처, 答十信問) 제27권
87.

유삼십문답십행문(有三十門答十行問)
제27권 178.

유오십문답전십지문(有五十門答前十地
問) 제27권 400.

유오십일문답인원과만문(有五十一門答
因圓果滿問, 分二 1. 辨等覺位 2. 妙覺之
果) 제28권 120.

유이불초욕 유삼부환하(由二不超欲 由
三復還下, 구사론) 제28권 189.

유의상십 성불대지 위일체소의(由依上十
成佛大智 爲一切所依, 이세간품 答十信
問) 제27권 89.

유이십구문답전십회향문(有二十九門答
前十廻向問) 제27권 296.

유이십문답십주문(有二十門答十住問)
제27권 130.

유이십문답전십신문(有二十門答前十信
問) 제27권 84.

육무애(六無礙)와 오해탈(五解脫)
제28권 198.

육상(六相, 총상(總相) 별상(別相)) 동상

(同相) 이상(異相) 성상(成相) 괴상(壞相) 제28권 243.

육상원융(六相圓融) 제28권 242.

육안(肉眼, 대지도론) 제28권 87.

육위(六位, 三賢 十聖 等 妙覺) 제27권 73.

육종십팔상동(六種十八相動) 제27권 58.

육폐와 육덕(六蔽와 六德, 論語) 제28권 258.

육합석(六合釋) 지업석(持業釋)과 상위석(相違釋) 제27권 39.

의림(義林)법사 제28권 194, 196, 198.

의사념 아난사문 불령의주(依四念 阿難 四問 佛令依住, 열반경) 제28권 119.

이구법증(離垢法繒) 제27권 395.

이구와 도법(異求와 盜法) 제27권 279.

이세간품 장과십분(離世間品 長科十分: 1.序分 2.三昧分 3.發起分 4.起分 5.請分 6.說分 7.結勸分 8.現瑞分 9.證成分 10.重頌分) 제27권 41.

이십사고 시행칠보(以十事故 示行七步, 이세간품 答因圓果滿問) 제28권 319.

이십사고 시현미소심자서(以十事故 示現 微笑心自誓) 제28권 316.

이십사고 시현출가(以十事故 示現出家, 이세간품) 제28권 327.

이십사고 현처동자지(以十事故 現處童子地, 이세간품 答因圓果滿問) 제28권 322.

이인이유이 이리이무이 약법소인출 시법불이인(異因異有異 異離異無異 若法所因出 是法不異因, 중론) 제27권 117.

인생공덕선(引生功德禪) 제27권 212, 226. 제28권 148.

인원과만(因圓果滿) 제27권 25.

인천아수라중 최존최상(人天阿修羅中 最尊最上, 十方各行七步, 열반경) 제28권 321.

일념과 십세(一念과 十世) 제27권 119.

일념실지무유여(一念悉知無有餘, 若能 爲衆說法時 音聲隨類難思議 則於一切 衆生心 一念悉知無有餘, 현수품) 제27권 112.

일미연기(一味緣起) 제28권 187.

일생당득아뇩다라삼약삼보리(一生當得 阿耨多羅三藐三菩提, 중생세간원만 이세간품) 제27권 49.

일심궁성해 만행병제수 오위인성만 팔상과원주(一心窮性海 萬行炳齊修 五位因成滿 八相果圓周, 영(英)법사) 제27권

78.

일위즉구이천 위만이천행(一位卽具二千
爲萬二千行) 제27권 83.

일음중구연 일체제언음 중생어언법 수류
개능작(一音中具演 一切諸言音 衆生
語言法 隨類皆能作, 이세간품) 제28권
403.

일진법계(一眞法界) 제27권 158.

일천제인수부단선 유불성력 미래선근환
득생장(一闡提人雖復斷善 由佛性力 未
來善根還得生長, 열반경) 제28권 76.

일체궁전청정장엄광명(一切宮殿淸淨莊
嚴光明, 現十種事 이세간품 答因圓果滿
問) 제28권 298.

일체보살등소구지 도불무이구경피안(一
切菩薩等所求智 到佛無二究竟彼岸, 이
세간품 지정각세간원만) 제27권 41.

일체신통위(一切神通位, 十種所作業 이
세간품 答因圓果滿問) 제28권 290.

일체중생심 념념가수지 불자제공덕 설지
불가진(一切衆生心 念念可數知 佛子
諸功德 說之不可盡, 未說難窮 이세간
품) 제28권 450.

일체지안(一切智眼, 十眼 이세간품 法雲
地行) 제28권 85.

일체화불 종경심기(一切化佛 從敬心起,
業報佛 입법계품) 제28권 237.

일행구일체행 즉유이천개이천행 성사조행
(一行具一切行 則有二千箇二千行 成
四兆行, 이세간품) 제27권 83.

임미니(林微尼) 동산 제28권 321.

임자유희(任志遊戲) 제27권 360.

임지자성 궤생물해(任持自性 軌生物解)
제28권 164.

입법계품(入法界品) 제27권 75, 226, 228.
제28권 126, 237, 326, 383.

입부사의 보견삼세(立不思議 普見三世,
이세간품) 제27권 41.

입십종법 능지제불(入十種法 能知諸佛:
1. 習氣佛 2. 果報佛 3. 三昧佛 4. 願佛 5.
心佛 6. 實佛 7. 同佛 8. 化佛 9. 供養佛 10.
形像佛) 제28권 233.

입열반상 칠의(入涅槃相 七義 1. 生死過
患 2. 涅槃是樂 3. 色身無常 4. 生死無我
5. 涅槃是堅 6. 翻有爲 7. 諸佛常規)
제28권 357, 361, 362, 363, 364, 368.

ㅈ

작불사이 관십종의고 시반열반(作佛事已

觀十種義故 示般涅槃) 제28권 357.

작용임운과 작용무구(作用任運과 作用 無拘) 제27권 339.

전대법륜 유십종사(轉大法輪 有十種事, 이세간품 答因圓果滿問) 제28권 352.

전법륜시 이십사고 어중생심중 종백정법 무공과자(轉法輪時 以十事故 於衆生 心中 種白淨法 無空過者) 제28권 354.

정각불(正覺佛, 安住世間故 不着涅槃 成 正覺故 不着生死) 제28권 234.

정계위도향 중행위의복 법증엄정계 일체지 마니(淨戒爲塗香 衆行爲衣服 法繒嚴淨 髻 一切智摩尼, 託事表法 이세간품) 제28권 446.

정체혜(正體慧)와 정체지(正體智) 제28권 92, 151.

정토(淨土)와 실보토(實報土) 제28권 285.

정해탈신작증구족주(淨解脫身作證具足 住) 제28권 212.

제불세존 유십종무량주(諸佛世尊 有十 種無量住, 불부사의법품) 제28권 245.

제불세존 유십종위중생 작불사(諸佛世尊 有十種爲衆生 作佛事, 불부사의법품) 제28권 245.

조이지혜광 장제근력약 멸제번뇌암 소갈 애욕해(照以智慧光 長諸根力藥 滅除煩 惱闇 消竭愛欲海, 이세간품) 제28권 388.

좌도량시 관십종의고 시현항마(坐道場時 觀十種義故 示現降魔, 이세간품 答因圓 果滿問) 제28권 341.

좌도량시 유십종기특미증유사(坐道場時 有十種奇特未曾有事) 제28권 339.

좌도량시 유십종사(坐道場時 有十種事) 제28권 337.

주일체지수 관삼유대해 박촬천인룡 안치 열반안(住一切智樹 觀三有大海 搏撮天 人龍 安置涅槃岸, 이세간품) 제28권 387.

중생연 법연 무연(衆生緣 法緣 無緣) 제28권 156, 158.

즉능자민도중생(則能慈愍度衆生, 若能 開演無邊法 則能慈愍度衆生 若能慈愍 度衆生 則得堅固大悲心 현수품) 제27권 100.

즉득관정이승위(則得灌頂而升位, 若獲 灌頂大神通 住於最勝諸三昧 則於十方 諸佛所 應受灌頂而昇位, 현수품) 제27권 128.

즉이지혜변재력(則以智慧辯才力, 若說不
可思議法 令不思議衆歡喜 則以智慧辯
才力 隨衆生心而化誘, 현수품) 제27권
125.

증상만(增上慢, 구사론, 잡집론) 제28권
265, 273.

증성분(證成分, 離世間品 長科十分)
제28권 373.

지고각망 견리증멸 수도단집(知苦覺妄
見理證滅 修道斷集) 제27권 274.

지덕(智德)과 단덕(斷德) 제28권 310.

지혜보요익 여수여하천 역여어대지 일체
소의처(智慧普饒益 如樹如河泉 亦如於
大地 一切所依處, 이세간품) 제28권
378.

진어법계 등허공계(盡於法界 等虛空界,
이세간품 지정각세간원만) 제27권 41.

진제(眞諦) 삼장 제28권 305.

질다(質多, 梵云質多 卽慮知心) 제28권
79.

질득성취보현선교지(疾得成就普賢善巧
智) 제27권 136.

ㅊ

차인타지옥 여전사경(此人墮地獄 如箭
射頃, 관불삼매경) 제27권 279.

처세무염(處世無染) 제27권 25.

천상천하유아독존(天上天下唯我獨尊,
서응경) 제28권 318.

천자마와 오온마(天子魔와 五蘊魔)
제28권 107.

천태지자(天台智者) 대사 제28권 275.

청분(請分, 보혜보살이 2백 가지 질문으로
청법하는 부분) 제27권 41, 60, 61.

청정경계광명(淸淨境界光明, 現十種事 이
세간품 答因圓果滿問) 제28권 298.

청정장엄광명(淸淨莊嚴光明, 現十種事
이세간품 答因圓果滿問) 제28권 295.

체찰법인(諦察法忍) 제28권 142.

초발심공덕품(初發心功德品) 제27권
112.

최승살타(最勝薩埵) 제28권 37.

춘지유(春池喩, 봄 못의 비유, 열반경)
제27권 387.

치타지만(治他地慢)과 치자지만(治自地
慢) 제28권 55.

친근공양선지식시 응기십종심(親近供養

善知識時 應起十種心) 제27권 144.

칠만(七慢, 1.慢 2.過慢 3.慢過慢 4.我慢
5.增上慢 6.卑慢 7.邪慢 : 구사론)
제28권 265.

ㅌ

탁법진수성행분(托法進修成行分)
제27권 25, 26.

탁사표법(託事表法 十行 1.悅物覆蔭行
2.摧邪導迷行 3.高深堅密行 4.觀機照
益行 5.自在統御行 6.包含無染行 7.周
徧成益行 8.檢束修身行 9.調御運載行
10.外用遊處行, 이세간품) 제28권 378,
379, 380, 445.

택주(澤州) 원(遠)법사 제28권 194, 196.

ㅍ

파리술제(波利戍提) 제27권 147.

파순(波旬) 제28권 288, 345.

파태생만(破胎生慢, 示現處胎 有十種事,
이세간품 答因圓果滿問) 제28권 308.

팔도와 팔전도(八倒와 八顚倒) 제28권
365.

팔만(八慢, 천태지자대사 성실론) 제28권
275.

팔십팔사(八十八使)와 구십팔사(九十八
使) 제28권 204.

팔인지(八人地) 제28권 187, 188, 189,
190, 192, 194, 197, 198.

팔조(八鳥, 八鳥譬八慢, 법화경, 법화문
구) 제28권 275, 276.

ㅎ

항사마(降四魔, 魔卽天子魔 生卽蘊魔故,
이세간품) 제28권 107.

항포문(行布門) 원융문(圓融門) 제27권
28, 30.

해동의(海東意, 해동의 주장) 제28권 238,
243.

해탈유팔종 전삼무탐성 이이일일정 사무
색정선(解脫有八種 前三無貪性 二二一
一定 四無色定善, 구사론) 제28권 212.

허공가탁량 보살덕무진(虛空可度量 菩
薩德無盡) 제27권 83.

현동자지이 이십사고 현처왕궁(現童子地
已 以十事故 現處王宮, 이세간품 答因
圓果滿問) 제28권 325.

현서분(現瑞分, 離世間品 長科十分)
제28권 372.

현수품(賢首品) 제27권 57, 58, 85, 95, 96,
99, 101, 102, 104, 107, 108, 109, 110, 111,
125, 126, 127, 128.

현재현재 즉사가견(現在現在 卽事可見
例過未之現在 故云平等 十世隔法異成
門 십현문) 제27권 113.

혜안과 법안(慧眼과 法眼, 이세간품 법운
지행) 제28권 91.

혜원(慧遠)법사 제27권 389, 394. 제28권
366, 367.

혜원(惠苑)법사, 간정공(刊定公) 제27권
76, 77.

혹현교술녀 혹현수고행 혹현수오욕 혹현
입제선(或現巧術女 或現修苦行 或現受
五欲 或現入諸禪, 이세간품) 제28권
408.

혹현어육취 일체중생신 석범호세신 제천
인중신(或現於六趣 一切衆生身 釋梵護
世身 諸天人衆身, 身智自在 이세간품)
제28권 443.

화엄삼매(華嚴三昧, 현수품) 제27권 57.

횡주법계 수궁미래(橫周法界 竪窮未來)
제27권 134.

힐리타야(纈唎陀耶, 纈唎陀耶 肉團心)
제28권 79.

『화엄경청량소』

제9 서다원림법회

[제29권 - 제34권]

1. 인용된 경론 이름

ㄱ

『간정기(刊定記)』제30권 21.

『계경(戒經)』『사분율장』제31권 69, 73.

『공덕시보살론(功德施菩薩論)』제31권
144.

『공자가어(孔子家語)』제29권 370.

『관무량수경(觀無量壽經)』『관무량수불
경』제30권 136, 283, 285.

『광찬(光讚)반야경』제33권 300, 301, 304,
306, 311, 333, 355, 359.

『구사론』『아비달마구사론』제29권 69,
217, 219, 226. 제30권 195, 197. 제31권
148. 제34권 143.

『금강경』『금강반야경』제30권 121.
제31권 49, 268.

『금강정경(金剛頂經)』『금강정일체여래진
실섭대승현증대교왕경(金剛頂一切如
來眞實攝大乘現證大敎王經)』제33권
306, 308, 312, 328.

『금강정유가자모경(金剛頂瑜伽字母經)』
제33권 300.

『기신론』『대승기신론』제31권 262.
제32권 428, 435, 436.

ㄴ

『남본열반경』『남경(南經)』제29권 100.

『노자(老子)』제31권 92.

『논어(論語)』제30권 100, 149.

『능가경』제30권 231. 제31권 47, 346.
제32권 28.

『능가아발다라보경(楞伽阿跋多羅寶經)』
『사권능가경』제30권 181. 제31권 347,
417.

ㄷ

『대당서역기』서역기 제29권 51, 53, 54.
제30권 195. 제33권 404.

『대반야경』제30권 118. 제33권 127, 131,
300, 303, 308, 309, 311, 315, 335, 359.

『대보적경』제34권 381.

『대비바사론』『비바사론』제31권 149.

『대장엄경론』『대승장엄경론』제29권 54.

『대지도론』智論 智度論 제29권 54, 162, 163, 164, 166, 175, 219, 235. 제30권 126, 127, 197, 210, 274, 332, 405, 413. 제31권 144, 322, 324. 제32권 41. 제33권 294, 297, 300, 301, 303, 306, 308, 310, 312, 318, 319, 320, 321, 322, 323, 324, 325, 326, 327, 328, 329, 330, 331, 332, 333, 334, 335, 336, 337, 338, 339, 340, 341, 343, 344, 345, 346, 347, 348, 349, 350, 351, 352, 353, 355, 357, 362, 418. 제34권 278.

『대집경(大集經)』제30권 287.

『대품반야경』제29권 32, 234, 235. 제30권 121. 제31권 29, 30. 제33권 300, 301, 303, 306, 308, 309, 311, 318, 321, 322, 329, 338, 343, 352, 355.

□

『무량수경』제31권 373.

『무착론(無着論)』제34권 397.

『문수문반야경』제33권 300, 311.

『문수문반야자모경(文殊問般若字母經)』

『문수반야경』제30권 117, 118.

『문수순행경(文殊巡行經)』『문수리사순행경(文殊利師巡行經)』제29권 234, 236.

『문수오자경(文殊五字經)』제33권 295, 296, 297, 300, 301, 303, 305, 306, 307, 308, 311, 315, 317.

『밀엄경(密嚴經)』제29권 151.

ㅂ

『바사론(婆娑論)』제31권 53.

『반야경』제33권 320.

『반야론』『금강반야론』제31권 142, 143.

『반야이취경(般若理趣經)』제29권 371.

『반주삼매경』제30권 267, 269, 276, 285, 287.

『방광(放光)반야경』제33권 300, 301, 304, 306, 308, 311, 318, 319, 321, 322, 359.

『범망경(梵網經)』제30권 100.

『법계무차별론』제30권 221.

『법화경』제29권 67, 69, 71, 167, 175, 176, 186, 191, 204, 234, 239, 243, 405. 제30권 100, 278. 제31권 352, 360, 370, 373. 제32권 379. 제34권 382, 384, 386, 398.

『법화경론』『법화론(法華論)』제29권 71. 제31권 143.

『보살수생해경(菩薩受生海經)』제33권 20.

『보요경(普耀經)』제33권 300, 304, 311, 328.

『보운경(寶雲經)』제29권 101.

『보은경』제29권 175.

『본행집(本行集)』『불본행집경』제33권 294.

『부법장전(付法藏傳)』제29권 165.

『부사의경(不思議經)』제29권 235.

『불명경(佛名經)』제29권 371.

『불지경론』제29권 50.

『비로자나경』제30권 232. 제33권 305, 313.

ㅅ

『서경(書經)』제30권 62.

『선생경(善生經)』제31권 189.

『섭대승론』『섭론』제29권 28, 388. 제34권 370, 374.

『성실론』제29권 226. 제31권 147.

『성유식론』유식론 제29권 68, 228.

『순자(荀子)』제29권 370.

『시경(詩經)』제30권 76, 93.

『시방현재불실재전립정경(十方現在佛悉在前立定經)』반주삼매경 별칭 제30권 269.

『십이유경(十二遊經)』제29권 176.

『십지경론』십지경 論經 제31권 33, 378. 제32권 35.

ㅇ

『아비달마잡집론』『잡집론』『대법론』 제29권 36.

『앙굴마라경』제33권 234, 235, 237. 제34권 379.

『양섭론』제29권 26, 28.

『여래부사의경계경(如來不思議境界經)』 제29권 71, 72 .

『열반경』『북본열반경』제29권 97, 99, 100, 101, 103, 106. 제30권 75, 77, 92, 100, 222, 223, 362. 제31권 100, 117, 352. 제33권 300, 306, 310, 312, 328, 335, 431. 제34권 43.

『오자다라니경(五字陀羅尼經)』제33권 299.

『유가사지론』『자씨론(慈氏論)』유가론 제29권 219, 371, 387. 제30권 202, 223. 제31권 79, 146, 172. 제32권 67, 127. 제33권 130, 131.

『유가의궤(瑜伽儀軌)』 제33권 360.

『유마경』『정명경』 제29권 404, 411. 제30권 83, 98, 298, 371, 372, 408, 409, 410, 411, 412, 433. 제31권 48, 95, 99, 100, 299. 제34권 263.

『육바라밀경(六波羅密經)』 제31권 261.

『육십권 화엄경』진경(晉經) 晋本 舊經 제29권 58, 82, 97, 322, 335. 제30권 211, 293. 제31권 39, 52, 209, 314. 제32권 218, 221, 250, 251. 제33권 215, 284.

『음의(音義)』『혜원음의』 제29권 167, 172, 175. 제30권 381.

『인왕반야경』『인왕경』 제30권 195, 197.

『입대승론』 제30권 176. 제34권 93, 98.

『입법계경(入法界經)』 제30권 19.

ㅈ

『장자(莊子)』 제29권 76, 242.

『장진론(掌珍論)』 제33권 393.

『제법무행경(諸法無行經)』『무행경』 제30권 412.

『주역(周易)』『역경』 제30권 28. 제32권 453. 제33권 138, 381.

『주유마경(注維摩經)』 제29권 362.

『중론』 제29권 362. 제32권 27, 30. 제34권 41.

『증일아함경』 제29권 162, 163, 165, 166, 172, 174.

ㅊ

『천수천안다라니경』 제31권 373.

『청정평등각경(淸淨平等覺經)』 제34권 380.

『춘추(春秋)』 제29권 76.

ㅎ

『해심밀경』 제29권 33. 제34권 424, 427.

『현담』 제31권 94. 제33권 235. 제34권 335.

『현양성교론』『현양론』 제29권 228.

『현우경』 제29권 170.

『현호경(賢護經)』 제30권 273.

『화수경(華手經)』 제31권 99.

2. 인용된 어구, 사람 이름

ㄱ

가라가(迦羅迦) 과일과 진두가(鎭頭迦) 과일 제30권 92.

가라라(迦羅邏 卽揭蘿藍, 胎中五位) 제34권 95.

가릉가림(迦陵迦林) 제31권 295.

가비라(迦毘羅, 사리불 곧 팔발라畢鉢羅 의 父) 제29권 165. 제31권 412.

가자(伽字, 가(Ga 伽)자 卽一切法行取 性, 지중예동자) 제33권 330.

가자(伽字 가(Gha 伽)자 卽厚平等性, 지 중예동자) 제33권 346.

가전연(迦旃延 此云翦剃種) 제29권 161, 173.

가족승(家族勝) 보명승(報命勝) 내지승 (內智勝) 보체승(報體勝) 업용승(業用 勝) 제31권 66.

가행위(加行位) 제30권 18, 25, 102. 제31권 175.

가행지(加行智)와 근본지(根本智) 제31권 418.

각몽상대유(覺夢相對喩) 제29권 197, 205, 206.

감로미반(甘露味飯) 제31권 95, 96.

개부수화주야신(開敷樹華主夜神, 遠行 地 선지식) 제32권 318, 319.

겁빈나(劫賓那第一, 증일아함경) 제29권 161, 171, 172.

견경자문(見敬諮問, 依意公及五臺論 六 分 : 1. 依敎趣求 2. 見敬諮問 3. 稱讚授法 4. 謙己推勝 5. 指示後友 6. 戀德禮辭) 제30권 102, 106, 109, 110, 152, 184, 216, 246, 296, 344, 379, 403. 제31권 24, 50, 70, 85, 108, 123, 150, 166, 183, 210, 237, 249, 269, 285, 297, 334, 343, 365, 384, 391, 401, 414. 제32권 18, 55, 126, 211, 275, 318, 404. 제33권 19, 96, 239, 282, 291, 365, 374, 386. 제34권 31.

견고해탈장자(堅固解脫長者) 제30권 27. 제33권 370.

견도위(見道位) 제30권 19.

견문증입(見聞證入 分二 1. 得益圓因 2. 位滿齊佛) 제34권 296, 298, 327, 328.

견재해안(見在海岸, 바시라선사) 제31권 269.

견제고독자 능기자심부 견악도중생 능생 대비부(見諸孤獨者 能起慈心 不 見惡道

衆生 能生大悲不, 구파녀 선지식)
제33권 144.

견제군생류 사차이생피 윤회오취중 상수
무량고(見諸群生類 死此而生彼 輪廻
五趣中 常受無量苦, 바산바연저야신)
제31권 435.

견제중생수대고 기대자비현세간 연법광
명제암명 차시보살지일행(見諸衆生受
大苦 起大慈悲現世間 演法光明除暗冥
此是菩薩智日行, 구파주야신)
제33권 108.

견제중생입마망 생노병사상핍박 영기해
탈득위안 차용건인지주처(見諸衆生入
魔網 生老病死常逼迫 令其解脫得慰安
此勇健人之住處, 미륵보살 선지식)
제34권 61.

견타득영락 능생환희부 타래핍박여 여무
진뇌부(見他得榮樂 能生歡喜不 他來逼
迫汝 汝無瞋惱不, 구파녀선지식)
제33권 144.

결회고금(結會古今) 제31권 441, 443.
제32권 119, 148, 183, 293, 349, 393, 394,
453, 460, 463. 제33권 67, 68, 123, 180,
183, 278, 280.

겸기추승(謙己推勝, 謙己知一 推勝知多 ;

依意公及五臺論 六分) 제30권 31, 106,
125, 203, 237.

겸찬회향(謙讚廻向, 화엄경 전체 淸凉疏
大科 1.總敍名意 2.歸敬請加 3.開章釋
文 4.謙讚廻向) 제34권 443.

경가(經家) 제30권 111, 257.

계법성지진원(契法性之眞源, 卽智定之
妙用 分二 1.羅身雲於法界 2.契法性之
眞源 미륵보살 선지식) 제34권 34.

계주(髻珠, 表一乘圓旨 居心頂故)
제29권 128.

공관(空觀) 가관(假觀) 중도관(中道觀)
제30권 279, 282. 제31권 30. 제34권 36,
44, 46.

공번불회 공번불설 공번불속 공번불인 공
번불배 소문공번 이소공번(恐繁不會 恐
繁不說 恐繁不屬 恐繁不引 恐繁不配
疏文恐繁 以疏恐繁) 제30권 158. 제31
권 58, 378. 제32권 347. 제33권 323,
356, 424. 제34권 169, 206.

공일현색(空一顯色) 극형색(極逈色)
제29권 35.

과거제불모(過去諸佛母, 마야부인 선지
식) 제33권 270.

관견기특(觀見奇特, 分二 1. 見毛內含三

世間 2. 自見己身等普賢化, 보현보살의 특별한 몸을 관하다) 제34권 352, 354, 355.

관용무애(觀用無涯, 顯因廣大相 보현보살 선지식) 제34권 328.

관자재(觀自在) 제31권 367.

관자재보살(觀自在菩薩, 等隨順衆生廻向 선지식) 제31권 365.

관찰일체보살삼매해해탈문(觀察一切菩薩三昧海解脫門, 구파녀 해탈문) 제33권 110.

광통(光統) 율사 제29권 114, 376.

광협무애문과 사리무애문(廣狹無礙門과 事理無礙門) 제33권 259.

괴불법자(壞佛法者) 제31권 347.

교일수시유(皎日隨時喩, 대원정진력야신) 제32권 440, 442.

교화중생영생선근해탈문(敎化衆生令生善根解脫門, 대원정진력야신 해탈문) 제32권 425, 459.

구결(九結, 1. 愛結 2. 恚結 3. 慢結 4. 無明結 5. 疑結 6. 見結 7. 取結 8. 嫉結 9. 慳結) 제29권 69.

구결십사(九結十使) 제29권 67, 68.

구경청정(究竟淸淨, 三業六根 皆離障 故 云究竟淸淨) 제31권 71. 제32권 129.

구비법계(俱非法界, 二者 1. 形奪門 2. 無寄門) 제29권 31.

구시법계(俱是法界, 二者 : 1. 隨相門 2. 無礙門) 제29권 31.

구십팔종색신(九十八種色身, 大用無涯 대원정진력야신) 제32권 434.

구율타 구리가 구려다(俱律陀 俱利迦 俱儷多) 제29권 163.

구일체법무피염삼매문(求一切法無疲厭三昧門, 부동우바이) 제31권 215, 219.

구족묘덕녀(具足妙德女, 구파瞿波 주야신) 제33권 174.

구족우바이(具足優婆夷, 海住城 無違逆行 선지식) 제31권 82, 85.

구족청정일행삼매(具足淸淨一行三昧) 제30권 120.

구차제정(九次第定) 제29권 236.

구파녀의 득법구근(得法久近, 最初佛所發心修行 1. 王都時處 2. 太子超倫 3. 寶女求歸 4. 太子審問 5. 女母代答 6. 太子重邀 7. 女敬順從 8. 太子攝受 9. 母陳慶遂 10. 正共修行, 구파녀 선지식) 제31권 420, 439. 제33권 122, 123.

구파(瞿波) 석종녀(釋種女) 제29권 367,

386, 389. 제30권 20, 26 제31권 52, 411, 412. 제33권 78.

구호일체중생주야신(救護一切衆生主夜神) 제32권 470.

군자거기실 출기언선 즉천리지외응지(君子居其室 出其言善 則千里之外應之, 주역) 제33권 381.

권속반야(眷屬般若, 1. 實相般若 2. 觀照般若 3. 文字般若 4. 境界般若 5. 眷屬般若) 제31권 151.

궐현연(闕現緣二 1. 無勝德 2. 住自乘解脫, 不見所由) 제29권 181, 189.

귀대항하유(鬼對恒河喩) 제29권 197, 200.

귀매괘(歸妹卦, 누이 시집 보내는 괘) 제33권 138.

근본법회 제29권 22, 47, 48, 49, 354, 356, 361, 369, 373. 제30권 32. 제34권 318.

금강장(金剛藏, 再見文殊 선지식) 제34권 294.

금강저(金剛杵) 제31권 251.

금등운당세계(金燈雲幢世界, 입법계품 遠集新衆分) 제29권 124.

급고독(給孤獨 須達多 賑濟無依) 제29권 53.

기세간무애 지정각세간무애 중생세간무애(器世間無礙 智正覺世間無礙 衆生世間無礙) 제30권 335.

기세간원만(器世間圓滿) 제29권 47.

기세간장엄(器世間莊嚴 分三 1. 嚴重閣 2. 嚴園林 3. 嚴虛空) 제29권 113.

기심본명달 선입제삼매 지혜무변제 경계불가량(其心本明達 善入諸三昧 智慧無邊際 境界不可量, 불가괴정진왕보살) 제29권 252.

기심적정주삼매 구경청량무열뇌 이수일체지혜인 차증오자지해탈(其心寂靜住三昧 究竟淸凉無熱惱 已修一切智海因 此證悟者之解脫, 개부수화주야신) 제29권 344.

기십신위 선지식(寄十信位선지식 文殊 1인, 三會 1. 比丘會 2. 諸乘會 3. 善財會) 제29권 390, 397.

기십주위 선지식(寄十住位 有十善友 : 1. 德雲比丘 2. 海雲比丘 3. 善住比丘 4. 彌伽居士 5. 解脫長子 6. 海幢比丘 7. 休捨優婆夷 8. 毗目瞿沙仙人 9. 勝熱婆羅門 10. 慈行童女) 제30권 102.

기십지위 선지식(寄十地位善知識, 1. 婆珊婆演底主夜神 2. 普德淨光主夜神 3. 目

觀察主夜神 4. 普救衆生主夜神 5. 寂靜
音海主夜神 6. 守護一切城主夜神 7. 開
敷樹華主夜神 8. 大願精進力主夜神 9.
嵐毗尼林神 10. 釋女瞿波主夜神)
제31권 410.

기십행위 선지식(寄十行位선지식, 1. 善見
比丘 2. 自在童子 3. 具足優婆夷 4. 明智
居士 5. 法寶髻長者 6. 普眼長者 7. 無厭
足王 8. 大光王 9. 不動優婆夷 10. 徧行外
道) 제31권 43.

기십회향위 선지식(寄十廻向位선지식, 1.
青蓮花長者 2. 婆施羅船師 3. 無上勝長
者 4. 師子頻申比丘尼 5. 婆須密女 6. 鞞
瑟胝羅居士 7. 觀自在菩薩 8. 正趣菩薩
9. 大天神 10. 安住地神) 제31권 246.

기어대원 부단불종(起於大願 不斷佛種,
근본법회) 제29권 73.

기염착심(起染着心, 不動우바이) 제31권
211.

**기왕이법화 보급사천하 윤위대지중 일체
개풍성**(其王以法化 普及四天下 輪圍大
地中 一切皆豊盛, 寂靜音劫의 역사 희목
관찰야신) 제32권 87.

기위수행상(寄位修行相 分五 : 1. 寄十信
寄十住 2. 寄十住位 3. 寄十行 4. 寄十廻

向 5. 寄十地) 제29권 389, 390. 제30권
101. 제31권 43, 246, 410.

기환(祇桓) 제29권 54.

ㄴ

나라소(那羅素, 此云不懶惰) 제30권
376.

나비만다라(那髀曼陀羅 此云臍輪, 海幢
비구) 제30권 302.

나아뢰야만다라(那阿賴耶曼陀羅, 현수
대사) 제33권 366.

나열지(羅閱祇)**국 가란타죽원**(迦蘭陀竹
園, 곧 죽림정사) 제30권 270.

나자(拏字 나(Na 拏)자, 지중예동자)
제33권 348.

나자 제법무유성상(那者 나(Na 那)자, 지
중예동자) 제33권 310.

난최복(難摧伏, 부동우바이 해탈문)
제31권 216.

난타(難陀 此云歡喜) 제29권 161, 171.

남상(濫觴, 순자(荀子), 孔子家語)
제29권 369.

납박 즉시라파 삼십라파 위일모호율다
(臘縛 即是羅婆 三十羅婆 爲一牟呼栗

多) 제30권 194.

념겁원융(念劫圓融, 비목구사 선인)
제30권 394. 제34권 254.

념념출생광대희장엄해탈(念念出生廣大
喜莊嚴解脫, 적정음해야신 해탈문)
제32권 253.

능가(楞伽 此云難往 又含四義, 1.種種寶
性所成 2.有大光明映日月故 3.高顯寬
廣故 4.伽王等居) 제30권 179.

능연소연력 일체법출생 속멸불잠정 념념
실여시(能緣所緣力 一切法出生 速滅不
暫停 念念悉如是, 현수품) 제33권 332.

나구율(尼拘律) 제30권 380.

나구타(尼俱陀) 나무 尼俱陀樹 尼拘陀樹
제31권 51. 제33권 124, 131, 132.

ㄷ

다라당성(多羅幢城) 제31권 164, 165.

다사타 진언불열(茶闍陀, 秦言不熱 지중
예동자) 제33권 320.

다섯 가지 비유(喩顯有五 : 1.皎日隨時喩
2.日輪現影喩 3.虛舟運物喩 4.太虛無
礙喩 5.幻化無眞喩, 歡法甚深 대원정진
력야신) 제32권 440, 442.

다자(多者, 다(Ta 多)자, 지중예동자)
제33권 304.

다자 보최의(茶字, 다(Da 茶)자, 普摧義
지중예동자) 제33권 320.

다자 불퇴전방편(拖字, 다(Da 拖)자 不退
轉方便, 지중예동자) 제33권 320.

다타아가도(多他阿伽度) 제33권 331.

단번뇌(斷煩惱, 不名涅槃 不生煩惱 乃名
涅槃) 제31권 352.

대광겁의 역사(大光劫의 역사, 充滿虛空
法界妙德燈佛 시절 妓女美顏, 보구중생
주야신) 제32권 184, 188.

대광왕(大光王, 妙光城 王名大光, 難得
行 선지식) 제29권 386. 제31권 181.

대련화홀연출현(大蓮華忽然出現, 海雲
비구) 제30권 165.

대보련화 종지용출(大寶蓮華 從地涌出,
마야부인 선지식) 제33권 241.

대산(臺山) 논사 五臺論 제29권 376.
제30권 103, 107.

대성중교(大聖重敎, 문수보살선지식)
제30권 75.

대세력보희당해탈(大勢力普喜幢解脫, 희
목관찰야신 해탈문) 제32권 56, 119.

대승(大乘) 법사, 자은(慈恩) 법사 제29권

172, 173.

대왕미흥세 진지실고고 원원다해골 망지
여광야(大王未興世 津池悉枯涸 園苑多
骸骨 望之如曠野, 개부수화 주야신)
제32권 376.

대왕승보위 광제제군생 유운피팔방 보우
개충흡(大王昇寶位 廣濟諸群生 油雲被
八方 普雨皆充洽, 개부수화 주야신)
제32권 376.

대용자재덕(大用自在德) 제29권 153,
157.

대운(大雲) 법사 제31권 348. 제32권 29.

대원정진력야신(大願精進力夜神, 大願
精進力救護一切衆生, 부동지 선지식)
제30권 372. 제32권 398, 402, 418.

대응가(大應伽, 摩訶應伽 此云身)
제34권 207.

대자보부어일체 묘행상증제도해 이법광
명조군품 차웅맹자수생장(大慈普覆於
一切 妙行常增諸度海 以法光明照群品
此雄猛者受生藏, 람비니주림신) 제33권
46.

대처협자(帶妻挾子, 처를 거느리고 자식
을 기름) 제30권 411.

대천신(大天神, 㜸羅鉢底城 무박무착해

탈회향 선지식) 제31권 391.

대탑묘(大塔廟, 卽歸宗之所) 제30권 16.

대해마니무량색 불신차별역부연 여래비
색비비색 수응이현무소주(大海摩尼無
量色 佛身差別亦復然 如來非色非非色
隨應而現無所住 보현보살) 제34권 437.

대해수진이마묵 적대지취 유여수미산(大
海水盡以磨墨 積大紙聚 猶如須彌山 입
대승론) 제30권 175.

대행화상(大行和尙) 제30권 118.

덕생동자 유덕동녀(德生동자 有德동녀)
제33권 209, 211, 213, 383, 387, 388, 436.
제34권 133, 298, 447.

덕운비구(德雲比丘, 發心住 선지식)
제30권 93, 112.

도급음노치 시일법평등 약인문포외 거불
도심원(道及淫怒癡 是一法平等 若人聞
怖畏 去佛道甚遠, 대지도론 제법무행경)
제30권 413.

도라면(覩羅綿) 제33권 128.

도살라(都薩羅, 此云喜出生, 徧行외도)
제31권 233.

도생(道生) 법사 관중(關中) 법사 제29권
241. 제31권 96, 99, 352, 370. 제34권
399.

독일무려(獨一無侶, 덕운(德雲)비구 해운
(海雲)과 선주(善住)비구) 제29권 355.

동방묘장세계보승생불소(東方妙藏世界
普勝生佛所, 정취보살 전생인연) 제31권
387.

동남방 향운장엄당세계 용자재왕불 법혜
광염왕보살(東南方 有世界 名香雲莊嚴
幢 佛號 龍自在王 有菩薩 名法慧光焰
王) 제29권 135.

동북방 무애안불 화현법계원월왕보살(東
北方 無礙眼佛 化現法界願月王)
제29권 133.

동생중(同生衆)과 이생중(異生衆)
제29권 394.

동자사 변우(童子師 徧友 會緣入實相
선지식) 제33권 211, 289, 290, 291.

동체대비(同體大悲) 제31권 201.

동체대비위신 이증상대비위수(同體大悲
爲身 以增上大悲爲首, 열반경) 제29권
102.

드하자(柁字 卽能持界性, 드하(Dha 柁)
자) 제33권 334.

득법인연(得法因緣 分六 : 1. 擧往見佛 2.
內興觀念 3. 佛勸發心 4. 堅固發心 5. 經
久無違 6. 發心勝益 부동우바이) 제31권

220, 222, 225, 227.

등류인(等流因) 제34권 440.

ㄹ

라신운어법계(羅身雲於法界, 卽智定之
妙用 分二 1. 羅身雲於法界 2. 契法性之
眞源, 현담 미륵보살 선지식) 제29권
363. 제34권 34.

라자(陀字, 卽究竟處所 라(La 陀)자, 지중
예동자) 제33권 354.

라자 무의 무구(邏字 라(La 邏)자 無依 無
垢, 지중예동자 선지식) 제33권 315.

라집(羅什)삼장 제29권 162. 제30권 92.

람비니림신(嵐毘尼林神, 善慧地 선지식)
제29권 386. 제32권 483. 제33권 18, 45,
69.

류여시방(類餘十方, 입법계품 毫光示益
分) 제29권 312.

륜자(輪字)법문, 륜자품장엄법문(知衆藝
동자 선지식) 제30권 232, 236.

ㅁ

마가라(磨迦羅 此言我所) 제33권 329,

330.

마라야(摩羅耶) 제31권 258, 260.

마리가라(摩利伽羅) 제30권 293.

마야부인(摩耶夫人, 等覺位 선지식 會緣
入實相) 제29권 367, 378, 383, 386.
제33권 53, 54, 55, 57, 59, 60, 215, 244,
255, 275. 제34권 134.

마자 즉아소집성(麼字 마(Ma 麼)자 卽我
所執性, 지중예동자) 제33권 329.

마정득익(摩頂得益, 見聞證入四 1. 見身
得益 2. 摩頂得益 3. 顯因深廣 4. 觀用無
涯) 제34권 328.

마정섭수(摩頂攝受) 제34권 300.

마하가섭(摩訶迦葉 此云大飮光) 제29권
164.

마하몰특가라(摩訶沒特伽羅, 목련존자)
제29권 163.

만다라(曼陀羅, 云道場 圓場也) 제33권
341, 366, 367.

만류난사신과 일류초승신(萬類難思身
一類超勝身, 마야부인의 正報) 제30권
245, 249.

말차라(末蹉羅, 此言慳故) 제33권 345.

말회(末會, 五分 1. 寄位修行相 2. 會緣入
實相 3. 攝德成因相 4. 智照無二相 5. 顯

因廣大相) 제29권 318.

맹불견보유(盲不見寶喩) 제29권 197,
212, 231, 233.

면문출윤왕(面門出輪王, 海幢비구)
제30권 310.

멸수상정(滅受想定) 제30권 297, 298.

멸정불행유(滅定不行喩) 제29권 197,
224, 226, 231, 233.

명자(名字)반야 관조(觀照)반야 실상(實
相)반야 제33권 297.

명지거사(明智居士, 無屈撓行 선지식)
제31권 106.

목건련(目揵連, 마하몰특가라(摩訶沒特
伽羅) 구리가(俱利迦) 구려다(俱儷多))
제29권 71, 161, 163.

묘덕녀수인(妙德女修因, 보구중생야신)
제32권 153, 172.

묘덕원만주림신(妙德圓滿주림신) 제32권
484.

묘안녀의 발심(妙眼女의 發心, 因陀羅幢
妙相佛시대 낡은 불상을 수리하다가 발
심하다, 보구중생주야신 전생인연)
제32권 181.

묘안여래 좌보리좌 시성정각(妙眼如來
坐菩提座 始成正覺, 바산바연저 야신)

제31권 443.

묘오개만과 이행영절(妙悟皆滿과 二行永
絕) 제34권 373.

묘약예형유(妙藥翳形喩) 제29권 198,
223, 231, 233.

묘월장자(妙月長者 會緣入實相 선지식)
제33권 373, 374.

묘의화 즉소만나화(妙意華 卽蘇滿那華)
제33권 383.

묘희(妙喜)세계 제34권 386.

무량겁해중 지옥화분신 약능권납아 감심
수차고(無量劫海中 地獄火焚身 若能
眷納我 甘心受此苦, 구파여인의 전생인
연) 제33권 162.

무량대겁중 정수제원해 입지급치장 실경
무량겁(無量大劫中 淨修諸願海 入地及
治障 悉經無量劫, 구파여인의 전생인연)
제33권 158.

무량무수겁 학불심심법 수기소응화 현현
묘색신(無量無數劫 學佛甚深法 隨其所
應化 顯現妙色身, 희목관찰야신)
제32권 79.

무량백천중 견아개탐염 아심불어피 이생
소애욕(無量百千衆 見我皆貪染 我心不
於彼 而生少愛欲, 구파여인의 전생인연)

제33권 137.

무량수생처 쇄신여미진 약능권납아 감심
수차고(無量受生處 碎身如微塵 若能
眷納我 甘心受此苦, 구파여인의 전생인
연) 제33권 162.

무량천만겁 소수원지행 광대불가량 칭양
막능진(無量千萬劫 所修願智行 廣大不
可量 稱揚莫能盡, 미륵보살 선지식)
제34권 75.

무불종차법계소류 무불환귀차법계고(無
不從此法界所流 無不還歸此法界故)
제34권 318.

무상승장자(無上勝, 可樂城 等一切佛廻
向선지식) 제31권 284.

무성(無性)보살 제34권 370, 371, 418,
420, 423, 428, 431, 438, 440.

무승군장자(無勝軍 出生城 幻智無盡相
善友) 제33권 376.

무애념청정장엄해탈문(無礙念清淨莊嚴,
천주광녀의 해탈문) 제33권 284, 287.

무여열반(無餘涅槃)과 유여열반(有餘涅
槃) 제29권 203.

무연자비(無緣慈悲) 제29권 112. 제30권
70.

무염족왕(無厭足王, 多羅幢城 無著行 선

지식) 제29권 384. 제31권 162, 164, 172.
제34권 134.

무염족왕 시진 바수밀녀 시탐(無厭足王
示瞋 婆須蜜女 示貪, 逆行선지식)
제30권 407.

무위법계(無爲法界二 : 1. 性淨門 2. 離垢
門) 제29권 30.

무의무작신통지력(無依無作神通之力,
무상승장자 해탈문) 제31권 239, 288,
292.

무의처도량해탈(無依處道場解脫, 현승
우바이 해탈문) 제33권 369.

무장애법계 이문(無障礙法界 二門, 1. 普
攝門 2. 圓融門) 제29권 33.

무진장(無盡藏) 제33권 376.

무진장엄복덕장해탈광명(無盡莊嚴福德
藏解脫光明, 선재동자의 광명) 제31권
107.

무착념청정장엄해탈(無着念淸淨莊嚴해
탈, 견고장자 해탈문) 제33권 372.

무착(無着)보살 제34권 369, 371, 375.

문수능주 보현도량 시소주(文殊能住 普
賢道場 是所住, 再見文殊 선지식)
제34권 304.

문수덕운등 일체제불자 영여지아소 시어

무애처(文殊德雲等 一切諸佛子 令汝至
我所 示汝無礙處, 미륵보살 선지식)
제34권 83, 84.

문수사리 요신우수 과일백일십유순 안선
재정(文殊師利 遙伸右手 過一百一十由
旬 按善財頂, 再見文殊) 제34권 298.

문수와 보현(文殊 表菩薩地盡 心無初相
普賢 義同妙覺) 제29권 378.

문혜(聞慧) 사혜(思慧) 수혜(修慧)
제29권 82.

미다라니(彌多羅尼, 此云慈行) 제29권
174.

미륵보살(彌勒 梵音 具云迷帝隷 此云慈)
제33권 403.

미불유초 선극유종(靡不有初 鮮克有終,
시경(詩經)) 제30권 75.

미제예 매달려(迷諦隷 梅怛麗) 제33권
404.

ㅂ

바가(婆伽, 此言破) 제33권 342.

바다나(婆怛那, 此云增益) 제33권 365.

바로지저와 습벌라(婆盧枳底 觀也 濕伐
羅 此云自在, 관자재보살 선지식)

제31권 359.

바루나(婆樓那, 此云水也) 제30권 359.
　제31권 304. 제34권 207.

바른 느낌(正受, 삼매) 제29권 325.
　제30권 392.

바산바연저야신(婆珊婆演底夜神, 十地
　位선지식) 제29권 383, 386. 제31권 408,
　411, 432, 449.

바수달다(婆須達多, 此云善施 或云財施)
　제30권 36.

바수밀녀(婆須密女, 此云世友 亦云天友,
　無盡功德藏廻向 선지식) 제29권 97.
　제31권 328.

바시라선사(婆施羅船師 불괴회향 선지
　식) 제29권 386. 제31권 264.

바자(婆字 바(Bha 婆)자 卽可破壞性, 지
　중예동자) 제33권 341.

바자 능변안주(縛字, 바(Ba 縛)자 能偏安
　住, 지중예동자) 제33권 322.

바자 방입금강장(婆字 바(Va 婆)자, 方入
　金剛場, 지중예동자) 제33권 319.

박가범(薄伽梵, 世尊) 제29권 50.

반야바라밀로 어머니 반주삼매로 아비를
　삼는다[般若波羅蜜爲母 般舟三昧爲父
　故, 대지도론] 제30권 125.

반야바라밀보장엄문(般若波羅蜜普莊嚴
　門, 자행동녀) 제31권 31.

반야바라밀삼매광명(般若波羅蜜三昧光
　明, 해당비구) 제30권 331.

반야바라밀 유여대화취 사변불가취 원리
　어사구(般若波羅蜜 猶如大火聚 四邊不
　可取 遠離於四句, 대지도론) 제30권
　404.

반주삼매(般舟三昧) 제30권 109.

발업(發業)과 윤업(潤業) 제30권 54.

발타바라보살(颰陀婆羅, 跋陀和보살 대
　지도론) 제30권 268, 270, 285.

방태(榜笞, 捶擊也) 제32권 453.

방편도와 무학도 제29권 194.

백단과 훈육(白檀과 熏陸, 청련화장자)
　제31권 254, 255.

백일십팔문(百一十八門 略分十位, 1. 八
　門 總知依正理事持 2. 九門 明願行持 3.
　九門 明業持 4. 六門 明正受體用持 5. 五
　門 染淨諸心持 6. 十門 知所化持 7. 十七
　門 知能化持 8. 十七門 明知刹海自在持
　9. 二十五門 知佛海自在持 10. 十二門
　明菩提因果持, 자행동녀 선지식)
　제31권 33, 35.

법계방편불퇴장해탈문(法界方便不退藏

해탈문, 보구중생야신의 전생 기생 美顔의 해탈문) 제32권 188.

법계삼매(法界三昧) 제29권 103, 110.

법계연기(法界緣起) 제34권 335.

법계처소섭색(法界處所攝色, 略有五種 1. 極略色 2. 極逈色 3. 受所引色 4. 徧計所起色 5. 定自在所生色, 아비달마잡집론) 제29권 35.

법륜화광비구니(法輪化光비구니, 수호일체성야신 전생인연) 제32권 294.

법무인홍 수혜막료(法無人弘 雖慧莫了, 수미게찬품) 제30권 75, 76.

법문업용(法門業用, 1. 攀緣如實禪 同如來淸淨禪 卽寂靜業用 2. 現法樂住禪 卽定業用 3. 引生功德禪 4. 饒益有情禪, 보덕정광주야신) 제32권 26.

법법계(法法界 有十 : 1. 事法界 2. 理法界 3. 境法界 4. 行法界 5. 體法界 6. 用法界 7. 順法界 8. 逆法界 9. 敎法界 10. 義法界) 제29권 40.

법보계장자(法寶髻長者, 사자궁성 無癡亂行 선지식) 제31권 122.

법성심광난사의 아이수분약개해 원사공덕동실제 보령함식증보리(法性深廣難思議 我已隨分略開解 願斯功德同實際

普令含識證菩提, 청량국사 회향송) 제34권 443.

법성종(法性宗) 제29권 150. 제34권 252.

법수위덕산여래(法樹威德山如來) 제32권 246.

법신 함법계오의(法身 含法界五義 1. 性義 2. 因義 3. 藏義 4. 眞實義 5. 甚深義) 제29권 26.

법왕심묘법 무량난사의 소현제신통 거세막능측(法王深妙法 無量難思議 所現諸神通 擧世莫能測, 비로자나원광명보살) 제29권 247.

법운광명도량의 승일신여래(法雲光明道량의 勝日身여래, 구파여인 선지식) 제33권 136.

법장(法藏)비구 제34권 379, 380.

법처(法處)비구 제34권 381.

법화경십육왕자 즉제삼대통지승불(法華經十六王子 卽第三大通智勝佛) 제34권 382.

변(辨)법사 제30권 102, 105.

변역생사(變易生死) 제29권 203.

변처유십종 팔여정해탈 후이정무색 연자지사온(徧處有十種 八如淨解脫 後二淨無色 緣自地四蘊, 구사론) 제29권 216.

변처정경유(偏處定境喩 근본법회)
제29권 197, 215, 216, 230, 231, 233.

별해탈계(別解脫戒)와 대승계(大乘戒)
제31권 73.

별현십도(別顯十度, 1.出無量化身雲 2.
出等衆生數無量化身雲 3.出等衆生數
種種身雲 4.出等衆生界種種身雲 5.出
種種無量身雲 6.出等衆生界種種身雲
7.出等衆生界種種身雲 8.出一切世界
微塵數身雲 9.出等一切衆生心數身雲
10.出等一切衆生心數無量變化色身雲,
희목관찰야신) 제32권 57, 65.

보광공덕산왕불(普光功德山王佛)
제31권 373.

보광명녀(寶光明女, 개부수화야신의 전생
인연) 제32권 371, 373.

보구중생묘덕야신(普救衆生妙德夜神 焰
慧地선지식) 제32권 125.

보납시방과 천주항렬(普納十方과 千柱
行列, 마야부인의 依報) 제33권 241.

보녀(寶女) 제32권 87, 118, 167.

보달락가산(補怛落迦山) 제31권 357,
358.

보덕정광주야신(普德淨光主夜神, 離垢
地 선지식) 제32권 18, 19, 43.

보루각향연화장사자지좌(寶樓閣香蓮華
藏師子之座, 바산바연저야신 좌대)
제31권 414.

보리장은 근본법회, 중간의 여덟 번 법회
는 지말법회[菩提場 是根本會 起於中八
名爲末會 謂第十會 攝前八會 歸於初
會] 제34권 318.

보문(普門, 普眼장자) 제31권 141.

보문국소마나성(普門國蘇摩那城, 문수
보살 처소) 제34권 294.

보문속질행(普門速疾行, 정취보살 해탈
문) 제31권 385, 389.

보보세계 열락겁 자재공덕당불(普寶世界
悅樂劫 自在功德幢佛, 古世佛興 람비니
주림신 해탈문을 얻은 시절) 제33권 66.

보살교화중생영생선근해탈문(菩薩敎化
衆生令生善根解脫門, 선복태자의 해탈
문 대원정진력야신 전생인연) 제32권
459.

보살난최복지혜장해탈문(菩薩難摧伏智
慧藏解脫門, 부동우바이 해탈문)
제31권 214, 216, 217, 219.

보살념념출생광대희장엄해탈문(菩薩念
念出生廣大喜莊嚴解脫門, 적정음해주
야신 해탈문) 제32권 212, 235, 253.

보살대비당행(菩薩大悲幢行, 바시라선사
해탈문) 제31권 272, 281.

보살대비행문(菩薩大悲行門, 관자재보살
해탈문) 제31권 369, 371, 380.

보살대원지환해탈문(菩薩大願智幻解脫
門, 마야부인 해탈문) 제33권 258, 280.

보살대자당행(菩薩大慈幢行, 大光王 해
탈문) 제31권 192, 194, 206.

보살대자위수수순세간삼매지문(菩薩大
慈爲首隨順世間三昧之門, 대광왕의 삼
매) 제31권 197, 201.

보살무량복덕보장해탈문(菩薩無量福德
寶藏解脫門, 법보계장자 해탈문)
제31권 137.

보살무승당해탈(菩薩無勝幢解脫, 비목
구사선인 해탈문) 제30권 387, 390.

보살무진륜해탈(菩薩無盡輪解脫, 승열
바라문 해탈문) 제30권 443.

보살무진상해탈(菩薩無盡相解脫, 무승
군장자 해탈문) 제33권 212, 213, 377.

보살보현일체세간조복중생해탈(菩薩普
現一切世間調伏衆生解脫, 보구중생야
신 해탈문) 제32권 182, 205, 210.

보살불가저괴지지장해탈(菩薩不可沮壞智
藏解脫, 바산바연저야신 해탈문) 제31권
411.

보살선주삼매(菩薩善住三昧, 善住寂靜
樂神通三昧 승열(勝熱)바라문의 삼매)
제30권 432, 433.

보살수생자재등(菩薩受生自在燈 람비니
주림신) 제33권 51.

보살수순등해탈문(菩薩隨順燈解脫門,
善見비구 해탈문) 제31권 64.

보살심심자재묘음해탈(菩薩甚深自在妙
音解脫, 수호일체성야신 해탈문) 제32권
278, 288, 293, 302.

보살어무량겁변일체처시현수생자재해탈
(菩薩於無量劫徧一切處示現受生自在
解脫, 람비니주림신 해탈문) 제33권 67,
76.

보살열명(菩薩列名, 表住等四位 1.十幢
表廻向 2.九威力表行 3.十藏表地 4.十
二眼表解) 제29권 56.

보살오생(菩薩五生所收 : 1.息苦生 2.隨
類生 3.勝生 4.增上生 5. 最後生)
제29권 384.

보살지진 심무초상(菩薩地盡 心無初相,
문수보현) 제29권 378.

보살출생광대희광명해탈문(菩薩出生廣
大喜光明解脫門, 개부수화야신 해탈문)

제32권 323, 326, 397.

보살파일체중생치암법광명해탈(菩薩破
一切衆生癡暗法光明解脫, 바산바연저
야신 해탈문) 제31권 419.

보수화중현묘신 기신색상등범왕 종선정
기이유보 진지위의항적정(寶樹華中現
妙身 其身色相等梵王 從禪定起而遊步
進止威儀恒寂靜, 문수보살) 제29권
341, 342.

보살환주해탈(菩薩幻住解脫, 덕생동자
유덕동녀 해탈문) 제33권 388.

보안등문수다라(普眼燈門修多羅, 聞經
得法 구파녀 선지식) 제33권 172.

보안법문(普眼法門, 海雲비구) 제30권
170, 172, 174, 176, 177, 183.

보안사득(普眼捨得, 해당비구 해탈문)
제30권 332.

보안장자(普眼長者, 藤根國 普門城 善現
行 선지식) 제31권 140.

보유보의(普遊步義, 遊戱神通 引生功德
禪) 제32권 37.

보익원만(輔翼圓滿, 衆生世間圓滿)
제29권 55.

보조법계수다라(普照法界修多羅 문수보
살법문) 제30권 19.

보조시방보연화장사자지좌(普照十方寶
蓮華藏師子之座 비로자나승덕왕불의
좌대) 제29권 127.

보현보살의 구법행(別明求法行, 摩頂得
益) 제34권 348.

복덕장엄과 지혜장엄(福德莊嚴과 智慧莊
嚴) 제32권 213.

복성(福城, 多有福德 故曰福城) 제30권
17.

복장난자유(伏藏難知喩) 제29권 197,
210, 211, 229, 233.

복지대상주 용맹구보리 보리제군생 원수
수호아(福智大商主 勇猛求菩提 普利
諸群生 願垂守護我, 선재동자) 제30권
57.

본말교영(本末交映) 제29권 359.

본회 십분(本會 長科十分 : 1.序分 2.請分
3.三昧分 4.遠集新衆分 5.擧失顯得分
6.偈頌讚德分 7.普賢開發分 8.毫光照
益分 9.文殊述德分 10大用無涯分)
제29권 47, 75, 160, 245, 294, 339, 357.

부다(部多, 此云自生 亦如夜叉) 제31권
276.

부동우바이(不動優婆夷, 善法行 선지식)
제31권 205, 208, 210, 214, 229.

부동우바이 전생인연(不動優婆夷, 離垢劫 修臂부처님 電授국왕) 제31권 220.

부란나(富蘭那) 제29권 108.

부루나(富樓那 此云滿願 具云滿慈子, 미다라니자(彌多羅尼子)) 제29권 173.

부인지소능 차녀일체지 이무여인과 원수속납수(婦人之所能 此女一切知 而無女人過 願垂速納受, 구파여인의 전생인연) 제33권 153.

불가괴지혜장해탈(不可壞智慧藏解脫, 安住地神 해탈문) 제31권 405, 408, 411.

불견보살지인 불견불과지인(不見菩薩之因 不見佛果之因 擧失顯得分) 제29권 182.

불견소유(不見所由 : 1.闕宿因 2.闕現緣) 제29권 179, 181, 188.

불견십력공여환 수견비견여맹도 분별취상불견불 구경이착내능견(不見十力空 如幻 雖見非見如盲覩 分別取相不見佛 究竟離著乃能見, 광명각품 덕운비구 선지식) 제30권 121.

불공성취(不空成就)여래 보생(寶生)여래 제34권 387.

불반열반제해탈문(不般涅槃際해탈문, 비슬지라거사 해탈문) 제31권 353.

불부사의법품 제29권 31, 80, 134.

불신부사의 법계실충만 보현일체찰 일체무불견(佛身不思議 法界悉充滿 普現一切刹 一切無不見, 보덕정광주야신) 제32권 44.

불자아이시 득입보현도 요지십법계 일체차별문(佛子我爾時 得入普賢道 了知十法界 一切差別門, 희목관찰주야신) 제32권 118.

불자주어차 교화제군생 공양제여래 사유제법성(佛子住於此 敎化諸群生 供養諸如來 思惟諸法性, 선재동자, 미륵보살 선지식) 제34권 74.

불종무진(佛種無盡) 제31권 349.

불종무진삼매(佛種無盡三昧, 栴檀座如來塔門에서 얻은 삼매) 제31권 349.

불지광대동허공 보변일체중생심 실료세간제망상 불기종종이분별(佛智廣大同虛空 普偏一切衆生心 悉了世間諸妄想 不起種種異分別, 보현보살 선지식) 제34권 367.

불질역불간 무탐역무에 질직성유연 이제추광오(不嫉亦不慳 無貪亦無恚 質直性柔軟 離諸麤獷惡, 구파여인의 전생인연) 제33권 153.

불찰미진겁 소유불출현 아개증공양 입차
  해탈문(佛刹微塵劫 所有佛出現 我皆曾
  供養 入此解脫門, 보구중생주야신)
  제32권 204.

비구오의(比丘五義, 1.怖魔 2.乞士 3.淨
  戒持戒 4.淨命 5.破惡) 제29권 400.

비구회(比丘會, 寄十信位 三會 1.比丘會
  2.諸乘會 3.善財會) 제29권 396.

비로자나묘보연화계전륜왕과 보지염묘
  덕안녀(毘盧遮那妙寶蓮華髻전륜왕 普
  智焰妙德眼女, 보구중생주야신 전생인
  연) 제32권 151.

비로자나승덕왕불과 비로자나원광명보
  살(毘盧遮那勝德王佛과 毘盧遮那願光
  明菩薩) 제29권 125, 246.

비로자나여래무량수생해(毘盧遮那如來
  無量受生海, 람비니주림신) 제33권 49.

비로자나장묘보전륜왕은 미륵보살, 圓
  滿面왕비는 적정음해야신 妙德眼女는
  나(毘盧遮那藏妙寶蓮華髻轉輪聖王者
  今彌勒菩薩是, 普救衆生주야신)
  제32권 182.

비로자나장엄장누각(毘盧遮那莊嚴藏樓
  閣, 미륵보살 선지식) 제33권 399, 제34
  권 31, 77, 211, 216.

비로자나품 제30권 172, 제24권 207.

비루륵차(毘樓勒叉, 남방 천왕 이름)
  제32권 69.

비루박차(毘樓博叉, 서방 천왕 이름)
  제32권 69.

비목구사(毘目瞿沙, 毘目多羅涅懼沙 童
  眞住 선지식) 제30권 375, 376.

비슬지라(韠瑟胝羅, 此云纏裹 入一切善
  根廻向 선지식) 제31권 343, 344.

비실름다(毘實廩多, 此翻自在無畏 師子
  奮迅 근본법회) 제29권 96, 97.

비여대해수 징정무구탁 견불역여시 능제
  제갈애(譬如大海水 澄淨無垢濁 見佛亦
  如是 能除諸渴愛, 무애승장왕보살)
  제29권 261.

비여수청주 능청제탁수 견불역여시 제근
  실청정(譬如水淸珠 能淸諸濁水 見佛亦
  如是 諸根悉淸淨, 무애승장왕보살)
  제29권 264.

비여십오야 월륜무감결 여래역부연 백법
  실원만(譬如十五夜 月輪無減缺 如來亦
  復然 白法悉圓滿, 보승무상위덕왕보살)
  제29권 258.

비여암중보 무등불가견 불법무인설 수혜
  막능료(譬如暗中寶 無燈不可見 佛法

無人說 雖慧莫能了, 야마게찬품)
제30권 76.

비여어니중 이생청련화 지자취연화 물관
어니(譬如淤泥中 而生靑蓮華 智者取
蓮華 勿觀於淤泥, 什公常說偈) 제30권
91.

비여일출 중경탈요 역여취묵 대염부금(譬
如日出 衆景奪耀 亦如聚墨 對閻浮金,
보구중생주야신) 제32권 164.

비여제청보 능청일체색 견불자역연 실발
보리행(譬如帝靑寶 能靑一切色 見佛者
亦然 悉發菩提行, 化現法界願月王菩
薩) 제29권 265.

비장역비단 비추역비세 종종실단엄 원수
견납수(非長亦非短 非麤亦非細 種種悉
端嚴 願垂見納受, 구파여인 전생인연)
제33권 151.

비지쌍운(悲智雙運) 제32권 216.

빈신(頻申) 제29권 96.

빈신삼매(頻申三昧, 기운 뻗는 삼매)
제29권 296.

빈신흠거(頻申欠呿, 분신삼매 열반경)
제29권 97, 105, 109.

ㅅ

사나굴다(闍那崛多) 제30권 287.

사념처관(四念處觀, 1. 無常 2. 苦 3. 不淨
4. 無我) 제32권 38.

사도(四倒, 謂常計無常 是名顚倒 見於實
理 則無斯倒) 제30권 408, 제34권 38.

사라림(娑羅林, 此云高遠) 제30권 17.

사리(舍利 此云鶖鷺) 제29권 161.

사리무애법계(事理無礙法界) 사사무애
법계(事事無礙法界) 제34권 360.

사리푸트라[奢利弗怛羅] 푸트라[弗怛羅]
제29권 162.

사베다(四圍陀) 제29권 174.

사리무애법계(事理無礙法界) 제3권 214.

사선(四禪) 제29권 101, 제30권 297,
제32권 33, 34, 35.

사선유사지(四禪有四支, 1. 行捨淸淨 2.
念淸淨 3. 中受 4. 定) 제32권 37.

사섭섭생(四攝攝生, 1. 布施攝 2. 利行攝
3. 愛語攝 4. 同事攝) 제31권 398.

사십이문(四十二門, 謂表四十二位)
제33권 362.

사십이자는 일체자모근본[四十二字 是
一切字根本, 四十二字 是一切字根本,

선지중예동자 선지식] 제33권 294.

사여의족(四如意足) 제29권 101.

사자궁성(師子宮城, 法寶髻장자)
제31권 123.

사자당왕(師子幢王, 師子奮迅城의 왕)
제30권 436.

사자분신삼매, 사자빈신삼매(師子奮迅,
師子頻申) 제29권 46, 97, 300, 312, 330,
제30권 435.

사자빈신비구니(師子頻申比丘尼, 至一
切處廻向 선지식) 제29권 381, 제31권
293, 294, 302, 303, 315, 316, 317.

사자(社字 사(Ja 社)자 卽能所生起, 지중
예동자) 제33권 332.

사자(娑上字 사(Sa 娑上聲)자 卽時平等
性, 지중예동자) 제33권 327.

사자 여해함상(沙字 샤(ṣa 沙)자 如海含
像, 지중예동자) 제33권 321.

사자 일체종불가득(娑字, 사(Sa 娑)자 一
切種不可得, 대지도론, 지중예동자)
제33권 328.

사제사라(闍提闍羅 此言生死) 제33권
333.

사제위기족 정념이위경 자안지혜수 정계
해탈증(四諦爲其足 正念以爲頸 慈眼智

慧首 頂髻解脫繒, 이세간품) 제29권
101.

사종선(四種禪, 1.愚夫所行禪 2.觀察義
禪 3.攀緣如實禪 4.如來禪, 능가경)
제32권 27.

사종의취(四種意趣) 제34권 374.

살바다종(薩婆多宗) 제29권 225, 226.

살바(薩婆, 此言一切) 제33권 328.

살자니건(薩遮 有也 尼乾 不繫也 裸形自
餓) 제32권 463.

삼구중생(三求衆生 1.悲欲求衆生 2.悲
有求衆生 3.悲邪梵行求衆生) 제32권
357.

삼선구오지(三禪具五支, 1.行捨 2.正念
3.喜 4.受樂 5.定) 제32권 36.

삼세(三細)와 육추(六麤) 제29권 193.

삼수도하(三獸渡河, 법화경) 제29권 68.

삼십육항사(三十六恒沙, 慈行童女 선지
식) 제31권 29.

삼십이상(三十二相, 대반야경 유가사지
론) 제29권 50, 제33권 125, 제34권 235,
281.

삼재과(三災果 有二 1.小三災 謂饑饉 疾
疫 刀兵 2.大三災 謂水火風 壞於器界,
개부수화야신의 발심인연) 제32권 352.

삼처현신(三處現身 菩薩有六, 1. 文殊 2. 大悲正趣 3. 三人 謂彌勒等) 제29권 384.

삼천위의 팔만세행(三千威儀 八萬細行) 제31권 72.

삼해탈문팔성도 제온처계급연기 실능관 찰불취적 차선교인지주처(三解脫門八 聖道 諸蘊處界及緣起 悉能觀察不趣寂 此善巧人之住處, 선재동자, 미륵보살 선 지식) 제34권 59.

삼현(三賢)은 순해탈분(順解脫分) 사가 행위(四加行位)는 순결택분(順決擇分) 제30권 18.

삼현관(三現觀 : 1. 見現觀 2. 緣現觀 3. 事 現觀, 구사론) 제29권 68.

상공제불(上供諸佛, 향 제조법을 잘 아는 보안장자) 제31권 153.

상근제불덕(上近諸佛德)과 하섭중생덕 (下攝衆生德) 제29권 153, 154.

상동제불과 하동중생(上同諸佛과 下同 衆生, 대원정진력야신) 제32권 410.

상불경(常不輕) 보살 제30권 238.

상욕이락제군생 장엄국토공양불(常欲利 樂諸群生 莊嚴國土供養佛, 현수품) 제33권 26.

쌍차쌍조(雙遮雙照)와 차조동시(遮照同 時) 제31권 56.

색신묘무비 청정여보현 수제중생심 시현 세간상(色身妙無比 淸淨如普賢 隨諸 衆生心 示現世間相, 희목관찰주야신) 제32권 82.

색자재지(色自在地, 대승기신론) 제32권 435, 436.

생여래가 구일체지(生如來家 求一切智, 입법계품 근본법회) 제29권 73.

서다림 법회, 서다원림법회 기원정사법회 제29권 23.

서다림원중각회(逝多林園重閣會) 제29권 24.

서원견문수습차 원융무애보현법 내지실 명종불리 진미래제원상응(誓願見聞修 習此 圓融無礙普賢法 乃至失命終不離 盡未來際願相應, 賢首法師 발원게) 제34권 443.

선견비구(善見比丘, 歡喜行 선지식) 제31권 43.

선광겁 최초불 법륜음허공등왕여래(善光 劫, 其最初佛 號法輪音虛空燈王, 대원 정진력주야신) 제32권 446, 448.

선법도왕 부인 법혜월 꿈에 발심한 이야기

(蓮華光城 王名善法度 以法施化 有一
大林 名爲寂住 王夫人法慧月, 바산바연
저주야신) 제31권 440, 442.

선복(漩澓) 크샤(Kṣa 叉) 자 제33권 336.

선복태자(善伏太子 선광겁의 역사, 대원정
진력야신의 전생인연) 제32권 460.

선복태자의 정보(其王太子名善伏 形體
端正備衆相, 대원정진력주야신) 제32권
472.

선악호상훈 유여이상투 약자거무회 망진
무래거(善惡互相熏 猶如二象鬪 弱者去
無廻 妄盡無來去, 육바라밀경) 제31권
261.

선안(善眼) 법당나찰이 선지식 구하는 방
도를 알려주다(法堂羅刹 敎求友之方)
제33권 222, 231, 233.

선입무제제(善入無際際, 善能入於無際
際) 제29권 72.

선재(善財, 解心順理曰善 積德無盡曰財,
善財童子爲聖爲凡) 제30권 42, 46.

선재가 문수보살의 염려로 손에 꽃을 잡
고 미륵보살에게 흩다(以文殊師利心念
力故 衆華瓔珞 種種妙寶 不覺忽然自盈
其手 善財歡喜 卽以奉散彌勒菩薩摩訶
薩上) 제34권 120.

선재공덕장 능래지아소 발기대비심 근구
무상각(善哉功德藏 能來至我所 發起
大悲心 勤求無上覺, 문수보살) 제30권
81.

선재동자가 선지식 친근한 공덕(善財童
子 親近佛刹微塵數諸善知識 所得善根
智慧光明, 보현보살 선지식) 제34권
356.

선재동자라 이름한 첫째 이유(知此童子
初入胎時 於其宅內 自然而出七寶樓閣
其樓閣下 有七伏藏 於其藏上 地自開裂
生七寶牙) 제30권 39.

선재동자라 이름한 둘째 이유(知此童子
已曾供養過去諸佛 深種善根 信解廣大
常樂親近諸善知識 身語意業 皆無過失
淨菩薩道 求一切智 成佛法器) 제30권
41.

선재동자는 불장 무명곡장(善財童子 佛
藏 無明穀藏, 대천신 처소) 제31권 402.

선재동자의 성불(當是之時 善財童子 則
次第得普賢菩薩 諸行願海 與普賢等 與
諸佛等 一身充滿一切世界, 位滿齊佛
보현보살 선지식) 제34권 360.

선재십신행(善財十信行 中四: 1. 四部雲
奔 2. 三業調化 3. 上根隨逐 4. 大聖重敎)

제30권 34.

선재진불자 공경일체불 불구구제행 도불공덕안(善哉眞佛子 恭敬一切佛 不久具諸行 到佛功德岸, 미륵보살 선지식) 제34권 118.

선재청아설 청정해탈문 문이생환희 근수령구경(善財聽我說 淸淨解脫門 聞已生歡喜 勤修令究竟, 적정음해주야신) 제32권 264.

선재회(善財會, 寄十信位, 三會 1.比丘會 2.諸乘會 3.善財會) 제29권 364, 390. 제30권 21.

선전다라니(旋轉多羅尼) 제30권 257, 259.

선주누각(善住樓閣) 제29권 392.

선지중예동자(善知衆藝童子, 善知衆藝 幻智字母善知識) 제33권 292, 293.

선타바(先陀婆, 一名四實) 제31권 255, 261.

설통종불통 여일피운몽 종통설역통 여일처허공(說通宗不通 如日被雲蒙 宗通說亦通 如日處虛空, 古人 어록) 제31권 417.

섬부나타(剡浮那陀) 제29권 166.

섭덕성인상(攝德成因相, 慈氏一人)

제29권 377, 제34권 25.

섭입중중(涉入重重) 제29권 38.

성교가(聖敎家, 四住 生聖敎家) 제31권 113.

성명(聲明, 五明) 제30권 236, 제31권 74.

성원어해탈(誠願語解脫, 最寂靜婆羅門 해탈문) 제33권 379, 382.

성인지대보왈위(聖人之大寶曰位, 주역) 제32권 453.

성자위아사 여아무상법 무량무수겁 불능보기은(聖者爲我師 與我無上法 無量無數劫 不能報其恩, 대원정진력주야신) 제32권 423.

성취일체지해탈문(成就一切智解脫門, 사자빈신비구니 해탈문) 제31권 319, 324.

성행(聖行) 범행(梵行) 천행(天行) 제29권 108.

세간무유인 감여차위부 유여상엄신 원수견납수(世間無有人 堪與此爲夫 唯汝相嚴身 願垂見納受, 구파여인 전생인연) 제33권 150.

세계성취품(世界成就品) 제33권 118.

세계전(世界轉, 世界爲塵 一塵一刹 復末爲塵故 亦猶無量) 제32권 290

세계전 회전세계(世界轉 廻轉世界)

제31권 39.

세존 범운박가범 포함육의(世尊 梵云薄伽梵 包含六義 : 1. 自在義 2. 熾盛義 3. 端嚴義 4. 名稱義 5. 吉祥義 6. 尊貴義, 佛地論) 제29권 50.

세존왕석 설법기구 아시재좌 신체피해(世尊往昔 說法旣久 我時在座 身體疲懈, 법화경) 제29권 185.

세친(世親)논사 제31권 142.

소마나(蘇摩那, 蘇滿那 此云悅意 再見文殊) 제33권 383, 제34권 184, 209, 294, 298.

소입법계(所入法界, 亦有五重 : 1. 法法界 2. 人法界 3. 俱融法界 4. 俱泯法界 5. 無障礙法界) 제29권 43, 44.

소지불측대지 소년불측대년 조균불지회삭 혜고부지춘추(小智不測大智 小年不測大年 朝菌不知晦朔 蟪蛄不知春秋, 장자) 제29권 242.

수나(輸那, 此云勇猛) 제31권 295.

수달장자(須達長者) 제30권 36.

수닷타(須達多, 正言賑濟無依 義云給孤獨) 제29권 52.

수미등왕여래(須彌燈王如來, 유마경) 제29권 362.

수미산운(須彌山雲, 四德妙高 淸凉利物故) 제29권 131.

수미진수겁 차중소유불 보작세간등 아실증공양(須彌塵數劫 此中所有佛 普作世間燈 我悉曾供養, 보구중생주야신) 제32권 203.

수보리(須菩提 此云善現) 제29권 168.

수의출생복덕장해탈문(隨意出生福德藏解脫門, 明智거사 해탈문) 제31권 114, 118.

수축각오보살여래사천(隨逐覺悟菩薩如來使天 如來使天) 제31권 208, 209.

수투로(修妬路) 소달람(素怛覽) 제29권 97, 98, 283.

수호일체성주야신(守護一切城主夜神, 現前地선지식) 제32권 275.

슈타자 오일체법 제복임지상불가득고(瑟吒字, 슈타(Stha 瑟吒)자, 지중예동자) 제33권 326.

스마자(娑麼字 스마(Sma 娑麼)자 卽可憶念性, 지중예동자) 제33권 343.

스바자(鎖字 스바(Sva 鎖)자 卽安隱性, 지중예동자) 제33권 333.

스차자(室者字 聚集足迹, 스차(Sca 室者)자 지중예동자) 제33권 352.

스카자(娑迦字 卽積聚蘊性, 스카(Ska 娑迦)자 지중에동자) 제33권 350.

스타자(娑多字, 卽任持處非處 令不動性, 스타(Sta 娑多)자 지중에동자) 제33권 337.

스파자(娑頗字 스파(Spha 娑頗)자 卽偏滿果報, 지중에동자) 제33권 349.

승광왕이 보시한 햇빛동산(勝光王之所捨施日光園 사자빈신비구니) 제31권 296.

승도솔천궁품(昇兜率天宮品) 제34권 369.

승사선우행(承事善友行, 十種法 承事善知識, 석종녀 瞿波) 제33권 105.

승연권인(勝緣勸引 有十三衆 : 1. 梵天勸 2. 諸魔勸 3. 自在天 4. 化樂天 5. 兜率天 6. 三十三天 7. 龍王等王 8. 夜叉王 9. 乾闥婆王 10. 阿修羅王 11. 迦樓羅王 12. 緊那羅王 13. 欲界諸天, 선재동자의 의심과 범천왕의 권유) 제30권 406, 417.

승열바라문(勝熱婆羅門, 法王子住 선지식) 제30권 399.

승조(僧肇)법사 제29권 362.

승행겁 무외세계(勝行劫 無畏世界, 瞿波여인 과거인연) 제33권 122.

시방무량찰 일체제불소 동시실왕예 이역불분신(十方無量刹 一切諸佛所 同時悉往詣 而亦不分身, 불가괴정진왕보살) 제29권 254.

시방주왕은 문수사리요 야신은 보현보살(十方主王 文殊師利 夜神 普賢菩薩, 結會古今, 희목관찰주야신) 제32권 119.

시불위아설 무의묘법문 아문전념지 출생제원해(時佛爲我說 無依妙法門 我聞專念持 出生諸願海, 희목관찰야신) 제32권 114.

시심작불 시심시불 제불정변지해 종심상생(是心作佛 是心是佛 諸佛正偏知海 從心想生, 관무량수불경) 제30권 267, 282, 283.

시아견태자 이생존중심 원득비첨시 행몽애납수(時我見太子 而生尊重心 願得備瞻侍 幸蒙哀納受, 구파여인의 전생인연) 제33권 200.

시지극소 명일찰나 백이십찰나 명일달찰나(時之極少 名一刹那 百二十刹那 名一怛刹那) 제30권 194.

신두파라향(辛頭者 卽信度河也 波羅是岸 卽彼河岸之香) 제31권 159.

신성취발심(信成就發心) 제33권 26.

신역보현행원품(新譯普賢行願品) 제30권 111.

신운등진수 충변일체찰 보우감로법 영중 주불도(身雲等塵數 充徧一切刹 普雨甘露法 令衆住佛道, 보현보살) 제29권 306.

신위정법장 심시무애지 기득지광조 부조 제군생(身爲正法藏 心是無礙智 旣得智光照 復照諸群生, 적정음해주야신) 제32권 272.

신유사명(身有四名 1.迦耶 2.設哩羅 3.第詗 4.應伽 미륵보살) 제34권 207.

신지무이(信智無二) 제34권 295.

신행과 법행(信行과 法行) 제31권 127.

실라벌(室羅筏 卽舍衛國) 제29권 53.

실라벌국서다림급고독원 대장엄중각(室羅筏國逝多林給孤獨園 大莊嚴重閣) 제29권 51.

심불칭량제이법 단항요달법무이 제법약 이약불이 어중필경무소착(心不稱量諸二法 但恒了達法無二 諸法若二若不二 於中畢竟無所着, 십회향품) 제34권 295.

심심자재묘음해탈(甚深自在妙音解脫, 수호일체성야신 해탈문) 제32권 302.

심제량(沈諸梁), 엽(葉)법사 제29권 76.

십덕(十德 1.智位高深德 2.調生無染德 3.成滿諸度德 4.智力無畏德 5.成就昔行德 6.法身圓滿德 7.色身自在德 8.辯才自在德 9.三昧神變德 10.成等正覺德) 제29권 328, 332, 335, 336.

십도지인 감십신과(十度之因 感十身果, 普眼장자) 제31권 156.

십력(十力) 가섭과 우루빈라(優樓頻螺) 가섭 제29권 165, 166.

십무진장품 제29권 37.

십문법계 동일연기 호융무애(十門法界 同一緣起 互融無碍 : 1.正報法界 2.依報法界 3.現相 4.表義 5.言說 6.義理 7.業用 8.說往因 9.結自分 10.推勝進) 제29권 388.

십변(十變, 1.集衆息苦 2.卷舒無礙 3.毛現佛因 4.現佛本事 5.現行所依身 6.徧現捨行 7.現古佛受生園林 8.現今佛所處宮殿 9.出菩薩同類 10.地現蓮華 將承至聖, 람비니주림신) 제33권 61.

십사(十使, 謂六根本) 제29권 68, 70, 71.

십상(十想, 1.無常想 2.苦想 3.無我想 4.食不淨想 5.一切世間不可樂想 6.死想 7.不淨想 8.斷想 9.離想 10.盡想, 대지도

론) 제32권 40.

십신만십천겁 입정정고(十信滿十千劫 入
　正定故, 過十千劫) 제30권 161.

십연화장(十蓮華藏) 제30권 134.

십자재(十自在, 1.財 2.命 3.心 4.業 5.生
　6.解 7.願 8.通 9.智 10.法, 십지품 八地,
　이세간품) 제29권 79.

십자재와 십신상작(十自在와 十身相作)
　제32권 436.

십장과 십도(十障과 十度, 十地 十障已摧
　十度 已滿 三祇已圓故, 법운지) 제31권
　314.

십정품(十定品) 제33권 43, 243, 244.

십종관찰법계(十種觀察法界, 수호일체성
　주야신) 제32권 281.

십종광명상(十種光明相, 顯因廣大相 보
　현보살 선지식) 제34권 324.

십종분신(十種奮迅,, 이세간품) 제29권
　110.

십종수생장(十種受生藏, 람비니주림신)
　제33권 21.

십종지바라밀(十種智波羅蜜, 보현보살
　선지식) 제34권 340.

십중지중 최후사계(十重之中 最後四戒,
　1.自讚毁他戒 2.慳惜加毁戒 3.瞋心不

受悔戒 4.謗三寶戒) 제31권 73.

십천보리심과 십천삼매와 십천바라밀(十
　千菩提心과 十千三昧와 十千波羅蜜)
　제29권 415.

십층팔문 여팔각탑형(十層八門, 법보계
　장자 의보) 제31권 125, 131.

십칠신(十七身 攝四十身, 1.隨意生身 2.
　無生滅身 3.無來去身 4.非虛實身 5.不
　變壞身 6.無起盡身 7.所有諸相皆一相
　身 8.離二邊身 9.無依處身 10.無窮盡身
　11.離諸分別如影現身 12.知如夢身 13.
　了如像身 14.如淨日身 15.普於十方而
　現化身 16.住於三世無變異身 17.非身
　心身, 마야부인 처소) 제33권 217.

십칠심(十七心 1.歡喜爲總 2.淨信者 信
　樂聞法 3.下化上求 4.法樂怡神 5.勇求
　進趣 6.欣慶所得 7.悲智雙流 8.不取不
　生 9.以德嚴飾 10.不着萬境 11.不礙起
　修 12.物我齊均 13.不被心使 14.無住而
　住 15.稱理普周 16.見佛相嚴 17.不捨佛
　智, 무염족왕 선지식) 제31권 165.

십팔변(十八變, 유가론) 제29권 169.
　제30권 200.

십팔포(十八怖, 1.險道怖 2.熱惱怖 3.迷
　惑怖 4.繫縛怖 5.殺害怖 6.貧窮怖 7.不

活怖 8. 惡名怖 9. 於死怖 10. 大衆怖 11. 惡趣怖 12. 黑闇怖 13. 遷移怖 14. 愛別怖 15. 寃會怖 16. 逼迫身怖 17. 逼迫心怖 18. 憂悲怖 관자재보살 선지식) 제31권 376, 377.

십현문(十玄門) 제34권 307.

○

아금당여문수사리 구왕남방(我今當與文 殊師利 俱往南方, 舍利弗) 제29권 397.

아념선지식 시불공덕장 념념능출생 허공 공덕해(我念善知識 是佛功德藏 念念能 出生 虛空功德海, 대원정진력주야신) 제32권 421.

아뇩파타(阿耨波陀, 此言不生) 제33권 303.

아누루타 아니루두(阿㝹樓馱, 阿泥㝹豆 或云阿那律 此云無滅) 제29권 161, 169.

아득숙명지 능지일체겁 자신급타인 분별 실명료(我得宿命智 能知一切劫 自身及 他人 分別悉明了, 개부수화주야신) 제32권 395.

아로나발저향(阿盧那跋底 此云赤色極)

제31권 159, 160.

아리가치도구나(阿利迦哆度求那, 此言 是事邊不可得 대지도론) 제33권 338.

아리타(阿利他 此言義) 제33권 340.

아목가(阿目佉)삼장, 불공(不空)삼장 흥 선(興善)삼장 제33권 298, 299, 300, 309, 313, 315, 341, 355, 357.

아비담(阿毘曇) 제31권 144.

아비발치(阿鞞跋致) 제30권 274.

아습묘(阿濕淼, 此言石) 제33권 343.

아시여태자 근불승일신 공경공양필 즉발 보리의(我時與太子 覩佛勝日身 恭敬供 養畢 卽發菩提意, 구파여인의 전생인연) 제33권 201.

아시위보녀 구족범음성 신출금색광 조급 천유순(我時爲寶女 具足梵音聲 身出金 色光 照及千由旬, 희목관찰주야신) 32권 87.

아신심청정 삼세등여여 수제중생심 일체 실개현(我身甚淸淨 三世等如如 隨諸衆 生心 一切悉皆現, 바산바연저야신) 제31권 436.

아신최단정 명문변시방 지혜무등륜 선달 제공교(我身最端正 名聞徧十方 智慧無 等倫 善達諸工巧, 구파여인의 전생인연)

제33권 137.

아실성불이래 경무량무변불가사의아승
지겁(我實成佛已來 經無量無邊不可思
議阿僧祇劫, 법화경) 제32권 426.

아자 시무생의(阿字 아(A 阿)자 是無生
義, 지중예동자) 제33권 302.

아자여래부 사자연화부 부자금강부(阿
字如來部 娑字蓮華部嚩字金剛部, 비로
자나경) 제30권 232, 233.

아촉불(阿閦佛) 제34권 376.

안식향(安息香) 제31권 255.

안주지신(安住地神, 入法界廻向 선지식)
제29권 383, 386, 389. 제31권 399, 400,
401, 404.

앙굴마라(央掘摩羅) 제33권 235.

애견(愛見)대비 제29권 95, 112.

애민중생고 아발보리심 당어무량겁 습행
일체지(哀愍衆生故 我發菩提心 當於無
量劫 習行一切智, 구파녀의 전생인연)
제33권 158.

애어섭(愛語攝) 동사섭(同事攝) 이행섭
(利行攝) 제30권 301. 제31권 398.

야간수축사자백년 불능작사자후(野干
隨逐師子百年 不能作師子吼, 입법계품
근본법회) 제29권 104.

야자 오여실불생(也字, 야(Ya 也)자 悟如
實不生, 지중예동자) 제33권 325.

야타발(夜他跋 此言實故) 제33권 325.

약리신근 심열우회 공행불구(若離信根
心劣憂悔 功行不具 退失精勤 於一善根
心生住着 於少功德 便以爲足, 再見文
殊보살) 제34권 300.

약십신석(約十身釋, 1. 菩提身 2. 相好身
3. 智身 4. 法身 5. 願身 6. 福德身 7. 化身
8. 力持身 9. 意生身 10. 威勢身, 보덕정광
야신) 제32권 24.

약유문사공덕해 이생환희신해심 여소칭
양실당획 신물어차회의념(若有聞斯功
德海 而生歡喜信解心 如所稱揚悉當獲
愼勿於此懷疑念, 結德勸信 보현보살 선
지식) 제34권 441.

약유인분별 음노치급도 시인거불원 비여
천여지(若有人分別 淫怒癡及道 是人去
佛遠 譬如天與地, 제법무행경) 제30권
413.

약인욕요지 삼세일체불 응관법계성 일체
유심조(若人欲了知三世一切佛 應觀法
界性 一切唯心造, 야마게찬품) 제30권
264.

어중유불현 팔십나유타 아실증공양 수행

최승도(於中有佛現 八十那由他 我悉曾 供養 修行最勝道, 妙勝主劫의 역사, 희 목관찰주야신) 제32권 107.

어중유천불 차제이출흥 중생소번뇌 중회 실청정(於中有千佛 次第而出興 衆生少 煩惱 衆會悉淸淨, 寂靜慧劫의 역사 희목 관찰주야신) 제32권 101.

어피연등세존소 산화포발위공양 종시요 지심묘법 항이차도화군생(於彼然燈世 尊所 散華布髮爲供養 從是了知深妙法 恒以此道化群生, 보현보살) 제34권 404.

억념일체제불경계지혜광명보견법문(憶念 一切諸佛境界智慧光明普見法門, 덕운 비구해탈문) 제30권 125.

억불어중현 장엄찰급겁 소설종종법 아개 능억지(憶佛於中現 莊嚴刹及劫 所說種 種法 我皆能憶持, 善出現劫의 역사 희목 관찰주야신) 제32권 103.

여관선지식 유여대맹장 역여대상주 우여 대도사(汝觀善知識 猶如大猛將 亦如 大商主 又如大導師, 미륵보살 선지식) 제34권 86.

여당왕대지 문수사리소 피당령여득 보현 심묘행(汝當往大智 文殊師利所 彼當令

여득 보현심묘행(汝得 普賢深妙行, 미륵보살) 제34권 119.

여등관선재 지혜심청정 위구보리행 이래 지아소(汝等觀善財 智慧心淸淨 爲求菩 提行 而來至我所, 미륵보살 선지식) 제34권 80.

여등응제제혹구 일심불란이체청 아설여 래구제도 일체해탈진실도(汝等應除諸 惑垢 一心不亂而諦聽 我說如來具諸度 一切解脫眞實道, 보현보살 선지식) 제34권 363.

여래무애장엄해탈문(如來無礙莊嚴解脫 門, 해탈장자 해탈문) 제30권 257.

여래사자빈신삼매(如來師子頻申三昧) 제29권 45, 46, 96, 308.

여래사천과 수보살천(如來使天과 隨菩 薩天, 如來使天 是佛力攝生神 隨菩薩 天 是己業行之神) 제31권 209.

여래십종대위덕다라니륜(如來十種大威 德陀羅尼輪, 수호일체성야신) 제32권 283.

여래여시전법륜 보진시방제국토 궁전산 하실요동 불사중생유경포(如來如是轉 法輪 普震十方諸國土 宮殿山河悉搖動 不使衆生有驚怖, 安立正法功德 보현보

살 선지식) 제34권 409.

여래출현품 제29권 80. 제30권 138.

여래해인소현(如來海印所現) 제29권 384. 제31권 346. 제34권 247, 385.

여몽견칠보 친속환락 각이추념 부지재하처 여시염불(如夢見七寶 親屬歡樂 覺已 追念 不知在何處 如是念佛, 반주삼매경) 제30권 266.

여보(女寶, 원만면 왕비, 보구중생주야신) 제32권 152.

여상왕회 신수구전 무경거고(如象王廻, 身首俱轉 無輕擧故, 文殊師利童子) 제29권 407.

여세왕질 우선지기(如世王質 遇仙之碁 纔看斧柯爛 已經三歲 尙謂食頃, 신선놀음에 도끼자루 썩는 설화[仙遊朽斧柯說話]) 제30권 395.

여심불역이 여불중생연 응지불여심 체성개무진(如心佛亦爾 如佛衆生然 應知佛 與心 體性皆無盡, 야마게찬품) 제30권 264.

여용포밀운 필당주대우 보살발대원 결정수제행(如龍布密雲 必當霆大雨 菩薩發 大願 決定修諸行, 자씨론) 제30권 67.

여이신해심 이래예경아 불구당보입 일체

제불회(汝以信解心 而來禮敬我 不久當 普入 一切諸佛會, 미륵보살 선지식) 제34권 118.

여환해탈(如幻解脫, 무염족왕해탈문) 제31권 176, 178.

역행난지(逆行難知故 貪益此世 不疑婆 須 瞋癡現損 故勝熱此王 並生疑怪) 제31권 171.

역행(逆行) 선지식(逆行善知識, 婆須 勝 熱 無厭等 逆行) 제30권 93. 제31권 171.

연기상유문(緣起相由門) 제33권 255.

연덕예사(戀德禮辭, 依意公及五臺論 六 分: 1. 依敎趣求 2. 見敬諮問 3. 稱讚授法 4. 謙己推勝 5. 指示後友 6. 戀德禮辭) 제 30권 102, 146, 182, 240, 296. 제32권 20, 269. 제33권 436. 제34권 291.

연(衍)법사 제30권 106.

연화법덕신중신 은밀한 가피(蓮華法德神 衆身 密加受法) 제33권 222. 제34권 134.

열뇌유삼(熱惱有三, 1. 失財熱惱 不活畏 攝 2. 處衆熱惱 卽大衆惡名畏攝 3. 三毒 熱惱 卽是畏因) 제31권 378.

염마귀(餤魔鬼, 염마라(餤魔羅)의 귀신)

제30권 324.

염부단금광명(閻浮檀金光明) 세계의 용
자재왕(龍自在王)여래 제30권 259.

염불삼매(念佛三昧, 덕운비구 선지식)
제30권 115, 134, 270.

염불삼매(念佛三昧, 然彼如來 不來至此
我身 亦不住詣於彼 知一切佛 及與我心
悉皆如夢, 해탈장자 선지식) 제30권
263.

엽(葉)법사 심제량(葉公 沈諸梁, 장자, 춘
추) 제29권 76, 77.

영대제중생 비수일체고 종불사어불 이구
득안락(寧代諸衆生 備受一切苦 終不
捨於佛 而求得安樂, 법계차별원 보살)
제29권 289.

영략(影略) 제32권 250, 251.

영생제지옥 일일무수겁 종불원리불 이구
출악취(寧生諸地獄 一一無數劫 終不遠
離佛 而求出惡趣, 법계차별원 보살)
제29권 290.

영어무량겁 수제악도고 종불사여래 이구
어출리(寧於無量劫 受諸惡道苦 終不捨
如來 而求於出離, 법계차별원 보살)
제29권 289.

영일체중생보견제불환희법문(令一切衆
生普見諸佛歡喜法門, 보안장자)
제31권 160.

영재제악취 항득문불명 불원생선도 잠시
불문불(寧在諸惡趣 恒得聞佛名 不願
生善道 暫時不聞佛, 법계차별원 보살)
제29권 290.

오다라(烏多羅 此云上涅瞿婆 此云出聲)
제30권 376.

오락가향(烏洛迦, 西域蛇名 其蛇有毒 繞
此檀樹故) 제31권 160.

오명(五明, 1. 聲明 2. 醫方明 3. 工巧明 4.
因明 5. 內明) 제31권 73, 74, 78, 147.

오법계(五法界, 1. 有爲法界 2. 無爲法界
3. 俱是法界, 유위와 무위가 함께하는 법
계, 4. 俱非法界, 유위도 무위도 아닌 법
계. 제5. 無障礙法界) 제29권 31.

오분법신향(五分法身香) 제31권 261.

오슬니사(烏瑟尼沙) 제31권 189. 제33권
130.

오십사자(五十四者 善財初遇文殊 從德
雲至瞿波 有四十人 寄於三賢十聖 摩耶
已下 天主光等 有十一人 已五十二 及
彌勒普賢 故五十四) 제29권 366.

오업(五業, 1. 風災 2. 水災 3. 火災 4. 病患
5. 業) 제29권 27.

오체투지(五體投地, 미륵보살 선지식)
제34권 31, 79, 280.

오포외(五怖畏, 1. 不活畏 2. 惡名畏 3. 死
畏 4. 惡道畏 5. 大衆威德畏) 제31권 378.

오형(五刑 : 1. 臏刑 2. 劓刑 3. 墨刑 4. 宮刑
5. 割刑) 제32권 459.

온고이지신 가이위사(溫故而知新 可以
爲師矣, 논어) 제30권 149.

왕삼매(王三昧, 대지도론) 제31권 322.

왕생칠일전 선현영서상 견자함심념 구세
금당출(王生七日前 先現靈瑞相 見者
咸心念 救世今當出 개부수화주야신)
제32권 384.

요색시반야 일체법취색 색상불가득 운하
당유취비취(了色是般若 一切法趣色 色
尚不可得 云何當有趣非趣, 대품반야경)
제31권 30.

요순안거 하은보취(堯舜安車 夏殷步驟,
書經) 제30권 62.

요익유정선(饒益有情禪) 제32권 26.

용장사자지좌(龍藏師子之座, 부동우바
이선지식) 제31권 229.

우대설산유(愚對雪山喩) 제29권 197,
209, 210, 230.

우바새(優婆塞, 此云近事男) 제30권 34,
35, 268.

우바이(優婆夷, 此云近事女) 제30권 35.

우바제사(優婆提舍, 如來左面弟子 사리
불의 아비이름) 제29권 162.

우요무량백천잡(右遶無量百千帀, 사자
빈신 비구니) 제31권 317.

운망해탈(雲網解脫, 以六度大悲 如雲覆
潤 如網羅攝故 대천신 해탈문) 제31권
396.

운하학보살행 운하수보살행(云何學菩薩
行 云何修菩薩道) 제30권 79, 93, 110,
143, 211, 251, 292, 337, 354, 382, 397,
404, 436. 제31권 26, 41, 58, 67, 70, 81,
88, 104, 110, 119, 138, 150, 161, 173, 179,
191, 203, 214, 233, 237, 245, 250, 263,
269, 282, 286, 293, 318, 325, 337, 343,
354, 368, 383, 384, 390, 391, 399, 408,
448. 제32권 41, 206, 212, 268, 318. 제
33권 256, 281, 282, 289, 290, 291, 364,
365, 369, 370, 372, 373, 374, 375, 377,
378, 383, 387. 제34권 124, 128, 211,
285.

원리대비 사어중생 주어자사(遠離大悲
捨於衆生 住於自事, 住自乘解脫)
제29권 190.

원만청정겁 비로자나대위덕세계 수미산미
    진수여래출현(圓滿淸淨劫 毘盧遮那大
    威德世界 보구중생주야신) 제32권 147.
원아상득여기위모(願我常得與其爲母,
    마야부인 선지식) 제33권 278.
원진미래겁 보위제군생 멸제생사고 득불
    구경락(願盡未來劫 普爲諸群生 滅除生
    死苦 得佛究竟樂, 적정음해주야신)
    제32권 267. 제34권 28.
월각(月覺)여래 제34권 376
위아이종통 종통급언설 설자수동몽 종위
    수행자(謂我二種通 宗通及言說 說者授
    童蒙 宗爲修行者, 사권능가경) 제31권
    417.
유미죽(乳糜粥) 제31권 94.
유부종(有部宗) 제29권 152, 153.
유심관(唯心觀) 제30권 262, 263, 282.
유오백제불 어중이출현 아공경공양 구무
    애해탈(有五百諸佛 於中而出現 我恭敬
    供養 求無礙解脫, 集堅固王劫의 역사,
    희목관찰주야신) 제32권 105.
유주생(流注生)과 상생(相生), 유주주(流
    注住)와 상주(相住), 유주멸(流注滅)과
    상멸(相滅) 능가경 제31권 46.
유지이위리 무지이위용(有之以爲利 無之

以爲用, 노자) 제31권 92.
육십억나유 제불흥어세 최초적정당 기차
    사마타(六十億那由 諸佛興於世 最初
    寂靜幢 其次奢摩他, 千功德劫의 역사,
    희목관찰주야신) 제32권 109.
육지 반야현전 변조보득고(六地 般若現
    前 徧照普得故) 제31권 314.
육천비구(六千比丘, 海覺比丘 善生比丘
    福光比丘등) 제29권 397, 398.
육향(鬻香, 靑蓮華長者 寄救護衆生離衆
    生相廻向) 제31권 247.
육현관(六現觀, 1. 思現觀 2. 信現觀 3. 戒
    現觀 4. 現觀智諦現觀 5. 現觀邊智諦現
    觀 6. 究竟現觀, 성유식론) 제29권 68.
은덕(恩德) 단덕(斷德) 지덕(智德)
    제29권 263.
음녀삼인(淫女三人, 수마나(須摩那) 암
    나파리(庵羅波離) 연화색(蓮花色, 현호
    경) 제30권 273.
음녀삼인(淫女三人, 수문須門 아범화리
    阿凡和利 우바수優婆須, 반주삼매경)
    제30권 271.
음녀삼인(淫女三人, 암마바리(菴羅婆利)
    수만나(須曼那) 우발라반나(優鉢羅槃
    那, 蓮華色) 대지도론) 제30권 274.

음녀수문과 염불(淫女須門과 念佛, 반주
　삼매경) 제30권 266.

음법불생멸 불능령심뇌 약인계오아 음장
　입악도(淫法不生滅 不能令心惱 若人計
　吾我 淫將入惡道, 대지도론 제법무행경)
　제30권 413.

음욕즉시도 에치역부연 여시삼사중 무량
　제불도(淫欲卽是道 恚癡亦復然 如是三
　事中 無量諸佛道, 대지도론 제법무행경)
　제30권 413.

의공급오대론 분위육분(意公及五臺論
　六分 : 1.依敎趣求 2.見敬諮問 3.稱讚授
　法 4.謙己推勝 5.指示後友 6.戀德禮辭)
　제30권 102.

의교취구(依敎趣求, 依意公及五臺論 六
　分) 제30권 102, 125, 150, 185, 218, 219,
　246, 248, 298, 349, 350, 384, 385, 408.

의(意)법사 意法師 제29권 73, 376.
　제30권 103, 10.

의변법사 과위삼분(依辨法師 科爲三分,
　1.聞名求覔 2.受其所說 3.仰推勝進)
　제30권 102.

의보수승(依報殊勝, 十事莊嚴 : 1.寶牆圍
　繞 2.行樹林列 3.堂閣崇麗 4.浴沼淸華
　5.暎帶池流 6.嚴敷殿座 7.羅以帳網 8.

耀以光明 9.雨散雜嚴 10.凡聖欣敬, 見
　敬諮問, 휴사우바이) 제30권 347, 350.

의생신(意生身) 제29권 203. 제30권 141.
　제31권 157, 158, 323. 제32권 24.
　제33권 217.

의인증입성덕분(依人證入成德分)
　제29권 22, 23.

의정인과무애법계자재지덕(依正因果無
　礙法界自在之德) 제29권 127.

의주석(依主釋) 지업석(持業釋) 상위석
　(相違釋) 제29권 27, 28.

의탄불수(疑憚不受, 非惜身命 恐失道緣
　示智未深 故生此念, 선재동자의 의심과
　범천왕의 권유) 제30권 406.

이리범부지 이주보살지 당만지혜지 속입
　여래지(已離凡夫地 已住菩薩地 當滿智
　慧地 速入如來地, 미륵보살 선지식)
　제34권 109.

이바다(離波多 此云室星, 或云所供養 或
　云假和合) 제29권 166, 167.

이법지유인 이인지유법 이법하유인 이인
　하유법(以法知有人 以人知有法 離法何
　有人 離人何有法, 중론) 제29권 361.

이사자(也娑字 이사(Ysa 也娑)자 卽衰老
　性相, 지중에동자) 제33권 351.

이선구사지(二禪具四支, 1.內等淨 2.喜 3.樂 4.定) 제32권 36.

이세포유십팔종(離世怖 有十八種) 제31권 377.

이십류(二十類 : 1.菩薩 2.比丘 3.比丘尼 4.優婆塞 5.優婆夷 6.童男 7.童女 8.天神 9.天女 10.外道 11.婆羅門 12.長者 13.先生 14.醫人 15.船師 16.國王 17.仙人 18.佛母 19.佛妃 20.諸神) 제29권 386.

이십류 섭오십사인(二十類 攝五十四人) 제29권 385.

이십법우(二十法雨 普爲人天雜類, 別彰法雨) 제30권 322.

이십사신(二十四身 分三 1.十身 卽應機 攝化身 2.六身 是應法成行身 3.八身 離障契理身, 대원정진력아신) 제32권 406.

이십오유(二十五有, 四洲四惡趣 梵王六欲天 無想五那含 四空幷四禪, 열반경) 제32권 287.

이십일문(二十一門, 智光普照念佛門 令一切衆生念佛門등 : 德雲비구 21가지 念佛門) 제30권 129.

이십일심소(二十一心所, 謂大地十 大善地十 欣厭隨一 爲滅定 故有二十二法 不相應行替處 名爲滅定) 제29권 226.

이염(爾焰, 此云所知 此云智母 亦云智度 亦云境界) 제31권 147. 제34권 97.

이염지(爾燄地, 是第十地) 제34권 93, 98.

이우안은당해탈(離憂安隱幢解脫, 휴사 우바이 해탈문) 제30권 379, 380.

이지 삼취원만고 삼지 수팔선고 사지 득무행무생 행혜광고(二地 三聚圓滿故 三地 修八禪故 四地 得無行無生 行慧光故) 제31권 314.

이차선근등법성 보윤무진중생계 일념다 겁수보행 진성무상불보리(以此善根等法性 普潤無盡衆生界 一念多劫修普行 盡成無上佛菩提, 현수법사發願偈) 제34권 443.

이천수인유(二天隨人喩) 제29권 198, 230, 231.

이탐욕제 십종삼매(離貪欲際, 十種三昧) 제31권 338, 340.

이탐욕제해탈문(離貪欲際해탈문, 菩薩 離貪際解脫 바수밀녀 해탈문) 제31권 340.

인견득법 하은흥공(因見得法 荷恩興供) 제29권 316, 338.

인생공덕선(引生功德禪) 제32권 26, 37.

일광겁내 공불수행(日光劫內 供佛修行, 善伏태자가 法輪音虛空여래 처소에서 보시행을 베풀다, 대원정진력야신) 제32권 448.

일광겁 시절 60억불이 출현하다(次復有 劫 名曰日光 有六十億佛 出興於世, 대원정진력 야신) 제32권 467.

일륜현영유(日輪現影喩, 대원정진력야신) 제32권 442.

일만주야신 공재공중주 찬탄불흥세 동시각오아(一萬主夜神 共在空中住 讚歎佛興世 同時覺悟我, 적정음겁 역사 희목관찰주야신) 제32권 89.

일문즉일체지일 여해일적(一文卽一切之一 如海一滴, 보현보살 別明求法行) 제34권 348.

일백일십여성 일백일십유순 일백일십선지식(一百一十餘城 一百一十由旬 一百一十善知識) 제34권 132, 298, 301.

일보전시(一寶錢施, 一寶錢而爲供養, 바수밀녀 전생인연) 제31권 341, 342.

일승원지(一乘圓旨) 제29권 127, 128.

일심법계 구함이문(一心法界 具含二門: 1.心眞如門 2.心生滅門) 제29권 31.

일심주삼매 무량겁부동 모공출화운 공양 시방불(一心住三昧 無量劫不動 毛孔出化雲 供養十方佛, 희목관찰주야신) 제31권 81.

일일모공중 일체찰진불 보살중위요 위설보현행(一一毛孔中 一切刹塵佛 菩薩衆圍遶 爲說普賢行, 淨佛國土 보현보살) 제29권 303.

일일모단불가설 제불구상삼십이 보살권속공위요 종종설법도중생(一一毛端不可說 諸佛具相三十二 菩薩眷屬共圍遶 種種說法度衆生, 보현보살) 제34권 393.

일일법문중 오해일체수다라운(一一法門中 悟解一切修多羅雲, 적정음해주야신) 제32권 256.

일조(日照)삼장 제30권 18, 231.

일진법계(一眞法界) 제33권 208.

일체공교대신통지광명법문(一切工巧大神通智光明法門, 自在主동자) 제31권 79.

일체국토무유변 중생근욕역무량 여래지안개명견 수소응화시불도(一切國土無有邊 衆生根欲亦無量 如來智眼皆明見 隨所應化示佛道, 明授記功德 보현보살) 제34권 416.

일체무열반 무유열반불 무유불열반 원리
각소각(一切無涅槃 無有涅槃佛 無有
佛涅槃 遠離覺所覺, 사권능가경)
제31권 347.

일체법무생 일체법무멸 약능여시해 사인
견여래(一切法無生 一切法無滅 若能如
是解 斯人見如來, 수미게찬품) 제33권
302.

일체법음원만개왕은 비로자나여래요 광
명왕은 정반왕(一切法音圓滿蓋王 今毘
盧遮那如來應正等覺是也 光明王者 淨
飯王是 蓮華光夫人者 摩耶夫人是 寶光
童女者 卽我身是, 개부수화야신 전생인
연)제32권 393.

일체보현제불자 백천겁해장엄찰 기수무
량등중생 막불어차임중견(一切普賢諸
佛子 百千劫海莊嚴刹 其數無量等衆生
莫不於此林中見, 문수보살) 제29권
345.

일체제보수하대사자지좌(一切諸寶樹下
大師子之座, 사자빈신비구니) 제31권
303.

일체제보살 입불일모공 여시묘해탈 비아
소능지(一切諸菩薩 入佛一毛孔 如是妙
解脫 非我所能知, 보덕정광주야신)

제32권 47.

일체중생 득아뇩보리근인연자 막선선우
(一切衆生 得阿耨菩提近因緣者 莫先
善友) 제30권 75.

일체중생명 개유음식주 시즉성문승 사비
마하연(一切衆生命 皆由飮食住 是則聲
聞乘 斯非摩訶衍, 앙굴마라경) 제33권
235.

입일만삼매(入一萬三昧, 부동우바이)
제31권 231.

ㅈ

자각성지(自覺聖智) 제31권 46, 47, 418.
제32권 28, 29.

자비관(慈悲觀)과 부정관(不淨觀)
제31권 255.

자씨일인(慈氏一人 攝德成因相) 제29권
377. 제34권 24.

자은(慈恩)법사, 대승(大乘)법사 제29권
173.

자자(者字, 차(Ca 者)자 지중예동자)
제33권 308, 309.

자장(子張) 제29권 76, 77.

자재수생해탈문(自在受生解脫門, 람비니

주림신 해탈문) 제33권 49.

자재주(自在主) 동자(名聞國 饒益行 선지식) 제29권 357, 404. 제31권 68.

자행동녀(慈行童女, 師子幢王의 딸, 灌頂住 선지식) 제30권 436. 제31권 21.

자행문(自行門)과 원융문(圓融門) 제34권 315.

잠유환무(暫有還無) 제33권 394.

잡염청정과 일향청정(雜染清淨과 一向清淨) 제32권 133.

장자 집선재수 장예소거 시기사택(長者 執善財手 將詣所居 示其舍宅, 법보계장자) 제31권 124.

재가본사(在家本事 有十 : 1. 悲救罪人 正答發心之始 2. 臣議非理 3. 請代囚命 4. 臣執令誅 5. 王后哀祈 6. 王奪子志 7. 太子確救 8. 母請修因 9. 正設施場 10. 如來親救, 夜神修因 대원정진력야신) 제32권 453, 455, 458.

재견문수보살(再見文殊菩薩) 제34권 294.

적정선정락보유보해탈(寂靜禪定樂普遊步, 보덕정광야신 해탈문) 제32권 25, 41.

적정음(寂靜音)은 초지, 천승겁(天勝劫)은 이구지, 범광겁(梵光劫)은 발광지 제32권 112.

적정음해주야신(寂靜音海主夜神) 제32권 205, 210.

전도견(顚倒見) 자재견(自在見) 변집견(邊執見) 범부도견(凡夫倒見) 제34권 39, 40.

전륜왕 되어 부처님께 공양올린 자는 석가모니요 재주왕은 보화불(彼時太子 得輪王位 供養佛者 豈異人乎 今釋迦牟尼佛是也 財主王者 寶華佛是 구파여인 선지식) 제33권 181.

점교(漸敎)와 돈교(頓敎) 원교(圓敎) 제29권 360.

정교관찰 유십승덕(正敎觀察 有十勝德 : 1. 身相勝 2. 常光勝 3. 放光勝 4. 衆會勝 5. 行路勝 6. 住處勝 7. 福嚴勝 8. 林樹勝 9. 自在勝 10. 上攝勝) 제29권 403.

정법사(靜法師) 혜원(惠苑) 법사 제33권 299.

정분의타와 염분의타(淨分依他와 染分依他) 제33권 390, 396.

정시법계(正示法界, 文中有五 1. 見入定相 2. 覩定勝用 3. 瞻敬證入 4. 所經時分 5. 覩從定起, 海幢비구) 제29권 296.

정안무장유(淨眼無障喩) 제29권 198,

213, 214, 229, 231, 233.

정제업혹륜 단제유전고 최마급외도 영아
　재차승(淨諸業惑輪 斷諸流轉苦 摧魔及
　外道 令我載此乘, 문수보살 선지식)
　제30권 69.

정취보살(正趣菩薩, 眞如相廻向 선지식)
　제31권 382, 383, 384, 385.

제두뢰타 건달바왕(提頭賴吒 乾闥婆王,
　동방의 지국천왕의 이름) 제32권 68.

제망중중(帝網重重) 동시구족(同時具足)
　제34권 360.

제심병 치심병(除心病 治心病, 보안장자)
　제31권 153, 154.

제이찰진겁수행(第二刹塵劫修行, 華藏
　莊嚴世界海娑婆世界 値迦羅鳩孫馱如
　來 承事供養, 娑婆修行 적정음해야신 전
　생수행) 제32권 252.

제일찰진겁수행(第一刹塵劫修行, 不退
　轉法界音佛 作菩提樹神 名具足福德燈
　光明幢 적정음해야신 전생수행) 제32권
　244.

조균(朝菌)과 혜고(蟪蛄) 형광(螢光)
　제29권 242.

조화향법(調和香法, 청련화장자) 제31권
　262.

종불교생 호불정법(從佛敎生 護佛正法,
　근본법회) 제29권 73.

종설겸통(宗說兼通 능가경) 제31권 415,
　417.

종차부유겁 명왈범광명 세계연화등 장엄
　극수묘(從此復有劫 名曰梵光明 世界
　蓮華燈 莊嚴極殊妙, 梵光明劫의 역사,
　희목관찰주야신) 제32권 97.

종차서방 과십만억불토(從此西方 過十
　萬億佛土, 無量壽佛國) 제34권 378.

종차차제유 일체보광찰 기겁명천승 오백
　불흥세(從此次第有 一切寶光刹 其劫名
　天勝 五百佛興世, 天勝劫의 역사 희목관
　찰주야신) 제32권 95.

종통(宗通)과 설통(說通) 제31권 416,
　417, 418.

중생세간원만(衆生世間圓滿) 지정각세
　간원만(智正覺世間圓滿) 기세간원만
　(器世間圓滿) 제29권 47, 54.

중생회향 보리회향 실제회향 제34권 444.

중유삼십육 나유타불현 초공덕수미 제이
　허공심(中有三十六 那由他佛現 初功德
　須彌 第二虛空心, 無着莊嚴劫의 역사,
　희목관찰주야신) 제32권 111.

중현문(重玄門) 제29권 378.

즈냐자(壤字 卽能所知性, 즈냐(Jna 壤)자) 제33권 338.

증발심(證發心) 제30권 47. 제31권 313, 314. 제34권 138.

지견(知見 有何差別, 유가사지론) 제31권 145, 146.

지관쌍운(止觀雙運) 제30권 343. 제31권 53, 54, 56. 제32권 26.

지광해탈(智光解脫, 묘월장자 해탈문) 제33권 374.

지론사류(地論四類, 1.所離障 2.對治支 3.利益支 4.彼二依止三昧) 제32권 34, 35.

지루가참(支婁迦讖, 後魏沙門) 제30권 269. 제34권 381.

지말법회 제29권 47, 48, 49, 359, 361. 제30권 23. 제34권 317, 318.

지상(地上) 보살은 증발심(證發心), 지전(地前) 보살은 실보토(實報土) 범부 제30권 46, 47.

지용이장(智用離障, 通爲五對 : 1.境偏身多對 2.見用詣實對 3.內照外演對 4.智淨色隨對 5.悲深智廣對) 제29권 65.

지일체처보살행문(至一切處菩薩行門, 至一切處修菩薩行淸淨法門, 무상승장자

해탈문) 제31권 288, 289.

지정각세간원만(智正覺世間圓滿) 제29권 47.

지조무이상(智照無二相, 後文殊 名智照無二相) 제29권 377. 제30권 27. 제34권 294.

지혜광대여허공 보지삼세일체법 무애무의무소취 요제유자지주처(智慧廣大如虛空 普知三世一切法 無礙無依無所取 了諸有者之住處, 선재동자, 미륵보살 선지식) 제34권 58.

진관청정관 광대지혜관 비관급자관 상원상첨앙(眞觀淸淨觀 廣大智慧觀 悲觀及慈觀 常願常瞻仰, 법화경) 제31권 363.

진실행(眞實行) 제31권 237.

진여삼매(眞如三昧) 제30권 156.

진여상수승공덕(眞如相殊勝功德, 친광법사) 제34권 438

진여훈무명고 능발심염구(眞如熏無明故能發心厭求, 기신론) 제31권 261.

진제(眞諦) 삼장 제29권 165.

ㅊ

차라지(遮羅地, 此言動) 제33권 352.

차리야 차언행고(遮利夜 此言行故, 대지
도론) 제32권 309, 310.

차유불출현 명위공덕당 아위월면천 공양
인중주(次有佛出現 名爲功德幢 我爲月
面天 供養人中主, 희목관찰주야신)
제32권 113.

차자(車字 卽欲樂覆性, 차(Cha 車)자 지
중애동자) 제33권 342.

차제부유겁 명무착장엄 이시유세계 명왈
무변광(次第復有劫 名無着莊嚴 爾時有
世界 名曰無邊光, 無着莊嚴劫의 역사,
희목관찰주야신) 제32권 111.

차제부유겁 명위선출현 찰호향등운 정예
소공성(次第復有劫 名爲善出現 刹號香
燈雲 淨穢所共成, 善出現劫의 역사 희목
관찰주야신) 제32권 103.

차제부유겁 명위묘승주(次第復有劫 名
爲妙勝主 刹號寂靜音, 妙勝主劫의 역
사, 희목관찰주야신) 제32권 107.

차제부유겁 명위천공덕(次第復有劫 名曰
千功德 爾時有世界 號善化幢燈, 千功
德劫의 역사, 희목관찰주야신) 제32권
109.

차제부유겁 명집견고왕 찰호보당왕 일체
선분포(次第復有劫 名集堅固王 刹號寶

幢王 一切善分布, 集堅固王劫의 역사,
희목관찰주야신) 제32권 105.

차후부유겁 명위공덕월 이시유세계 기명
공덕당(次後復有劫 名爲功德月 爾時有
世界 其名功德幢, 功德月劫의 역사, 희
목관찰주야신) 제32권 99.

차후부유겁 명위적정혜 찰호금강보 장엄
실수묘(次後復有劫 名爲寂靜慧 刹號金
剛寶 莊嚴悉殊妙, 寂靜慧劫의 역사, 희
목관찰주야신) 제32권 101.

찰나유주(刹那流注)와 생멸유주(生滅流
注) 제31권 48.

찰진심념가수지 대해중수가음진 허공가
량풍가계 무능진설불공덕(刹塵心念可
數知 大海中水可飮盡 虛空可量風可繫
無能盡說佛功德, 보현보살) 제34권
441.

채봉채비 무이하체(采封采菲 無以下體
시경) 제30권 93.

천녀절신자(天女折身子, 유마경) 제31권
47.

천식치의 역행난지고(淺識致疑 逆行難知
故, 바수밀다녀) 제31권 332.

천주광녀(天主光女, 會緣入實相 선지식)
제33권 282, 283.

천찰미진겁 탄여일모덕 겁수유가궁 공덕
종무진(千刹微塵劫 歎汝一毛德 劫數猶
可窮 功德終無盡, 바산바연저주야신)
제31권 453.

천태(天台)대사 지자(智者)대사 천태지자
天台智者) 제29권 172. 제31권 30, 364,
371. 제34권 398.

철륜왕(鐵輪王) 제32권 352

청련화장자(靑蓮花長者, 구호중생이중생
상회향 선지식) 제31권 247, 249.

체내포함(體內包含, 見勝身分三 1. 總見
勝德身相 2. 別見毛孔出生 3. 體內包含,
보현보살 선지식) 제34권 328, 336.

체찰법인(諦察法忍) 제31권 92.

초계비구(草繫比丘) 제30권 77.

초발심공덕품 제29권 73, 317, 415.
제30권 223, 226. 제34권 148.

초발심주 즉제일생보리심가(初發心住 卽
第一生菩提心家) 제33권 28.

초지십무진구(初地十無盡句) 제30권
370.

초발이위천인사 승출성문급연각 여시발
심과삼계 시고득명최무상(初發已爲天
人師 勝出聲聞及緣覺 如是發心過三界
是故得名最無上, 열반경) 제30권 222.

초지정치지법 십종승행(初地淨治地法 十
種勝行, 1. 信 2. 慈 3. 堅固 4. 悲 5. 捨 6. 7.
慚愧 謂不容惡故 8. 無疲厭 9. 如說修行
10. 知諸經論 11. 卽成就世智) 제33권
226.

초회십해(初會十海) 제29권 89.

총상(總相) 별상(別相) 동상(同相) 이상
(異相) 성상(成相) 괴상(壞相) 제29권
38.

총지지원원 무루법림수 각의정묘화 해탈
지혜과(總持之園苑 無漏法林樹 覺意淨
妙花 解脫智慧果, 유마경) 제31권 299.

최적정바라문(最寂靜婆羅門, 幻智誠願
語善友) 제33권 377, 378, 381.

출대연화 명위일체보장엄장(出大蓮華 名
爲一切寶莊嚴藏, 람비니주림신) 제33권
60.

출생견불조복중생삼세지광명륜(出生見
佛調伏衆生三世智光明輪, 바산바연저
야신) 제31권 445.

치기십폐(治其十蔽) 제32권 224.

치지주 십심(治地住 十心, 1. 利益心 2. 大
悲心 3. 安樂心 4. 安住心 5. 憐愍心 6. 攝
受心 7. 守護心 8. 同己心 9. 師心 10. 導師
心) 제30권 158.

친광(親光)법사 제34권 370, 438.

칠각지(七覺支), 팔정도(八正道), 구차제정(九次第定), 십력(十力) 제33권 236.

칠성재보(七聖財寶, 七法財, 七財) 제29권 54.

칠일소(七日消, 香飯 유마경) 제31권 99.

칠처평만(七處平滿, 兩手 兩足 兩肩 及項, 善見비구) 제31권 50, 52.

칭법계지심관(稱法界之深觀) 제34권 36.

칭찬수법(稱讚授法) 제30권 102, 112, 190, 220, 355, 385. 제31권 112, 152, 215, 239, 251, 271, 288, 370, 420. 제32권 20, 21, 213, 278. 제34권 129, 131.

ㅋ

카자(迦字 카(Ka 迦)자 悟作者不可得, 지중예동자) 제33권 326.

크샤자(叉字 크샤(Kṣa 叉)자 卽盡性, 37자 지중예동자) 제33권 336.

크하자(佉字 크하(Kha 佉)자 卽如虛空性, 지중예동자) 제33권 335.

ㅌ

타나(咃那 此言處 남천축) 제33권 347.

타라(吒羅, 此言岸 타(Tha 佗)자) 제33권 353.

타라발저성(墮羅鉢底城, 대천신 처소) 제31권 392.

타마(馱摩 此云法, 대지도론) 제33권 334.

타사리국중유음녀 수문 아범화리 우바수(墮舍利國有婬女 須門 阿凡和利 優婆須, 반주삼매경) 제30권 271, 273.

타자(哆字, 타(Ta 哆)자 圓滿發光, 지중예동자) 제33권 324.

타자(佗字 타(Tha 佗)자 卽相驅迫性, 지중예동자) 제33권 353.

타자(他字 타(Tha 他)자 卽是處所性, 지중예동자) 제33권 331.

타자(吒字 타(Ta 吒)자 卽積集性, 지중예동자) 제33권 347.

탁법진수성행분(託法進修成行分) 제29권 22.

태자유삼부인(太子有三夫人, 1. 名瞿波 2. 名耶輸陀羅 3. 名摩奴舍) 제33권 78.

토고납신자충포 흡풍음로무이식 약좌약입부동요 현사고행최이도(吐故納新自

充飽 吸風飲露無異食 若坐若立不動搖
現斯苦行摧異道, 示現受用變化身功德
보현보살) 제34권 418.

트사자(縒字 트사(Tsa 縒)자 타바(哆婆)
자 卽勇健性) 제33권 345.

ㅍ

파다(波茶, 此言必) 제33권 355.

파라(頗羅 此言空) 제33권 349.

파일체중생암법광명해탈(破一切衆生暗
法光明解脫, 바산바연저야신 해탈문)
제31권 420, 445, 447.

파자(波字, 파(Pa 波)자 지중예동자)
제33권 307.

파타라(波吒羅, 正如此方楸樹) 제30권
380.

팔공덕(八功德, 謂輕冷 濡美 淨而不臭 調
適 無患) 제31권 299.

팔난(八難) 제30권 324.

팔부중도(八不中道, 중론) 제32권 27, 30.

팔십사동 사의(八十四同 四義 : 1. 人法無
二 2. 因果無二 3. 自他無二 4. 染淨無二,
대원정진력야신) 제32권 410, 418.

팔엽백련일시개 병현아자소광색(八葉白

蓮一時開 炳現阿字素光色, 문수오자
경) 제33권 296.

팔풍(八風, 1. 利 2. 衰 3. 毁 4. 譽 5. 稱 6. 譏
7. 苦 8. 樂) 제34권 407.

폐유리보(吠瑠璃寶) 제30권 165.

표의명언(表義名言)과 현경명언(顯境名
言) 제29권 36.

표항포십지십도(表行布十地十度, 1. 十
冠表初地 2. 十髻表二地 3. 十光表三地
4. 十幢表四地 5. 十音表五地 6. 十上表
六地 7. 十勝表七地 8. 十一自在王表八
地 9. 十音表九地 10. 九覺表十地)
제29권 59, 62.

표주출각(標主出閣, 文殊師利童子 從善
住樓閣出, 能化發起) 제29권 390.

피중유제불 팔십나유타 아개이묘공 심심
이경봉(彼中有諸佛 八十那由他 我皆以
妙供 深心而敬奉, 功德月劫의 역사, 희
목관찰주야신) 제32권 99.

필락차수(畢洛叉樹 此云高顯) 제33권
55.

필추(苾芻草名 具五德故 云苾芻) 제29권
400.

ㅎ

하득일생 불경다겁(何得一生 不經多劫, 비목구사 선지식) 제30권 395.

학이불사즉망 사이불학즉태(學而不思則罔 思而不學則怠, 논어) 제30권 149.

해당비구(海幢比丘, 正心住 선지식) 제30권 296.

해묵서이불갈(海墨書而不竭 입대승론) 제30권 175.

해(楷)법사 제31권 99.

해유십덕(海有十德, 表十地故) 제30권 161.

해인삼매(海印三昧) 제34권 385, 389.

해장(海藏) 제30권 173, 317, 320, 338, 348, 349, 352. 제31권 129, 259, 261.

해조(海潮 海潮處, 休捨우바이) 제30권 337, 338, 344, 374.

해탈장자(解脫長者 住林부락 방편구족주 선지식) 제30권 27, 239, 241, 244, 245, 252, 257, 292.

향반(香飯) 제31권 96, 98, 99.

현겁천불모(賢劫千佛母, 마야부인 선지식) 제33권 260, 270, 275.

현량(現量)과 비량(比量) 제30권 106.

현묘난사 인천막측(玄妙難思 人天莫測) 제29권 81.

현법근심 현법초승(顯法根深 顯法超勝, 欲長則長 顯法根深 欲短便短 顯法超勝, 歎法甚深) 제32권 446.

현법락주선(現法樂住禪, 四禪) 제32권 26.

현색불상응염(現色不相應染, 기신론) 제32권 436.

현수(賢首)대사 법장(法藏)화상 제30권 48, 90, 231. 제33권 367. 제34권 133, 135, 138, 444.

현수(賢首) 부처님 제34권 386.

현승우바이(賢勝優婆夷, 會緣入實相 幻智無依善友 선지식) 제33권 211, 212, 364, 365, 366.

현인광대상(顯因廣大相, 普賢一人) 제29권 377. 제34권 308.

현재자나모(現在遮那母, 授己法界 業用四 1.現在遮那母 2.過去諸佛母 3.賢劫千佛母 4.結橫竪無窮, 마야부인 선지식) 제33권 260, 270.

현행(現行)과 종자(種子) 제29권 71.

현혜여응기 불이현여국 겁해난치우 견자득청정(賢慧汝應起 佛已現汝國 劫海難

値遇 見者得清淨, 적정음겁 역사 희목관
찰주야신) 제32권 90.

혜원(惠苑)법사 정법사(靜法師) 간정공
제30권 29, 51. 제33권 299. 제34권 134,
135, 136.

혜원(慧遠)법사 제30권 103, 150. 제31권
98.

혹분위오분(或分爲五分, 1. 擧法勸修 2.
依教趣入 3. 見已請敬 4. 正示法界 5. 仰
推勝進) 제30권 102.

혹유견일모단처 무량진사제찰해 종종업
기각차별 비로자나전법륜(或有見一毛
端處 無量塵沙諸刹海 種種業起各差別
毘盧遮那轉法輪, 보현보살) 제34권
393.

혹유국토문일승 혹이혹삼혹사오 여시내
지무량량 실시여래방편력(或有國土聞
一乘 或二或三或四五 如是乃至無有量
悉是如來方便力 보현보살) 제34권 412.

혹유처처견불좌 충만시방제세계 혹유기
심불청정 무량겁중불견불(或有處處見
佛坐 充滿十方諸世界 或有其心不淸淨
無量劫中不見佛, 보현보살) 제34권
372.

혹작대신전필보 선용제왕치정법 시방이

익개주변 일체중생막요지(或作大臣專
弼輔 善用諸王治正法 十方利益皆周徧
一切衆生莫了知, 보현보살) 제34권
421.

화엄사십이자문(華嚴四十二字門, 근본 5
자 나머지 37자, 지중예동자) 제33권
299.

화장세계해(華藏世界海, 是佛本願所嚴)
제33권 118.

화장찰해(華藏刹海 皆遮那化境) 제30권
133. 제34권 377.

화파타(和波他 此云語言, 지중예동자)
제33권 323.

환지성원어(幻智誠願語, 최적정바라문 해
탈문) 제33권 379.

회연입실상(會緣入實相 : 1. 摩耶夫人 2.
天主光女 3. 童子師徧友 4. 知衆藝童子
5. 賢勝優婆夷 6. 堅固長者 7. 妙月長者
8. 無勝軍長者 9. 最寂靜婆羅門 10. 德生
童子有德童女, 等覺位) 제29권 376. 제
33권 211, 212, 290, 291, 370, 373, 375,
386, 436.

휴사우바이(休捨優婆夷, 不退住 선지식)
제30권 342, 343.

흐르다자(曷欋多字 卽執着義性, 흐르다

(三合 . 曷㰤多)자, 지중예동자) 제33권
339.

흐바자(訶婆字, 흐바(Hva 訶婆)자 卽可
呼召性, 지중예동자) 제33권 344.

희근(喜根)보살 승의(勝意)비구, 유마경)
제30권 413.

희목관찰주야신(喜目觀察主夜神, 發光
地 선지식) 제32권 41, 42, 47, 49, 51, 52,
54, 71, 79, 83, 125.

힐려벌다(頡麗伐多, 離波多) 제29권 166,
167.

정오표(正誤表)

제1권 403쪽 :   a. 표방하다[標] → a. 표방하다[標](二通 16上7)

제1권 514쪽 :   오직 일불승(一佛乘)만이 진실한 연고로 → 오직 일불승(一佛乘)만이 진실임을 모르는 연고로

제2권 126쪽 :   『광홍명집』에 설하되, "원공(遠公, 慧遠, 523-592) →『광홍명집』에 설하되, "원공(遠公, 廬山慧遠, 335-417)

제2권 127쪽 :   주 55)를 바꿉니다. 55) 혜원(慧遠, 523-592): 隋代 스님. 속성은 李씨, 燉煌사람에서 → 廬山慧遠(335-417) : 東晋代 스님, 道安의 제자. 廬山(江西省九江府) 白蓮社의 開祖, 성은 賈씨 雁門婁煩人. 13세에 이미 六經을 연구하였고 특히 老莊學에 정통하다. 21세에 도안을 찾아 師事하고, 뒤에 慧永의 助力으로 東林寺를 짓고 그의 德을 사모하여 123인과 함께 白蓮社를 창설하여 30여 년간 여산에 주하다. 또 法淨, 法領 등을 西域에 보내어 梵本을 구하고 계빈국 스님 僧伽婆提에 청하여 [阿毘曇心論] [三法度論]을 다시 번역하고, 曇摩流支에게 청하여 [十誦律]을 번역하는 등 불교학에 크게 공헌하다. 또 當代의 名士인 陶淵明(시인, 365-427), 陸修靜(도사, 406~477)과 交遊하여 '虎溪三笑'의 고사가 있다. 東晋義熙13년 8월에 83세로 입적하다. (弘明集5·11·12, 고승전 6, 歷代三寶記7, 대당내전록 3, 法苑珠林 100) 저서 : [大智度論要略 20권] [問大乘中深義十八科 3권] [沙門不敬王者論] [법성론 2권] [沙門祖服論 1권]

제2권 454쪽 :   (7) 청정이 가장 뛰어남이니 반드시 두 가지 장애에 잡란되지 않아야 함을 말한다. (곧 삼세의 시간에 후회함이 없으며) → (7) 청정이 가장 뛰어남이니 반드시 두 가지 장애에 잡란되지 않아야 함을 말하

니 곧 삼세의 시간에 후회함이 없다는 뜻이다.

제2권 455쪽 :   頌云호대 麟角喩無有 하고 六波羅蜜多는 唯我最勝尊은 上品으로
到彼岸이라하니 → 頌云호대 麟角喩無有 六波羅蜜多하고 唯我最
勝尊이며 上品으로 到彼岸이라하니

제2권 456쪽 :   게송으로 말하되, "기린의 뿔로 있지 않음을 비유하였고 여섯 바라
밀다는 오직 내가 가장 존귀하고 뛰어남은 상품으로 저 언덕에 도
달한다네" → 게송으로 말하되, "기린의 뿔은 6바라밀다가 존재하
지 않음을 비유하네, 오직 나만이 최승의 존귀한 자이며 상품(上
品)으로서 저 언덕에 이르네."

제5권 253쪽 :   唐譯 → 『당경』 (唐經, 사십권 화엄경)

제6권 470쪽 :   뜻을 표방하다[標義] (答中 52上2) → 뜻을 표방하다[標義] (答中
55上2)

제11권 279, 284쪽 :   『아비달마잡집론』 → 『아비달마집론』

제11권 353쪽 :   ② 체성을 이끌어 내었으니 선정과 지혜를 말하고, ③ 가장 뛰어난
체성이니 곧 바른 체성과 후천적으로 얻은 두 가지 지혜이다. ④ 중
에 처음 하나는 두 가지 지혜에 공통됨이요, 둘째는 곧 바른 체성
이요, 셋째와 넷째는 모두 후득지이다. → ② 이끌어 내는 체성이
니 선정과 지혜를 말하고, ③ 가장 뛰어난 체성이니 곧 바른 체성의
지혜와 후천적으로 얻은 두 가지 지혜이다. 네 가지 무외 중에 처
음 하나[일체지무외]는 두 가지 지혜에 공통됨이요, 둘째[누영진무
외]는 곧 바른 체성이요, 셋째와 넷째[설장도무외, 출고도무외]는
모두 후득지이다.

제13권 227쪽 :   쪽 표제에, ② 不壞廻向 → ③ 等一切佛廻向

제13권 238쪽 :   60권경 → 진경[60권 화엄경]

제13권 345쪽 :   쪽 표제에, ③ 無盡功德藏廻向 → ⑤ 無盡功德藏廻向

제16권 98쪽 :   뒤의 하나는 곧 비교하여 뛰어남을 밝히는 문이다. →뒤의 하나는
곧 비교하여 뛰어남을 밝히는 부분[校量勝分]이다.

제16권 113쪽 :	지금은 1. '저 때'란 시기가 뛰어나다는 뜻이다. → 지금은 1. '저 때'란 시간이 뛰어나다는 뜻이다.
제16권 339쪽 :	⑰ 법을 가르쳐서 벗어나게 하는 원인[敎出離因]이란 → ⑰ 법을 가르쳐서 벗어나게 하는 원인[敎授出離因]이란
제16권 355쪽 :	(3) 초지 이상을 '결정'이라 칭하나니 → (3) 초지 이상을 '결정'이라 칭한다."고 하였으니
제16권 384쪽 :	(2) 결과적인 행동을 여읨[果行離] → (2) 과행으로 여읨[果行離]
제16권 385쪽 :	첫째, 원인을 여읨[因離] → 첫째, 인행으로 여읨[因離]
제16권 481쪽 :	(2) 교화할 때 생겨나는 '방편의 지혜[權智]' → (2) 중생을 교화하는 방편의 지혜[化生權智]
제16권 544쪽 :	글자는 곧 문장이니 불상응행법(不相應行法)이므로 → 글자는 곧 문장이니 심불상응행법(心不相應行法)이므로
제17권 90쪽 :	둘째, 때를 여읜 청정함이니 그 개별적인 양상이다. → 둘째, 때가 없는 청정함[無垢淸淨]이니 그 개별적인 양상이다.
제17권 359쪽 :	처음 한 가지는 예전 소가의 주장 → 처음 한 가지는 예전 소가[탐현기, 현수대사]의 주장
제17권 455쪽 :	ⓐ 믿음 등으로 하여금 동요되지 않음을 성취하게 한다 → ⓐ 믿음 등으로 하여금 집착없는 행을 이루게 하며 견고한 힘으로 말미암아 보호하여 선에 머무르게 하여 능히 믿음 등으로 하여금 동요되지 않음을 성취하게 한다.
제17권 509쪽 :	욕류(欲流) 등 네 가지 부류와 서로 응하여 → 욕류(欲流) 등 네 가지 폭류와 서로 응하여
제17권 533쪽 :	ㄴ 바이세시카 학파[勝論派]를 논파함이다 → ㄴ 바이세시카 학파[衛世]를 논파함이다.
제18권 197쪽 :	죄를 지어 미래의 큰 고통을 초래하게 되므로 어리석은 것이다 → 죄행(罪行)을 지어 미래의 큰 고통을 초래하게 되므로 어리석은 것이다.

제18권 395쪽 :	주 226)에, 『俱舍頌疏』 → 『俱舍論頌疏』
제18권 416쪽 :	위의 셋은 앞의 내부적인 평등하고 청정함[內等淨]이 → 위의 셋은 내부적인 등지의 청정함[內等淨]이
제19권 273쪽 :	차별 없는 법신과 과덕을 얻는 것이니 → 차별 없는 법신의 과덕을 얻는 것이니
제20권 129쪽 :	'생기고 이끎'이 서로 통한다'고 말한 것은 → '능생지(能生支)와 능인지(能引支)가 서로 통한다'고 말한 것은
제20권 148쪽 :	주 83)에, 12지분을 지금 다시 세 가지 지분 → 12지분을 지금 다시 네 가지 지분
제20권 151쪽 :	마치 초지에서 욕구 따위의 네 가지 물줄기로 인해 → 마치 초지에서 욕구 따위의 네 가지 폭류로 인해
제20권 403쪽 :	제6절 현전지(現前地) 終 → 제6절 현전지 ① 闕字卷 終
제20권 420쪽 :	㉣ 다른 외도에서 해탈을 구함[觀異道求解脫] 중에 고행을 계탁하는 원인을 타파한 것이다 → ㉣ 다른 외도에서 해탈을 구함[觀異道求解脫] 중에 고행의 원인이라 계탁함을 타파한 것이다.
제21권 69쪽 :	(3) 과덕의 행법으로 여읨[果行離] → (3) 과행으로 여읨
제21권 103쪽 :	[경문] 이 지의 보살이 생각 생각마다 구족하게 닦아 모은 방편 지혜와 모든 보리의 부분법이 점점 더 원만하나라. → 이 지의 보살이 생각 생각마다 구족하게 닦아 모은 방편 지혜의 힘과 모든 보리의 부분법이 점점 더 원만하나라.
제22권 93쪽 :	그 사이에 여러 모습[相]과 따르는 분위기[好]와 십력과 → 그 사이에 여러 모습[相]과 따르는 좋은 몸매[好]와 십력과
제22권 101쪽 :	오로지 무기의 성질일 뿐이므로 → 오로지 무기성(無記性)일 뿐이므로
제22권 167쪽 :	항상 한 부류에 머물며 무기의 성질이며 → 항상 한 부류에 머물며 무기성(無記性)이며
제22권 311쪽 :	다섯 개 반의 게송은 법사 성취에 대해 노래하다. → 다섯 개 반의

게송은 법사의 자재를 성취함에 대해 노래하다.

제23권 68쪽 : ㈜ 보는 방법을 가르치고 일으킴이요, → ㈜ 보는 방법을 가르쳐 서 시작함이요,

제23권 79쪽 : ㈜ 보는 방법을 가르치기 시작하다. → ㈜ 보는 방법을 가르쳐서 시작함이다.

제23권 80쪽 : ㈜ 보는 방법을 가르치기 시작함이다. → ㈜ 보는 방법을 가르쳐 서 시작함이다.

제23권 392쪽 : 梵語에 云吃嘌地平聲오 明은 云婆上聲哆니라 → 梵語에 云吃嘌 地平聲오 明은 云婆上聲哆니라

제24권 354쪽 : '그지 없는 부처님 국토의 경[無邊佛土經]' →『그지 없는 부처님 국 토의 경[無邊佛土經]』

제24권 366쪽 : "어진 사람은 산을 좋아하고 지혜로운 사람은 물을 좋아한다."라 고 하였다. → "어진 사람은 산을 좋아하고 지혜로운 사람은 물을 좋아한다."라고 하였다. (『논어(論語)』雍也篇)

제24권 383쪽 : "집안의 의심하는 것은 예로부터 상전(相傳)에서 문수는 청량산에 있어서 5백 명 선인를 거느려 법을 설한다"라 하고, → "집안의 의심 하는 것은 예로부터『화엄경전기[相傳]』에서 문수는 청량산에 있어 서 5백 명 선인를 거느려 법을 설한다."라 하고,

제24권 411쪽 : 상전(相傳)에 이르되, "이것이 진시황(秦始皇)이 축조한 장성인데 →『화엄경전기[相傳]』에 이르되, "이것이 진시황(秦始皇)이 축조한 장성인데

제24권 419쪽 : 역지지(域地誌)를 참고하면 이르되, →『역지지(域地誌)』를 참고하 면 이르되,

제25권 102쪽 : 육근으로 번갈아 작용해서는 광대한 불사가 곧 부처의 업인 까닭 이다. → 육근으로 번갈아 작용하면서 광대한 불사를 함이 곧 부 처의 업인 까닭이다.

제25권 331쪽 : 마음 경계가 일치하는 연고로 '진실로 생각한다[眞念]'고 말하였

다. → 마음 경계가 일치하는 연고로 '진실한 생각[眞念]'이라 한
다."고 말하였다.

제25권 377쪽 : (3) 멀리서 통틀어 인과를 차별함과 통함이다. → (3) 멀리서 인과
를 차별함과 통함이다.

제26권 246쪽 : 논문은 제3권에 해당하나니 → 논문은 『양섭론』 제3권에 해당하
나니

제26권 324쪽 : 천복(薦福)이 해석하여 말하되, → 천복(薦福)법사가 해석하여 말
하되,

제26권 327쪽 : 뒤에 법화경을 들음이 친구를 만나서 지견을 보여주는 것이 마치
옷 속 구슬을 얻음이요, 인행으로 과덕과 바꿈과 같다. 즐거움이
없어서 얻지 못함이요, 예전에 이미 매달았으므로 말하되, '지금 준
것이 아니다'라고 하였다. → 뒤에 법화경을 들음이 친구 만남을
삼았고, 지견을 보여주는 것이 옷 속 구슬을 얻음과 같고, 인행으
로 과덕과 바꿈이 즐거움을 얻지 못함이 없음과 같고, 예전에 이미
매달았던 연고로, '지금 준 것이 아니다'라고 하였다.

제26권 515쪽 : (c) 나오고 빠짐에도 항상 담연함이요 → (c) 나오고 빠짐에 항상
담연함이요

제26권 522쪽 : 이른바 저 논에 "천지(天地)는 나와 함께 한 뿌리요, 만물(萬物)도
나로 더불어 하나의 몸통이다"라고 하였는데, → 이른바 저 『열반
무명론』에 "천지(天地)는 나와 함께 한 뿌리요, 만물(萬物)도 나로
더불어 하나의 몸통이다"라고 하였는데,

제26권 526쪽 : 나오고 없어짐에 항상 담담하다. → 나오고 빠짐에 항상 담연하다.

제26권 527쪽 : 나오고 없어짐에 항상 담담함이다. → 나오고 빠짐에 항상 담연함
이다.

제27권 9쪽 : 제4분. 사람에 의지해 증입하여 불과를 이루는 부분[依人證入成德
分](제39. 입법계품) → 제3분. 법문에 의지해 수행으로 행법을 완성
하는 부분[托法進修成行分](제38. 이세간품) 음영 부분을 제4분에

서 제3분으로 바꿉니다.

제27권 104쪽 :　　유가로 등의 내용과 같다. →『유가론』등의 내용과 같다.

제28권 194쪽 :　　소소(小疏)에 해석하여 말하되 →『구사론소소(小疏)』에 해석하여 말하되

제28권 194쪽 :　　소소(小疏)』와 동일하고 →『구사론소소(小疏)』와 동일하고

제28권 194쪽 :　　저 의림(義林)법사는 대소초(大疏鈔)에서 이르되 → 저 의림(義林)법사는『구사론대소초(大疏鈔)』에서 이르되

제28권 195쪽 :　　여덟째라 이름한 것이다"라고 하였다. → 여덟째라 이름한 것이다"라고 하였다. (澤州遠公은 간정공 惠苑법사가 아닐까 한다. 譯註者注)

제29권 96쪽 :　　바르게 응함을 갖추면 비실름다(毘實廩多)라 하고 → 바르게 갖추면 응당히 비실름다(毘實廩多)라 해야 하고

제29권 97쪽 :　　분신(奮迅)이란 말은 비실름다(毘實廩多)와 같지 않음과는 다르다. → 분신(奮迅)이란 말은 비실름다(毘實廩多)와 더욱 같지 않다.

제29권 98쪽 :　　그 분신비실(奮迅毘實)이니 말의 세력이 하늘만큼 떨어진 까닭이다. → 그 분신(奮迅)과 비실(毘實)이니 말의 세력이 하늘만큼 현격한 까닭이다.

제29권 104쪽 :　　이승은 법회에 편안히 머물게 함이 마치 → 이승은 법회에 편안히 머물게 하여도 마치

제29권 170쪽 :　　밥을 먹고 나서 18가지로 변화하여 → 밥을 먹고 나서 18가지 신변[十八變]을 짓고

제29권 172쪽 :　　대승법사와 천태종(天台宗) 등이 → 대승법사와 천태(天台) 대사 등이

제29권 370쪽 :　　'강물은 민산(岷山)에서 나온다'고 한 연고로 → '강물은 민산(岷山)에서 나온다.'[순자(荀子) 자도장(子道章),『공자가어(孔子家語)』]고 한 연고로

제30권 223쪽 :　　『자씨론』 중과 제17. 초발심공덕품은 위와 아래의 선지식도 또한

널리 칭찬한 부분이다. →『자씨론』중과 제17. 초발심공덕품에는 위와 아래의 선지식도 또한 널리 칭찬하였다.

제31권 342쪽 : 一, 寶錢施者 → 一寶錢施者

제31권 373쪽 : 『천수천안다라니경』이니『무량수경』을 의지하고 한량없는 수명을 이어서 다음에 장차 부처가 되고 명호를 보광공덕산왕불(普光功德山王佛)이라 함도 →『천수천안다라니경』이지만『무량수경』을 의지하면 '한량없는 수명을 이어서 다음에 장차 부처가 되고 명호를 보광공덕산왕불(普光功德山王佛)이다'고 말함도

제33권 129쪽 : 마치 니구타(尼瞿陀) 나무와 같다. → 마치 니구타(尼俱陀) 나무와 같다.

제33권 136쪽 : 三 [夢覩佛興] (三彼 20下1) → 三 꿈속에 부처님 오신 것을 뵙다 [夢覩佛興] (三彼 20下1)

제33권 379쪽 : 환술 같은 지혜가 진실하게 원하는 말의 해탈문을 얻은 선지식 → 환술 같은 지혜가 진실하게 원하는 말이 되는 해탈문을 얻은 선지식

제34권 398쪽 : 천태(天台)대사가 잘못 해석한 것을 → 천태(天台)대사가 잘못 해석하는 것을

(1) 80화엄과 60화엄의 대조

分次	周次		品數			會次	會場	放光別	會主	入定別	說法別舉	六十華嚴對照
舉果勸樂生信分	所信因果周		1 世主妙嚴品 2 如來現相品 3 普賢三昧品 4 世界成就品 5 華嚴世界品 6 毘盧遮那品			初會	菩提道場	遮那放齒間光, 眉間光	普賢菩薩	入毘盧藏身三昧	如來依正法門	1 世間淨眼 2 盧舍那佛
修因契果生解分	差別因果周	差別因	7 如來名號品 8 四聖諦品 9 光明覺品 10 菩薩問明品 11 淨行品 12 賢首品			二會	普光明殿	放兩足輪光	文殊菩薩	此會不入定 ;信未入位故	十信法門	3 如來名號 4 四諦 5 光明覺 6 菩薩明難 7 淨行 8 賢首
			13 昇須彌頂品 14 須彌偈讚品 15 十住品 16 梵行品 17 初發心功德品 18 明法品			三會	忉利天宮	放兩足指光	法慧菩薩	入無量方便三昧	十住法門	9 昇彌頂 10 妙勝殿說偈 11 菩薩十住 12 梵行 13 發心功德 14 明法
			19 昇夜摩天品 20 夜摩偈讚品 21 十行品 22 十無盡藏品			四會	夜摩天宮	兩足趺光	功德林菩薩	入菩薩善思惟三昧	十行法門	15 昇夜摩天宮 16 夜摩天說偈 17 十行 18 十無盡藏
			23 昇兜率天品 24 兜率偈讚品 25 十迴向品			五會	兜率天宮	膝輪放光	金剛幢菩薩	入菩薩智光三昧	十迴向法門	19 昇兜率天宮 20 兜率天說偈 21 十迴向
			26 十地品			六會	他化天宮	放眉間光	金剛藏菩薩	入菩薩大智慧光明三昧	十地法門	22 十地品
			27 十定品 28 十通品 29 十忍品 30 阿異品 31 如來壽量品 32 菩薩住處品	等覺	因圓	七會	再會普光明殿	如來放眉間·口光	如來爲會主 普賢爲說主	入刹那際三昧	等·妙覺法門	23 十明 24 十忍 25 心王問阿僧祇 26 壽命 27 菩薩住處
		差別果	33 佛不思議法 34 身相海 35 隨好光明	妙覺	果滿							28 佛不思議法 29 如來相海 30 小相光明
	平等因果周	平等因	36 普賢行品									31 普賢菩薩行
		平等果	37 如來出現品									32 寶王如來性起
托法進修成行分	成行因果周		38 離世間品			八會	三會普光明殿	此會佛不放光, 表行依解法依解光故	普賢菩薩	入佛華莊嚴三昧	二千行門	33 離世間
依人證入成德分	證入因果周		39 入法界品			九會	祇陀園林	眉間白毫光	如來·善友爲會主	師子頻申三昧	果法門	34 入法界

(2) 古十玄과 新十玄

※ 古十玄-華嚴五教章

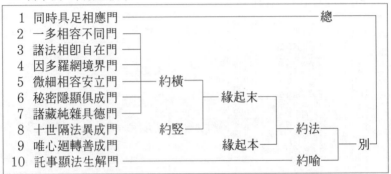

※ 新十玄-探玄記, 華嚴玄談

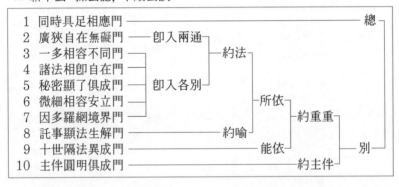

(3) 古十玄과 新十玄의 관계

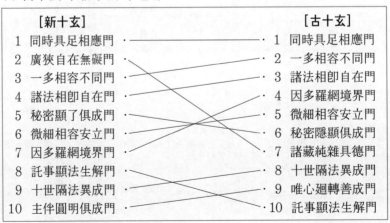

(4) 80화엄의 構造

地上說法 / 說法會	會·法門	敎起因緣·分	說法儀式 / 所依	세부	세부2	No	品名	序分·因果
地上說法	第一會 菩提道場(序論) 如來依正法門(普賢) 遮那放齒光眉間光 入毘盧藏身三昧	擧果勸樂生信分 毘盧遮那의 成佛	敎起因緣 說法儀式 遠方便	近方便		1	世主妙嚴品	序分
			正陳所說 果因(佛本事)	通辯生佛利海		2	如來現相品	所信因果
				別明遮那所嚴		3	普賢三昧品	
						4	世界成就品	
						5	華藏世界品	
						6	毘盧遮那品	
說法	第二會 普光明殿 十信法門(文殊) 世尊放兩足輪光 此會不入定		答所依果 身名差別			7	如來名號品	
			言敎周徧			8	四聖諦品	
			光輪窮照			9	光明覺品	
			未信者令信 正解理觀			10	菩薩問明品	
			隨緣願行			11	淨行品	
			德業該收			12	賢首品	
天上說法	第三會 ― 忉利天宮 十住法門(法慧) 世尊放兩足指光 入無量方便三昧	修因契果生解分 菩薩의 成佛	答所修因 已信者令解 方便發起	化主赴機		13	昇須彌山頂品	差別因果 正宗分
				助化讚佛		14	須彌頂上偈讚品	
			當會正說 當位行德			15	十住品	
						16	梵行品	
						17	初發心功德品	
			勝進趣求			18	明法品	
	第四會 ― 夜摩天宮 十行法門(功德林) 如來放兩足趺光 入菩薩善思惟三昧		已解者令行 當會由致	感應道交		19	昇夜摩天宮品	
						20	夜摩宮中偈讚品	
			當會正說 明勝進	讚德顯陳		21	十行品	
						22	十無盡藏品	
	第五會 ― 兜率天宮 十廻向法門(功德林, 金剛幢) 如來放兩膝輪光 入菩薩智光三昧		已行者令願 當會由致	化主赴機		23	昇兜率天宮品	
				助化讚德		24	兜率宮中偈讚品	
			當會正說			25	十廻向品	
	第六會 ― 自在天宮 十地法門(金剛藏) 如來放眉間毫相光 入菩薩大智慧光三昧		已願者令證			26	十地品	
地上說法	第七會 普光明殿 等妙法門(普賢 世尊) (心王 蓮華藏) 如來放眉間口光 入刹那際三昧		答所修因 已證者令等覺 答前所聞	業用廣大	因	27	十定品	
						28	十通品	
				智慧深玄	圓	29	十忍品	
			勝德深廣	勝德無數		30	阿僧祇品	
				盡一切時		31	如來壽量品	
				徧一切處		32	菩薩住處品	
			答所成果 明妙覺果法	總擧佛德	果	33	佛不思議法品	差別果
				顯十身相	滿	34	如來十身相海品	
				明德業		35	隨好光明功德品	
			明平等因果 (一障一切障)	因		36	普賢行品	平等因果
			(一斷一切斷)	果		37	如來出現品	
說法	第八會 ― 普光明殿 行法門(普賢) 此會佛不放光 入華嚴藏三昧	托法進修成行分	1 答十信　2 答十住 3 答十行　4 答十廻向 5 答十地　6 答因圓果滿			38	離世間品	成行因果
	第九會 ― 給孤獨園 果法門(結論)(普賢 等) 放眉間白毫光 入師子頻申三昧	依人證入成德分	1 序分 2 請分 3 三昧分　4 遠集新衆分 5 擧失顯得分 6 偈頌讚德分 7 普賢開發分 8 毫光照益分 9 文殊遣徵分 10 大用無涯分			39	入法界品　本會	證入因果 流通分
			1 寄位修行相 2 會緣入實相 3 攝德成因相 4 智照無二相 5 顯因廣大相			(권61 爾時 文殊師利童子 以下)末會		

(5) 보살지위와 53 선지시 찬방요약

번호		보살지위	선지식명	설법장소	설법내용	비고
1	十信	十信位	文殊菩薩	福德城 善住樓閣	普照法界修多羅法門	
2		發心住	德雲比丘	勝樂國妙峰山憶念	切諸佛境界智慧光明普見法門	功德雲比丘
3		治地住	海雲比丘	海門國	諸佛菩薩行光明普眼法門	
4		修行住	善住比丘	海岸聚落	普速迭供養諸佛成就衆生無礙	
5		生貴住	彌伽長者	達里鼻多國自在城	菩薩妙音陀羅尼光明法門	
6	十	具足方便住	解脫長者	住林聚落	如來無礙莊嚴解脫門	
7	住	正心住	海幢比丘	摩利伽羅國	般若波羅蜜三昧光明解脫門	
8		不退住	休捨優婆夷	海潮 普莊嚴園林	離憂安隱幢解脫門	
9		童眞住	毘目瞿沙仙人	那羅素國	菩薩無勝幢解脫門毘	目多羅仙人
10		法王子住	勝劣婆羅門	伊沙那聚落	菩薩無盡輪解脫門-方便名婆羅門	
11		灌頂住	慈行童女	師子頻申城	般若波羅蜜普莊嚴門	彌陀羅尼童女
12		歡喜行	善見比丘	三眼國	菩薩隨順燈解脫門	
13		饒益行	自在主童子	名聞國	一切工巧大神通智光明法門	釋天主童子
14		無違逆行	具足優婆夷	海住城	無盡福德藏解脫門	自在優婆夷
15		無屈撓行	明智居士	大興國	隨意出生福德藏解脫門	甘露頂長者
16	十	無癡亂行	法寶髻長者	師子宮城	菩薩無量福德寶藏解脫門	法寶周羅長者
17	行	善現行	普眼長者	藤根國 普門城	令一切衆生普見諸佛歡喜法門	普眼妙香長者
18		無着行	無厭足王	多羅幢城	如幻解脫門	滿足王
19		難得行	大光王	妙光城	菩薩大慈爲首隨順世間解脫門	
20		善法行	不動優婆夷	安住都城	求一切法無厭足三昧光明解脫門	
21		眞實行	徧行外道	無量都薩羅城	至一切處菩薩行門	隨順一切衆生外道
22		救護衆生離衆生相″	霧香(優鉢羅華)長者	廣大國	-調和香法解脫門	青蓮華香長者
23		不壞廻向	婆施羅船師	樓閣城	大悲幢行解脫門	自在海師
24		等一切諸佛廻向	無上勝長者	可樂城	至一切處修菩薩行清淨法門	
25	十	至一切處廻向	師子頻申比丘尼	輪那國迦陵迦林城	成就一切智解脫門	
26	廻	無盡功德藏廻向	婆須蜜多女	陰難國寶莊嚴城	菩薩離貪際解脫門	
27	向	入一切平等善根廻向	鞞瑟胝羅居士	善度城	菩薩所得不般涅槃際解脫門	安住長者
28		等隨順一切衆生廻向	觀自在菩薩	補陀洛迦山	菩薩大悲行解脫門	
29		眞如相廻向	正趣菩薩	輪圍山頂	菩薩普急行門	
30		無縛無着解脫廻向	大天神	墮羅鉢底城	雲網菩薩解脫門	大王天神
31		入法界無量廻向	安住道場神	菩提道場	不可壞智慧藏法門	
32		歡喜地	婆珊婆演底主夜神	菩提道場	菩薩破一切衆生暗法光明解脫門	婆娑婆陀夜神
33		離垢地	普德淨光主夜神	菩提道場	菩薩寂靜禪定樂普遊步解脫門	甚深妙德離垢明
34		發光地	喜目觀察衆生身	菩提道場	大勢力普喜幢解脫門	
35		焰慧地	普救衆生妙德主夜神	菩提道場	菩薩普現一切世間調伏衆生解脫	妙德救護衆生″
36		難勝地	寂靜音海主夜神	菩提道場	念念出生廣大喜莊嚴解脫門	
37	十	現前地 守護	一切城主夜神	菩提道場	菩薩甚深自在妙音解脫門	妙德守護諸城夜神
38	地	遠行地-開數	一切樹華主夜神	菩提道場	菩薩出生廣大喜光明解脫門	
39		不動地	一切衆生主夜神	菩提道場	敎化衆生令生善根解脫門	願勇光明守護衆生″
40		善慧地	嵐毘尼林神	嵐毘尼林	菩薩於無量劫徧一切處受生自在″	
41		法雲地	釋種女瞿波	迦毘羅城	觀察菩薩三昧解脫門	瞿夷女
42		等覺	摩耶夫人	迦毘羅城	菩薩大願智幻解脫門	
43		等覺	天主光女	33天 正念城	無礙念淸淨解脫門	
44		等覺	徧友童子의 스승	迦羅城	별도로 설법하지 않음	
45		等覺	知衆藝童子	迦羅城	善知衆藝菩薩解脫門	善知衆芸동자
46	等	等覺	賢勝優婆夷	婆咀那城	無依處道場解脫門	
47	覺	等覺	堅固解脫長子	沃田城	菩薩無着念解脫門	
48		等覺	妙月長子	沃田城	菩薩智光明解脫門	
49		等覺	無勝軍長子	出生城	菩薩無盡相解脫門	
50		等覺	寂靜婆羅門	爲法聚落	誠願於解脫門	尸毘最勝婆羅門
51		等覺	德生童子와有德童女	妙意華門城	幻住解脫門	
52	妙	妙覺	彌勒菩薩	善住樓閣	攝德成因科相法門	
53	覺	妙覺	再見文殊	普門國蘇摩那城	智照無二相法門	
54		妙覺	普賢菩薩	金剛藏菩提道場	顯因廣大相法門	

(6) 화장찰해 도표

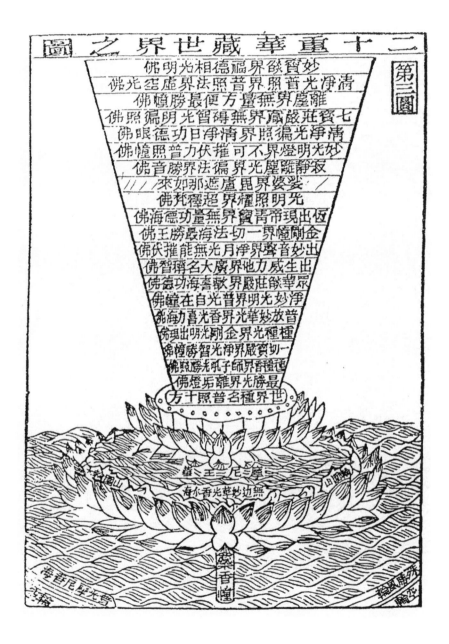

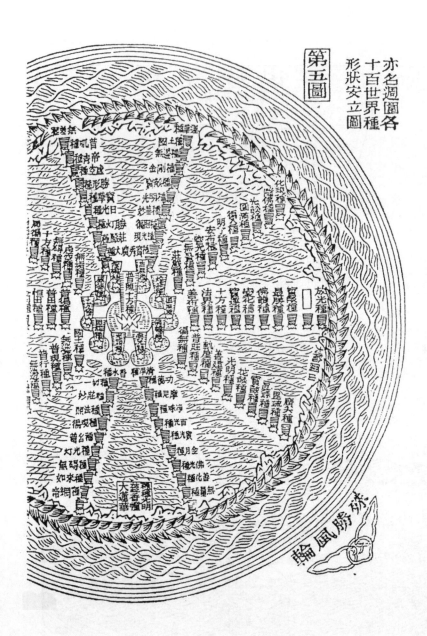

(7) 53 선지식 도표

직업구분(54)	선지식이름	설법장소	해탈문
1 보살(5)	文殊보살(1십신,53묘각) 觀自在보살(28,제7등수순회향) 正趣보살(29,제8진여상회향) 彌勒보살(52,묘각) 普賢보살(54,묘각)	福德城 善住樓閣 補陀洛迦山 輪圍山頂 善住樓閣 金剛藏菩提道場	선지식 앞의 번호는 순번
2 비구(5)	德雲비구(2,발심주) 海雲비구(3,치지주) 善住비구(4,수행주) 海幢비구(7,정심주) 善見비구(12,환희행)	勝樂國妙峰山頂 海門國 海岸聚落 摩利伽羅國 三眼國	
3 비구니(1)	師子頻申비구니(25,제4지일체처회향)	輪那處國迦陵迦林城	
4 우바새(1)	明智거사(15,제4무굴요행)	大興國	
5 우바이(5)	休捨우바이(8,제7불퇴주) 具足우바이(14,제3무위역행) 不動우바이(20,제9선법행) 婆須密女(26,제5무진공덕장회향) 賢勝우바이(46,등각)	海潮處菩莊嚴園林 海住城 安住都城 險難國菩莊嚴城 婆咀那城	
6 동남(3)	自在主동자(13,제2요익행) 善知衆藝동자(45,등각) 德生동자(51,등각)	名聞國 迦毘羅城 妙意華門城	
7 동녀(2)	慈行동녀(11,제10관정주) 有德동녀(51,등각)	師子頻申城 妙意華門城	
8 천신(1)	大天神(30,제9무박무착회향)	墮羅鉢底城	
9 천녀(1)	天主光女(43,등각)	切利天 正念城	
10 외도(1)	徧行外道(21,제10진실행)	無量都薩羅城	
11 바라문(2)	勝熱바라문(10,제9법왕자주) 最寂靜바라문(50,등각)	伊沙那聚落 法村聚落	
12 장자(9)	解脫장자(6,제5구족방편주) 法寶髻장자(16,제5이치란행) 普眼장자(17,제6선현행) 優鉢羅華장자(22,제1구호중생회향) 無上勝장자(24,제3등일체불회향) 鞞瑟胝羅거사(27,제6일체선근회향) 堅固장자(47,등각) 妙月장자(48,등각) 無勝軍장자(49,등각)	住林聚落 師子宮城 藤根國普門城 廣大國 可樂城 善度城 沃田城 沃田城 出生城	
13 선생(1)	童子師徧友(44,등각)	迦毘羅城	
14 의사(1)	彌伽(5,제4생귀주)	達里鼻多國 自在城	
15 뱃사공(1)	婆施羅선사(23,제2불괴회향)	樓閣城	
16 국왕(2)	無厭足王(18,제7무착행) 大光王(19,제8난득행)	多羅幢城 妙光城	
17 선인(1)	毘目多羅沙仙人(9,제8동진주)	那羅素國	
18 불모(1)	摩耶부인(42,등각)	迦毘羅城	
19 불비(1)	瞿波여인(41,제10법운지)	迦毘羅城	
20 신중(10)	安住地神(31,제10입계회향) 婆珊婆演底야신(32,제1환희지) 普德淨光야신(33,제2이구지) 喜目觀察야신(34,제3발광지) 普教衆生妙德야신(35,제4염혜지) 寂靜音海야신(36,제5난승지) 守護一切城야신(37,제6현전지) 開敷一切樹華야신(38,제7원행지) 大願精進力教護衆生야신(39,제8부동지) 主林神(40,제9선혜지)	菩提道場 菩提道場 菩提道場 菩提道場 菩提道場 菩提道場 菩提道場 菩提道場 菩提道場 嵐毘尼 嵐毘尼숲	

『화엄경청량소』 완간 법보시 동참자

이번 청량국사의 『화엄경수소연의초』 번역 불사 법보시에
동참하신 모든 분들께 깊은 감사를 드립니다.

법보시에 동참한 분과 법보시 받은 분

원명대종사 성파대종사 고산대종사 원각대종사 원행스님 현문스님
영배스님 자승스님 혜거스님 원산스님 무상스님 현응스님 진우스님
원명스님(봉은사) 영담스님 범해스님 혜남스님 지안스님 정우스님
원택스님 수진스님 향적스님 정념스님 무애스님(문도회장) 오심스님
보화스님 진광스님 해월스님 종묵스님 도문스님 혜철스님 현선스님
종범스님(용추사) 만우스님 인해스님 실상스님 진웅스님 혜성스님
범각스님 우학스님 재원스님 명본스님 심산스님 관행스님 지현스님
법산스님 정호스님 사요스님 금곡스님 정원스님 초격스님 대각스님
원허스님 성전스님 진각스님 법기스님 수진스님(용화사) 인산스님
법선스님 산옹스님 원소스님 진각스님(해인사) 범일스님 일광스님
해봉스님 동진스님 심진스님 지인스님 마가스님 돈오스님 삼현스님
견진스님 혜원스님 능도스님 각성스님(구룡사) 일송스님 정관스님
해주스님(尼) 본각스님 지은스님 지해스님 정각스님(화천사) 현암스님
주석스님 호석스님

강백스님 :

월운큰스님 각성큰스님 무비큰스님 종범큰스님 덕민큰스님

경학원 :

능허스님 법장스님 선행스님 원철스님 용학스님
현진스님 지상스님 효범스님 일귀스님 현석스님
상현스님 무애스님(해인사) 정각스님 정한스님

교육아사리 :

철우스님 정운스님 오인스님 명준스님 태경스님
덕림스님 묘광스님 혜장스님 선암스님

우바새, 우바이 :

김광식 신규탁 한상길 김규연 정순덕(정락) 박웅기
이해순 남태우 정미옥(광덕심) 정갑임(청련화) 윤선주
자현심 윤헌(수담) 함숙희(자비성) 김태영(만행화)
최기봉(선진심) 신동희(무심화) 유미경(보리수)

보시한 단체 :

동국대학 중앙승가대학 도서관 및 14곳 지방승가대학 도서관
(총 146여 분)

화엄경청량소 부록 〈찾아보기〉

| 초판 1쇄 발행_ 2020년 11월 21일

| 엮음_ 석반산

| 펴낸이_ 오세룡
| 편집_ 손미숙 박성화 김정은 김영미
| 기획_ 최은영 곽은영 김희재
| 디자인_ 김효선 고혜정 장혜정
| 홍보 마케팅_ 이주하
| 펴낸곳_ 담앤북스
　　　　서울특별시 종로구 새문안로3길 23 경희궁의 아침 4단지 805호
　　　　대표전화 02)765-1251 전송 02)764-1251 전자우편 damnbooks@hanmail.net
　　　　출판등록 제300-2011-115호
| ISBN 979-11-6201-260-4 04220

정가 30,000원